DIE TÜRKEN KOMMEN

Gerhoch Reisegger

Die Türken kommen!

Sprengstoff für Deutschland und Europa

HOHENRAIN-VERLAG-TÜBINGEN

Die Deutsche Bibliothek - CIP-Einheitsaufnahme

Reisegger, Gerhoch :
Die Türken kommen! :
Sprengstoff für Deutschland und Europa /
Gerhoch Reisegger.-
Tübingen ; Zürich ; Paris :
Hohenrain-Verl., 2005
ISBN 3-89180-074-6

ISBN 3-89180-074-6

Gedruckt in Deutschland

Inhaltsverzeichnis

Einführung

Seitdem dieses Buch begonnen und das Manuskript – im August 2004 – abgeschlossen wurde, schien sich die Entwicklung in der Türkeifrage immer mehr zu beschleunigen und auf einen ›unvermeidlichen‹ Beitritt hin zu entwickeln. Derartige Abläufe sind bekannt, sie sind Teil des politischen Spiels. Für lange Zeit wird die brisante Frage, wie es im Medienjargon heißt, *›low profile‹* behandelt, das heißt, man erwähnt sie bestenfalls in kleineren Artikeln, unvollständig, in Nebensätzen ›politischer Ansagen‹ und fokussiert nicht auf die Kernprobleme, sondern erörtert Randthemen, Belangloses. Die Absicht ist klar: Man kennt und verfolgt natürlich längst das angestrebte Ziel, weiß auch um die breite Nichtakzeptanz in der Bevölkerung und verschleiert daher, was in Wahrheit bereits beschlossene Sache ist, welche Bedeutung und Folgen diese noch als Absichtserklärungen *scheinbar* offen gehaltenen politischen Anliegen tatsächlich haben. Man erreicht damit einerseits, daß die Menschen *nicht* wissen, was vorgeht, andererseits werden sie aber doch mit dem Thema – bestimmten Phrasen, Sprechblasen, Schlüsselwörtern – vertraut gemacht, an sie gewöhnt. Die Menschen sind später nicht plötzlich mit ihnen bislang nicht untergekommenen Begriffen konfrontiert und somit nicht ›überrascht‹, wenn im Finale solcher Prozesse dann ›der Sack zugemacht wird‹.

Plötzlich geht alles sehr schnell, die eventuell doch sich regende Auflehnung wird mit ›rationalen‹ Argumenten niedergemacht: »Man könne nicht Jahrzehnte über die Aufnahme verhandeln und dann ›plötzlich‹ nichts mehr davon wissen wollen«, oder es wird ein einzuhaltender Zeitplan (oder eine *›road-map‹*) zum Hauptanliegen der Politik hochstilisiert, mit dem Zusatz, daß »man ja der Türkei den Status als Beitrittskandidat – bei Vorliegen der Voraussetzungen – *verbindlich* zugesagt habe[1] und *›pacta sunt servanda‹*, man also ›ver-

[1] Das stimmt sogar, als nämlich beim ›Gipfel‹ von Helsinki im Jahre 1999 der finnische Ministerpräsident Lipponen dies der Türkei »ohne Wenn und Aber«, also bedingungslos, zusagte. Freilich waren dazu weder er noch die dort versammelten Regierungschefs ermächtigt, noch wußte irgendjemand unmittelbar danach von diesen weitgehenden und nicht legitimierten Versprechen das Geringste. Erst im Laufe der jüngsten Diskussion kam dies heraus, als sich mancher der damals Mitwirkenden ›überrascht‹ zeigte und beteuerte, ›davon nichts gewußt zu haben‹.

tragstreu‹ zu sein habe«. Es wird also zuerst die Frage des *Ob* mit Nichtigkeiten, konspirativer Vertuschung oder überhaupt Leugnung des Problems weggewischt – bei gleichzeitiger, geradezu mechanisch ablaufender Zwangsläufigkeit des heimlich eingeleiteten Beitrittsprozesses. Wenn man die Zeit für ›reif hält‹ oder wenn weltpolitische Gründe, z. B. der drohende Kollaps des Wirtschafts- und Finanzsystems, dies zu erzwingen scheinen, wird mit allen Mitteln der Propaganda, der politischen Erpressung, der Falschmünzerei und Lüge ein Trommelfeuer auf die Menschen losgelassen und zugleich die ›Unvermeidlichkeit‹ des ganzen Vorganges behauptet – um sozusagen jenen, die noch Widerstand leisten, von vornherein die Aussichtslosigkeit ihres Tuns amtlich zu bestätigen. Das *Ob*, ohnedies nie ernsthaft diskutiert, wird es nun erst recht nicht mehr geben, es wurde ja scheinbar mit allem ›*low-profile*‹-Geschwätz schon erledigt; jetzt steht nur noch das *Wie* auf der Agenda. Und bei ›Verfahrensfragen‹ ist die politische Klasse, Angestellte der Anonyma, ›großzügig‹: Man darf sich es wünschen, ob man in den zweiten oder dritten Waggon einsteigt, solange man den Zug und sein Ziel nicht tadelt.

In unserer heutigen ›öffentlichen Meinung‹, die bekanntlich eine ›veröffentlichte‹ Propaganda der Machteliten und des anonymen Kapitals ist, haben wir es obendrein mit einem zusätzlichen Phänomen zu tun, das als ›*one issue*‹-Journalistik gekennzeichnet wird. Es gibt keine umfassenden Darstellungen, Berichte, Analysen über die zahlreichen gleichzeitig sich ereignenden Dinge in der Welt, womit von vornherein beim ahnungslosen Leser/Hörer/Seher der Eindruck entstehen muß, daß die Ereignisse gar nicht zusammenhängen, nichts miteinander zu tun haben. Das mag manchmal auch tatsächlich der Fall sein, aber die wirklich bedeutenden Geschehen haben natürlich viele Dimensionen und vielschichtige Zusammenhänge mit zeitlich, örtlich, geistig, religiös, machtpolitisch, ökonomisch usw. *scheinbar* isolierten Vorkommnissen. Es ist auch völlig klar, daß in Politik und Wirtschaft, im Militärischen, den Medien. . . *nichts* ohne Grund oder Absicht geschieht. Es gibt keinen Zufall. Die ›unsichtbare Hand‹, die angeblich das Marktgeschehen zum Besten lenkt, ist ebenso ein Märchen, wie das Auslaufen fast der gesamten amerikanischen Trägerflotte im Juli/August vergangenen Jahres (2004) ein absichtsloser Zufall war.[2] Wir wissen inzwischen, daß der Überfall auf den Irak

[2] Für diese Ansicht spricht der ganz merkwürdige und unerklärliche Tatbestand, daß die gesamte europäische Presse über dieses Ereignis keinen Ton

spätestens dann feststand, als SADDAM HUSSEIN keine Dollar mehr fürs Öl annehmen wollte[3] und der daraufhin von den USA vom Zaun gebrochene Krieg mit einem sich als Lüge erwiesenen Vorwand – des Besitzes oder der beabsichtigten Herstellung von Massenvernichtungswaffen – ›zu legalisieren‹ versucht wurde. Nicht anderes ist es mit dem ›Krieg gegen den Terror‹, zu dem die amerikanische Regierung selbst den Vorwand fabrizierte, den angeblich von arabischen Terroristen verübten Anschlag auf WTC und Pentagon am 11. September 2001.[4] Es werden also die Auslöser für großräumige, weltpolitische Maßnahmen ziel- und zweckorientiert mit eiskaltem Kalkül *geschaffen;* die politische Planung, die ›*Grand Strategy*‹, kann sich unmöglich von nicht planbaren, nicht vorhersehbaren Naturereignissen oder Zufälligkeiten abhängig machen. Dies würde ja ein *Reagieren* – in der Regel unvorbereitet – bedeuten, das weder Erfolg garantiert noch dem Wunsch nach absichtsvoller Gestaltung der Politik entspräche.

Erst wenn man sich dieser Umstände bewußt ist, bemerkt man die Manipulation in den Medien, die Halbwahrheiten – die bekanntlich *ganze Lügen* sind – in der Politik, einerseits am Fehlen einer umfassenden Darstellung des Gesamtproblems, an der Nicht-Existenz ernsthafter kritischer Diskussion, und andererseits an einer merkwürdig doppelbödigen, geschraubten Sprache.

Für letzteres sei ein Beispiel gegeben. Vor dem EU-Gipfel,[5] bei dem über den Fortschrittsbericht der Türkei als Beitrittskandidat zur EU – Demokratisierung und Übereinstimmung mit den sogenannten Kopenhagener Kriterien – von den Regierungschefs befunden wer-

---

verlor. Dabei handelte es sich um die größte Marinekonzentration seit der Invasion in der Normandie 1944. Doch eine (verspätete) Ausnahme ist nachzutragen: Die *Neue Zürcher Zeitung* schrieb darüber, als dies natürlich im Internet tausendfach diskutiert wurde.

[3] Womit er potentiell dem Dollar den Totenschein ausgestellt hatte; ein wahrhaft todeswürdiges Verbrechen, hängt doch von der Vorherrschaft des Dollars (als ›Reserve-Währung‹) der American Way of Life ab, also der Bezug der Reichtümer der Welt gegen bedrucktes, wertloses Papier!

[4] Siehe dazu die beiden Bücher des Autors: *Wir werden schamlos irregeführt* und *11. September. Die Bildbeweise;* ferner das jüngst erschienene und besonders erfreuliche Buch des amerikanischen Autors Michael RUPPERT: *Crossing the Rubicon*, der überhaupt gleich Roß und Reiter – Vizepräsident Richard CHENEY als Drahtzieher – nennt, natürlich mit zahllosen Beweisen für diese bisher massivste und unwiderlegte Anschuldigung.

[5] 17. Dezember 2004.

den sollte, war den Menschen in allen betroffenen Nationen der EU klar, daß damit auf kaltem Weg die Weichen für den Beitritt gestellt würden. Der österreichische Kanzler, Wolfgang SCHÜSSEL, ein besonders eifriger Vorzugsschüler *Libinterns* in Sachen Globalisierung und der Abwicklung Österreichs als selbstbestimmtem, souveränen Land, wußte natürlich um die völlige Nicht-Legitimierung seiner diesbezüglichen politischen Absichten durch den Souverän, das Volk, das mit Drei-Viertel-Mehrheit gegen eine Aufnahme der Türkei ist. Da aber die Angestellten der Anonyma heute ihre Auftraggeber mehr fürchten (müssen) als die Wähler, kam SCHÜSSEL in eine Zwickmühle, denn die Ordre, den Beitritt zu befördern und unter keinen Umständen mit einem ernsthaften Veto zu be- oder verhindern, war natürlich absolut; der Widerstand im Volk war aber auch ohne Zweifel und massiv vorhanden. Es geschah sogar noch das Unerhörte, daß 32 österreichische Diplomaten, Botschafter, die überwiegend im Nahen Osten und auf dem Balkan Dienst machten und daher mit der wirklichen Lage bestens vertraut sind, dem Kanzler (vor dem EU-Gipfel im Dezember 2004) einen offenen Brief schrieben und daß sie entschlossen – in diplomatisch höflicher Form – dem Kanzler im Falle der Nicht-Hinderung eines türkischen Beitritts Landesverrat vorwerfen würden.[6] Wie aus dieser Misere herauskommen? Nun, der trickreiche Kanzler erklärte gewissermaßen *ex cathedra*, daß die Beitrittsfrage vom Votum in einer Volksabstimmung letztlich entschieden werde.

Er hat also mit einem in weiter Ferne einzulösenden Versprechen den Österreichern vorgegaukelt, daß sie das letzte Wort haben würden. Das ist erstens eine unverbindliche Meinungsäußerung, an die keine künftige Regierung – die kaum noch die Wolfgang SCHÜSSELS sein dürfte – gebunden ist. Die parallel geführte und davon scheinbar nicht berührte Diskussion um die EU-›Verfassung‹ (die kein Mensch kennt) mag hinsichtlich der plebiszitären Beteiligung des Volkes andererseits ganz andere Vorschriften vorsehen, die Abstimmung in Österreich, dessen Souveränität dann ja ganz ausgelöscht sein wird, bedeutungslos machen und im Rahmen der Gesamt-EU auf eine vernachlässigbare Größe reduzieren.

[6] Mitgeteilt von Botschafter a.D. Johann DENGLER, einem der Initiatoren, der auch berichtete, daß nach dem Bekanntwerden dieses Briefes mehr als 20 weitere Diplomaten erklärten, daß sie, hätten sie davon gewußt, diesen Brief ebenfalls unterschieben hätten und seinen Inhalt mittragen.

Man erkennt daraus, daß mit Beruhigungspillen eine *virtuelle Option* vorgegaukelt wird, die bei näherer Betrachtung ein Taschenspielertrick, eine Seifenblase ist. Viele merken es nicht – und SCHÜSSEL steht noch strahlender da als zuvor, obwohl das Ganze nichts weiter denn ein aufgelegter Schwindel war und ist.

Machen die bisher skizzierten Schwierigkeiten es für den Großteil des Volkes schon fast unmöglich, zu einem gültigen Bild zu kommen, so liegt ein noch schwerwiegenderes Problem in der zeitlichen Dimension geschichtlicher Vorgänge. Sie werden meist deshalb nicht erkannt, weil sich die Veränderungen in sehr langen Perioden – also langsam und unmerklich – vollziehen. Es ist dies vergleichbar mit den Zeigern der Uhr: Der kleine ist der wesentliche, er zeigt die Stunden an und wie die Zeit verrinnt – und doch sieht man es nicht, daß er sich bewegt.

Unsere auf den Augenblick fixierte Wahrnehmung ist eine punktuelle. Die Dynamik ist bei dieser Betrachtung nicht erfaßbar. Auch dies sei an einem Beispiel deutlich gemacht.

Die wenigsten Menschen haben heute noch eine klare Vorstellung, wie sich im Laufe der Geschichte die demographische Entwicklung des eigenen Volkes darstellt und in welcher Weise diese mit dem Verlust von bisher vom deutschen Volk als Lebensraum besiedeltem Territorium zusammenhängt. So hat etwa der Bevölkerungswissenschaftler Volkmar WEISS dies in zahlreichen Beispielen dargelegt, unter anderem an dem Schicksal der Sudetendeutschen.[7] »Wann wird der kritische Punkt erreicht, von dem ab die Zeichen unwiderruflich auf Krieg, Bürgerkrieg und Vertreibung des einen Bevölkerungsteiles deuten, auch wenn der Ausbruch von blutigen Auseinandersetzungen noch Jahrzehnte auf sich warten lassen kann?«

Wie viele Jahrzehnte ist dann noch Zeit? Und wie lange noch gibt es Spielraum zum Gegensteuern? »Darauf gehen ja schließlich die Fortschritte der Tschechen hinaus, daß man dadurch die Deutschen entbehrlich mache und sie. . , nachdem Böhmen den Tschechen gehöre. . ., zum Lande hinauswerfe oder sie zwinge, im Tschechentum aufzugehen«, konnte man zum Beispiel 1898 lesen. Die Ereignisse von 1938 und 1945 waren keine Betriebsunfälle der Geschichte. Aber nur wegen der sehr guten Quellenlage wähle ich hier das Beispiel Böhmen. Was im folgenden für Prag gesagt wird, gilt ebenso für

---

7 Volkmar WEISS, »Bevölkerungspolitik als Grundlage von Staat und Volk«, in: *Deutschland in Geschichte und Gegenwart*, 3/2004, S. 10.

Laibach (heute Ljubljana), Riga, Preßburg (heute Bratislava), Pristina oder das Verhältnis von Russen und Kirgisen in Alma-Ata und neuerdings auch für Los Angeles in Kalifornien.

Mit der Gründung des zweiten (Klein-)Deutschen Reiches wurden die Deutschen in Österreich-Ungarn endgültig, für das Habsburgerreich insgesamt gesehen, zu einer nationalen Minderheit. In einem Buch über *Das Wesen des nationalen Kampfes in den Sudetenländern* aus dem Jahre 1912 kann man lesen: Bis 1848 war »die Umgangssprache der Gebildeten im Kreise von ihresgleichen deutsch. Tschechisch war ein Volksdialekt, allerdings einer, den große Teile der angeblich deutschen guten Gesellschaft zwischen ihren vier Wänden gebrauchten. . . Die Erschütterung der deutschen sprachlichen und gesellschaftlichen Vorherrschaft begann in der zweiten Hälfte des 19. Jahrhunderts«. 1848 wurde die tschechische Sprache Pflichtgegenstand an den Gymnasien Böhmens, das Jahr 1882 kennzeichnet den wichtigsten Wendepunkt, von dem ab die demographische Krise in eine offene nationale Existenzkrise überging: die Teilung der Prager Universität in eine deutsche und eine tschechische. In einem Buch mit dem Titel *Der Völkerstreit im Habsburgerstaat* aus dem Jahre 1910 kann man lesen: »Der Unterschied von einst und jetzt besteht eben darin, daß die Tschechen. . . heute das ganze deutsche Sprachgebiet (in Böhmen und Mähren) als geeignetes Objekt der nationalen Eroberung sehen. . . Nun wendet sich das Blatt; die Massen sind tschechisch, und wer sich ihrer annimmt, hat Aussicht auf Ehrenstellen und Erwerb. . . Geschäftliche Interessen bewirkten den Abfall, und der Boykott setzte ein. War die Eroberung der Mehrheit im Gemeinderat erreicht, dann wurde sie von den Tschechen rücksichtslos ausgenutzt; die deutschen Beamten wurden entlassen, wo dies nicht ohne weiteres ging, auf alle mögliche Weise schikaniert, auf jeden Fall immer durch Tschechen ersetzt. . . Dann konnten kleinere Städte einer deutschen Minderheit häufig die wirtschaftlichen Lebensbedingungen nicht mehr bieten; so wanderten denn die Unabhängigen aus.«

Obwohl vor nicht allzu langer Zeit am eigenen Leib erlebt, wird die demographische Dimension – durch eine kaum vorstellbare Massenimmigration nach einem Beitritt der Türkei aufs äußerste verschärft – nicht nur nicht thematisiert, sondern auch noch als ›fremdenfeindlich‹ stigmatisiert. (Aber selbst mit derartigem Etikettenschwindel ist keineswegs das Ende der Fahnenstange erreicht, denn längst wird von Gutmenschen, ›Anti-Faschisten‹ und anderen, das eigene Volk hassenden Irren ›fremdenfeindlich‹ mit ›antisemitisch‹ gleichgesetzt – und somit gleichsam kriminalisiert. Diskussion und das Nachdenken über ein drohendes existentielles Problem sollen mit Gewalt verhindert werden.

Dies waren nur ein paar Beispiele, die die Dimension und Vielschichtigkeit der ganzen Türkei-Frage bereits ahnen lassen, wobei auch gleich ein Blitzlicht auf die Methoden der politischen Klasse geworfen wurde, die in geradezu selbstmörderischer und landesverräterischer Absicht ihre Völker in eine dunkle Zukunft steuert. Die ganze Sache ist freilich damit bei weitem nicht ausgeleuchtet.

Anders als bei einer Reisebeschreibung oder einem Kriminalroman haben wir es hier nicht mit einem sequenziellen Handlungsablauf und einfachen, eindimensionalen Beziehungen zu tun, und so ist es unvermeidlich, die jeweils ganz unterschiedlichen Bereiche/Dimensionen wie Mosaiksteinchen nebeneinander zu legen, um so zu einem einheitlichen Bild zu kommen. Das mag zu der einen oder anderen Wiederholung führen. Wir haben aber auch, um das als drohend empfundene mögliche Geschehen zu verdeutlichen, Entwicklungen aus der jüngeren Vergangenheit und aus unserer unmittelbaren Nähe sozusagen als Modellfälle des größeren Vorhabens herangezogen, um damit das Bewußtsein bezüglich der sehr realen Gefahr zu sensibilisieren.

Die einzelnen größeren Kapitel – gewissermaßen Mosaiksteine – behandeln Aspekte, die man jeweils für sich betrachten kann. Daß bei einem so weit gefaßten Thema auch Lücken bleiben, ist unvermeidlich. Die Absicht war, jene aus unserer Sicht bedeutsamen Bereiche zusammenzufassen, sie im Rahmen eines begrenzten Umfangs ausreichend genug darzustellen und Beziehungen herzustellen, die man oft nicht mehr einfach erkennen kann, weil – wie erwähnt – sich ein ›*one-issue*‹-Journalismus etabliert hat, der gerade die Querverbindungen, auf die es doch ankommt, verdeckt oder verschleiert.

Den Beginn dieser Arbeit macht eine kurze Skizze, eine Beschreibung der Türkei – Geschichte, Land und Leute –, sozusagen ein historischer Abriß bis herauf zu Zustandsbeschreibungen aus jüngster Zeit. Wir gehen zum einen auch auf die jahrhundertelangen Verteidigungsbemühungen des Abendlandes – die Militärgrenze –, ein, zum anderen auf die heutige Militärmacht der Türkei, die Frage, wie uns der Jugoslawienkrieg mit der Instrumentierung islamischer ›Freiheitskämpfer‹, der Landnahme der Albaner im Kosovo und des Islams ganz allgemein – augenfällig in Bosnien-Herzegowina vorgeführt – betrifft. Dieser Teil erörtert zuletzt das deutsch-türkische Verhältnis anhand einiger längst nicht vollständiger Beispiele, die für die weitere Entwicklung jedoch entscheidend sein dürften.

Die ›praktische Politik‹, insbesondere wie sich die Türkei demographisch entwickelte und auf welcher neuen ›modernen‹ bzw. geistigen Grundlage dies geschah, führt uns in die jüngere Vergangenheit, in das 20. Jahrhundert, das mit dem Kemalismus der Türkei ihren heutigen Stempel aufprägte. Daß bei all den ›aufgeklärten‹ Programmen dennoch der erste moderne Völkermord an den Armeniern geschah, der Konflikt mit Griechenland bis heute nicht beigelegt ist und selbst im ehemals kommunistischen – theoretisch der Internationale verpflichteten – Bulgarien das türkische Problem bis heute die Politik bestimmte, mußte dargestellt werden, um den Gegensatz zwischen ›Absichtserklärungen‹, Beharrungsvermögen, Tradition und faktischen Handlungen herauszuarbeiten.

Die Wirtschaft einerseits als programmatische Absicht, andererseits in ihrer konkreten Wirklichkeit, und zwar in ihrer modernen Entwicklung, ist ein wichtiger Teil der türkischen Problematik. Dies auch wieder in mehrfacher Hinsicht: als Wirtschafts- und Währungsproblem, im Falle der türkischen Mitgliedschaft, für die EU, die sich mit einer faktisch bankrotten Türkei konfrontiert sieht, aber diese Herausforderung wegen eigener Schwierigkeiten nicht annähernd lösen kann. Als Problem indes auch für die Türkei – gleich ob als künftiges Mitglied oder mit einem wie immer definierten Status gegenüber der EU –, die sich inmitten eines schon sehr lange andauernden sozialen Wandels von der Agrar- zur Industriegesellschaft befindet, der angesichts der weltwirtschaftlichen Gewitterwolken zu spät erscheint, um ihn noch erfolgreich abschließen zu können.

All die genannten Fragen und Problemkreise – bis auf die Wirtschaft – scheinen manchmal weit hergeholt zu sein, jedenfalls wenn man die Perspektive der medialen Behandlung der türkischen Frage als Bezugspunkt wählt. Geschichte ist ohnedies *out*. Von ihr unterwiesen, könnte man ja Schlüsse ziehen, die sich mit den heimlichen politischen Absichten nicht decken. Es würde dann wohl auch dem Frömmsten auffallen, daß das Verhältnis zwischen der Türkei und Europa all die Jahrhunderte ein kriegerisches, ›feindliches‹ war, wobei die Türken jeweils der Angreifer und die Bedrohung Europas waren.

Weil die Geschichte – aus Gründen der Umerziehung und der fortgesetzten Gehirnwäsche – heute keinen Stellenwert mehr in Schule und Bildung besitzt, verfangen Bezugnahmen auf historische Ereignisse nicht mehr besonders gut. Die einzelnen Türkenbelagerungen, zuletzt 1683 vor Wien, liegen so lange zurück, daß sie für uns keine Bedeutung mehr zu haben scheinen. Eben aus diesem Grund ist das aktuelle Geschehen am Balkan, der viele Jahrhunderte vom Osmanischen Reich besetzt und beherrscht wurde, jene Schnittstelle, wo noch eine lebende Erinnerung an die türkische Herrschaft aufbewahrt wird und wo überdies bis heute alle Formen der politischen bis hin zur kriegerischen Auseinandersetzung – einschließlich Bürgerkrieg – stattfinden, Ereignisse und Entwicklungen, die mit einem Beitritt der Türkei zur EU dann vom Rand ins Zentrum Europas verlegt werden würden. Die Beschreibung dieser Ereignisse ist somit *das* Menetekel des Kommenden – und sie beruht auf eigenen unmittelbaren Erlebnissen.

Was natürlich bei der Behandlung der türkischen EU-Mitgliedschaft auffällt, ist die weitgehende Ausblendung der ökonomischen Seite. Für eine inzwischen auch bei uns ziemlich materialistisch gewordene Gesellschaft muß das erstaunen, weil sich doch sonst alles ›ums Geld dreht‹. Dieser Teil nimmt natürlich einen breiten Raum ein. Hierbei werden zum Teil sehr unterschiedliche Probleme angesprochen: einerseits die politisch gewollte Zielsetzung, das Agrar- und Importland Türkei in ein modernes Industrie- und Exportland zu verwandeln. Daß dies nur bedingt gelungen ist, erkennt man an den finanzwirtschaftlichen Daten, der nie unter Kontrolle gebrachten gewaltigen Inflation und der Auslandsverschuldung, die bereits mehrfach – zuletzt 2002 – den Staatsbankrott zur Folge hatte. Wie sehr hier die Türkei in ärgster Bedrängnis ist, lassen so ungewohnt positive Beurteilungen des eigentlich ›archaischen‹ Sozialsystems erahnen. Die eben erwähnte schlechte Wirtschaftslage der Türkei, die sich auch in drückender Arbeitslosigkeit und Löhnen unter der Armutsgrenze ausdrückt, hat es nie erlaubt, ein dem westeuropäischen vergleichbares Sozialsystem aufzubauen. Unter dem Druck weltweiter Rezession, der Krise des Weltfinanzsystems ist hier auch keine Erholung oder gar ein Spielraum für solche Sozialmaßnahmen mehr zu erwarten. Dies allein ist der Grund, weshalb die Ko-Existenz der traditionellen mit den ›modernen‹ Marktstrukturen – Versorgung der nicht mehr arbeitsfähigen oder arbeitslosen Mitglieder in der Familie durch die Großfamilie/Sippe – auf einmal betont, ja gar beschworen wird.

Das ach so vornehme Übersehen der türkischen Wirtschafts- und Finanzmisere bei uns kann nur Absicht sein, weil die lügenhafte

Politik mit noch so viel gefressener Kreide dem biederen Michel all das nicht erklären könnte, was da auf ihn zukommen wird. Also blendet man diesen Bereich aus und tut so, als wären die Kopenhagener Kriterien und ein paar lächerliche, obendrein nur auf geduldigem Papier stehende gesellschaftliche und rechtliche Reformen der einzige und wichtigste Knackpunkt des Türkeibeitritts.

Im Grunde ist dieser Punkt für jene Jakobiner nur bedeutsam, die in der Unterwerfung unter die republikanischen und ›humanistischen‹ Grundsätze eigentlich die in der Tradition verharrende türkische Bevölkerung in den Griff bekommen möchten. Es kann kaum etwa um ein ›Todesurteil‹ über den kurdischen PKK-Führer Öcalan gehen, noch weniger um die Übereinstimmung mit europäischen Rechtstraditionen (wie in einem anderen Fall die per »Rechtsgutachten« festgestellte Verträglichkeit der Raub- und Morddekrete Edvard Beneschs mit dem europäischen Recht beim Beitritt der Tschechei beweist), wenn man zugleich bei all den mörderischen ›*peace-making*‹- und ›*peace-keeping*‹-Aktionen, an denen die EU beteiligt ist, den zig-tausendfachen Tod unbeteiligter Menschen in Kauf nimmt: sozusagen ›*perpetual war for eternal peace*‹. Es wird – hoffentlich – an manchen Stellen deutlich, daß die nicht aufgehobenen Gegensätze zwischen den beiden Kulturen vor allem auch von vielen Türken selbst als Bedrohung ihrer Identität (zu Recht) gesehen werden.

Daß dies nicht nur ›dumpfe‹ Ängste einer ländlich-agrarischen Bevölkerung sind, zeigt die Beschreibung der Ideologie der Grauen Wölfe und ihrer – mächtigen – politischen Vertretung, der MHP. Selbst wenn gegenwärtig eine andere Partei in der Türkei regiert, ist nicht zu übersehen, daß diese Positionen nur scheinbar aus dem politischen Geschehen verdrängt wurden. Die Zehn-Prozent-Hürde für den Einzug ins Parlament schafft zwar dort ›klare Verhältnisse‹, aber keineswegs die wirkliche Stimmung im Volk aus der Welt.

Was bei allen bisher angesprochenen Teilbereichen der türkischen Frage auffällt, ist der Umstand, daß es nicht nur aus unserer Sicht und von unserem Standpunkt aus Kritisches zu sagen gibt, sondern daß dies in einer spiegelbildlichen Weise auch für die Türkei selbst zutrifft. Gewiß ist es für die vordergründigen Lösungsversuche wirtschaftlicher Probleme einfacher, die wegen der schneller wachsenden Bevölkerung nicht schritthalten könnende Wirtschaft dadurch zu entlasten, daß die überzähligen Esser als Auswanderer ach Europa verschoben werden. Daß dies aber die eigenen Probleme nicht lösen wird, ist auch klar. Es sei denn, die politische Führung der

Türkei denkt im Ernst, was dumme Vertreter der Türken in Deutschland immer wieder in provozierender Weise sagen, daß sie Europa als zu erobernde Land einer Neuauflage des Osmanischen Reiches einverleiben können. Solch utopische Illusionen sind uns aber als Grundlagen der Politik bei vernünftigen Leuten nicht vorstellbar.

Solche Utopien dürften auch nicht den Vorstellungen der Geldfürsten - IWF und Weltbank - entsprechen, die die wahren Gestalter der türkischen Wirtschaftspolitik sind. Für sie ist die Türkei wie jedes Land der Erde letztlich nichts weiter als ein abzuweidendes Land. Als sich 2001/02 die Krise der Türkei zuspitzte, warf die *Neue Zürcher Zeitung* ein interessantes Schlaglicht auf die Türkei: »Schwellenländer im Banne der Türkeikrise«, schrieb sie. Was einem hier sofort in den Sinn kommt, sind die südamerikanischen Zustände, und dies nicht ganz zu Unrecht, weswegen wir auch den wirtschaftlichen Aspekten eine Betrachtung über die ›aufstrebenden Märkte‹ anschlossen.

Schalmaien der politischen Klasse

In einem anderen Kapitel wird die politische Klasse vorgeführt, nur anhand einiger beliebig herausgegriffener Beispiele. Hier Vollständigkeit oder einen repräsentativen Überblick anzustreben würde jeden Rahmen sprengen. Das Gequatsche ist uferlos. Es dient auch mehr dazu, die am laufenden Band erfolgende Täuschung der Bürger durch die ›Volksvertreter‹ und regierenden Politiker zu veranschaulichen. Wie abgehoben hier die Angestellten Libinterns agieren, erkennt man zum Beispiel am griechischen Ministerpräsidenten, der trotz der bis heute andauernden griechisch-türkischen Konflikte und militärischen Übergriffe der Türkei deren Beitritt als einen »Gewinn für Europa« herbeilügt.

Die Zahl der deutschen Wortspenden ist von ähnlicher Art, unabhängig von politischer Farbe und Partei. Dem Bürger wird ein X für ein U vorgemacht, und die einzig denkbare Erklärung für solches Fehlverhalten kann nur darin gesehen werden, daß die nicht souveräne Bundesrepublik den Befehlen Washingtons, das am Beitritt der Türkei zu einer *Europäischen* Union so merkwürdig interessiert ist, zu gehorchen hat - genauer gesagt: die regierenden Lakaien, denen die Versenkung in den Orkus drohte, sollten sie etwa auf den kühnen Gedanken kommen, deutsche Politik zu machen, wie sie es in ihrem Amtseid beschworen haben. (Gerade hierin sehen wir eine der wichtigsten treibenden Kräfte für diesen historisch, kulturell, religiös, ökonomisch gänzlich unbegreiflichen Vorgang. Darum werden von *diesem* Bezugspunkt wichtige Zusammenhänge mit der geo- und machtpolitischen Lage herzustellen sein, die ihren Ursprung in Washington, nicht aber in Ankara haben.)

In der Diskussion des Polit-Palavers kommen alle möglichen Dinge zur Sprache, aber – nach dem bisher Gesagten – ist es das Nebensächliche, Unbedeutsame. Darum lohnt es nicht, sich hier allzu lange aufzuhalten. Es ist wie in einem (österreichischen) Graf-Bobby-Witz: Sein Freund, Graf Rudi, fragt den am Boden herumrutschenden Bobby, was er denn da mache. – Den verlorenen Schlüssel suche er. Auf die teilnehmende Frage, wo er ihn denn und ob *hier* verloren habe, sagte Graf Bobby: Nein, *dort drüben*. Rudi ist darob ganz erstaunt und meint, warum er denn dann hier und nicht drüben suche? – Ja, weil hier die Straßenlatern' a Licht macht und dort kein's ist. – Es ist also sachlich belanglos, sich mit diesen von europäischen Politikern erzeugten Scheinproblemen zu befassen, und es ist auch ebenso belanglos, diese als Ansichten der politisch Handelnden ›ernst zu nehmen‹: Sie sind doch allesamt nur die Angestellten der wirklichen Machthaber.[8] Wir bezeichnen diese manchmal mit ›Libintern‹, der liberalen Internationale, oder ›Anonyma‹, weil es weder legitimierte noch öffentliche, also sichtbare, Gewalten sind, die die Politik fest im Griff haben. Warum sollte man sich daher mit der ›Meinung‹ der Laufburschen befassen?

Religion

Wichtiger sind da schon die in weiteren, jeweils größeren Kapiteln behandelten Fragen der Religion und der vor allem in Deutschland tätigen islamischen Verbände; doch Ähnliches gilt für viele europäische Länder. Hier drückt sich der kulturelle und geistige Unterschied zwischen Okzident und Orient am stärksten aus, der nicht durch Verordnung aus der Welt geschafft werden kann, abgesehen davon, daß die Frage der Nivellierung der kulturellen Unterschiede als falsches, Völker vernichtendes Dogma längst erkannt ist. Dies ist naturgemäß ein sehr heikles Thema, weil inzwischen nur noch wenige

[8] Mit dieser Geringschätzung befinden wir uns in bester Gesellschaft: Der jüdische Professor Yehezkel Dror, Mitglied des *Club of Rome* und Berater vieler Regierungen, schreibt in seinem Buch *Ist die Erde noch regierbar?*, daß nur ein paar hundert die wirklichen Weltprobleme entscheiden, und er fügte hinzu, daß diese Zahl noch zu hoch gegriffen sei.

in Europas Spaß- und Konsumgesellschaft die religiöse Dimension begreifen.

Aber selbst wenn es viele nicht mehr erkennen können oder wegen ihrer eigenen Abwendung vom christlichen Glauben nicht erkennen *wollen*, so ist es doch Tatsache, daß die dreifache Wurzel des Abendlandes ganz wesentlich auch das Christentum umfaßt, ohne welches Europa nicht zu dem geworden wäre, was es eben ist. Wir würden einen Teil unserer Identität verlieren, verschwände es, damit aber auch unsere Existenz als vielgliedrige, reiche, die ganze Welt befruchtende Kulturnationen.

Wir haben darauf verzichtet, die oft in klerikalen Streitereien hervorgeholten Suren, die die besondere Kriegslüsternheit herausstreichen, oder den Mangel an Respekt gegenüber der Frau u.ä. breitzutreten. Wichtiger war hier, anhand der Gedanken Alfred LOCKERS die philosophische und geistige Herausforderung des Islams *zu fordern*, dessen Philosophie nicht annähend auf der Höhe der europäischen ist, die daher dem europäischen Denken seiner inneren Widersprüche wegen auch in keiner Weise das Wasser reichen kann.

Die Stellungnahmen von verschiedenen (katholischen) Bischöfen und Kardinälen sollten sozusagen die Stimme der ›christlichen Kirche‹ andeuten. Hier sind wir uns nicht mehr sicher, inwieweit diese Positionen auch tatsächlich *authentische* sind. Gerade in den letzten Monaten sind hier Zweifel hochgekommen. Kurz vor Weihnachten 2004 (und nach Niederschrift dieses Buches) hatten wir in unserer Mittagsrunde um den Grafen John GUDENUS in Wien aus aktuellem Anlaß eine Diskussion über den EU-Gipfel wegen der Entscheidung, ob mit der Türkei Beitrittsverhandlungen aufgenommen werden. Dabei kamen wir auch auf die verschiedenen Gruppen zu sprechen, die traditionell Träger der Kultur sowie der politischen und geistigen herrschenden Strömungen sind oder waren, also auch auf die Rolle der Kirche. Friedrich ROMIG berichtete von einem Gespräch mit bzw. von einem Brief des päpstlichen Nuntius in Wien, Erzbischof Georg ZUR, an ihn. Anlaß war unter anderem ein Buch des jüdischen Autors Daniel GOLDHAGEN, eines üble Hetzschriften fabrizierenden ›Wissenschaftlers‹ der Harvard University, worin er die katholische Kirche und Religion wegen ihrer über zwei Jahrtausende gehenden Lehre mit angeblich antisemitischen Inhalten für den Antisemitismus unmittelbar verantwortlich machte. ROMIG sagte dem Nuntius im Gespräch, »daß man mit ständigem Nachgeben und ›Toleranz‹ nichts erreiche und die Lage nur immer schlimmer geworden sei, wie sie eben nun ist«. In seinem Schreiben, in dem sich der Nuntius für ROMIGS kritische Anmerkungen bedankte, erklärte er jedoch, daß »die Kirche nichts mehr machen könne und man froh sein müsse, wenn man überhaupt noch die Lehre der christlichen Religion verkünden könne«. Es ist dies eine faktische Bankrotterklärung der Kirche vor dem Zeitgeist durch den Botschafter des Vatikans selbst. Von der Kirche ist - in der Angelegenheit des Türkeibeitritts - anscheinend nichts mehr zu erhoffen. Der Umstand, daß hier der Präfekt der Glaubenskongregation, Josef Kardinal RATZINGER, noch eine deutlich ablehnende Position einnimmt, wird von modernistischen katholischen Kirchenvertretern als die unbdeutende Ansicht eines Auslaufmodells abgetan.

Dazu gibt es prophetische Vorahnungen, wie George ORWELLS *1984* oder H. G. WELLS Darstellung in seinem Buch *Die offene Verschwörung: Pläne für eine Weltrevolution*, die als Massenappell für eine Eine-Welt-Regierung erscheinen. Hier nur ein kurz zusammengefaßter Aspekt, wie wir ihn schon lange unter verschiedenen Etiketten, vor allem im ›Welt-Ethos‹ des (häretischen) Tübinger Theologen Hans KÜNG oder den sich in letzter Zeit häufenden ›Ökumenischen Begegnungen‹ - wie in Assisi - beobachten können.

Es wird nur *eine Religion* zugelassen sein, und zwar in Form einer Eine-Welt-Regierungs-Kirche, welche bereits seit 1920 existiert. Satanismus, Luziferismus und Hexerei werden legitimer Bestandteil des Lehrplans der Eine-Welt-Regierung sein, private und kirchliche Schulen werden nicht mehr existieren. Sämtliche christlichen Kirchen wurden bereits untergraben. Unter der Eine-Welt-Regierung wird das Christentum der Vergangenheit angehören.

Solche Einschätzung erklärte auch den lahmen Widerstand des Vatikans und der örtlichen Bischöfe, ganz im Gegensatz zu 1683, als der Papst die Abwehr der europäischen Fürsten gegen den Angriff des Osmanischen Reiches auf Wien und das Abendland organisierte. Warum es eine solche Veränderung der Haltungen gab, entzieht sich unserem Wissen.

Der offenbar mangelnde Wille, sich als eigenständige Kultur auf geistig-religiöser Ebene zur Wehr zu setzen, wird von einem ziemlich expansiven religiösen und politischen Willen des Islams für *unsere* Situation zusätzliche sehr negative Wirkungen erfahren. Es ist jedoch gut, wenigstens zu wissen, daß - aus welchen Gründen auch immer - die geistig-ideelle (= religiöse) Front diesmal wahrscheinlich *nicht halten* wird, wenngleich das natürlich nicht zur Beruhigung beitragen kann.

Für uns ist auch wichtig zu erkennen, daß die muslimischen Gruppen in religiösen Fragen überdies Doppelstrategien fahren: Der Zentralrat der Muslime versucht mit seiner Charta, sich einen westlich-liberalen Anstrich zu geben – ähnlich dem Wolf mit den in Mehl getauchten Pfoten zur Täuschung der sieben Geißlein. Dieser modernistischen Interpretation widersprachen aber offenbar ›orthodoxe‹ Muslime heftig und sofort, und sie betonten geradezu den Vorrang des Islams über unsere westliche ›demokratische Lebensweise‹, die ihnen nur als eine zu überwindende erscheint. Das deckt sich vollkommen mit unserer Einschätzung. All das sind keine guten Nachrichten, aber der erste Schritt zum Besseren ist – ganz im Sinne Carl von Clausewitz' – die klare Erkenntnis und Beurteilung der *wahren* Lage. Illusionen und falsche Hoffnungen wären tödlich.

Neben diesen mehr religiös motivierten Kräften, die auf die politischen Prozesse einwirken, gibt es aber noch andere, nicht vordergründig religiöse, geistige Strömungen, die als *politische Ideen* jedoch nicht minder wirksam sind. Interessanterweise sind die Methoden, diese Ideen politisch wirksam zu machen, den priesterlich-religiösen zum Verwechseln ähnlich. Nicht umsonst spricht man daher auch von ›Zivilreligion‹, die wie wirkliche Religionen auch ihre Dogmen, Propheten, Götzen, Tabus und Riten hat. Solche Zivilreligionen – die wichtigste heute ist der Liberalismus, der jedoch in sehr unterschiedlichen Varianten und Verkleidungen (darum die Mehrzahl) auftritt – sind selbstverständlich genauso unduldsam, was die Einhaltung ihrer Dogmen betrifft, wie die anderen Wahrheit beanspruchenden Religionen.

Wir gehen hier auf eine besonders bösartige Form einer derartigen *neo-messianischen Zivilreligion* etwas ausführlicher ein, weil hier in schriftlicher Form von ihrem Großmeister, dem Grafen Coudenhove-Kalergi, ganz unverhüllt das Programm zur Vernichtung des Abendlandes ausgebreitet wurde. Ihre Wurzeln reichen natürlich weiter zurück, jedenfalls bis zur jakobinischen Französischen Revolution, deren aufgeklärter Rationalismus, Materialismus und atheistischer Nihilismus die Grundlage aller modernen Erscheinungen sind.

Die von uns zitierten Aussagen Coudenhove-Kalergis und seiner Gefolgsleute finden sich gut dokumentiert, für jedermann nachzulesen. Die Apologeten dieser neomessianischen Umgestaltung sind in allen Rängen der heutigen Machtstrukturen und – ganz unbegreiflicherweise – im europäischen Uradel zu finden. Mit anderen Worten: Diese Ideen sind nicht bloß in ›verstaubten Büchern‹ begraben und daher vermeintlich nicht mehr bedeutsam. Im Gegenteil, man versucht das Programm mit immer größerem Tempo durchzuziehen.

Wenn hier zwei Mosaiksteine – eine Diskussion der religiösen Dimension (Islam und Christentum) und davon abgesetzt KALERGIS *Praktischer Idealismus* als diabolische Zivilreligion – *scheinbar* ohne inneren Zusammenhang nebeneinander gestellt werden, so ist das freilich nicht der Fall. In einem kürzlich erschienenen Buch über die BENESCH-Dekrete[9] haben wir als zentrale These vertreten, daß es tiefere Ursachen dieses Verbrechens an den Deutschen gibt und daß dieser konkrete Fall nur ein Ereignis aus einer langen Kette ganz ähnlicher existentieller Angriffe auf unser Volk war. Als eigentliche innerste Antriebskraft eines derartig bestialischen Verbrechens schien nur der metaphysische – und niemals endende – Kampf zwischen dem Prinzip der *Ordnung* und dem des *Chaos* eine ausreichende Erklärung. Es ist daher nicht überraschend, daß man dieselbe Polarität auch hier wiederfinden kann. Der Beitritt der Türkei zur EU ist in seiner Konsequenz »das Ende der Deutschen Nation«, wie es der wissende und hellsichtige Peter SCHOLL-LATOUR sagte. Die eine Kraft, die schon mehrmals diesen existentiellen Kampf des Abendlandes entschieden hat, war das *christliche Deutschland,* die andere Kraft, die seit über zweihundert Jahren zerstört, ist der *jakobinische, illuminierte Atheismus*. Wir glauben, daß die anfangs aufgestellte These, daß es sich um einen unversöhnlichen Kampf zwischen Ordnung und Chaos, d. h. den hinter diesen Begriffen sich verbergenden Wesen, handelt, eindringlich belegt wurde.

Geopolitik

Im letzten Teil des Buches gehen wir auf die geopolitische Einbettung der Türkeifrage ein. Dafür waren selbstverständlich auch jene bis heute gültigen Ausführungen Zbigniew BRZEZINSKIS[10] maßgeblich. Sie geben den Untergrund für die jeweiligen Aktionen ab. Man könnte es nicht besser erklären, vor allem nicht authentischer, als dies der ehemalige US-Sicherheitsberater tut. Da die Absichten der USA –

[9] Gerhoch REISEGGER, *Weg mit den BENESCH-Dekreten! – Das ungesühnte Jahrhundert-Verbrechen*, GRABERT, Tübingen 2004.

[10] *The Grand Chess-Board*, in deutscher Übersetzung: *Amerika, die einzige Weltmacht.*

sprich ihrer herrschenden Eliten – klar und unmißverständlich vor uns ausgebreitet wurden, können wir nicht einmal den Vorwurf einer ›Verschwörung‹ ganz rechtfertigen: Wir *könnten* es ja wissen, wenn wir sehen *wollten*. Natürlich ist es in Wirklichkeit etwas verwickelter, und viele Leute lesen zwar, aber verstehen nichts. Dabei sind die Aussagen BRZEZINSKIS ziemlich klar und leicht zu verstehen. Auch die innere Logik bereitet keinerlei Schwierigkeiten, alles ist sozusagen ein offenes Buch.

Warum aber auch hier noch andere, weniger offensichtliche Kräfte wirken, gewissermaßen als innere Antriebe der amerikanischen Politik, erklärt uns Carl SCHMITT. Er hat den großen Unterschied in den Lebensgesetzen *maritimer* und *terraner* Existenz festgestellt und als Ursache der jeweils verschiedenen Entwicklungen ausgemacht. Sein Hauptwerk entfaltet dies in bewundernswürdiger Weise, und es wird uns klar, daß die kontinentalen Länder wie Deutschland, Rußland und China in einem nicht überbrückbaren Gegensatz zu den auf das Meer hin orientierten – England, Holland und heute die USA – stehen. Unser Hinweis darauf im Zusammenhang mit der türkischen Frage, das heißt mit der Instrumentierung der Türkei durch die sich in die Defensive gedrängt sehende Welt- und Seemacht USA, sollte den Leser unbedingt auch zum Studium von SCHMITTS *Nomos der Erde* anregen, was dem Verständnis des gesamten Vorgangs sehr dienlich wäre. Es geht um die Schwächung und weitere Beherrschung Europas, insbesondere Deutschlands, um den Zusammenschluß der beiden Landmächte Deutschland und Rußland um jeden Preis zu verhindern.

SCHMITT war übrigens katholisch, was ihm im Dritten Reich sehr schnell das Mißtrauen und schließlich seine Kaltstellung einbrachte. Aus dieser seiner geistigen Grundposition verschmähte er es nie, große Linien zu biblischen Archetypen zu ziehen. »Im Neuen Testament wandelt CHRISTUS auf dem Meer. Er hat den LEVIATHAN bezwungen. Aber gerade daraus ergibt sich wieder, daß auch für das Neue Testament das Meer etwas Unheimliches und Böses ist. Im letzten Buch, in der Offenbarung des heiligen JOHANNES, wird am Schluß geschildert, wie *die neue Erde* aussieht, die von Sünden und Bosheit gereinigt ist. Es heißt im Kapitel 21 dieser Apokalypse des heiligen JOHANNES: Ich sah einen neuen Himmel um eine neue Erde, denn der erste Himmel und die erste Erde verging, und das Meer ist nicht mehr. Haben Sie gehört: das Meer ist nicht mehr! Auf der gereinigten und verklärten Erde gibt es keinen Ozean. Mit der Sünde und der Bosheit verschwindet auch das Meer. Das ist der Schluß des Neuen Testamentes. Vom Schöpfungsbericht des 1. Buches Moses bis zum Schluß der Offenbarung des heiligen Johannes enthält die Bibel den *Gegensatz von Land und Meer.*«

Diese Stellen wurden nicht mit der Absicht zusammengesucht, ein ›religiöses‹ Buch über die Frage des türkischen Beitritts zu schreiben. Es erstaunt uns im Grunde selbst, unverhofft immer wieder auf gerade diese Verbindungslinien zu stoßen. Das mag manchen rationalen, nur der Vernunft ergebenen Zeitgenossen irritieren; damit ist jedoch keineswegs beabsichtigt, ihn zu provozieren. Wir sehen vielmehr darin die Unmöglichkeit, die religiöse Dimension auszublenden und uns nur auf die ›Tatsachen‹ zu konzentrieren. Die symbolhaften Bilder, wie sie uns in obigem Bezug auf die Bibel oder in der religiösen Sprache entgegentreten, halten wir für Archetypen unseres Denkens überhaupt, die uns erst eine Ausdrucksmöglichkeit und Erklärung der Wirklichkeit in die Hand geben.

Eine ganz andere Facette des Politischen – ebenfalls von Carl SCHMITT angeregt – ist die Frage nach dem Staat selbst. Wir haben an anderen Stellen schon aus verschiedenen Blickwinkeln gezeigt, daß die Lage in der Türkei alles andere als homogen ist. Die kemalistischen Reformen – obwohl fast schon seit einem Jahrhundert in Anwendung und vom Nationalen Sicherheitsrat als Wächter des Kemalismus auf Kurs gehalten – haben nicht zu einer durchgehenden Modernisierung der Türkei und zu einer alle Schichten des Volkes erfassenden neuen Einheit geführt. Die Frage stellt sich, ob ein Staat wie die Türkei, der sich von dem, was man unter ›Staat‹ in Europa versteht, gründlich unterscheidet, überhaupt ein Glied Europas werden kann. Diese Frage wurde in der jüngeren Geschichte verneint. Mit Carl Jakob BURCKHARDT bringen wir einen kompetenten Zeugen: »Die romanischen und germanischen Nationen des Okzidents hatten bis jetzt im Osten als Gegensatz und Erbfeind die Türken neben sich gehabt, als rein zerstörendes Element, das nur im Kriegswesen der jeweiligen Höhe sich anschloß,[11] sonst aber seine exklusive mohammedanisch-tatarische Kultur beibehielt und auf die des Abendlandes herabsah. Die Einwirkung der Türken auf Europa fand nur durch Eroberung und äußere Gewalt statt.«

---

[11] Sich im Kriegswesen der damaligen ›europäischen Höhe‹ anzuschließen, war das einzige Anliegen Zar PETERS I., gleichviel, welchen Dunst man um diese historische Tatsache gewoben habe.

Wenn wir unter der Überschrift ›Geopolitik‹ nochmals auf die RAKOWSKIJ-Protokolle eingehen, so sei hier gesagt, daß dies auch an anderer Stelle hätte getan werden können. Was hier zutage tritt, ist jener *integrale* Teil einer Politik der ›Neuen Weltordnung‹, wie sie in den als neomessianische Zivilreligion bezeichneten Ideen COUDENHOVE-KALERGIS bereits angeklungen ist.

Als erratischer Block gewissermaßen muß die Erwähnung eines Artikels Avraham BURGS (aus der *International Herald Tribune)* in einem Buch über den EU-Beitritt der Türkei erscheinen. Aus diesem Grund wurden wir auch schon einmal bei einem Vortrag darauf angesprochen, was denn diese Erwähnung hier zu suchen habe. Scheinbar nichts - oder doch?

Die verschiedenen, auch ausgebreiteten Bezüge zu Juden, ihrer Religion und ihrer Rolle in der ganzen Welt zeigen, daß es nichts gibt, worin sie nicht in irgendeiner Weise verwickelt wären. Der frühere malaysische Ministerpräsident Mohammad MAHATHIR sagte in einer weltweit diskutierten (und von Juden heftig kritisierten) Ansprache vor einer islamisch-asiatischen Konferenz, daß »die Juden über Stellvertreter die Welt regierten«. Ihre führende Rolle in der Hochfinanz muß nicht ausdrücklich betont werden, jedermann weiß darum. Uri AVNERY, ein Israeli, schrieb unlängst: »Die USA sind eine israelische Kolonie, und Israel eine amerikanische.«

Und der von israelischen - und später amerikanischen - Zeitungen berichtete Ausspruch des Premiers Ariel SHARON: »Wir kontrollieren Amerika, und die Amerikaner wissen das« ist nur die letzte Bekräftigung eines Zustandes, den viele zwar kennen, über dem aber geradezu ein Tabu liegt, weswegen man darüber nicht spricht. So scheint uns die Lage zu sein.

Wenn daher eine der prominentesten politischen Gestalten Israels, BURG, dem Staat Israel gewissermaßen den Totenschein ausgestellt hat, so ist diese Tatsache doch höchst erstaunlich und von größter Bedeutung, denn schließlich ist Amerika »die einzige Weltmacht«, und wenn SHARONS Feststellung stimmt, ist Amerika auch der Schlagarm Israels. Wie sich diese - bei uns wohlweislich totgeschwiegene Todesanzeige - nun tatsächlich und in welcher Konkretisierung auf den Türkei-Beitritt auswirken mag, wissen wir heute nicht. Wir hielten die Erwähnung eben wegen dieser Zusammenhänge jedoch für angebracht. Jeder mag sich seinen Reim daraus machen und das weitere Geschehen - mit diesem Wissen im Hintergrund - beobachten.

Wir sagten eingangs, daß die wirklichen politischen Fragen und Ereignisse lange Linien aufweisen. So gab es schon im 19. Jahrhundert die Orientfrage als russisches Problem. Und es gab auch damals ein doppeltes Spiel, weil die europäischen Mächte den Russen nicht den Erfolg - Konstantinopel - gönnten, wie noch früher der allerchristlichste König von Frankreich ebenfalls gegen das Reich mit der Pforte konspirierte, als Österreich drauf und dran war, am Balkan reinen Tisch zu machen und die Türken nach der Eroberung Belgrads wieder aus Europa zu verdrängen. Wir konnten hier nicht näher darauf eingehen, interessant war uns da in erster Linie die BURCKHARDTsche Feststellung, daß die Beziehungen des Abendlandes zur Türkei stets feindliche, kriegerische waren - und wie er die Einschätzung Europas bezüglich der Türken erlebte.

Wjatscheslaw DASCHITSCHEW,[12] mit dem ich kürzlich über das vorliegende Buch sprach, sagte mit zynischem Unterton und Anspielung auf die Politik der Europäischen Union, sie draußen zu halten: »Die Russen sind ja Asiaten, dafür sind die Türken Europäer.« Dieses Bewußtsein ist bei den Russen schon immer vorhanden, wie auch ein Zitat DOSTOJEWSKIS zeigt: »Wer sind sie, diese Russen? Asiaten, Tataren? Es wäre noch gut, wenn sie es wären, dann wäre die Sache wenigstens klar; aber nein, das ist es eben, sie sind es nicht, wir müssen gestehen, daß sie es nicht sind. Und doch sind sie uns so unähnlich.«[13]

Es ist schon merkwürdig, wie früher von Europa aus die Stellung Rußlands und der Türkei in bezug auf das Abendland gesehen wurde und wie heute eine politische Clique dieses Verhältnis uns geradezu vertauscht erscheinen lassen möchte. Eines wird aber auch hier deutlich: Beide Länder sind für uns von schicksalhafter Bedeutung. Die Gründe dafür mögen sich freilich gewandelt haben, weshalb wir hier, im letzten Teil, ausführlich darauf eingangen sind. In dem Maße, wie der kulturelle Gegensatz zusammen mit der demographischen Entwicklung uns die Türkei nur als Schreckgespenst erscheinen läßt, sind die im Grunde uns ähnliche, ebenfalls christliche Kultur, die ethnische Verwandtschaft der Russen und ihr Ressourcenreichtum für Europa mehr als ausreichender Anlaß, uns zusammenzutun. Die

[12] Professor an der Russischen Akademie der Wissenschaften, Institut für Internationale Wirtschaft und Politische Studien, und früherer Berater Präsident Michail GORBATSCHOWS.

[13] DOSTOJEWSKIJ, *Tagebuch eines Schriftstellers*, Bd. 2, S. 429/130.

von Carl SCHMITT genannten Gemeinsamkeiten, auch was die Gegner betrifft, haben wir schon erwähnt, und sie wurden auch entsprechend behandelt.

An dieser Stelle sei der Punkt besonders hervorgehoben , der heute die alles überragende Rolle spielt, nämlich die Energie. Ohne Energie - konkret: ohne Öl und Gas - sind die Industrienationen, aber auch die volkreichen, aufstrebenden Völker Asiens nicht mehr lebensfähig. Seit einigen Jahren werden immer wieder Einzelheiten aus Untersuchungsberichten über Ölversorgung bekannt. Gerüchte sprechen von Versorgungskrise, Dementis folgen. Man erinnere sich: Im Jahre 2004 wurden die ›sicheren Reserven‹ der BP mehrmals nach unten korrigiert; doch Ende des Jahres wurden auf einer Pressekonferenz die noch »sehr lange vorhaltenden Öllagerstätten« bestätigt. Diese für die ahnungslose Öffentlichkeit scheinbar unbegründeten Beruhigungsmeldungen sind in Wirklichkeit Zeichen höchster Gefahr.

Öl – die innerste Antriebskraft heutiger Geopolitik

Im August 2004 hielt M. RUPPERT einen Vortrag vor dem höchst feudalen Commonwealth-Club in Sacramento. Dort sagte er: »Die Attacken vom 11. 9. sind das Ergebnis einer absichtsvollen Planung und die konzertierten Anstrengungen identifizierbarer Führungspersonen aus der US-Regierung, dem Energie- und Finanzsektor, um ein zweites Pearl Harbor als Vorwand für einen Krieg des amerikanischen Imperiums, für die folgende Invasion und Konfiskation der Öl- und Gasreserven und/oder der Haupttransportrouten, auf denen es befördert wird, zu schaffen.«

Darüber liegt heute auch sein Buch vor: *Crossing the Rubicon,* das im einzelnen nachzeichnet, was – wie schon vorher ausgeführt – der frühere Nationale Sicherheitsberater Zbigniew BRZEZINSKI in *The Grand Chessboard*[14] geradezu als *Notwendigkeit* forderte, ein solches Ereignis wie das Versenken der ›Maine‹ im Hafen von Habana, den Angriff auf Pearl Harbor oder den Tonking-Zwischenfall 1964 zu fabrizieren und zum Auslöser der folgenden Entwicklungen zu machen.

Für RUPPERT ist es ein tollkühner Versuch des ›neuen Amerikas‹, sich auf den Rückgang der Ölförderung vorzubereiten. Es geht um die Bewältigung einer Wirtschaftskrise, wie sie die Welt noch nicht

[14] Deutsche Ausgabe: *Amerika, die einzige Weltmacht*, aaO.

gesehen hat: Bei einem nach wie vor stark steigenden Bedarf in den USA und sowohl in der industrialisierten als auch in der sich entwickelnden Welt bedeutet das Überschreiten der Höchstfördermenge von Erdöl jenen Umkehrpunkt, an dem die bisherige Lebensweise, insbesondere das ›Wachstum‹, nicht mehr aufrechterhalten werden kann.

Die Tatsache, daß wir die Höchstfördermenge erreicht haben, ist ein Staatsgeheimnis. Man leugnet es – aus verschiedenen Gründen. Vizepräsident R. CHENEYS Strategie-Gruppe für die Energiepolitik mußte von einem oberstgerichtlichen Urteil zur Bekanntgabe ihrer Analysen gezwungen werden.

Öl und Gas sind unentbehrlich.[15]

Die Sache ist klar: Seit 1962 gehen die neuen Ölfunde rapide zurück, während der Bedarf unaufhaltsam steigt. Einer neuen Studie von *Petroleum Review* zufolge werde die Produktion ab 2007 mit der Nachfrage nicht mehr schritthalten können. Die Studie gibt einen Überblick über die Großprojekte mit Reserven von über 500 Millionen Faß und einer täglichen Förderkapazität von 100 000 Faß.

Wir verbrauchen alle elfeinhalb Tage eine Milliarde Faß (= zwei Großprojekte), die Rate der Neuentdeckungen großer Felder ist aber praktisch auf Null gesunken. In den letzten fünf Jahren wurden 2000 sechzehn neue Funde mit über 500 Millionen Faß, 2001 acht, 2002 drei gemacht. Von der Entdeckung bis zur Produktion vergehen im Durchschnitt sechs Jahre, bei bereits vorhandener Infrastruktur *nur* vier Jahre. 2003 sind sieben Großprojekte in Produktion gegangen, 2004 waren es elf, 2005 wird die Spitze mit achtzehn Projekten er-

---

[15] Neue Ölfunde, Rückgang der Ölförderung und Ölknappheit beherrschen die US-Medien. Einige Beispiele: »The End Of Cheap Oil« (Das Ende billigen Öls), in: *National Geographic,* Juni 2004; »What To Use When The Oil Runs Out« (Was tun, wenn's kein Öl mehr gibt?), *BBC,* 22. 4. 2004; »G7: Oil Price Threatens World Economy« (G7: Ölpreis bedroht die Weltwirtschaft), in: *Moscow Times,* 26. 4. 2004; »World Oil Crisis Looms« (Weltölkrise droht), in: *Jane's,* 21. 4. 2004; »US Procuring The World's Oil« (US sichert das Öl der Welt), in: *Foreign Policy In Focus,* 1. 2004; »Are We Running Out Of Oil? Scientist Warns Of Looming Crisis« (Wird das Öl zu wenig? Wissenschaftler warnt vor drohender Ölkrise), in: ABCnews.com, 2. 11. 2004; »Blood, Money, And Oil« (Blut, Geld und Öl), in: *US News,* 18. 8. 2003; »Soaring Global Demand For Oil Strains Production Capacity« (Steigender Ölbedarf beengt die Produktionskapazität), in: *Wall Street Journal, 22. 3. 2004;* »Fossil-Fuel Dependency: Do Oil Reserves Foretell Blak Future?« (Erdöl-Abhängigkeit: Weisen die Ölreserven auf eine düstere Zukunft?), in: *San Francisco Chronicle,* 4. 2. 2004; usw. usw.

reicht, und es fällt dann im Jahre 2006 wieder auf elf, und in 2007 und 2008 auf nur noch je drei zurück. Es gibt *keine* in den Jahren 2009 und 2010. Was immer neu entdeckt wird, kann nicht vor 2008 in Produktion gehen. Die Studie weist darauf hin, daß ein Drittel der heutigen Produktion aus von zur Neige gehenden Feldern stammt, bei einem (Förderungs-)Rückgang von jährlich 4 Prozent. Das bedeutet, daß die Weltölförderung um über eine Million Faß pro Tag zurückgehen wird. Einzige Möglichkeit, dies auszugleichen, sind neue Förderungen.

Doch die jüngsten Ereignisse haben gezeigt, daß sich die weltweite Ölförderung an der obersten Grenze befindet. Die Sabotage einer irakischen Ölpipeline erhöht sogleich den Preis, und wenn PUTIN den Druck von Yukos nimmt, gibt der Ölpreis wieder nach. Gerüchte, daß in Venezuela Hugo CHAVEZ durch einen Putsch gestürzt werden könnte, lassen den Preis hochgehen.

Trotz der wiederholten Beteuerungen der Saudis, daß sie die Ölförderung erhöhen könnten und würden, ist die Lage anders: Sie können nicht. *FTW*[16] berichtete schon ein Jahr vor der *New York Times*, daß die Ölförderung der Saudis den Höhepunkt erreicht habe.

Eine führende Beratungsfirma erklärte, daß 2003 erstmals seit 1920 *kein* einziges Mega-Feld – 500 Millionen Faß oder größer – entdeckt worden sei. Ab 2007 würde die Produktion der bestehenden Felder um 3 bis 4 Millionen Faß/Tag sinken, was aber noch von den neu in Produktion gehenden mit 8 Millionen Faß/Tag überkompensiert werde.

Die Geologie wird uns sagen, *wieviel* wir – *unabhängig* von Investitionen und Ökonomie – herausholen können.

Der frühere englische Minister für Umwelt Michael MEACHER meinte: »Wir sind mit dem schwersten und vielleicht gewalttätigsten Aufruhr der Gesellschaft in jüngerer Geschichte konfrontiert«, und man kann hier nur an den ehemaligen bundesdeutschen Minister Andreas VON BÜLOW erinnern, der ebenfalls die Meinung vertrat, daß die Anschläge vom 11. September ein *inside-job* gewesen seien.

BBC berichtete kürzlich, daß die hohen Ölpreise die asiatische Wirtschaft bedrohten. Zwei Wochen zuvor hatte die australische Regierung eine Energie-Notverordnung zur Vorbeugung künftiger Krisen angeordnet. Im Juni 2004 ließ sie mit einer Übung überprüfen, wie Land und Regierung auf eine ›Unterbrechung‹ der Ölliefe-

[16] *From the Wilderness*, die Internet-Seite M. RUPPERTS.

rungen reagieren würden. Am 25. August wurde berichtet, daß Brasilien neue Verhandlungen mit Ecuador begonnen habe, um zurückgehende Öllieferungen zu ersetzen.

China, das sich mitten in einer geringer werdenden Ausbeute und in einer wirtschaftlichen Wachstumsphase mit zugleich noch wachsender Bevölkerung befindet, befürchtet eine große Krise. So sind Hongkong, Shanghai und Hangzhou mit zwingenden Strom-Abschaltungen konfrontiert, die die Produktion, den Handel und das Geschäftsleben beeinträchtigen. Die chinesischen Erdölimporte sind allein im ersten Quartal 2004 um 15 Prozent gestiegen.

Deutschland unternimmt seinerseits große Anstrengungen, den Verbrauch zu senken. Bundeskanzler Schröder, im Kielwasser der jüngsten Offenbarung des Ölkonzerns Shell – der, wie gesagt, innerhalb eines Jahres *viermal* seine Schätzungen der Reserven nach unten korrigieren mußte – , rief die Nationen der G8 zu völliger und überprüfbarer Transparenz bei allen Zahlen bezüglich der Ölreserven auf.

Indien, dessen Ölimporte im Verlauf eines Monats um 23 Prozent anstiegen, legt nun strategische Ölreserven an. Indonesien, ein OPEC-Mitglied, kündigte an, daß die Produktion ab 2008 schrumpfen werde. Japan kümmert sich nicht um die heftigen Proteste Washingtons, es hat einen großen Ölvertrag mit dem Iran unterzeichnet und streitet zur selben Zeit mit China, Vietnam und den Philippinen über die ziemlich kleinen Öl- und Gaslager bei den Spratly-Inseln im Südchinesischen Meer. In Erwartung militärischer Konflikte in dieser Region hat sich China entschlossen, eine Pipeline durch Burma zum Indischen Ozean zu bauen, so daß Tanker, die Chinas wachsenden Bedarf befriedigen sollen, nicht durch eine zunehmend gefährlichere Region fahren müssen. Japan hat seinerseits drei Gesetze verabschiedet, die seine nichtkriegerische Verfassung aufheben und eine umfassende Wiederaufrüstung erlauben.

Rußland erklärte jüngst, daß seine Ölreserven zu Ende gehen und die Produktion in den nächsten fünf Jahren stark zurückgehen werde. Es kündigte außerdem den Bau einer Pipeline von den sibirischen Feldern nach Wladiwostok und Sachalin an und stimmte damit zu, Öl an Japan, Korea und die Philippinen zu verkaufen. Rußlands Alternative wäre eine Pipeline nach China gewesen.[17]

---

[17] Für Rußland ist China der geostrategisch gefährlichste Gegner, weil in dessen Grenzprovinzen zu Sibirien rund 360 Millionen Menschen einem prak-

Das Industriemagazin *This Week in Petroleum* berichtete, daß Nicht-OPEC-Länder damit begonnen hätten, Öl zu horten und alles zu kaufen, was sie um welchen Preis auch immer bekommen können.

Am 24. August 2004 bestätigte das britische Zentrum für Ölressourcen mit Bezug auf Daten von *Petroleum Review*, daß die Erdölförderung seit sieben Jahren rückgängig sei, und zwar um 1,14 Millionen Faß/Tag. Aus den Daten der 18 größten Ölförderländer folgerte das *Petroleum Review*, daß diese Länder den Höhepunkt der Ölförderung bereits 1997 mit 24,7 Millionen Faß/Tag erreicht hätten und sie heute bei 22,1 Millionen Faß /Tag stünden.

Am 21. August 2004 stellte der *Houston Chronicle* eine große Frage: Wenn die Ölpreise steigen und die Nachfrage nicht befriedigt wird, warum entstehen dann keine neuen Jobs, warum wachsen die Unternehmen nicht (mehr)? Die Zeitung schob es auf die Finanzmärkte und gab die zweifelhafte Erklärung, daß die Ölfirmen es nicht übertreiben wollten. Tatsächlich verkleinern sich die Ölfirmen auf der ganzen Welt, sie verkaufen Firmenvermögen, kündigen Mitarbeitern und fusionieren. Vor kurzem soll die französische Ölfirma Total ein Angebot zum Kauf von Royal Dutch Shell vorgelegt haben.

Und in den USA haben die steigenden Ölpreise die großen Fluggesellschaften gezwungen, die Pensionsfonds der Mitarbeiter zu plündern, um die gestiegenen Kosten für Treibstoff auszugleichen, sonst wären sie bankrott gegangen.

So ist die Lage, und es ist dies erst der Anfang. Keiner der US-Präsidentschaftskandidaten hatte diese existentiellen Fragen auch nur im entferntesten im Wahlkampf angesprochen oder dachte daran, die Amerikaner über das Schlimmste zu unterrichten. Ihre einzige Sorge gilt den Finanzmärkten, nach dem Motto: »Wir können dies und das nicht machen, es könnte zu einem Crash der Märkte führen.« Als ob die ›Märkte‹ die Probleme der Menschen lösten oder lösen könnten...

Aber hier schließt sich der Kreis. Es sind zwar ›nur‹ die virtuellen Geschäfte mit astronomischen Summen, losgelöst von der realen Wirtschaft, aber sie sind nicht weniger bedrohlich. Sie waren im wirtschaftlichen Teil Gegenstand unserer Betrachtungen. Diese beiden

---

tisch menschenleeren Land – mit reichen Bodenschätzen – gegenüberstehen. Nicht die ›chinesische‹ Pipeline, sondern jene nach Japan als Exportroute gewählt zu haben ist eigentlich bereits der Beginn der kommenden Auseinandersetzung.

wie eine Zange wirkenden Bedrohungen bestimmen das Geschehen - auch die Haltung der USA in der Türkei-Frage. Die geläufigen Überlegungen - Schaffung sozialer und ethischer Spannungen in Europa durch Überdehnung des Ausländerzuzuges, Überlastung der europäischen Volkswirtschaften mit den ökonomischen Problemen der Türkei - sind *die eine* Seite. Die weniger sichtbaren sind die strategischen bezüglich der Transportrouten zu den und des Zugriffs auf die bekannten Energievorkommen. Hier spielt die Türkei eine bedeutende Rolle, wie bereits beim letzten Angriff auf den Irak erkennbar, als Aufmarschgebiet für mächtige Angriffstruppen, Nachschubbasen und Flugplätze für die Bomber.

Angesichts der apokalyptischen Lage benutzen die USA die Türkei als Schlüssel zur Aufrechterhaltung ihrer Vorherrschaft über die Welt. Sie wollen den Beitritt der Türkei zur EU forcieren und damit Europa destabilisieren, das heißt auch die Annäherung der Landmächte Rußland und Deutschland verhindern. Außerdem versuchen die Amerikaner über die Türkei, die Hand auf die Weltenergievorräte zu legen, sofern sie sich im Nahen Osten, am Kaspischen Meer, am Persischen Golf und in Südostasien befinden.

Auf den ersten Seiten seines Buches *Crossing the Rubicon* legt RUPPERT dar, worum es geht und was auf dem Spiel steht:

- Verteilung der schwindenden Ressourcen unter den Mitbewerbern, von denen einige Atomwaffen besitzen;
- Kontrolle über ausreichende Mengen des verbleibenden Öls und Gases, um die weltweite Vorherrschaft zu sichern, und Aufrechterhaltung der Ordnung im Imperium;
- Gleichzeitiges Management des weltweiten Wirtschaftssystems, das nur durch Kohlenwasserstoff-Energie ermöglicht wurde. In diesem nun kollabierenden System fragt die weiterhin wachsende Menschheit zunehmend nach Gütern, die nur mit noch mehr Kohlenwasserstoff-Energie hergestellt werden können;
- Kontrolle der wachsenden Nachfrage nach Öl und Gas durch *künstlich herbeigeführte* Rezessionen und Kriege, die die nationalen Volkswirtschaften ruinieren;
- Verschleierung aller Beweise, daß sie - die Machtelite der USA - systematisch den Reichtum aller Menschen der Erde - selbst des eigenen Volkes - vergeudet (= stiehlt), nur um sich an der Macht zu halten;
- Aufrechterhaltung eines geheimen Flusses von Einkünften (vor allem durch den Drogen- und Menschenhandel), um genügend

Schwarzgelder außerhalb der Bilanzen zu haben, um sich selbst einen entscheidenden wirtschaftlichen und militärischen Vorteil zu verschaffen, um die technologische Position zu stärken und um ›verdeckte Operationen‹ (= Mordkomplotte, ›orange‹ Revolutionen, ›Volks- und Studentenaufstände‹ usw.) zu finanzieren;

- Überzeugen der Bevölkerung, daß man selbst ehrenhaft sei;
- Reduzierung der Weltbevölkerung durch Tötung von hinreichend vielen Menschen, damit *sie* auch danach die Kontrolle behalten, wenn die Ölversorgung den Punkt des Energie-Notstandes erreicht hat.

Wir teilen diese Ansicht uneingeschränkt.

Die Sache ist aber noch nicht entschieden, denn im Energiepoker der vergangenen zehn Jahre haben die USA die meisten ihrer Anstrengungen, die Russen auszubooten, nicht zum Erfolg führen können. Es ist auch kaum vorstellbar, daß sich die energiehungrigen Staaten Asiens von der Versorgung völlig abschneiden lassen. Ihre Wirtschaften stünden ja auf der Stelle still. Wie es schließlich enden wird, ist heute nicht absehbar; alles ist vorstellbar.

Es könnte auch sein, daß die drohenden schwersten Krisen – sowohl im Energiebereich und damit in der Realwirtschaft als auch im Finanzsektor mit der ungeheuren Finanzblase (Derivate, Verschuldung, *fiat-money* usw.) – sämtliche Pläne und Befürchtungen im Zusammenhang mit dem Türkeibeitritt obsolet machen. Es könnte selbst dafür schon zu spät sein. Um dies aber zu verstehen und auch zu begründen, schien es uns geboten, diese Themen auch in einem Buch über die ›türkische Frage‹ aufzunehmen und zu erörtern.

Um es nochmals deutlich zu sagen: Die Motive der »einzigen Weltmacht« (Brzezinski), die Europäer zur Aufnahme der Türkei zu nötigen, sind unserer Ansicht nach nicht nur offensichtlich, sondern auch aus mindestens zwei Beweggründen bedingt: Europa durch Schwächung und Destabilisierung weiterhin unter Kontrolle zu halten und damit ein Bündnis mit der Landmacht Rußland zu verhindern. Diese ganz normale Strategie, die eigene Vormacht zu sichern, hat Brzezinski seinerzeit unmißverständlich dargelegt. Das zweite Motiv ist schon deutlich reaktiver Natur und inzwischen das wohl entscheidendste: Die USA stehen nämlich wirtschaftlich mit dem Rücken an der Wand, ihr angeblicher ›Krieg gegen den Terror‹ ist eine Flucht nach vorn. Die Finanzblase ist seit März 2000 am Platzen, eine sogenannte ›weiche Landung‹, wie sie immer beschworen wird, erinnert an das laute Reden eines ängstlichen Wanderers beim

Durchschreiten des finsteren Waldes: Es hilft nichts, die angehäuften gigantischen Schulden der USA sind nicht rückzahlbar. Die realwirtschaftlichen Gründe – Ende des Ölzeitalters – treffen die ganze Welt, die USA aber am stärksten, weil ihre Lebens-›philosophie‹ der Verschwendung und der kurzfristigen Profitmaximierung von jedem möglichen Ausweg am weitesten entfernt ist. Das macht die USA natürlich nicht stärker, sondern unberechenbarer. In beiden Fällen, die wohl *keine* einheitliche, homogene Politik bedingen,[18] ist die Türkei *Objekt* der US-Politik, ein Bauer am Schachbrett. Das ist für uns wie auch gleichermaßen für die Türkei, wenn auch aus unterschiedlichen Gründen, unerwünscht. Entlang *dieser* Betrachtung fordert die türkische Frage ganz andere Gegenstrategien, als es die historischen, religiös-kulturellen und demographischen Überlegungen und eine von der Türkei selbst ausgehende Politik erfordern. Dies macht auch die Vielschichtigkeit der türkischen Frage aus.

Wenn wir uns gegen die im geopolitischen Kapitel behandelten Probleme und die von ihnen induzierte amerikanische Politik schützen wollen – sprich gegen ein Schachmatt durch den türkischen Bauern –, müssen wir völlige Klarheit nicht nur über diese Probleme haben, sondern auch über mögliche Optionen einer Abwehr. Solche Optionen liegen außerhalb des engeren Themenbereichs, daß nämlich ›die Türken kommen‹, gehören aber dazu. Darum haben wir auch die Beurteilung der Lage durch den Verbündeten der ersten Wahl, nämlich Rußland, einbezogen. Diese Analysen und Bewertungen sind von den hervorragendsten Kennern beigesteuert, so daß dem Leser auch diese Facette in größter Klarheit vorgelegt werden konnte.

Schlußfolgerungen

Bei anderer Gelegenheit wurde einmal kritisiert, daß ein Sach- bzw. Faktenbuch auch zu ›Lösungsansätzen‹ etwas ausführte. Solche Kritik teilen wir nicht. Wir kämen uns wie ein Arzt vor, der nur eine Diagnose stellt und darüber die Behandlung der Krankheit vergißt. Im Fall einer politischen Diagnose ist es übrigens bereits so, daß das Erkennen von Ursachen oder der Ziele einer bestimmten Politik schon

[18] Für Carl von Clausewitz sei das Wichtigste, sich darüber klar zu sein, »welche Art von Krieg« man führe, und im obigen Beispiel haben wir darauf hingewiesen, daß die eine politische Strategie aus der Stärke heraus diese zu sichern bestrebt ist, die andere im Grunde ein Akt der Verzweiflung ist.

ein Schritt in Richtung ›Heilung‹ ist: Man kann, wenn man vernünftig handelt, eigentlich nicht mehr das Falsche tun, wenn man es als falsch erkannt hat. Ob man dann auch schon den optimalen Weg findet, ist natürlich eine andere Frage. Was hier am Schluß des Buches in einigen Punkten dazu gesagt wird, mag auf Widerspruch stoßen. Es ging aber von der Einsicht aus, daß wir ebenso wie im Lateinischen den Begriff ›Feind‹ genau abgrenzen müssen. Der ›*inimicus*‹ ist ein persönlicher, der ›ärgste‹ Feind, den wir im einzelnen Türken im Zusammenhang mit dem hier behandelten Problem keinesfalls sehen sollten und dürfen. Der ›*hostis*‹ ist der Staats-, der Landesfeind, der als kriegführendes Land Feind sein kann, oder als Fremder, der eben *nicht als Einzelner*, sondern *in Millionenzahl* in ein für ihn fremdes – nämlich *unser* – Land einwandert. Als ›*hostis*‹ ist die Türkei wegen der gegen *unsere* Volksgemeinschaft gerichteten Gefahr ein ›Feind‹, der aus *diesem einzigen Grund* abzuwehren ist, weil die eigene Existenz als Volk bedroht ist. Läßt er von diesem Vorhaben ab, ist nicht nur ein ehrlicher Frieden möglich, sondern sogar Freundschaft und Zusammenarbeit.[19] Diese wäre auch für die Türkei vorteilhafter, weil sie den Aufbau der türkischen Nation in ihrem angestammten Lebens- und Wirkbereich unterstützen würde – und wohl auch wollte. Auch das Fremde der anderen Kultur verliert das Bedrohliche, wenn es in seinen überlieferten und historischen Grenzen bleibt, ja, es ist dann ein wertvolles Juwel in der Krone des Schöpfers, um das die Welt ärmer würde, löste sich die so eigene Kultur in einer universalen Zivilisations›kultur‹, in einem ›*melting-pot*‹, gar auf.

So zielen die Lösungsgedanken nicht auf eine Bekämpfung der Kultur oder Religion, der anderen Sitten und Traditionen, sondern auf deren Bewahrung, wie auch der unseren, was ja nur ein redliches Anliegen ist. Zum anderen richten sie sich gegen die Entgrenzung und Auflösung, die vom internationalen Kapitalismus erzwun-

---

[19] Carl SCHMITT hatte dies betont, als er die Zerstörung des *Jus publicum Europaeum* durch die Einmischung der USA in den Ersten Europäischen Krieg, der zum Weltkrieg wurde, als Beginn der Auflösung des europäischen Völkerrechts beklagte, das noch den *justus hostis* kannte, den Feind, der auch über Rechte verfügt und mit dem ein Friedensschluß möglich war. Was die USA heute der Welt vorführen – Guantánamo, Abu Ghraib. . . –, ist die völlige Entrechtung angeblicher Menschheitsfeinde, deren Vertilgung – wie die des Ungeziefers – noch als ›Wohltat‹ erscheinen soll. Es ist schon nicht mehr bloß der Vorhof zur Hölle, es ist sie bereits selbst.

gen werden, womit erst die Globalisierung vorangetrieben wird. Hier sind alle Völker nur Objekte der Politik einer Anonyma - und müßten, wenn sie es verstehen, sogar gemeinsam dagegen Front machen. Wir haben das an verschiedenen Stellen auch angesprochen, da anscheinend auch in der Türkei die politischen ›Eliten‹ nicht wirklich jeweils die Interessen ihrer Völker vertreten.

Es kam uns darauf an, in diesem gleichsam endzeitlichen Kampf die Existenz, das Überleben des eigenen Volkes zur Richtschnur zu nehmen, denn nur in seiner Geborgenheit werden wir - wie auch die anderen Nationen, einschließlich der Türkei - die bevorstehenden apokalyptischen Ereignisse überleben können. Wir hoffen, daß der Leser sich mit dieser Orientierung etwas leichter zurechtfindet und die Zusammenhänge, die hier aufzuzeigen versucht wurden, nachvollziehen kann.

Gerhoch Reisegger, im Dezember 2004

Vorwort

Von der Anti-Utopie zur realen Apokalypse

Konrad LORENZ beschrieb in seinem kleinen, wohl irrtümlich von den Wächtern der Political Correctness übersehenen Büchlein über die *Acht Todsünden der zivilisierten Menschheit* einige Entwicklungen, die seit langem zu beobachten sind. Hätte man geahnt, in welche Richtung sich der berühmte österreichische Nobelpreisträger nachmals entwickeln würde, wäre er vermutlich niemals mit dem prestigeträchtigen Nobelpreis (1973) ausgezeichnet worden.

Besonders drei der beschriebenen Todsünden, die LORENZ als Menetekel an die Wand schrieb und als Aufforderung zur Umkehr an die ganze Menschheit verstanden wissen wollte, verdienen nähere Beachtung. LORENZ hob eigens hervor, daß »wir in einer Zeit leben, in der es der Naturforscher ist, der gewisse Gefahren besonders klar zu sehen vermag. So würde ihm das Predigen zur Pflicht«. Wenn der Verhaltensforscher nach einem langen Forscherleben vom »genetischen Verfall« spricht, darf man mithin annehmen, daß er weiß, wovon er spricht.[20] LORENZ wörtlich:

»Innerhalb der modernen Zivilisation gibt es – außer den ›natürlichen Rechtsgefühlen‹ und manchen überlieferten Rechtstraditionen – keine Faktoren, die einen Selektionsdruck auf die Entwicklung und Aufrechterhaltung sozialer Verhaltensnormen ausüben, wiewohl diese mit dem Anwachsen der Sozietät immer nötiger werden. Es ist nicht auszuschließen, daß viele Infantilismen, die große Anteile der heutigen ›rebellierenden‹ Jugend zu sozialen Parasiten machen, möglicherweise genetisch bedingt sind.«

Es ist nur zu offensichtlich, daß eine ›Bastardisierung‹ auch beim Menschen nicht zu seiner Höherentwicklung beitragen wird (auf Tierschauen werden ›reinrassige‹ Exemplare merkürdigerweise mit Preisen bedacht). Wenn nun einzig die »überlieferten Rechtstraditionen« das Zusammenhalten der Massen-Gesellschaft bedingen, dann ist die geistige und ethnische Zerstörung der in einem *melting pot*

[20] Konrad LORENZ, *Die acht Todsünden der zivilisierten Menschheit,* München 1973, S. 108 f.

zusammengewürfelten Menschenmasse, die sich aus verschiedenen ethnischen Fermenten zusammensetzt, für ein humanes Miteinander nicht Medizin, sondern Gift.

LORENZ' sechste ›Todsünde‹ betrifft das »Abreißen der Tradition«. Dieses werde »dadurch bewirkt, daß ein kritischer Punkt erreicht ist, an dem es der jüngeren Generation nicht mehr gelingt, sich mit der älteren kulturell zu verständigen, geschweige denn zu identifizieren. Sie behandelt diese daher wie eine fremde ethnische Gruppe und begegnet ihr mit nationalem Haß. Die Gründe für diese Identifikations-Störung liegen vor allem in mangelndem Kontakt zwischen Eltern und Kindern, was schon im Säuglingsalter pathologische Folgen zeitigt«.

Wenn ein Forscher wie LORENZ mit einer solchen Feststellung die Folgen des Abreißens der kulturellen Tradition ausmalt, dann stand es für ihn offenbar außer Frage, daß sich fremde ethnische Gruppen hassen. Zwischen Deutschen und Türken, Europäern und Asiaten gibt es keine gemeinsame »kulturelle Verständigung«; die Verschiedenartigkeit ist gerade das Kriterium ihres jeweiligen Anders-Seins. Wenn es in der heutigen Zeit – aus welchen Gründen auch immer – schon zu Kontaktschwierigkeiten zwischen den engsten Verwandten – Kindern und Eltern – kommt, wie viel schlimmer muß dies unter Fremden sein, zumal wenn aus ihnen im Laufe der Zeit bedrohliche Konkurrenten werden?

Die siebte ›Todsünde‹ handelt von der zunehmenden Indoktrinierbarkeit der Menschheit: »Die Vermehrung der Zahl der in einer einzigen Kulturgruppe vereinigten Menschen führt im Verein mit der Vervollkommnung technischer Mittel zur Beeinflussung der ›öffentlichen Meinung‹ zu einer Uniformierung der Anschauungen, wie sie zu keinem Zeitpunkt der Menschheitsgeschichte bestanden hat. Dazu kommt, daß die suggestive Wirkung einer fest geglaubten Doktrin mit der Zahl ihrer Anhänger wächst, vielleicht sogar in geometrischer Proportion. Schon heute wird mancherorts ein Individuum, das sich der Wirkung der Massenmedien, z. B. des Fernsehens, bewußt entzieht, als pathologisch betrachtet. Die ent-individualisierenden Effekte sind allen jenen willkommen, die große Menschenmassen manipulieren wollen. Meinungsforschung, Werbetechnik und geschickt gesteuerte Mode helfen den Großproduzenten diesseits und den Funktionären jenseits des Eisernen Vorhanges zu gleichartiger Macht über die Massen.«

Man muß mit den hier geschilderten Propagandamechanismen, die den Menschen ein X für ein U vormachen, auch im Falle des türkischen EU-Beitritts rechnen. Wie eine mentale Walze werden die entsprechenden Parolen auf die Öffentlichkeit losgelassen, ein Prozeß, der längst begonnen hat. Allerdings kann man mit Propaganda nur die *virtual reality*, nicht aber die tatsächliche Wirklichkeit beeinflussen. Die Schwierigkeiten, ja Gefahren verschwinden nicht, nur weil irgendwo besonders viel Lärm gemacht wird.

Ein türkischer EU-Beitritt kommt einem Spiel mit dem Feuer gleich.[21] Der Islam-Experte Peter Scholl-Latour warnte in einem ntv-Interview bei Maischberger unumwunden davor, daß ein Beitritt der Türkei zur Europäischen Union das Ende Deutschlands bedeutete. »In dem Gespräch mit Frau Maischberger. . . äußerte Peter Scholl-Latour sinngemäß, daß er das oberflächliche Geschwätz unserer Politiker über den EU-Beitritt der Türkei, das ganze Für und Wider zu diesem Thema nicht mehr anhören könne. Er habe im Zusammenhang mit diesem Thema einen hochrangigen türkischen Politiker gefragt, ob er wohl auch mit 5 Millionen Türken rechne, die sofort nach dem Türkei-Beitritt nach Deutschland kämen? Sein Gesprächspartner aber habe nur lachend geantwortet: ›5 Millionen? Nein, 10 Millionen!‹ Scholl-Latour wörtlich: ›Wissen Sie, was das bedeutet? Das ist das Ende der deutschen Nation!‹«

Peter Scholl-Latour ist ein kluger Kopf. Andererseits muß man auch Politikern unterstellen, ihr Intelligenzquotient reiche hin, um solche Warnungen zu verstehen. Warum aber tun viele Politiker dann etwas, was sowohl ihrem Amtseid als auch ihrer eigenen Einsicht widerspricht? Wer weiß, daß eins plus eins gleich zwei ist, aber trotzdem hartnäckig jedes beliebige andere Resultat hinschriebe, den würde man für *ver*-rückt, für nicht ganz bei Trost halten. Oder, was schlimmer wäre, als jemanden, der zu seinem eigenen Vorteil absichtlich das Verkehrte tut, um seinem Volk zu schaden; etwas, was feindliche Kräfte heimlich und unbemerkt hinter den Linien tun, als trojanische Pferde gewissermaßen. Mit einem Wort: willfährige Vollstrecker des Siegerwillens, Landesverräter.

Seit Orwell wissen wir, was *newspeak* ist, zu deutsch: ›Neusprech‹. Neusprech ist jene diabolische Sprache, in der jeder Begriff in Wirklichkeit sein Gegenteil bedeutet. Zum Beispiel: Wahrheit ist Lüge, Freiheit ist Despotie, Krieg ist *peace-making*. Behielten in unseren Breiten die Begriffe ihre natürliche, angestammte, richtige Bedeutung, dann könnte ein griechischer Ministerpräsident schlechterdings nicht

[21] Für das Folgende: *Huttenbriefe*, Folge 3, Juli 2003.

von »einem Gewinn für Europa« sprechen, wenn die Türkei EU-Mitglied würde. Man muß bei solchen Täuschungsmanövern immer an den großen Humoristen Wilhelm BUSCH denken, der einmal sagte (und zeichnete): »Der Teufel kommt immer in schöner Verpackung.« Auch die Schalmeienklänge unserer politischen Klasse sind solche irreführenden ›Verpackungen‹. Etwa, wenn davon gesprochen wird, es gebe bei einem EU-Beitritt der Türkei nur Vorteile, der Frieden werde sicherer – und so weiter, und so fort.

Für den großen deutschen Philosophen Johann Gottlieb FICHTE waren »Völker in ihrer Identität das höchste Gesetz der Geisterwelt, das das vollgültige Erscheinen der Gottheit – und darin Wesen und Sinn aller Wirklichkeit – darstellt. Nur die ungekürzte Pluralität der Nation macht die Menschheit bzw. ihre Geschichte zum getreuen Spiegel für das Bild des Absoluten; wenn eines der Völker seiner Eigenheit beraubt, wenn es in eine fremde kulturelle Bahn hineingezwungen wird, geht dem Spiegel eine der Facetten verloren. . . Einschmelzen aller Nationalitäten müßte so Chaos und Verderben herbeiführen. Wer das Recht der Völker auf ihre besondere Lebensform. . . verletzt, macht sich zum Feind der göttlichen Ordnung!«

Der große Philosoph hat sich auch später von universellen Idealen wie Freiheit und Menschheitsfortschritt leiten lassen. Doch der spätere FICHTE erkennt gleichzeitig immer klarer, daß wegen des utopischen Zieles der ›Gleichheit‹ aller Menschen alles konkrete Wirken nur innerhalb der je eigenen Nation (dem Volk) möglich sei.

Wir haben daher nichts gegen die Türken, ihre Geschichte, Tradition, Religion, Kultur – in ihrem eigenen Kulturkreis. Heute steht die Türkei allerdings *ante portas* – vor den Toren, und mancher meint: längst *intra muros* – innerhalb unserer Mauern. Die Probleme sind also absehbar.

Da uns die politische Klasse als Handlanger anonymer Hintergrundmächte – der Plutokratie –, die im Besitze der Medien sind,[22] alles Mögliche vorlügt und sich seit Jahrzehnten mit Erfolg bemüht, unsere historischen Wurzeln zu kappen, sind historische Rückblicke, Vergleiche mit ähnlichen Situationen, ja sogar mit heutigen Ereignissen, von denen plötzlich gar nichts mehr zu hören ist oder die mit 24stündigen Lärm- und Dauerberieselung übertüncht werden,

---

22 Ein kluger Kopf sagte einmal, die Medien seien so etwas wie ein anderer ›Aggregatzustand‹ des (Finanz-) Kapitals. Mit ihnen wird alles herbeigelogen und zurechtmanipuliert.

nötig, um die drohenden Gefahren zu veranschaulichen. Einer solchen Vorgehensweise ist jede moralisierende Anschuldigung fern; wir müssen nur erkennen, was war und nach wie vor tatsächlich ist. Wir müssen außerdem erkennen, während wie langer geschichtlicher Zeiträume sich Volkscharakter und -bewußtsein nicht verändert haben – und warum Parolen und Medienpropaganda nicht zwangsläufig eine gute Basis zur Einschätzung unserer Zukunft sind. Aus diesem Grund müssen bestimmte Dinge im folgenden einfach angesprochen werden. Zum Beispiel die Tatsache, daß die Begegnungen mit dem Türkentum in der Vergangenheit immer solche auf dem Schlachtfeld waren, wobei die türkische Seite stets als Eroberer und Angreifer auftrat. Selbst als die Seiten wechselten und das Haus HABSBURG nach 1683 mit der Zurückdrängung der Türken den Part des ›Angreifers‹ übernahm, bedeutete dies nur die Wiederherstellung des *status quo ante,* des ursprünglichen Zustandes also, vergleichbar der Verteidigung, einem Ausfall oder einem Entlastungsangriff aus einer bedrängten Festung, der natürlich kein ›Angriff‹ im ursprünglichen Sinne ist.

Es soll an dieser Stelle auch gleich klargestellt werden, daß es Unterschiede gibt und worin sie bestehen, auch wenn der Einzelne sie nicht wahrnimmt. Wer etwa an religiösen Fragen kein Interesse hat, weil er selbst von materialistischem, ›aufgeklärtem‹ Zeitgeist durchdrungen ist, dem wird der Gegensatz und die letztliche Unvereinbarkeit von islamischem und abendländischem Denken auf philosophischer Ebene nicht viel sagen. Wer so denkt, übersieht aber, daß er dennoch in einer Welt lebt, die von dieser abendländischen Tradition geistig geprägt wurde und von der die heutige – reichlich ungeistige – Zeit noch immer lebt, sozusagen wie jemand, der das Kapital aufzehrt, das andere vor ihm angespart haben.

Neben solchen eher vordergründigen Dingen – auch den ökonomischen – sind jene Erkenntnisse am wichtigsten, die die Frage nach den inneren Antriebskräften beantworten. Dann nämlich verstehen wir, was wirklich läuft. Es werden deshalb im folgenden auch die Ideologie eines Grafen COUDENHOVE-KALERGI, die Phantasien jener Vertreter des *Germaniam esse delendam* und die imperialen Ziele der USA eine wesentliche Rolle spielen, wenn es um Aufklärung über die wirklichen Triebkräfte des türkischen EU-Beitritts geht; und alle diese Triebkräfte haben natürlich ein Gesicht und eine Adresse.

Auch ein interessantes Nebenprodukt dieser Arbeit wird dabei zur Sprache kommen: die Tatsache, daß es ebenso in der Türkei starke Kräfte gibt, die im EU-Beitritt einen Angriff auf die eigene Nation erblicken. So unrecht haben diese Stimmen natürlich nicht. Und sie werden klug genug sein – jedenfalls steht dies zu hoffen – zu verstehen, daß in den im Gefolge eines EU-Beitritts nach Europa strömenden Massen nur eine tödliche Bedrohung gesehen werden kann. Und vermutlich werden sie auch nicht glauben, daß sich Europäer und Deutsche einen solchen Zustrom auf Dauer gefallen lassen könnten. Ein Volk, das die Römer besiegt und im letzten Jahrhundert die sowjetische Flut von Europa ferngehalten hat, könnte sich nämlich abermals aufraffen, diesen dritten Angriff der Türken auf das Abendland noch abzuwehren.

Unabhängig davon wäre natürlich jedem Klarblickenden jene Alternative lieber, die seinerzeit Carl SCHMITT mit seinem Konzept der kontinentalen »Großräume mit Interventionsverbot für raumfremde Großmächte« formuliert hat. Nur ein solches Modell bietet Spielraum für ein friedliches Nebeneinander der Kulturen. Alles andere birgt die Gefahr in sich, daß die Ankündigung des Hochgrad-Freimaurers Giuseppe MAZZINI an Logenbruder Albert PIKE doch noch Realität wird: Am 15. August 1871 erzählte PIKE[23] MAZZINI[24], daß nach

---

[23] General Albert PIKE, Begründer des Ku-Klux-Klan (KKK) und Führer der Freimaurerei in der Zeit des amerikanischen Bürgerkrieges. Laut *EIR-National* vom 4.12.1992, S. 66 f., war PIKE *Chief Judiciary Officer* des Klans und *Grand Dragon* des Ku Klux Klan von Arkansas. *EIR* berichtete, daß zwei Städte die Schleifung des PIKE-Denkmals auf dem *Judiciary Square* in Washington verlangt hätten. Diesem Verlangen hatte sich der Klan naturgemäßg widersetzt, eigenartigerweise aber auch die der jüdischen B'nai Brith-Loge nahestehende Anti Defamation League.

[24] MAZZINI, Giuseppe (1805–1872), italienischer Freiheitskämpfer, d.h. Berufsrevolutionär, Verschwörer und Freimaurer. MAZZINI wurde am 22. Juni 1805 in Genua als Sohn eines Arztes geboren und studierte Jura. Er lehnte die Einbindung seiner Heimatrepublik Genua in das Königreich Sardinien-Piemont, die 1815 vollzogen worden war, zutiefst ab. 1827 schloß er sich dem revolutionären Geheimbund der Carbonari an, 1830 wurde er verhaftet und verließ dann die Carbonari wieder, weil er sie für ineffizient hielt. Im Juli 1831 gründete er in seinem Marseiller Exil die Organisation *Giovine Italia* (Junges Italien), die sich rasch in Italien ausbreitete. MAZZINI vertrat den Standpunkt, daß das italienische Volk durch koordinierte Aufstände die italienischen Herrscher stürzen, die österreichischen Machthaber von der italienischen Halbinsel vertreiben und eine Republik errichten könnte. Die Einigung Italiens 1861 in Form eines Königreiches – also keiner Republik – lehnte er ab. Die Proklamation der Republik Italien 1946 war ein verspäteter Sieg der Ideen MAZZINIS.

dem Ende eines dritten(!) Weltkriegs diejenigen, die eine unbeschränkte Weltherrschaft beanspruchen, den größten sozialen Umsturz provozieren würden, den die Welt je gesehen hat. PIKE selbst formulierte das (in einem Brief, der in der British Museum Library in London inventarisiert ist) mit den Worten:

»Wir werden die Nihilisten und Atheisten entfesseln, und wir werden einen ungeheuren sozialen Umsturz provozieren, der mit seinen Schrecken den Nationen deutlich zeigen wird, was die Wirkungen absoluten Atheismus sind: der Ursprung der Barbarei und der blutigsten Aufstände. Dann werden die Bürger allerorten gezwungen sein, sich gegen die Minorität der Revolutionäre zur Wehr zu setzen, und sie werden diese Zerstörer der Zivilisation ausrotten, und die Mehrheit, enttäuscht vom Christentum, dessen göttlicher Geist von diesem Augenblick an keine Orientierung mehr bieten wird, ängstlich und nach Idealen suchend, aber ohne zu wissen, wem die (göttliche) Verehrung dargebracht werden soll, wird das wahre Licht von der universellen Offenbarung der reinen Lehre Luzifers empfangen, die sich schließlich der öffentlichen Ansicht enthüllt, einer Manifestation, die auf die Zerstörung des Christentums und des Atheismus folgt, welche also beide zur selben Zeit besiegt und ausgerottet werden.«

Nicht nur eine völlig entchristlichte und atheistische, nihilistische Welt steht Satanisten wie PIKE oder MAZZINI vor Augen, sondern beide, Christen und Atheisten, sollen sich gegenseitig vertilgen. In der Dämonisierung des »islamischen Terrors« haben die Hintergrundmächte in den USA bereits den Anfang gemacht, diese beiden Kulturen/Welten gegeneinander zu hetzen. Die Herrschaft Satans und seine Anbetung in Gestalt des ›wahren Lichtes‹ – der Abglanz des Goldenen Kalbes – ist das letzte Ziel.

Am Schluß des vorliegenden Bandes wird auch noch über einige geopolitische Probleme sowie über eine der drängendsten Fragen, von der die globale Politik bestimmt wird, zu sprechen sein: Energie und Öl. Die Entwicklungen auf diesem Sektor sind von einer Dramatik, von der sich die nur von Fernsehen und Presse ›informierten‹ Zeitgenossen keine Vorstellung machen. Die damit zusammenhängenden Probleme sowie die schon erkennbaren Weichenstellungen geben Grund zur Hoffnung, daß das Türkei-Thema noch vor einer Entscheidung wieder von der Tagesordnung verschwunden sein könnte.

1. Die Türkei als Nachbar Europas – Kontinuität einer Bedrohung

1.1. Historisches

Im Jahre 1354 faßten die Osmanen auf der Balkanhalbinsel Fuß, zerstörten am 16. Juni 1389 mit der Schlacht auf dem Amselfeld das serbische Reich, besiegten 1396, 1444 und 1448 christliche Heere und eroberten am 29. Mai 1453 Konstantinopel (Istanbul). In der Folge begannen sie mit Vorstößen nach Mitteleuropa. Die Beziehungen zu Österreich gliedern sich im wesentlichen in vier zeitliche Abschnitte:

1. *Die Periode der Überfälle bis 1526:* Bedroht war zunächst Ungarn, das sich 1456 durch einen Sieg bei Belgrad erfolgreich wehrte. In den Jahren 1473, 1476, 1478, 1480 und 1483 fielen die Türken in Kärnten und in der Südsteiermark (östliches Slowenien) ein.

2. *Osmanische Angriffe 1526-1683:* Nachdem Sultan SÜLEYMAN II. 1521 Belgrad erobert und 1526 das ungarische Heer bei Mohács[25] vernichtet hatte, kam es zum Krieg, weil der Habsburger FERDINAND I. die Krone Ungarns beanspruchte. Die Folge war ein erster Vorstoß der Osmanen bis Niederösterreich und die Belagerung Wiens vom 27. September bis zum 15. Oktober 1529. Sultan SÜLEYMAN II. rückte im Spätsommer mit 100 000 Mann gegen Wien vor. Der Stadt Wien, die von Graf Niklas SALM verteidigt wurde, standen nur 8000 Knechte und 1700 gepanzerte Reiter zur Verfügung. Kaiser FERDINAND I.[26] hielt sich während der Belagerungszeit in Innsbruck auf. Nach den ersten Gefechten im heutigen Schwechat und Simmering zogen sich die

---

25 Mohács, Stadt in Ungarn, Schauplatz zweier wichtiger Schlachten: Am 29. 8. 1526 unterlag und fiel der Ungarnkönig LUDWIG II. gegen Sultan SÜLEYMAN II., daraufhin gelangten die Kronen Ungarns und Böhmens an die Habsburger. Am 12. 8. 1687 siegte KARL V. VON LOTHRINGEN hier über die Osmanen.

26 FERDINAND I., geb. 10. 3. 1503 in Alcalá de Henares bei Madrid (Spanien), gest. 25. 7. 1564 Wien, begraben in Prag (Veitsdom), Kaiser; jüngerer Bruder von KARL V., Enkel MAXIMILIANS I. Erhielt durch die Verträge von Worms und Brüssel 1521/22 die deutschen Erbländer zugesprochen und begründete die österreichische Linie der Habsburger. 1526 König von Böhmen und Ungarn, 1531 römischer König, 1558 Kaiser. Die spanische Herkunft sollte beim Agieren Frankreichs gegen das Reich nachmals noch des öfteren die Bedrohung des Abendlandes verschärfen.

kaiserlichen Truppen in die Stadt zurück. Um den herannahenden Türken keine Möglichkeit zu bieten, sich in vorhandenen Häusern zu verschanzen, und um ihnen die Versorgung mit Lebensmitteln zu erschweren, brannten die Verteidiger Wiens die aufblühende Weiden nieder.

1532 folgte ein weiterer Angriff, der aber vor Güns (Köszeg, Ungarn) endete. Nur Vorhutverbände drangen bis in das Ybbstal vor.

1540-47 besetzten die Osmanen Zentralungarn (1541 Buda) und errichteten ein Paschalik, das Land zerfiel in drei Zonen: Neben dem türkischen Zentrum beherrschten die Habsburger den Westen und den Norden (Slowakei), während Siebenbürgen als Fürstentum türkischer Satellit wurde. Waffenstillstände wurden nur auf Zeit geschlossen (1547 und 1562 in Konstantinopel, 1568 in Adrianopel) und verpflichteten Österreich zu jährlichen Tributzahlungen. Die Verteidigung der Grenzräume wurde den Ständen von Österreich und Innerösterreich übertragen, diese mußten Festungen in Westungarn und Kroatien bauen, erhalten und ausrüsten.[27] Ein neuerlicher Krieg 1593–1606 wurde nach dem Verlust der Hauptfestung Raab (Györ), die 1598 zurückerobert wurde, mit dem Frieden von Zsitvatorok beendet, in dem der Kaiser erstmals als dem Sultan gleichrangig anerkannt wurde. Nach Zahlung eines ›Ehrengeschenks‹ von 200 000 Gulden endete die Tributpflicht. In den folgenden Jahrzehnten, vor allem während des Dreißigjährigen Krieges, verbesserten sich die Kontakte, und es kam zum Austausch von Grußbotschaften.

1663 brach erneut ein Krieg aus, zum Teil hervorgerufen durch französische Intervention. Am 1. August 1664 siegte Raimund Fürst MONTECUCCOLI bei Mogersdorf, doch die ungarischen Magnaten waren mit dem Frieden von Vasvár (Eisenburg) 1664 unzufrieden. E. THÖKÖLY VON KÉSMARK führte einen Aufstand an, die Osmanen anerkannten THÖKÖLY als König von Ungarn und begannen zu seiner Unterstützung 1683 einen neuen Krieg. Großwesir Kara MUSTAFA drang mit einem starken Heer in Österreich ein, belagerte ab 14. Juli 1683 Wien, während Tataren das südliche Niederösterreich brandschatzten. Am 12. September 1683 vernichtete das christliche Entsatzheer unter Herzog KARL V. von Lothringen und König JOHANN III. SOBIESKI von Polen das Osmanenheer vor Wien und leitete eine Offensive ein.

[27] Siehe auch Kapitel »Impressionen von der Militärgrenze«.

3. Angriffskriege Österreichs 1683-1791: 1683 drang das kaiserliche Heer in Ungarn ein und besetzte Gran (Esztergom). Am 2. November 1686 eroberte Herzog KARL VON LOTHRINGEN Ofen (Buda), Siebenbürgen wurde besetzt und der habsburgischen Monarchie eingegliedert, am 6. September 1688 eroberte Kurfürst MAX EMANUEL VON BAYERN Belgrad. Der weiteste Vorstoß erfolgte 1689 bis Nisch, wo Markgraf LUDWIG WILHELM VON BADEN am 24. September 1689 siegte. Nach Rückschlägen ging Belgrad am 18. Oktober 1690 wieder verloren. Am 19. August 1691 siegte LUDWIG WILHELM VON BADEN bei Slankamen, am 11. September 1697 brachte der Sieg des Prinzen EUGEN bei Zenta die Entscheidung. Im Frieden von Karlowitz vom 26. Januar 1699 verzichteten die Osmanen auf Ungarn mit Ausnahme des Banats von Temesvár.

Als Verbündeter Venedigs war Österreich 1716 in einen neuerlichen Krieg verwickelt, in dem Prinz EUGEN am 5. August 1716 bei Peterwardein und am 16. August 1717 bei Belgrad bedeutende Siege errang. Im Frieden von Passarowitz vom 21. Juli 1718 erreichte die habsburgische Monarchie auf dem Balkan die größte Ausdehnung: Sie gewann Nordserbien (mit Belgrad) und einen Grenzstreifen Bosniens, das Banat von Temesvár und die kleine Walachei. Zwei weitere Türkenkriege wurden im 18. Jahrhundert im Bund mit Rußland geführt und waren erfolglos. Der Krieg von 1737–39 endete am 18. September 1739 im Frieden von Belgrad mit dem Verlust der Erwerbungen von 1718. Der Krieg von 1788, den JOSEPH II. begonnen hatte, wurde am 4. August 1791 mit dem Frieden von Sistowa (Swischtow) und unwesentlichen Grenzänderungen beendet.

4. Die Erhaltung des Osmanischen Reichs als schwacher Nachbar der österreichischen Monarchie 1791-1918: Die österreichische Monarchie strebte die Erhaltung der europäischen Türkei an, wobei die Balkanvölker Rußland als Schutzmacht gewannen und sich die Unabhängigkeit erkämpften (Griechenland 1830, Rumänien 1859, Serbien und Bulgarien 1878, Albanien 1913). Auf dem Berliner Kongreß von 1878 wurde Österreich-Ungarn das Mandat übertragen, Bosnien-Herzegowina zu besetzen, das 1908 annektiert wurde. In den Balkankriegen (1912–13) bemühte sich Österreich vergeblich um eine Schonung der Türkei, die im Ersten Weltkrieg auf der Seite der Mittelmächte stand.

1.2. Die Türken auf dem Balkan

Es ist sehr lehrreich, die Verhältnisse vor unserer Haustür etwas genauer zu studieren, insbesondere die Wirkungen einer 500 Jahre währenden türkischen Herrschaft auf dem Balkan bis nach Ungarn hinein. Die lange Dauer, die ständige Bedrohung, schließlich auch die enge Verbindung großer Teile des Balkans mit der österreichischen Monarchie lassen erahnen, wie man sich in absehbarer Zukunft in der Mitte Europas - gemeint ist Deutschland - eine lautlose Eroberung mit Hilfe liberaler Gesetze und Einstellungen vorzustellen hat. Daß diese Inbesitznahme mitunter gar nicht so lautlos und noch weniger friedlich erfolgt, wenn die Umstände dies fordern, ist ebenfalls eine Erkenntnis, die man beim Bereisen des Balkans und dem Studium der Vorgänge gewinnt, vorausgesetzt, man will sehen. Es ist deshalb angebracht, die Eindrücke verschiedener Studienreisen auf dem Balkan genau aus diesem Grunde zu schildern: Denn das ›Experiment‹, das uns mit einem EU-Beitritt der Türkei ebenfalls droht, hat hier *in vitro* schon einmal stattgefunden. Man muß sich also nicht in wilden Spekulationen verlieren.

Eine Studienreise nach Bosnien-Herzegowina kurz nach dem Ende des Jugoslawien-Krieges von 1999[28] gab einen unmittelbaren Eindruck von den bedeutsamen politischen Folgen - Migration, Vorrücken des Islams, Entvölkerung ganzer Landstriche -, die der Krieg auf dem Balkan mit sich brachte. Im übrigen lieferte sie einen ausgezeichneten Vergleichsmaßstab für ein Urteil über die bewundernswerten österreichischen Aufbauleistungen während der Jahre 1880 bis 1914/18 im Vergleich mit heutigen ›Leistungen‹ in derselben Region. Auch ein Urteil über die kulturellen und historischen Unterschiede zwischen der Vorherrschaft der osmanischen Türkei auf dem Balkan und jener des abendländisch-christlichen Römischen Reiches Deutscher Nation wird vor diesem Hintergrund leicht.

Wie sehr über die Zeiten hinweg die Unvereinbarkeit beider Kulturen, Religionen, Lebensweisen, staatlicher Ordnungen usw. empfunden wurde, zeigt sich schon in den jahrhundertelang aufrechterhaltenen Schutzmaßnahmen an den südöstlichen Reichsgrenzen. Leider ist das Konzept (und wahrscheinlich sogar das Faktum) der sogenannten österreichischen ›Militärgrenze‹ heute weitgehend in Vergessenheit geraten. Gleichwohl ist sie von besonderem Interesse,

[28] Vom 3. bis 17. Oktober 1999.

weil sie mehrere Jahrhunderte lang unter habsburgischer Führung das ganze Abendland gegen das Osmanische Reich schützte. Die vielbeschworene ›europäische Sicherheitsarchitektur‹ unserer Tage erscheint demgegenüber als planlos, dogmatisch und alternativenlos, diktiert letztlich vom US-, bzw. NATO-Kalkül bei gleichzeitiger schrankenloser Einwanderung unter dem Schlagwort der ›multikulturellen Gesellschaft‹, die uns angeblich nur Vorteile, einen größeren Markt, niedrigere Preise usw. bringt. Tatsache ist, daß uns die ›multikulturelle Gesellschaft‹ politisch aufgezwungen wurde und wird. Der Souverän wurde niemals befragt.

1.2.1. Impressionen von der ehemaligen Militärgrenze

Erste Station: Karlstadt-Karlovac. Karlstadt/Karlovac war die Hauptstadt der südwestlichen Militärgrenze. Die Schwesterstadt von Karlstadt ist Alba Julia (Karlsburg) in Siebenbürgen zwischen Klausenburg/Hermannstadt. Es war die zentrale Etappen-/Garnisonsstadt der westlichen Militärgrenze; die Festung bestand vom 16. bis zum 19. Jahrhundert. 1849 wurde sie aufgelassen. Karlstadt war eine große k.u.k.-Garnison.

Die vier Abschnitte der Militärgrenze waren jeweils einem Generalat unterstellt. Die Anlage in Karlstadt ist noch gut am Rasterplan der Stadt erkennbar: regelmäßige rechte Winkel der sich kreuzenden Straßen, der Festungswälle, auf denen ehedem – schon nach ih-

Militärgrenze Karlstadt, Appellplatz.

rem Ende als Grenzbefestigungen gegen das feindliche Osmanische Reich – noch der Korso stattfand. Heute ist alles etwas heruntergekommen und ohne jeden k.u.k. Glanz. Der große quadratische Appellplatz ist von der ehemaligen Kommandantur, einer Kirche mit barockem Turm und weiteren Garnisonsgebäuden gesäumt. Die Mitte des Platzes ziert ein Denkmal, in der Nordost-Ecke erkennt man eine völlig zerstörte serbisch-orthodoxe Kirche. Sie wurde offenbar irrtümlich von den Serben selbst während des Sezessionskrieges Kroatiens zusammengeschossen.

Zur Zeit unserer Reise – drei Monate nach Kriegsende! – findet dasselbe auch im Kosovo/Metohija statt: die Vernichtung alten Kulturerbes durch die UÇK und albanische Banden, die bereits damals über 50 Kirchen und Klöster (Stand: August 1999) niedergebrannt hatten. Der Österreichische Rundfunk berichtete darüber am 21. Oktober 1999 in den Fernseh-Abendnachrichten, ferner über eine Kulturinitiative zum Wiederaufbau bzw. zur Restauration der zerstörten Kirchen, begleitet von der mehr als niederträchtigen Bemerkung, daß »angesichts des Fehlens der einfachsten Lebensgrundlagen der Bevölkerung dies kaum verständlich gemacht werden« können.

Zur ehemaligen Militärgrenze berichtet unser historisch-geopolitischer Reiseleiter:[29] Sie wurde von den Habsburgern organisiert und eingerichtet, um das feindliche Osmanische vom Heiligen Römischen Reich und damit vom Abendland fernzuhalten. Es war die erste europäische Wehrgrenze, bei der es sich um strategisch angelegte, etwa 20 bis 30 Kilometer breite Grenzstreifen handelte, die von jeglicher Besiedlung freigehalten wurden, ausgenommen die für die Grenzverteidigung verantwortlichen und zu dauerndem Waffendienst in den Grenzregimentern (Wehrdörfern) verpflichteten Bauernsoldaten, die in Sippschaften *(Zadrugas)* organisiert waren. Diesen Wehrbauern wurde sowohl das Land zugewiesen, das ihnen zunächst als Lehensbesitz gegeben, später (1850) zu erblichem Eigentum überlassen wurde, wie ihnen auch Karrierewege in der militärischen Laufbahn offenstanden. Sie genossen auch größtenteils Abgabenfreiheit. Im Grundbesitz herrschte die Gemeinschaftsform der ›Grenzkommunion‹ vor. Die Offiziere und Befehlshaber waren österreichisch.

Die Militärgrenze unterstand in ihrer Gesamtheit dem Kriegsministerium in Wien und nahm eine Fläche von rund 20 000 km² ein.

---

[29] Elmar WALTER, ehemaliger Abteilungsleiter im österreichischen Wissenschaftsministerium.

Sie ent- bzw. bestand vom 16. bis zum 19. Jahrhundert in der südslawischen Krajina an der österreichisch-türkischen Grenze. Ihren Anfang nahm sie mit kroatischen Flüchtlingen aus der Türkei, den Uschkoken, ab 1535. Im 16. und 17. Jahrhundert wird sie allmählich systematisch ausgebaut und nach dem Frieden von Karlowitz 1699 nach Siebenbürgen erweitert. Von 1849 bis 1866 bildete die gesamte Militärgrenze, in das kroatisch-slawonische, das Banater und das siebenbürgische Grenzgebiet gegliedert, sogar ein eigenes österreichisches Kronland. 1851 wurde die siebenbürgische, 1873 die Banater Militärgrenze aufgehoben und Ungarn einverleibt; 1881 wird auch die kroatisch-slawonische Militärgrenze mit Kroatien-Slawonien vereinigt.[30]

Die militärische Gliederung der Militärgrenze umfaßte vier ›Generalate‹: von Knin bis Agram (kroatische-westliche) mit der Basis Karlstadt, sodann die sich von Südwesten nach Nordosten erstrekkende (slawonische) mit der Basis Esseg, weiter die Banater mit Basis Temeschvar und schließlich vom Eisernen Tor bis zur Bukowina mit der Basis Karlsburg (Alba Julia) die siebenbürgische (östliche).

Die Kriegsform war der ständige Kleinkrieg mit beweglichen Fronten: Angriff/Verteidigung und Raub, gewissermaßen ein Vorgriff auf den Partisanenkampf. Die gefürchtetsten Regimenter waren die Panduren (Slawen). Ihre Vorläufer waren die Kosaken an Dnjepr, Don, Kuban, Terek, am Ural und auf der Krim, die im 16. Jahrhundert bis Ostsibirien vorgestoßen waren. Noch heutigentags besteht ein nordkaukasisches Hetmanat. HITLER plante übrigens, am Ural einen der Militärgrenze ganz ähnlichen Verteidigungsstreifen einzurichten, dessen Fundament ein Netz von SS-Wehrdörfern sein sollte (unter LENIN und STALIN wurden die Kosaken weitgehend vernichtet und verschleppt. Offenbar wegen ihrer Eigenständigkeit und Wehrhaftigkeit wurden sie als Bedrohung für die Sowjetunion angesehen).

An der bosnischen und serbischen Grenze bestanden die Grenzregimenter aus Kroaten und Serben, in Siebenbürgen aus magyarischen Széklern und Rumänen. Im Laufe der Zeit dienten sich tüchtige Soldaten als Heerführer nach oben und wurden später jene treuen Verteidiger der Monarchie, die wir alle kennen: JELASIC, RADETZKY usw.

[30] *Großer Brockhaus*, o. J., Stichwort ›Militärgrenze‹, Anlagen B-6a/1-10, Karten zur historischen Entwicklung auf dem Balkan; Antike bis 19. Jh., Militärgrenze, Volksgruppen, Okkupation.

Einer von ihnen, TRENCK, war mit seinen Pandurenscharen berüchtigt. Wegen Duldung wilder Ausschreitungen seiner Soldaten wurde er trotz unbestrittener Verdienste vor ein Militärgericht gestellt und verurteilt. Er brachte einige Jahre in Brünn in Festungshaft zu, freilich nobel, mit eigenem Diener und Appartement.

Die im militärischen Grenzdienst gegebenen Chancen - eigener Landbesitz, Aufstieg, (Abgaben-)Freiheit - wurden von der slawischen Bevölkerung so geschätzt, daß eine Karriere beim Militär oftmals erstrebenswerter erschien als jede andere, inklusive in der k.u.k.-Verwaltung als Beamter.

Die heutige Landschaft. Da dieses Gebiet - die Krajina[31] - überwiegend von serbischen Bauern bewohnt war, sieht man auf den ersten Blick die Folgen der heutigen Vertreibung und Absiedlung. Neben der Straße liegen weite Landstriche des ohnehin kargen Karstbodens brach. Die Rückeroberung dieses Landes durch Gestrüpp und Buschwerk ist nach wenigen Kriegsjahren bereits sehr auffallend.[32] Zur Vertreibung der Serben merkte Elmar WALTER an, daß diese ganz offensichtlich politisch verabredet war. Die Serben verließen, gewiß nicht ganz freiwillig, an einem bestimmten Tag und auf Zeichen hin - Glockengeläute am frühen Morgen - mit allen beweglichen Habseligkeiten ihre Wohnstätten in langen, organisierten Zügen nach Serbien.[33]

---

[31] Gräfin Stephanie LÓNYAY, Herzogin von Sachsen-Coburg (Hg.), *Die österreichisch-ungarische Monarchie in Wort und Bild. Auf Anregung und unter Mitwirkung Kronprinz Erzhzg. Rudolf begonnen,* Wien 1901, S. 88: ». . . das Krajina Land ist ein blutiges Gewand, immer nährt es Wölfe und Hajduken. . . und wenn die festen Plätze und Städte dem Mohammedaner Schutz boten, so war es die wilde Planina, die schützend die Rajah aufnahm. War es bis zum Äußersten gekommen, so raffte der Christ seinen geringen Hausrat zusammen, schaffte das Vieh samt Weib und Kind über die Grenze - oft sah er sie nie wieder! - legte mit eigener Hand Feuer an sein Anwesen, nahm die ›suha puška‹, das ›dürre Gewehr‹, und floh in die Berge.« Die Bräuche sind anscheinend gleichgeblieben.

[32] Das wird übrigens auch das Schicksal unserer bisher landwirtschaftlich genutzten (= gepflegten) alpinen ›Ungunstlagen‹ sein, wenn die Europäische Agrarpolitik (GAP) ihr Zerstörungswerk vollendet haben wird.

[33] Damit soll nicht die Vertreibung schöngeredet werden, aber es kam jedenfalls nicht zu jenen Exzessen, wie sie im Fall der Vertreibung der Deutschen mit ihren Millionen Toten und der völligen Plünderung bezeugt sind. Das Problem auf dem Balkan ist damit aber nicht gelöst - und auch nicht zu lösen. Fängt man an einem Zipfel an, das ethnische Gleichgewicht zu verändern, wirkt sich dies sofort überall aus. Die verschiedenen Dörfer oder Gebiete, die ein wie immer gegebenes Verhältnis der verschiedenen

Die Weiterfahrt geht in östlicher Richtung nach Sarajevo. Den Fluß entlang sehen wir die bis jetzt schwersten Zerstörungen der ganzen Gegend. Ursprünglich gab es hier eine intensive Gartenbauwirtschaft. Jetzt ist auf etwa zehn bis zwölf Kilometern fast jedes Haus beschädigt oder eine Ruine. Die Lage der Flußlandschaft ist aber prächtig, malerisch. Den Fluß aufwärts liegen fünf Elektrizitätswerke, die gleichzeitig den Fluß stauen. Die Straße, die wir hier benutzen, führt in eine Schlucht, wobei auf der einen Seite die Bahnlinie, auf der andern die Straße geführt wird. Beide Trassen wurden noch unter österreichischer Herrschaft von den damaligen k.u.k.-Behörden und vom Militär angelegt, mit den damaligen Mitteln. Heute ist die Straße nur etwas verbreitert und asphaltiert, die Bahn auf Normalspur gebracht und mancher neue Tunnel gebaut worden. Ansonsten ist alles noch alte, von Österreich angelegte Infrastruktur, die damals sozusagen auf der ›grünen Wiese‹ angelegt wurde. Eine imposante Leistung in einer wilden Landschaftskulisse, deren Fundament in den Jahren zwischen 1878 und 1890 (1914) gelegt wurde.

Nach dem Krieg Rußlands mit der Türkei, als diese die Autonomieversprechen gegenüber Bulgarien (nach dem Bulgarenaufstand von 1876) nicht einhielt, kam es zum Vertrag von San Stefano, der aber wegen der zu großen Machtausdehnung Rußlands von England und Österreich-Ungarn beeinsprucht wurde. Bismarck lud dar-

Bevölkerungsgruppen haben/hatten, wehren sich dagegen, daß durch Zuzug plötzlich eine bisherige Mehrheit zur Minderheit wird. Es käme bei einer Veränderung alles ins Rutschen.

Anmerkung am Rande: Mehr als drei Monate nach dem Kosovo-Krieg fanden sich übrigens auch *nicht* die ›Beweise‹ für die angeblichen, ethnisch motivierten *Massen*morde. Die von den fieberhaft suchenden *police and medical forensic teams* (aus den meisten NATO-Ländern und einigen neutralen) des ›International Criminal Tribunal for the Former Republic of Yugoslavia‹ (ICTY) bisher entdeckten ›Massengräber‹ sind, was die Zahlen betrifft, so marginal, daß sie für die Begründung des Krieges jedenfalls nicht halten und durchaus aus normaler Sterblichkeitsrate und Kriegseinwirkungen erklärbar sind. Das hatte übrigens auch der ORF im Zuge der Berichterstattung über die täglich ins Bild gerückten ›Vertreibungen‹ im Interview mit einem der dort tätigen Offiziellen durchblicken lassen. Dabei war der Aufwand erheblich, um die vorgeblichen Kriegsgründe – Massenmorde – nachträglich beizubringen: Die Teams kamen aus 15 Ländern und wurden verschiedenen zu untersuchenden Örtlichkeiten zugeordnet. Dazu schreibt STRATFOR im Internet unter: Where Are Kosovo's Killing Fields?, daß Ein Beweis für den Massenmord konnte nicht erbracht werden (http://www.stratfor.com/crisis/kosovo/).

aufhin 1878 zum Berliner Kongreß ein, der Rußland den Weg zum Bosporus abschnitt und den Traum von Großbulgarien beendete. Österreich wurde die Besetzung Bosniens und der Herzegowina zugestanden – um eine nichttürkische Balkanmacht daran zu hindern, daß der Balkan slawisiert würde.

Die Besetzung gelang nur nach schweren Kämpfen bei Maglaj, Jajce und Banja Luka sowie der Eroberung der Festungen Bihac und Kladus. Dann begannen die Österreicher mit einem zivilisatorischen Aufbauwerk, das keinen Zweifel daran ließ, daß sie sich auf Dauer einzurichten gedachten.

1880 wurde das Gebiet ins österreichische Zollgebiet einbezogen. 1881 wurde die allgemeine Wehrpflicht nach österreichischem Muster eingeführt. Der Bau des Straßen- und Eisenbahnnetzes wurde mit Hilfe der Truppen zügig vorangetrieben – 1878–89: 700 Kilometer 76 cm-Schmalspur-Eisenbahn von Brod über Sarajevo nach Ragusa (mit zahlreichen Tunnels). Im selben Zeitraum, 1878–89, innerhalb von zehn Jahren, wurden 1000 Kilometer gepflasterte Militärstraßen angelegt, in 20 Jahren, zwischen 1880 und 1900, sogar 2100 Kilometer Hauptstraßen (fünf Meter breit, maximal fünf Prozent Steigung) und 1800 Kilometer Bezirksstraßen (vier Meter breit, bis acht Prozent Steigung) angelegt: alles in allem rund 4000 Kilometer Straßen.

Vorher gab es keine einzige Pflasterstraße. Unter Tito wurde die Eisenbahn auf Normalspur erweitert, unter Nutzung der alten Trassen Belgrad–Sarajevo–Bar. Inzwischen gibt es hier keinen Verkehr mehr (zuvor gab es in der Gegend überhaupt keine befestigten Wege, wie heute noch in Albanien, wie anläßlich der Bodenkampf- bzw. Invasions-Überlegungen der NATO im Kosovo zu hören war).

In der Rückschau muß man besonders die unerhört kurze Dauer hervorheben, während deren diese baulichen Infrastrukturleistungen seinerzeit erfolgt sind, vor allem, wenn man es mit den eher bescheidenen Erfolgen des heutigen Wiederaufbaus vergleicht. Ein Oberst, ein bosnischer Kroate, erwähnt diese beachtlichen Leistungen der Österreicher in einem Gespräch mit anerkennendem Tonfall. Der Mann meint, daß, obwohl damals eine fremde Macht, die Österreicher, das Land besetzte, es den Bosniern nie besser gegangen sei und ihre Leistungen noch immer hochgeschätzt würden. Eine bemerkenswerte Feststellung – zum einen, weil dieser Offizier die Tatsachen kannte, zum anderen, weil er sie ohne jede Freund-Feind-Polemik vorbrachte. Dieser Generalstäbler einer fremden Armee legte damit ein unverkrampfteres und klareres Verständnis an den Tag, als dies oft in den deutschen Mutterländern der Fall ist. Er erzählte dann noch, daß er als Brigadekommandeur einem Offizier aufgetragen habe, Verteidigungsstellungen zu erkunden und vorzubereiten; er sei aber nicht zufrieden gewesen und gab schließlich Anweisung, auf die alten österreichischen Stellungen zurückzugreifen. Diese seien nur etwas zu säubern und sofort brauchbar gewesen; man habe sie nur neu überdachen müssen: nichts außer Hochachtung für Österreich.

Unsere Fahrt nach Mostar führt parallel zu den Gebirgszügen im Westen (zur Küste hin) mit ihren etwa 1000 bis 1200 Meter hohen Gipfeln und der östlichen Kette der Dalmatinischen Alpen, die 2100 bis 2200 Meter erreichen. Die Täler, meist Beckenlandschaften, sind jeweils durch kleine Pässe voneinander getrennt. Hier haben die Jugoslawen hervorragende hydrologische Pionierleistungen vollbracht, indem sie den unterirdischen Flußläufen nachspürten und die Dolinen abdichteten. So konnte das Winterschmelzwasser aufgefangen und für die landwirtschaftliche Nutzung aufgespart werden. In großen Becken und Seen ist es hier für die Bewässerung gespeichert.

Die Landschaft selbst ist allerdings karg und weithin entvölkert. Man erkennt den Kampf um das Land noch an den aus dem vorigen Jahrhundert stammenden, zu Steinwällen aufgeschichteten Mauern und Wällen, die die Weiden und Äcker unterteilen oder zu Terrassen formen, um den Abtransport der Erde durch Ausschwemmungen zu hindern. Auf diese Weise wurde auch der karge Boden bewirtschaftbar gemacht. Heute fehlt diese kultivierende Hand, die für die immer noch sichtbare Gliederung einmal verantwortlich war. Dafür schreitet die Rückeroberung des Kulturlandes durch Buschwerk, Stauden und Verkrautung fort; eine Folge der nur wenige Jahre dauernden Brache, die wiederum ihre Ursache in der starken Entsiedelung hat. Man merkt dies insbesondere in den nördlichen Teilen des Landes. Hier sind die unaufgeräumten Zerstörungen, aber keine menschliche Besiedlung mehr sichtbar. Weiter im Süden, schon näher auf Mostar zu, wird das Land bewohnter, ein gewisses Treiben ist erkennbar, und der Charakter wird südländischer, mediterraner; auch vom Krieg scheint man hier verschont geblieben zu sein, jedenfalls sind keine Ruinen oder direkte Kriegseinwirkungen zu sehen. Diese kommen erst wieder in und um Mostar zum Vorschein.

Zur Vorgeschichte des Krieges. Zur Orientierung vor Reisebeginn waren Auszüge aus Hans Benedikters *Die bitteren Früchte von Dayton* zur Hand. Dieses Buch ist allerdings nur mit Vorbehalt zu lesen. Insbesondere die 40 ›Thesen‹ am Beginn sind niederträchtig und laufen auf politisch korrektes Zeitgeist-Geschmiere hinaus.

BENEDIKTERS Thesen liegen völlig auf der Linie landläufiger Propaganda, sind mithin völlig unglaubwürdig. Es irritiert von vornherein, daß aller Dinge Anfang bei HITLER, den Nazis, Auschwitz und beim Genozid der NS-Diktatur liegt – die übliche politisch korrekte Ouvertüre. Noch vor der ersten referierten Tatsache – sofern in solchen Büchern überhaupt Tatsachen referiert werden – wird die erwünschte Lesermeinung konditioniert.

Bei BENEDIKTER beginnt die Manipulation schon mit der Verwendung von Zitaten – etwa von Jorge SEMPRÚN, »der die Hölle von Buchenwald als Widerstandskämpfer überlebt hat« und der im *Corriere della Sera* vom 14. Februar 1996 nur Fiktives von sich gab: »Wenn die Serben über die Mittel und Möglichkeiten der Nazis verfügt hätten, hätten sie den Völkermord in geradezu identischer Form betrieben.« Der Nährwert solcher Aussagen ist gleich null. Sie laufen auf Kabarett à la Karl VALENTIN hinaus, der in einem seiner Sketche jemanden verdächtigt, ihn bestohlen zu haben, und nach der glücklichen Wiederfindung seiner Geldbörse erklärt: »Wenn sie aber doch gestohlen worden wäre, so würde sie ganz gewiß jener Verdächtigte gestohlen haben.«

Bei BENEDIKTER dasselbe: eine nichtssagende Aufzählung der »serbischen Verbrechen«, als ob es nur solche gegeben hätte, und eine politisch überkorrekte Differenzierung von Opfern und Tätern, die beklagt, daß stets von »Bürgerkriegs- oder Konfliktparteien« gesprochen werde, was die eindeutige Schuldzuweisung vermissen lasse. Das und vieles andere macht diese Arbeit nicht vertrauenswürdiger. Das Ganze ist eine einzige Desinformation. Auch die ausgewählten Zeugen-Zitate sind von kaum verhohlener Parteilichkeit. Es entsteht der Eindruck, die gesamte serbische Bevölkerung sei mehr oder weniger unmittelbar in Massenverbrechen verstrickt gewesen. Dabei müßte man gerade als deutscher Leser auf eine derartige Berichterstattung sensibel reagieren, wird doch seit Jahrzehnten im gleichen Tonfall auch über Deutsche berichtet.

Eine beliebte Stereotype der Berichterstattung – auch bei BENEDIKTER – sind beispielsweise die angeblichen »systematischen Massenvergewaltigungen«. Es handelt sich um reine Propaganda. Im Österreichischen Fernsehen berichteten die ›Ärzte für den Frieden‹ über ihre Erkenntnisse aus einem Flüchtlingslager während des Kosovo-Krieges, das etliche Tausende von Flüchtlingen beherbergte: Unter den 20–30 000 Lagerinsassen sei ihnen keine einzige vergewaltigte Frau untergekommen.

Aber auch anderes stimmt hinten und vorne nicht. So wird ein von der Serbischen Akademie der Wissenschaften und Künste im September 1986 herausgegebenes Memorandum zur »eigentlichen ideologischen Kriegsvorbereitung« umgefälscht. Das Ganze wirkt wie der in die – längst als plumpe Fälschung entlarvten Wannsee-Protokolle – hineininterpretierte Generalplan zur Judenvernichtung.

Man kann BENEDIKTER getrost als Soldschreiber im Dienst der US-Propaganda betrachten. Für Laien und uninformierte Außenstehende sind die Grenzen zwischen Tatsachen und Desinformation, die sein Opus liefert, jedenfalls kaum erkennbar. Zudem bedient er sich ständig widerlichster NS-Vergleiche und Betroffenheitsgesten, um dem Leser verordnete ›Wahrheiten‹ aufs Auge zu drücken. Das zeigt, daß die NS-Keule nach all den Jahren seit Kriegsende noch immer als brauchbare Propagandakeule Verwendung findet, um der Öffentlichkeit die ›richtige‹ Sicht bestimmter Dinge und Ereignisse einzutrichtern. Natürlich ist diese Methode unerträglich und die gezogenen Schlüsse inakzeptabel.

Knin. Knin war zwischen 1991 und 1996 die Hauptstadt der selbsternannten serbischen Srpska Republika. Unter österreichischer Herrschaft war Knin Hauptstadt der Krajina und gehörte zu Dalmatien. Seit dem 10. Jahrhundert war es mit seiner Burg Frankop(b)ane Festungsstadt und seit Ende des 14. Jahrhunderts auch zentraler türkischer Stützpunkt vor der Adria. Er wechselte mehrmals die Besitzer. Bis an die Adria vorzustoßen, ist den Türken jedoch niemals gelungen, auch nicht im Bündnis mit Venedig am Ende des 18. Jahrhunderts. Heute ist Knin ein Verkehrsknotenpunkt mit zwei Bahnlinien: Agram–Split sowie, neu hinzugekommen: Sisak/Bihac–Split über Bosnien.

Das strategische Ziel der Serben war es, hier Kroatien in einen nördlichen und einen südlichen Teil zu trennen und zur Küste an die Adria vorzustoßen. Dies ist ihnen auch bis auf wenige Kilometer – es fehlten vielleicht noch zwanzig – nicht gelungen. Daß der Durchbruch schließlich scheiterte, lag einerseits am erbitterten Widerstand der Kroaten und andererseits an einer besseren strategischen Konzeption. Letztere war auch der massiven Beihilfe von US-amerikanischer Seite zu danken.

Daß den Kroaten die Abwehr der Serben und der siegreiche Vorstoß nach Bosnien gelangen, lag offenbar an der überlegenen Strate-

Festung in Knin.

gie des kommandierenden kroatischen Generals, die auf ähnlichen Prinzipien beruht haben dürfte wie ehedem die Verteidigung der Militärgrenze. Dennoch bleiben die Kroaten bis auf den heutigen Tag in Bosnien benachteiligt. Mit Hinweis auf das ›Friedens‹abkommen von Dayton wird ihnen eine eigene Teilrepublik versagt. Auch bei der Rückeroberung eigenen Territoriums wurden sie von Washington am weiteren Vormarsch gehindert. Das dahinterstehende Kalkül hat ganz offensichtlich die Türken im Blick, daher gilt es, die Muslime nicht zu verärgern.

Der Anfang vom Ende. Wie bekannt, begann der Zerfall Sloweniens im Juni 1991 mit der Unabhängigkeitserklärung Jugoslawiens. Über die weitergehenden Überlegungen, die bei EU und NATO angestellt wurden, läßt sich nur mutmaßen: Für den Fall, daß sich die Slowenen gegen das Eingreifen der jugoslawischen Volksarmee, die die Sezession zu stoppen versuchte, erfolgreich wehren sollte -damit wurde nicht ernsthaft gerechnet –, würde man das Ausscheren Sloweniens aus dem jugoslawischen Bundesstaat anerkennen. Denn einerseits wurde Slowenien Mitteleuropa zugerechnet – es war immer Teil des alten Reiches gewesen –, und andererseits wies das Land eine homogene Bevölkerung auf. Was die anderen Bundesstaaten anging – Kroatien, Mazedonien, Bosnien-Herzegowina, Montenegro –, so war die Anerkennung zunächst weder beabsichtigt, noch sollte die Abspaltung toleriert werden. Heute weiß man, daß der Erfolg

Sloweniens und die innerhalb der EU nicht abgesprochene und frühe Anerkennung Kroatiens durch Deutschland und Österreich[34] der Hauptgrund dafür waren, daß sich auch Kroatien behaupten konnte. Es war schließlich lange Zeit erklärtes Ziel der ›internationalen Staatengemeinschaft‹, allen voran Englands und Frankreichs, Jugoslawien in seiner ursprünglichen Form als Bundesstaat zu erhalten bzw. wiederherzustellen. Es genügt der Hinweis am Rande, daß der ›Bundes-Staat‹ ein freimaurerisches Konzept war und ist.

In der Haltung des Westens sind auch die Gründe zu suchen, warum es zwischen den Sezessionsstaaten und der jugoslawischen Volksarmee so lange keine Waffengleichheit gab. Und warum Präsident MILOSEVIC solange als vom Westen akzeptierter Ansprechpartner am Ruder gehalten wurde. Wie schnell sich solche Beziehungen ändern können, dafür hatte allerdings der Irak und Saddam HUSSEIN ein warnendes Beispiel geliefert.

Der Kriegsverlauf in Bosnien wurde offenbar maßgeblich durch die Tatsache mit beeinflußt, daß zwischen Kroaten und Slowenen Übereinkünfte existierten, denen zufolge erobertes Territorium geteilt und den jeweiligen Staatsgebieten einverleibt werden sollte. Dafür sprechen einerseits die merkwürdigen Kriegskoalitionen während der verschiedenen Abschnitte des Krieges, andererseits auch die teilweise ›geordnete‹, obschon zwangsweise Umsiedlung von Serben und Kroaten.

Der Schauplatz. Für Österreich ist Sarajevo vor allem jener schicksalsträchtige Ort, an dem der Thronfolger Erzherzog FRANZ FERDINAND und seine Gattin in unmittelbarer Nähe der Lateiner-Brücke[35] ermordet wurden. Viele der ärarischen Gebäude stehen heute nicht mehr, zum Beispiel der Konak, von dem aus der Thronfolger nach dem ersten gescheiterten Bombenattentat die Fahrt ins Garnisonsspital antreten wollte, um den schwer verletzten Oberstleutnant MERIZZI zu besuchen.

Der ganze Ablauf jenes 28. Juni 1914 ist im Grunde ein Treppenwitz der Geschichte. Die Wahl des Besuchstermins konnte nicht schlechter sein: am Vidovdan, dem St. Veitstag, der gleichzeitig als Jahrestag der Schlacht auf dem Amselfeld begangen wurde. Damals

---

[34] Die heftige Kritik Englands, Frankreichs und der USA bis hin zum Vorwurf, daß damit der Krieg überhaupt erst ausgelöst worden sei, sind noch in Erinnerung.

[35] Sie ist noch im Originalzustand erhalten.

war es auch noch ein besonderen Tag: Nach 525 Jahren war das Amselfeld erstmals nach einem siegreichen Krieg gegen die Türkei wieder unter serbische Herrschaft gekommen. Die nationalen Gefühle waren am Kochen. Der Thronfolger wurde gewarnt, hielt aber stur an seinen Plänen fest. Nach dem ersten Attentatsversuch wurde das Programm nicht abgebrochen, nur die Route der Fahrt geändert, was aber der Fahrer des ersten Wagens nicht mitbekam. Anstatt in schneller Fahrt den Kai entlangzufahren, bog er in die Altstadt ein, hielt, nachdem er seinen Irrtum bemerkt hatte, an, wendete und nötigte dadurch auch den offenen zweiten Wagen mit dem Thronfolger zum Halt. In diesem Augenblick sprang Gavrilo PRINCIP heran, feuerte zwei Schüsse ab, die beide tödlich waren. Der zweite hatte eigentlich dem verhaßten Feldzeugmeister und bosnischen Militärkommandanten POTIOREK, und nicht der Gattin des Thronfolgers gegolten.[36]

Alle Chancen, daß dieses Attentat glücken konnte, waren denkbar gering. Dennoch veränderte es die Welt. POTIOREK hatte nach dem ersten Attentatsversuch nicht den Mut, auf die vorwurfsvolle Frage des Thronfolgers, ob er denn nun die Sicherheit garantieren könne,

FRANZ-FERDINANDS Mörder, Gavrilo PRINCIP, wird gleich nach dem Anschlag verhaftet.

[36] Der wenig geliebte und wegen seiner morganatischen Heirat auch vom Erzhaus nicht geschätzte Thronfolger wurde schließlich in Österreich in einem ›Begräbnis 3. Klasse‹ und in Abwesenheit des Adels begraben – eine noch nachträgliche unerhörte Beleidigung eines Toten, die den Überlebenden ein eindeutiges Zeugnis ausstellte.

Blick auf Sarajevo.

mit ›Nein‹ zu antworten. Er wollte schließlich nicht riskieren, daß der Erzherzog jeden weiteren öffentlichen Auftritt absagte.[37]

Die Brücken über die Miljacka stehen heute noch wie zur Zeit der Monarchie. Nur die Ermordung FRANZ FERDINANDS, die im alten Jugoslawien noch als Befreiungs- und Heldentat gewürdigt wurde, wird heute anders gewertet: Der Fußabdruck PRINCIPS an der Stelle, von der er an jenem 28. Juni zum Attentat lossprang, wurde inzwischen entfernt. Die Brücke heißt noch aber Gavrilo-PRINICIP-Brücke, vordem hieß sie Kaiser-Brücke.

Eindrücke. Sarajevo ist heute praktisch eine muslimische Stadt. Es gibt 72(!) Moscheen (1900 waren es nur 26), zum Teil freilich kleinere, und zwei Synagogen, eine in der Altstadt und ein ziemlich großes und ansehnliches Gebäude an der Miljaka. Der Fluß teilt die Stadt in einen Nord- und einen Südteil. Hier steht auch eine von Kaiser FRANZ JOSEF gestiftete Moschee, die Husrev-Moschee. Die anderen alten Gebäude sind verschwunden und machten meist besonders häßlichen pseudo modernen Bauten Platz. In der Altstadt findet sich auch der christliche zweitürmige Dom und eine kleine Kapuzinerkirche inmitten eines Gärtleins – wie in einem Kloster –, die im Innern an eine Ostkirche erinnert.

[37] Um einen Eindruck von diesem Geschehen zu bekommen, ist Bruno BREHMS Romantrilogie *Wenn Throne stürzen* zu empfehlen (*Apis und Este, Das war das Ende, Weder Kaiser noch König*); den 28. Juni schildert der erste Teil.

Markt in Sarajevo. Rechts: Hauptmoschee.

Die Altstadt Bašaršija mit Markt bzw. Bazar (Burek) wirkt ganz malerisch, ist allerdings eher neueren Datums, und bei den hier gehandelten Dingen handelt es sich überwiegend um ziemlich minderwertigen Touristentand. Die sich am Berg hinaufziehenden Häuser sind einfach und verwinkelt, nur wenige zeigen noch den typischen türkischen Stil mit dem überspringenden ersten Stockwerk. Der Markt, auf dem Gemüse, Fleisch- und Milchprodukte gehandelt werden, ist gut beschickt und einladend, die Preise sind für unsere Verhältnisse niedrig. Der Eindruck täuscht allerdings, denn die Durchschnittseinkommen der Menschen hier liegen bei etwa 120 Dollar pro Monat, und das Bruttoinlandsprodukt sank von 1989 bis 1997 auf gerade noch 30 Prozent.[38] Die meisten Leute werden sich den Einkauf auf dem Markt also eigentlich gar nicht leisten können.

Als Währung hat Bosnien seinerzeit die ›Konvertible Mark‹ eingeführt, was schon zum Ausdruck bringt, daß weder das eine noch das andere in Wirklichkeit zutrifft – obwohl man auf D-Mark gelegentlich diese ›Konvertible Mark‹ herausbekommt, die natürlich nur hier – und wohl eher ungern – angenommen wird.

[38] Vortrag von M. Riedel an der niederösterreichischen Landesakademie (8. 10. 1999); Unterlagen aus Publikationen des Instituts (*Südosteuropa*, Heft 5–6, 7–8, 9–10/1999).

Wovon die Menschen hier leben, ist schwer ersichtlich; insbesondere in einer Großstadt wie Sarajevo, die ja weder Industrie noch Umland hat. Andererseits ist der Straßenverkehr rege, man sieht eine erhebliche Anzahl europäischer, nicht ganz alter Autos, und sogar Wiederaufbau- bzw. Reparaturarbeiten sind zu beobachten, die innerhalb der kurzen Frist eines Jahres durchaus Unterschiede im Straßenbild hervortreten lassen. Die Anwesenheit stattlicher SFOR-Kontingente und ausländischer Behörden dürfte den Einheimischen einen gewissen Umsatz garantieren. Die Wirtschaft der ›kleinen Leute‹ läßt sich aber kaum in Dollar, BIP oder ähnlichen Meßgrößen ausdrücken; sie dürfte im wesentlichen auf Tauschbasis und Selbsthilfe basieren.

Fahrt über das Land. Sarajevo ist ein bedeutender Knotenpunkt für den Verkehr nach Süddalmatien (Ragusa) und Montenegro sowie nach Mitteldalmatien (Knin/Split) und an die Adria (Metrovi/Ploe). Von Sarajevo nach Mohacs führt die Reise in Bosnien durch eine wechselvolle Landschaft. Es geht über Tuzla, Orašje und Djakovo nach Vinkovci/Vukovar. Djakovo ist Bistum und geistiges Zentrum; hier wirkte Bischof STROSSMAIER, bekannt als Erzieher eines österreichischen Erzherzogs. Auf dem Land wird erstaunlich viel gebaut, die Häuser sind neu gedeckt, überall sieht man kleine Baustoffhändler.

Dagegen ist die Bahnlinie tot, ihre Oberleitungen sind zerstört. Sie wird nicht repariert, führt sie doch in ›feindliches‹ (serbisches) Gebiet. Die Linie wird nur genutzt, soweit man im Nahverkehr mit Dieselloks fahren kann. Das rollende Material verrottet inzwischen.

In den meisten Orten werden – seit 1999 – inmitten von Neubaugebieten sehr große Moscheen errichtet. Überhaupt fällt auf, daß auch das flache Land mit zahllosen neuerrichteten Moscheen überzogen wird oder schon ist. Hier wird die geistige Eroberung

Bau einer Moschee in Mostar.

Friedens-sicherung in Bosnien.

von Gebieten, die vor dem Krieg nicht muslimisch waren, ungeschminkt sichtbar. Man ist versucht, diese Art der Islamisierung Europas den auf ›Ökumene‹, das heißt friedliches Nebeneinander der Religionen fixierten katholischen, meist liberalen Bischöfen zur Besichtigung anzuempfehlen. Nicht nur, daß in Deutschland, Österreich, überhaupt überall in Kerneuropa die Moscheen aus dem Boden sprießen; auch das Glacis wird bis zur alten Militärgrenze derzeit wieder vom Islam in Besitz genommen. Man geht nicht fehl darin, hier die dritte (und wohl letzte) Türkenbelagerung, diesmal unter amerikanischer Regie, im Vollzug zu sehen. Das Ziel dieses Weges ist schon sichtbar: die Türkei als Mitglied der EU, eine Forderung, der sich der deutsche Bundeskanzler Schröder ja schon 1999 verbal gebeugt hat, fast zeitgleich im übrigen mit Jörg Haider in Österreich (auf den es freilich nicht ankommt).

Tuzla ist eine Mittelstadt, die über einen ansehnlichen Industriekomplex verfügt. Fotografieren ist hier verboten; warum, ist angesichts der allgegenwärtigen Satelliten-Aufklärung nicht verständlich. Es befindet sich auch ein mit Sandsäcken, Stacheldraht und Wachtürmen schwer befestigtes SFOR-Lager hier. Mit Blick auf die geographischen Gegebenheiten zweifelt man allerdings an der Wirksamkeit dieser Protektoratstruppen. Im bergigen und unübersichtlichen Gelände sind ihre Panzer nämlich völlig sinnlos; im Feuerkampf geben sie hervorragende Zielscheiben ab und haben keinerlei Ausweichmöglichkeit. Schlimmer noch, führen sie sogar ihre Reservetanks außen(!) mit sich, die sich so schon bei einem Unfall entzünden könnten. Die

Konzentration an verbarrikadierten Truppen verdankt sich wohl der Einsicht der Generale, daß das Gelände schlechterdings nicht kontrolliert werden kann. Ob isolierte Camps das können, ist überhaupt fraglich. Ein angesprochener Oberst namens RAPPATZ meinte denn auch auf eine entsprechende Frage, das strategische Konzept liege im schnellen Zuschlagen aus der Luft. Mit welchem Erfolg, zeigte sich freilich im Kosovo.

Im Korridor nach Kroatien. Von Tuzla nach Orašje – östlich davon liegt Brko – geht es durch den etwa 20 Kilometer breiten Korridor, der die kroatische Posavina zerschneidet, um das serbische Mittelbosnien mit Ostbosnien zu verbinden. Nahe der Grenze, kurz vor Überqueren der Save über eine neue Brücke, wird mitten auf der heftig befahrenen Straße (Sarajevo–Tuzla–Zupanja–Vinkovci–Vukovar) gerade ein riesiger (Schwarz-) Markt abgehalten. Man bekommt hier alles. Bei den Warenbergen handelt es sich ganz ersichtlich um ›abgezweigte‹ Kontingente von Hilfslieferungen, die hier verhökert werden. Serben, Kroaten, Bosnier handeln hier in trauter Eintracht. Die Hauptstraße führt mitten hindurch, man passiert nur im Schritttempo und unter ständigem Anhalten. Türen und Fenster hält man am besten versperrt. Es wird bereits an einer Befestigung der Flächen und fixen Stände gebaut. Der Markt ist offenbar einer der Hauptumschlagplätze für Waren aller Art. Wenige Meter weiter ist sogar ein zweiter Markt entstanden. Hier bekommt man moderne europäische Autos jeden Fabrikats. Es sind natürlich in erster Linie gestohlene Wagen. Die Grenze wenig später passiert man ohne Probleme.

Vukovar. Vukovar war ehedem eine wichtige Hafenstadt an der Donau unterhalb der Draumündung. Die barocke Altstadt war weithin berühmt. Es ist ein strategisch bedeutsamer Ort, das Tor zu West-Syrmien (Ilok). Seit der Zerstörung ist hier kaum noch Leben oder Wirtschaftstreiben zu bemerken. Davon profitierte Esseg/Osijek, welches sich statt Vukovars als Hafenort etablierte. Auf dem Weg nach Vukovar fährt man über weite, ebene und fruchtbare Landstriche. Sie waren damals kaum bewirtschaftet, manche Gebiete sind mit Stacheldraht gesperrt, da noch immer Minengefahr das Arbeiten auf den Feldern lebensgefährlich macht.

In den wenigen Jahren zwischen unseren zwei Besuchen hat sich kaum etwas verändert. Einzig die Kirche läßt Fortschritte erkennen. Hier sind bereits die Dachsparren aufgerichtet. Dagegen ist der Besuch der Ruine des Graf ELTZschen Schlosses niederschmetternd. Das Anwesen wurde, nachdem ELTZ es auf eigene Kosten neu renoviert hatte, im Krieg völlig zerstört. Einige Teile des Hauptgebäudes stehen schwer beschädigt und sind zum Teil mit Notdächern abgedeckt. Die Nebengebäude sind nicht mehr zu retten und machen einen Neubau erforderlich. Die kleine Kirche an der Ostseite des Schlosses wird gerade restauriert. Auch die Nebengebäude außerhalb des umzäunten Parks, die nicht direkt zum Schloß, wohl aber zum barocken Gesamtensemble gehören, sind zerstört.

An der Zerstörung beteiligt sich freilich auch die EU. Sie klotzte im Rahmen eines von Brüssel geförderten Projekts in unmittelbarer Nähe der Barockgebäude und des Schlosses einen monströsen mehrstöckigen Wohnkasten an das Ufer der Donau – als ob es keinen anderen Platz gegeben hätte, um mit dem Wiederaufbau zu beginnen. Man muß nachgerade üble Absicht vermuten. Soll das wunderschöne Barock-Ensemble, wenn es denn eines Tages doch noch renoviert ist, auf ›kaltem‹ Wege unschädlich, unwirksam gemacht werden?

Esseg/Osijek. Das Fort umfaßt hier die gesamt (Alt-) Stadt, oder anders gesagt: Die ganze Stadt ist eine einzige Festungsanlage. Sie ist von gewaltigen Ausmaßen. Esseg war Militär- und Offiziersstadt, in der auch eines der vier Generalate der Militärgrenze seinen Sitz hatte. Auf der gegenüberliegenden Seite der Drau, zur Donau hin, sieht man noch einige Befestigungswälle. Heute ist das Kommandogebäude Sitz der Universität, einige Teile der Festungsmauern beherbergen ein Restaurant. Die Wiesen rundum sind als ausgedehnter Freizeitpark gestaltet. Überhaupt macht Esseg einen großzügigen und gepflegten Eindruck – es kann seine Herkunft als deutsche Stadt der k.u.k. Monarchie nicht verleugnen. Heute leben nur noch wenige Donauschwaben hier. Eine in der Stadt erscheinende deutsch-kroatische Quartalszeitung (*Das deutsche Wort*) wird in einer Auflage von 800 Stück gedruckt – bescheidene Reste des einst mächtigen deutschen Einflusses.

Mohacs – Beli Manastir. Der Weg führt durch ehemals stark deutsch-schwäbisch besiedeltes Gebiet. Man erkennt es noch an den typischen Häusern und der gepflegten Landschaft, die auf ein reiches Agrargebiet hindeutet. Das Land ist fruchtbar; in ihm hat Erzherzog JOSEF einen riesigen, 100 000 Hektar großen landwirtschaftlichen Muster- und Hochleistungsbetrieb mit Getreide- und Viehwirtschaft geführt.

Mohacs ist heute wenig beeindruckend. Die Stadt wirkt ziemlich verschlafen, und es ist schwierig, ein ordentliches Wirtshaus zu finden. Seine historische Bedeutung rührt von der vernichtenden

Niederlage der Ungarn gegen die Türken her. Was deren Unglück war, bedeutete für Habsburg das Wirksamwerden kluger Verträge und Heiraten, die die Ausdehnung und Machtentfaltung Österreichs letztlich begründeten. Der Sieg SULEIMANS II. über König LUDWIG von Ungarn sowie dessen Tod brachten 1526 die nicht in türkische Hand gefallenen Landesteile an das Haus Habsburg. 1687 erlitten die Türken am Berg Harsány nahe Mohacs eine Niederlage durch KARL VON LOTHRINGEN und LUDWIG VON BADEN.

Der Weg über Land ist eindrucksvoll: reiches und fruchtbares Agrarland. Es ist ganz unverständlich, wie es die Ungarn zuwegebrachten, eines der höchstverschuldeten ehemaligen Ostblockländer zu werden.[39]

1.2.2. Besuch im Kosovo

Im Dezember 1999, also ein halbes Jahr nach dem Überfall der NATO, fand in Belgrad ein Historiker-Kongreß statt,[40] veranstaltet von der Serbischen Akademie der Wissenschaften und Künste. Es ergab sich Gelegenheit zu ausführlichen Gesprächen mit Prof. TERZI vom Historischen Institut der Akademie über die aktuelle Lage sowie über historische Fragen. In TERZIS Institut hing eine große Karte des Kosovo, ähnlich den amtlichen Fremdenverkehrs-Karten, mit graphischer Darstellung der historischen Denkmäler serbischer bzw. orthodoxer Kultur. Sie zeigte über 700 Orte von historisch-kultureller Bedeutung: orthodoxe Klöster und Kirchen, Kulturdenkmäler,

---

[39] Die Gründe liegen ganz offensichtlich in der durch den IWF herbeigeführten Auslandsverschuldung und den über Ungarn verhängten *economic adjustment policies*. Sie sind heute fest im Griff von G. SOROS & Co. Neben einer von SOROS finanzierten ›Universität‹ sitzt – wie in allen östlichen Ländern bis Turkmenistan – die SOROS *Foundation, Hungary*; Adresse: Ms. Gabriella SZILARD, Bolyai utca 14, H-1023 Budapest, Tel: (36 1) 315 0303; Fax: (36 1) 315 0201; E-mail: szilard@soros.hu

[40] Historiker-Kongreß der Belgrader Akademie der Wissenschaften und Kunst vom 8. bis 10. Dezember 1999. Eingeladen wurden hierzu Historiker und Wissenschaftler aus aller Welt, aus Österreich der Präsident des Ost- und Südost-Europa-Institutes sowie Vertreter von Instituten anderer Universitäten. Die (politisch korrekte) Lage in Österreich war jedoch so, daß die von der Politik, d. h. von der Bundesregierung, ausgegebene Parole auf Abbruch aller, auch der wissenschaftlichen, Kontakte lautete. Es ist also für einen Forscher nicht karrierefördernd, nach Belgrad zu reisen,. . . darum kann er auch gar nicht, und wenn er es doch wagt, dann oft nur, um dort NATO- oder CNN-Propaganda abzuliefern.

Burgen und andere historische und religiöse Kleinodien Serbiens, die mit der nationalen Geschichte nicht nur in Zusammenhang stehen, sondern oftmals geradezu ihre Ursprünge markieren.

Ein Umstand war augenfällig. Im ganzen weiten Gebiet des Kosovo war trotz der jahrhundertelangen osmanischen Herrschaft kein originäres islamisches Kulturdenkmal, etwa eine Moschee oder was auch immer, entstanden. Die im Laufe der Zeit zu Moscheen umfunktionierten christlichen Kirchen waren das einzige Zeugnis ›alten‹ islamischen Einflusses. Dieser Befund erinnert an die Hagia Sofia in Konstantinopel, die ja auch ursprünglich eine christliche Kirche war, ehe sie nach dem Fall von Byzanz in eine Moschee umgewandelt wurde.

Damit ist zweierlei gesagt. Erstens, daß ein von den Serben immer als Kernland angesehenes Gebiet tatsächlich ein solches war, welches in früheren Zeiten, auch nicht während der osmanischen Herrschaft auf dem Balkan, nennenswert von nichtserbischer Bevölkerung besiedelt war. Konkret heißt das, daß es praktisch keine Albaner[41] in diesem Gebiet gab. Erklärlich ist dies leicht, wenn man davon ausgeht, daß es vor dem Sieg der Türken auf dem Amselfeld gar keine ›Albaner‹ gegeben hat. Und zweitens: Auch ein Kernland kann verlorengehen, wenn eine schneller wachsende Bevölkerung einsickert und sich hier breitmacht.

Beim Abschiedsbesuch im Historischen Institut trafen laufend weitere Kongreßteilnehmer im Institut von Prof. Terzi ein. Ganz natürlich ergaben sich weitere Gespräche – auf deutsch, englisch, serbisch –, auch mit einigen Herren aus Straßburg und von der Pariser Sorbonne, so etwa den Professoren Bled und Reveillard, des weiteren mit Frau Natalia Narocnickaya von der Russischen Akademie der Wissenschaften und weiteren Akademikern aus Finnland, Mazedonien und Japan.

Prof. Sahara von der Universität Tokio erwies sich als außerordentlich gut bewanderter Kenner des Balkans; er spricht sechs Balkan-Sprachen, unter anderem Russisch, Rumänisch, Bulgarisch, Serbisch, Griechisch, und ist mit den Quellen und der Geschichte der Region bestens vertraut – ein auffälliger Kontrapunkt zur chroni-

[41] Inwieweit die Albaner ein eigenes Volk sind, ist fraglich. Manche Stimmen in Serbien sind der Ansicht, daß es sich um zum Islam konvertierte Slawen handle, die sich durch Unterwerfung unter die fast 500 Jahre vorherrschende andere Kultur und Religion dem ständigen Druck der Besatzungsmacht entzogen haben.

schen Ignoranz in Balkan-Angelegenheiten in unseren Breiten: Österreich und Deutschland waren dem Belgrader Kongreß im Dezember 1999 aus politisch korrekten Gründen praktisch ferngeblieben (und können so natürlich nicht mitbekommen, was sich geopolitisch vor ihrer Haustüre tut).

Prof. Terzi hob hervor, daß er einen südlichen, im Kosovo gelegenen Landesteil monatelang selbst zu Fuß durchwandert habe, als die erwähnte Kultur-Karte erstellt wurde. Das war kurz vor dem Krieg. Heute dürfte die Karte ziemlich überholt sein, denn seit der von der NATO und KFOR begünstigten Machtübernahme durch die UÇK-Terroristen sind weit mehr Klöster und Kirchen zerstört worden als während des ganzen Krieges; rund 80 (!) Objekte[42] davon so gründlich, daß eine Restaurierung nicht mehr möglich ist. Sie wurden nicht nur niedergebrannt, sondern durch systematisch angebrachte Sprengladungen komplett in die Luft gejagt.

Die historischen und ethnographischen Fakten widerlegen eindeutig alle Besitzansprüche der Albaner. Von diesen gibt es praktisch keine Kulturdenkmäler im ›Kosmet‹.[43] Lediglich zu Moscheen kon-

Von links: Terzi, Sahara und Bled im Dezember 1999 in Belgrad.

[42] Das war im Jahre 2000 die Zerstörungsbilanz. Inzwischen ist, unbemerkt von der Öffentlichkeit, weil totgeschwiegen, weit mehr als die Hälfte der Kirchen und Klöster bis auf den Grund zerstört worden.

[43] ›Kosmet‹ ist ein zusammengesetztes Kunstwort, das die Region Kosovo und mit Metohija den Kirchenbesitz umschreibt.

vertierte ehemalige orthodoxe Kirchen werden nun ebenfalls bereits als ›alte‹ Moscheen geführt, aber diese gehen – wie erwähnt – auf die osmanische Besatzung zurück und haben mit den Albanern nichts zu tun. Soweit es damals muslimische Bewohner im Kosovo gab, handelte es sich weitgehend um zum Islam konvertierte Serben, die sich als Proselyten freilich als die schlimmsten Feinde ihres ursprünglichen Volkes und Glaubens erwiesen. Die albanische Einwanderung in den Kosovo ist jüngeren Datums und meist unter politischen Gewaltumständen erfolgt.

Erst im Frühjahr 2004 machten wenig beachtete Meldungen die Runde, wonach es in Prizren »plötzlich aufflammende Kämpfe« gegeben habe. Damit hat es folgendes auf sich: In diesem Ort lebt, durch einen kleinen Fluß getrennt, in einem separaten Stadtteil noch eine größere Zahl von Serben, die sich bis heute nicht von UÇK, albanischem Terror und materieller Not vertreiben ließen. Nun brachen angeblich ›spontane‹ Unruhen aus, obwohl dort UN-Truppen die Sicherheit gewährleisten sollten und die USA bekanntlich in der Nähe eines ihrer weltweit größten Militärlager – *Bondsteel* - errichtet haben. Das bedeutet, daß sich dieser bürgerkriegsartige Ausbruch unter den Augen der ›Befreier‹ und ›Friedensstifter‹ ereignete. Österreichische Offiziere, die in Prizren eingesetzt waren, berichteten Näheres: Zehntausende (Albaner, ehemalige UÇK-›Kämpfer‹) gingen demnach in geschlossener Formation zum Angriff gegen die zahlenmäßig weit unterlegenen Serben vor. Von ›Spontaneität‹ kann keine Rede sein. Das Ganze war eine wohlorganisierte und geplante Aktion, von den untätig gebliebenen ›Schutztruppen‹ der UNO/USA beobachtet und mit Propagandalügen als ›spontane‹ ethnische Unruhen kaschiert, um die letzte nennenswerte Serbenpopulation im Kosovo zu vertreiben.

1.2.3. Beim Patriarchen der serbisch-orthodoxen Kirche

Auf dem Weg zum Patriarchat lohnt ein Besuch der gegenüberliegenden Kirche des Patriarchen. Sie ist mit Bildern, Wand- und Deckenmalerei reich geschmückt. Verschiedene Heilige und Helden aus der Geschichte Serbiens sind als Gemälde, Plastiken oder in Sarkophagen präsent und genießen hier große Verehrung.

An der eigens für uns geöffneten Hauptpforte, die eigentlich nur ausnahmsweise für hohe Würdenträger oder an besonderen Feiertagen geöffnet wird, werden wir vom Kabinettschef des Patriarchen,

Besuch beim Patriarchen PAVLE; links: Gerhoch REISEGGER.

Momir LEI, einem Erzdiakon, und einem Mönch, Bruder ANDREAS, der als Dolmetscher fungiert, pünktlich um 12 Uhr mittags erwartet. Alles ist recht eindrucksvoll, wir wissen das Privileg einer Privataudienz zu schätzen.

Seine Heiligkeit, der serbisch-orthodoxe Patriarch PAVLE, spricht darüber, daß es ohne Wahrheit keine Gerechtigkeit geben könne und wie wichtig diese aber sei. Er meint auch, daß man trotz der schlimmen Lage nicht alle Schuld gleich bei den andern suchen solle, sondern auch bei sich selbst, und daß er das den vielen Besuchern, die zu ihm kämen, auch immer sage. Er schildert dann die bedrückende Lage der Menschen, verweist aber auf die Heilige Schrift und insbesondere auf den Apostel PAULUS, dessen Wort zufolge es wichtig sei, daß man jetzt mit dem Volk sei. Er erwähnt, daß um des Volkes willen PAULUS sich auch von JESUS getrennt habe, um dem Volk seine Liebe zu beweisen. Die Moral liegt auf der Hand: In der täglichen Not ist der Platz der Führer ebenfalls in den Niederungen des täglichen Überlebenskampfes, und nicht in den abgehobenen Höhen internationaler Konferenzen. PAVLE streitet nicht ab, daß auch die serbische Seite Fehler begangen habe. Aber auch die andere Seite müsse ihre Fehler bekennen, man könne nicht über sie hinweggehen.

Wir sind dankbar für die außerordentliche Ehre des Empfanges und für die große Offenheit des Patriarchen. PAVLE fügt noch hinzu, daß der orthodoxen Kirche nach den Jahrzehnten des Kommuismus noch immer viel an Tradition und Substanz vorenthalten werde, ja daß die Verantwortlichen in der Politik immer noch der irrigen Ansicht seien, man könne einen Staat ohne Religion begründen.

PAVLE kommt immer wieder auf die Verhältnisse im Kosovo zu sprechen. Er sei dort selbst über dreißig Jahre lang für eine Diözese verantwortlich gewesen; der Behördenpaß sei an erster Stelle in albanischer und erst danach in serbischer Sprache ausgefertigt gewesen. Noch viele andere Einzelheiten lassen überdeutlich erkennen, daß es mit der behaupteten Benachteiligung der Albaner im Kosovo nicht weit her gewesen sein kann. Der ganze Schmerz des Kirchenmannes gilt den serbischen Heiligtümern: einzigartige Kulturgüter, Klöster und Kirchen, die in besonderer Weise mit Heiligen und Helden der Nation und ihrer Kirche verbunden sind und die seit vielen Jahrhunderten alle Wechselfälle der Geschichte, sogar die Eroberung durch die Osmanen, unbeschadet überdauert hätten, seien heute gesprengt oder niedergebrannt. Bei alledem läßt es der Patriarch dennoch nicht an Humor, an einem Lächeln fehlen.

Auch zur Frage der Gerechtigkeit fällt ihm eine hintergründige Geschichte ein: Ein angesehener und hoher Herr, Verwaltungsvorstand seiner Gemeinde und Richter, bekommt einen Streitfall vorgetragen. Er urteilt: Wenn es so ist, wie du sagst, dann hast du recht, und handle nur nach dem Gesetz, wie es hier gilt. Dann kommt die andere Partei, die einwendet, daß sich alles ganz anders zugetragen habe. Auch sie bekommt den Bescheid: Wenn es so ist, wie du sagst, dann hast du recht, und handle nur nach deinem guten Recht, wie es bei uns Brauch ist. Die Ehefrau des Gemeindevorstehers hat alles mitangehört, und nun schilt sie ihren Mann, er sei ein schöner Richter, wie könne er nur beiden Parteien recht geben und sich so vor der Entscheidung drükken. Darauf der Richter: Wie recht du doch hast, meine liebe Frau!

PAVLE will mit diesem Gleichnis sagen, daß selten eine Seite allein im Recht ist. Er will, daß auch wir uns alles ansehen und vor allem die andere Seite hören. Erst dann sollen wir uns eine Meinung bilden. In den Worten dieses frommen Mannes, der schon sehr zerbrechlich wirkt, aber in strahlender Helle seine Gedanken ausdrückt, kommt die Sorge um Volk und Kirche zum Ausdruck, aber keine Spur von Schuldzuweisung oder Verurteilung und nicht die geringste Parteilichkeit. Seine spürbare Heiligkeit ist geradezu mit Händen zu greifen und läßt nicht die geringste Scheu oder Distanz aufkommen; schon das Sitzen um einen kleinen runden Tisch in größter persönlicher Nähe, das einfache Gewand, über dem der Patriarch nur mit ein Medaillon der Muttergottes an einer goldnen Kette trägt, stellt PAVLE sozusagen optisch in die gleiche Reihe: zum einfachen Mönchsbruder. Dieser, Bruder ANDREAS, übersetzt in fließendem Deutsch bzw. Serbisch und übernimmt jeweils auch Tonfall und Minenspiel seines Oberen. Obwohl er nur die Worte des Patriarchen und unsere übersetzt, ist es, als nähme er selbst mit größter Selbstverständlichkeit am Gespräch teil.

Die Besucher nehmen von diesem Gespräch vor allem eine Erkenntnis mit. Die angebliche Benachteiligung der Albaner im Kosovo war eine Fiktion der Medien. Entgegen der Propaganda in der Weltpresse verfügte die albanische Minderheit im Kosovo sehr wohl über angemessene Bürgerrechte. Allerdings war es auch im Kosovo, wie es überall ist: Wird die Minderheit zur Mehrheit, und spielt auch noch die ›internationale Gemeinschaft‹ mit, dann nutzen die Gäste die erstbeste Gelegenheit, um die Gastgeber hinauszuwerfen.

Eine ganz ähnliche Entwicklung hat bekanntlich in Böhmen stattgefunden, wo sich erst im 19. Jahrhundert mit dem Aufkommen des Panslawismus die späteren Tschechen gegen die germanisch-deutsche Urbevölkerung wandten – und sie nach dem Zweiten Weltkrieg unter grausigsten Begleitumständen vertrieben.[44] Diese Vorgänge haben sich erst in relativ junger Vergangenheit ereignet, so daß die Dynamik dieses Prozesses eigentlich bekannt sein sollte.

Das Fatale dabei ist, daß wir die Grundlagen für eine völlig gleichartige Katastrophe in Deutschland längst gelegt haben. Es leben rund zehn Millionen Fremde auf deutschem Boden, der Großteil davon dem islamischen Kulturkreis zugehörig; unter dieser Gruppe wiederum stellen die Türken die Mehrheit. Es genügt ein Blick auf die demographische Entwicklung des deutschen und des türkischen Bevölkerungsteils: Einfache statistische Berechungen genügen, um vorauszusagen, wann spätestens sich die demographischen Gewichte umkehren werden. Natürlich kann diese Situation auch schon früher eintreten. Das ist nicht zuletzt davon abhängig, ob etwa parallel zu den ethnischen Veränderungen die Wirtschaft, das Währungssystem und die Sozialsysteme zusammenbrechen. Für diesen Fall sind soziale Unruhen zu gewärtigen, die bürgerkriegsartige Ausmaße annehmen können. Spätestens dieses Stadium der Entwicklung entzieht sich allerdings jeder statistischen Prognose.

---

[44] Der Verfasser hat dies in seinem Buch *Weg mit den Benesch-Dekreten!*, Tübingen 2004, ausführlich thematisiert.

Die Türkei.
Aus: *Harenberg Länderlexikon,* Dortmund.

2. Die Türkei – das Land und seine Geschichte

2.1. Land und Geographie, Staat und Verfassung

Das Lexikon gibt Auskunft: Türkei (*Türkiye*, amtlich *Türkiye Cumhuriyeti* – Republik Türkei), Republik in Vorderasien und SO-Europa, 774 810 km² groß, davon 24 011 km² (3 %) in Europa (Türkisch-Thrakien) und 590 799 km² in Asien (Anatolien), mit (1970) 35 666 500

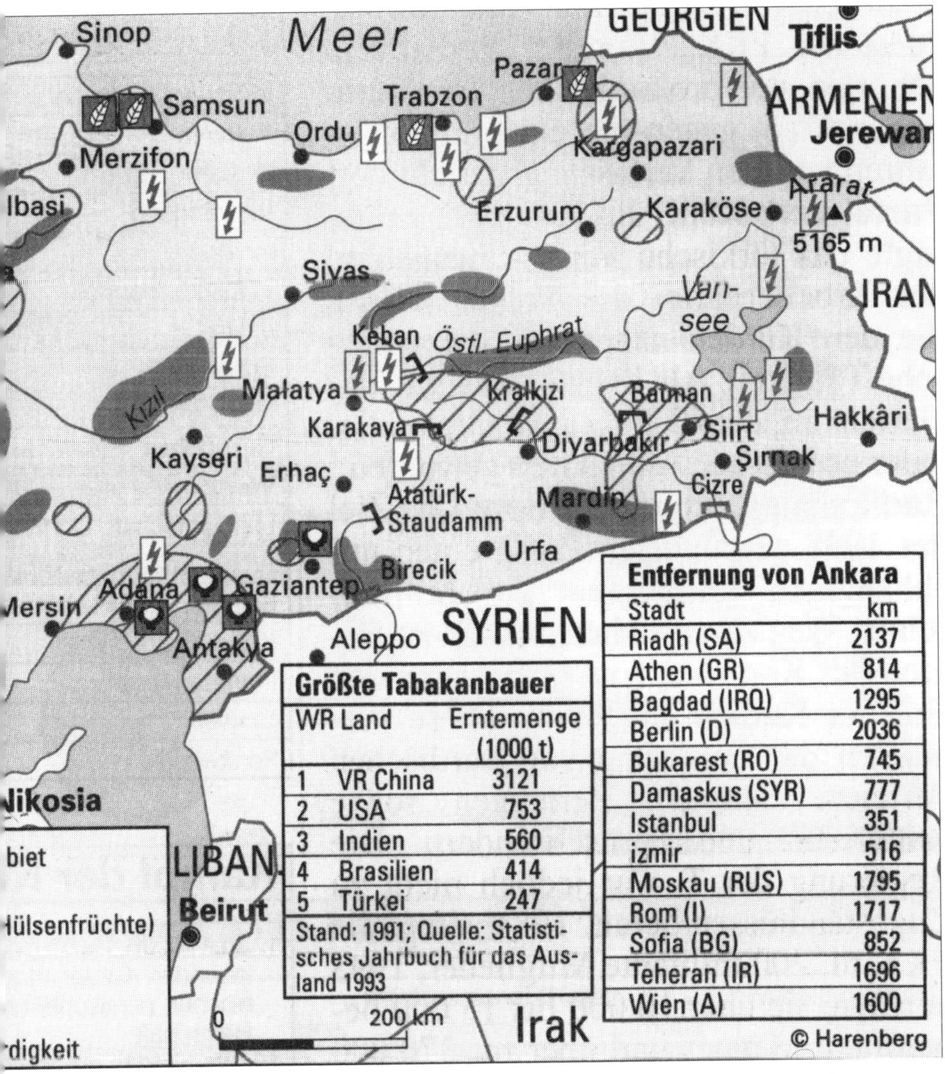

Größte Tabakanbauer		
WR	Land	Erntemenge (1000 t)
1	VR China	3121
2	USA	753
3	Indien	560
4	Brasilien	414
5	Türkei	247

Stand: 1991; Quelle: Statistisches Jahrbuch für das Ausland 1993

Entfernung von Ankara	
Stadt	km
Riadh (SA)	2137
Athen (GR)	814
Bagdad (IRQ)	1295
Berlin (D)	2036
Bukarest (RO)	745
Damaskus (SYR)	777
Istanbul	351
izmir	516
Moskau (RUS)	1795
Rom (I)	1717
Sofia (BG)	852
Teheran (IR)	1696
Wien (A)	1600

Einwohnern, heute rund 70 Millionen. Die Türkei liegt zwischen Schwarzem Meer im Norden und Mittelmeer im Süden, grenzt im Nordosten und Osten an die ehemalige Sowjetunion, im Osten auch an den Iran, im Süden an den Irak und Syrien, im Westen an Griechenland und Bulgarien. Die Hauptstadt ist Ankara, die Staatssprache ist Türkisch. Minderheiten sprechen Kurdisch, Arabisch, Griechisch und Armenisch.

Schon im Jahre 1876 leistete sich das Osmanische Reich eine schriftliche Verfassung, die Ähnlichkeit mit damaligen europäischen Verfassungen und bereits zahlreiche demokratische und rechtsstaatliche Elemente aufwies.[45] Kaum ein Jahr in Kraft, wurde sie bis 1909 faktisch ausgesetzt, als die Jungtürken den Sultan entmachteten und eine ›parlamentarische Monarchie‹ etablierten. Nach dem Ersten Weltkrieg wurde im Zuge der kemalistischen Befreiungsbewegung in Konkurrenz zum dahinvegetierenden osmanischen Verfassungssystem 1921 eine provisorische ›Kurzverfassung‹ verkündet. Nach Ausrufung der Republik (1923) kam es zur ersten republikanischen Verfassung von 1924, einem Dokument radikaler Reform und der dauerhaften Zuwendung nach Europa.

Das zunächst errichtete Einparteiensystem der Republikanischen Volkspartei wurde 1945 aufgegeben. Die Gründung weiterer Parteien führte jedoch, wie die Entwicklungen in den fünfziger Jahren zeigten, nicht zu wesentlich mehr Demokratie. Mit dem gegen die Regierung von Adnan MENDERES gerichteten Putsch, der vor allem weite Unterstützung aus Universitätskreisen genoß, wurde im Mai 1960 der Weg zur Verfassung von 1961 freigemacht, die noch heute als diejenige Verfassung gepriesen wird, die der Türkei ein Höchstmaß an Demokratie und Rechtsstaatlichkeit brachte. Innenpolitische Unruhe führte 1971/1973 zu durch das Militär angeregten Änderungen der Verfassung. Die Unfähigkeit türkischer Politiker, in politisch und wirtschaftlich schwierigen Zeiten zu Konsens- und Kompromißlösungen zu finden, hatte dann den Zusammenbruch des Systems und den Militärputsch vom 12. September 1980 zur Folge.

In zwei Jahren gelang es dem Militär, eine neue Verfassung zu zimmern, die allerdings, so die Kritik damals wie heute, das Verhältnis zwischen Staat und Bürger umkehrte: Der »heilige türkische Staat« – so wörtlich noch bis 1995 die Präambel – wurde über die

---

[45] Für das Folgende ist der Verfasser Christian RUMPF, Stuttgart, für seine Mitarbeit dankbar.

Interessen und Rechte der Bürger gesetzt, ein Vorgang, der den Entwicklungen im übrigen Europa völlig entgegenlief, wo nicht zuletzt durch die Akzeptanz der Rechtsprechung der Europäischen Menschenrechtskommission und des Europäischen Menschenrechtsgerichtshofs sowie einiger nationaler Verfassungsgerichte Menschenrechte und Rechtsstaatlichkeit zunehmend Bedeutung gewannen, die sich auch außenpolitisch bemerkbar machte. Dem steht die Neigung der türkischen Verfassung gegenüber, der Beschränkung von Grundrechten größere Aufmerksamkeit zu widmen als ihrer Gewährleistung. Nichtsdestotrotz hat sich das seit 1961 bestehende Verfassungsgericht bemüht, dem Grundrechte-Teil der Verfassung eine Auslegung zuteil werden zu lassen, die immerhin Annäherungen an die europäischen Standards erlaubt. Mit der Verfassungsänderung vom Oktober 2001 hat der Verfassungsgeber versucht, dies auch im Text der Verfassung teilweise nachzuvollziehen.

Was die Staatsorganisation angeht, so verfügt die Türkei über ein zentralistisches Regierungssystem: Alle Behördenwege führen nach Ankara, die Delegation von Kompetenzen und Befugnissen in die Provinzen oder in Regionen, wie von der Verfassung eigentlich ebenfalls vorgesehen, ist noch sehr unterentwickelt. Der Präsident als Spitze der Exekutive hat vor allem Ernennungsbefugnisse, die es jedoch nicht erlauben, von einem ›Präsidialsystem‹ zu sprechen. Denn wenn man sich eine Machtskala zwischen dem französischen Präsidenten und dem deutschen Bundespräsidenten denkt, ist die Position des türkischen Präsidenten eher in der Nähe des letzteren zu finden.

Der auf Vorschlag des Parlaments vom Präsidenten der Republik ernannte Ministerrat bildet das Herz der Exekutive. Eine Stärkung der Machtposition des Ministerrats erfolgt durch die rege genutzte Möglichkeit, ihn durch Gesetz zum Erlaß von ›Rechtsverordnungen mit Gesetzeskraft‹ zu ermächtigen. Dennoch unterliegt er den verschiedenen Kontrollmöglichkeiten durch das Parlament, zu denen insbesondere auch ein ›destruktives‹ Mißtrauensvotum gehört, das allerdings in der Praxis bisher keine große Rolle gespielt hat.

Das Parlament, die Nationalversammlung, besteht aus einer Kammer (1961 waren es zwei Kammern, Nationalversammlung und Senat) und ist oberstes Gesetzgebungsorgan. Die Abgeordneten werden demokratisch gewählt, kritisiert wird jedoch der zu große Einfluß der Parteiführer auf die Bestimmung der Kandidaten.

Der ›tiefe Staat‹ – d. h. der eigentliche Staat im Staat – ist jener unheimliche Machtapparat, den das Militär parallel zur parlamentarischen Republik unterhält. Das ist natürlich auch in westlichen Demokratien nicht anders, weshalb es in Wahrheit auch im Westen keine Demokratie gibt. Die kaum sichtbaren Machtstrukturen herrschen überall. Das Besondere in der Türkei ist allerdings, daß diese Parallel-Regierung sogar kodifiziert wurde, und zwar im Juli 1984 in einem 42 Artikel enthaltenden ›Memorandum‹, das der damalige Regierungschef ÖZAL unterzeichnen mußte, wie erst im Jahr 2003 bekannt wurde.

In diesem Dokument sind in allen Einzelheiten die Kompetenzen festgelegt, die dem Generalsekretariat des Nationalen Sicherheitsrates (NSR) zustehen. Seitdem ist der NSR ganz offiziell das Instrument, mit dem das türkische Militär Regierung und Volk kontrolliert und überwacht. Die Mitarbeiter des NSR sitzen in den Behörden, privaten Institutionen, den Ministerien und den Massenmedien.

Der Nationale Sicherheitsrat ist eine gigantische Organisation, die sich in drei Abteilungen gliedert:

- Das ›Amt für nationale Sicherheitspolitik‹ kümmert sich um Außen- und Verteidigungspolitik, um innere Sicherheit, um Wirtschaft und Kultur – es bestimmt die großen Richtlinien der türkischen Politik.
- Daneben existiert noch ein ›Amt für zivile Aufgaben zur Gesamtverteidigung‹.
- Die wichtigste Rolle in dieser außerparlamentarischen Machtstruktur spielt das ›Amt für Öffentlichkeitsarbeit‹ (TIB), denn es legt fest, was als innere und äußere Gefahr für die Nation zu gelten hat.

Das TIB wertet die Informationen der Nachrichtendienste aus, überwacht Politiker und Bürger, definiert das jeweilige Feindbild und kümmert sich um Volksaufklärung im Sinne der kemalistischen Tradition. In den achtziger Jahren sah das TIB die Hauptgefahr in den Kommunisten; damals wurden die Islamisten als Gegengewicht gefördert und aufgebaut. Die türkischen Vereine in Deutschland wurden mit Geldmitteln und Tausenden von Koranen versorgt. In den neunziger Jahren galten die Kurden als Feinde der Nation. Über 4000 kurdische Intellektuelle wurden ermordet, Tausende von Dörfern wurden geräumt oder dem Erdboden gleichgemacht, Hunderttausende von Kurden in die Flucht getrieben. Der grausame Bürgerkrieg dauerte 15 Jahre und trug übrigens nicht unwesentlich zum Bankrott des Staates bei.

Bürgerkrieg in der Türkei 1999: getötete kurdische Freiheitskämpfer.

Was die Justiz angeht, so wird in der Türkei häufig die fehlende Unabhängigkeit kritisiert. Dennoch sind die Mechanismen in der türkischen Verfassung besser als diejenigen manch anderer Verfassungen, insbesondere auch des Grundgesetzes, geeignet, die Unabhängigkeit der Gerichte sicherzustellen. Eine positive Rolle spielt vor allem das Verfassungsgericht, das sowohl aus dem Parlament heraus oder vom Präsidenten der Republik (»abstrakte Normenkontrolle«) als auch im konkreten Einzelfall von einem Gericht (»konkrete Normenkontrolle«) angerufen werden kann. Im übrigen stellen die chronische Überlastung der Gerichtsorgane und die verbesserungsbedürftige Juristenausbildung eine größere Gefahr für die Unabhängigkeit dar als die Mängel in den Institutionen selbst, zu denen etwa die zu enge faktische Anbindung des Hohen Richter- und Staatsanwälte-Rats als oberstem Selbstverwaltungsorgan der Justiz an die Exekutive gehört.

Es ist historisch begründet, wenn die Regelungen der Verfassung zum Not- und Ausnahmezustand eine besonders wichtige Rolle spielen. Sie entsprechen durchaus internationalen Standards, insbesondere hat sich der Verfassungsgeber bemüht, die Kontrolle durch die Justiz nicht völlig zu vernachlässigen. Reformbedarf besteht hier aber vor allem auf Gesetzesebene, wo sich einige Regelungen finden, die zum Teil rechtsstaatlichen Mindeststandards auch im Ausnahmezustand nicht mehr entsprechen.

Seit 1987 hat die Verfassung bereits einige Änderungen erlebt. Sie reichen von eher marginalen Änderungen – z. B. der Heraufsetzung der Zahl der Abgeordneten im Parlament – bis zu substantiellen Änderungen, wie etwa im Jahre 1995 die Liberalisierung des Vereins-, Parteien- und Gewerkschaften-Regimes, die zum Teil auch schon auf Gesetzesebene umgesetzt worden ist. Im Oktober 2001 wurde das Grundrechte-Regime verändert, der Schrankenmechanismus neu gestaltet und die richterliche Kontrolle bei Eingriffen in die Persönlichkeit und in die Privatsphäre verstärkt.

Bisher unverändert blieb die starre Kompetenzstruktur auf der Grundlage der ›nationalen Souveränität‹, wonach die Ausübung von Souveränitätsrechten ausschließlich den türkischen Verfassungsorganen nach den Regeln der Verfassung erlaubt ist. Die etwa vom Grundgesetz und durch andere europäische Verfassungen eingeräumte Möglichkeit, Souveränitätsanteile auf übernationale Einrichtungen, sprich: die EU, zu übertragen, fehlt in der türkischen Verfassung. Sie ist unerläßliche Bedingung für einen verfassungsrechtlich korrekten Beitritt der Türkei zur EU.

Im Oktober 2001 gestrichen wurde auch der Übergangsartikel 15 Abs. 3 der Verfassung, der die verfassungsrechtliche Überprüfung von Gesetzen aus der Zeit zwischen 1981 und 1983 untersagt hatte, also gerade solcher Gesetze aus der militärisch regierten Übergangszeit, die noch heute das politische und gesellschaftliche System der Türkei mitbestimmen.

Wappen, Flagge, Orden: An Stelle eines Wappens wird das Sinnbild des Islam, Halbmond und Stern, als Staatsemblem verwendet, in Normalstellung als ›zunehmender Mond‹, unter Umständen auch mit den Spitzen nach oben, vor allem, wenn in einen Wappenschild gesetzt; wenn in Farben, dann wie in der Flagge, weiß auf rotem Grund. Die Flagge ist in der jetzigen Form seit Beginn des 19. Jahrhunderts unverändert; die Zahl der Spitzen des Sterns schwankte zunächst. Heute ist der fünfzackige Stern unumstritten, der sowohl das amerikanische Sternenbanner ziert als auch kommunistisches Staatssymbol der Sowjetunion, Rotchinas wie überhaupt aller freimaurerischen Gründungen – wie auch der Europäischen Union – ist. Die türkischen Landesfarben sind Rot und Weiß. Die Republik hat die kaiserlich-osmanischen Orden abgeschafft und nur (1920) eine Unabhängigkeitsmedaille gestiftet, deren Verleihung 1927 endete.

Verwaltung: Die Türkei ist in 67 Provinzen eingeteilt, an deren Spitze ein Statthalter steht. Untergliederungen sind Distrikte und Kommunen. Die stark zentralistische Verwaltung läßt wenig Raum für regionale oder kommunale Selbstverwaltung.

Staatshaushalt, Finanzen: Einen Überblick gibt ein Wirtschaftsdatenblatt aus dem Außenamt der Bundesrepublik Deutschland (Stand. März 2004).[46]

[46] Quellen: Auswärtiges Amt der Bundesrepublik Deutschland, Internet.

Republik der Türkei Türkiye Cumhuriyeti	2002	2003
1. Bevölkerung		
Einwohner in Mio.	69,3 Mio.	69,3 Mio.
Wachstum in v.H.	1,67 %	1,67 %
2. Bruttosozialprodukt		
BSP insgesamt	179,9 Mrd. USD	238,1 Mrd. USD (Erwartung)
BSP pro Kopf der Bevölkerung	2584 USD	3645 USD (Erwartung)
Stelle in der Welt	–	96. Rang
reales Wachstum in v.H.	+7,8 %	-5,2 % (1–9/2004)
Inflationsrate (Verbraucherpreise)	29,7 %	18,4 %
3. Staatshaushalt/Verschuldung		
Staatsverschuldung intern in v.H. des BSP	46,5 %	48,2 %
Staatsverschuldung international in v.H. des BSP	33,2 %	22,5 %
Staatsverschuldung gesamt in v.H. des BSP	79,7 %	70,6 %
Schuldendienstquote (Außenverschuldung)	6,4 %	4,3 %
4. Zahlungsbilanz		
Waren- und Dienstleistungsverkehr, Kapitalverkehr		
Bestandsveränderungen d. Devisenreserven	27,13 Mrd. USD	34,92 Mrd. USD
6. Währung (Parität zu EUR)	1 735811 TL (31.12.2004)	1 681 464 TL (15.2.2004)
7. Bilaterale Beziehungen		
Außenhandel mit Deutschland	14,21 Mrd. EUR	14,67 (1–11/2004)
D-Einfuhren (gem. Stat.B-Amt) (Anteil an TUR-Gesamtexporten)	6,88 Mrd. EUR 17,5 %	6,60 Mrd. EUR 16,0 %
D-Ausfuhren (gem. Stat.B-Amt) (Anteil an TUR-Gesamtimporten)	7,33 Mrd. USD 13,4 %	8,07 Mrd. EUR 13,3 %
Stellenwert des Handels: Deutschland: Gastland:	 20. Rang 1. Rang	 20. Rang 1. Rang
Deutsche Direktinvestitionen: Stellenwert	272 Mio. USD 3. Rang	109 Mio. USD
Investitionsschutzvertrag vom	20.6.1962	20.6.1962
Doppelbesteuerungsabkommen vom	16.4.1985	16.4.1985
Finanzbeziehungen, deutsche Leistungen (EH, Ausrüstungshilfe, Umschuldung)		

Recht: Seit 1924 wurden das alte islamische (Scheria) und das staatliche osmanische Recht (Medschelle) durch moderne Kodifikationen ersetzt, Mehrehe und Sklaverei abgeschafft. Im Privatrecht wurden 1926 die Schweizer Gesetzbücher mit geringen Änderungen vor allem im Ehe- und Erbrecht (z.B. Volljährigkeit schon ab 18 Jahren; Unterhalt nach Scheidung nur für ein Jahr) übernommen. Die Frau ist seit 1926 gleichberechtigt, seit 1934 darf sie wählen. Das Handelsrecht wurde 1957 nach Schweizer Vorbild (Entwurf Prof. E. Hirsch), das Straf- und Seerecht nach italienischem, das Zivilverfahren 1927 nach dem Muster des Kantons Neuenburg neu geregelt.

Wichtigste Grundlage des Arbeitsrechts ist das Arbeitsgesetzbuch von 1967, das an die Stelle des Gesetzes von 1936 trat und Arbeitsvertrag, -bedingungen, -schutz usw. regelt. 1963 wurde nach nordamerikanischen und westeuropäischen Vorbildern ein System der Kollektivverhandlungen zwischen Gewerkschaften und Arbeitgebern (mit Streik- und Aussperrungsrecht) eingeführt. Seither hat die freie Aushandlung der Lohn- und Arbeitsbedingungen wachsende Bedeutung erlangt. Ein Gesetz von 1969 schützt die arbeitende Mutter.

Gerichtsverfassung: Über Friedensgerichten und Gerichten erster Instanz steht der Kassationshof in Ankara. Die Verwaltungsgerichtsbarkeit wird von zweistufigen Beschwerdeausschüssen ausgeübt und vom Staatsrat, dem höchsten Verwaltungsgericht, kontrolliert. Im Zuge der EU-Gespräche um einen Beitritt wurden von Brüssel eine Reihe von Änderungen gefordert, die in den sogenannten Kopenhagener Kriterien[47] als Beitritts-(minimal-) Erfordernisse definiert wurden.

Soziales und Sozialpolitik: Seit 1945 besteht ein System der sozialen Sicherheit, das durch Gesetz vom 23. Oktober 1969 bedeutsam verändert wurde. Das revidierte System umfaßt Leistungen bei Alter, Invalidität und für Hinterbliebene, Heilbehandlung und Entschädigung bei Arbeitsunfällen. Ihm sind alle Personen unterstellt, die bei einem oder mehreren Arbeitgebern in einem vertraglichen Arbeitsverhältnis stehen. 1969 schützte das System über eine Million Arbeitnehmer der Industrie (bei einem Gesamtbestand von rund 4 Millionen Arbeitnehmern außerhalb der Landwirtschaft). Die Mittel werden durch Beiträge der Versicherten und ihrer Arbeitgeber aufgebracht. Die Leitung hat die autonome ›Sozialversicherungsanstalt‹.

---

[47] Siehe das diesbezügliche Kapitel dieses Buches.

Streitkräfte. Die türkischen Landstreitkräfte bestehen aus:

- 4 Land-Armeen
- 10 Armee-Korps
- 2 mech. Infanterie-Divisionen
- 2 mech. Inf. Div. (taktische) Befehlsstände
- 1 Inf. Division und 1 Trainings-Division
- 14 mechan. Infanterie-Brigaden
- 14 gepanzerte Brigaden
- 12 Infanterie/regionale Sicherheits-Brigaden
- 5 Trainingsbrigaden

Die türkischen Landstreitkräfte sind in vier Armeen, Logistik, Kommandos, Trainings- und strategisches Kommando organisiert.

Die türkische Marine verfügt über:

- 13 U-Boote
- 20 Fregatten
- 21 schnelle Patrouillen-Boote
- 21 Minenleger und -sucher
- 52 verschiedene Landungsschiffe/Fahrzeuge
- 23 verschiedene Marine-Patrouillen-Flugzeuge/Hubschrauber
- 1 Amphibien-Brigade

Nachgeordnete Kommandos der türkischen Marine sind: das Flotten-Kommando, das Schwarzmeer-Kommando, das südliche Gebiets-Kommando und das Marine-Trainings- und Ausbildungs-Kommando.

Die türkische Luftwaffe verfügt über:

- 19 Kampf-Schwadronen
- 2 Aufklärungs-Schwadronen
- 5 Trainings-Schwadronen
- 6 Transport-Schwadronen
- 1 Tanker-Schwadron
- 8 Schwadronen Boden-Luft-Raketen (SAM).

Die Einheiten sind in zwei taktische Luftwaffen, zwei Haupt-Luftstützpunkte, eine Tankerbasis, Trainings- und Logistik-Kommandos organisiert.

Die Streitkräfte sind in der Lage:

- mit kurzer Vorwarnzeit 40 bis 50 000 Mann starke Armee-Korps zu verlegen, um gemeinsame Operationen durchzuführen;

- gleichzeitige Luftangriffs-Operationen mit einer Transportkapazität von 5 bis 6 Bataillonen Tag und Nacht durchzuführen;
- vier separate ›friedensunterstützende‹ Operationen in Bataillonsstärke an jedem Punkt der Welt durchzuführen.

Die türkische Marine kann an internationalen Operationen und Manövern außerhalb des Mittelmeeres teilnehmen. U-Boote haben eine Reichweite bis zu 15 000 Seemeilen mit Rückkehrmöglichkeit zu ihrer Basis.

Nach der US-Air Force besitzen die türkischen Luftstreitkräfte die meisten F-16 Kampfflugzeuge in der Welt. Die türkische Luftwaffe kann an Übersee-Operationen teilnehmen. Mit der Möglichkeit des Betankens aus der Luft können die türkischen Streitkräfte Einsätze in Mitteleuropa fliegen und wieder zu den türkischen Basen zurückkehren oder direkt über den Atlantik von der Türkei in die USA fliegen.

Daneben sind 75 000 Mann Gendarmerie vorhanden. Die Türkei ist in Europa – nach den USA – die zweitstärkste NATO-Militärmacht. Dabei leistet sie erhebliche Beiträge zum NATO-Infrastrukturprogramm, das der Bereitstellung von Gebäuden, Einrichtungen, Ausrüstung und Einrichtungen dient, um die NATO-Streitkräfte zu unterstützen.

Türkische Soldaten an der Grenze zum Irak. Foto: DPA

Jährliche Beiträge zum NATO-Infrastruktur-Programm in (%)			
	Land:	AT ›19‹:	AT ›18‹:
1.	Belgien	3.7200	4.2400
2.	Kanada	3.2200	4.0250
3.	Tschechei	0.9000	1.0333
4.	Dänemark	3.0000	3.4400
5.	Frankreich	12.9044	0 (*)
6.	Deutschland	20.2540	23.1350
7.	Griechenland	1.0000	1.0500
8.	Ungarn	0.6500	0.7463
9.	Island	0	0
10.	Italien	7.7450	9.1000
11.	Luxemburg	0.1845	0.2000
12.	Holland	4.1400	4.7400
13.	Norwegen	2.6000	2.8950
14.	Polen	2.4800	2.8474
15.	Portugal	0.3450	0.3920
16.	Spanien	3.2916	3.7793
17.	Türkei	1.0400	1.1300
18.	United Kingdom	10.1925	11.7156
19.	USA	22.3330	25.5311

* Frankreich nimmt an speziellen oder ›*stand-alone*‹-Projekten des NATO Security Investment Programms hauptsächlich im Bereich Kommando &Kontrolle/Steuerung und Kommunikation teil.

Bis heute hat die Türkei seit 1953 zum NATO-Infrastrukturprogramm 340 Millionen US-Dollar beigetragen, im Gegenzug allerdings auch 5,2 Millarden aus dem NATO-Infrastruktur-Fonds erhalten. Das ergibt einen durchschnittlichen NATO-Rückfluß von 112 Millionen Dollar für jährliche 7,2 Millionen an nationalen Beiträgen. Die Türkei liegt damit nach Deutschland an zweiter Stelle.

Einrichtungen, die durch den Fonds ermöglicht/finanziert werden:

1. Kommando der Landstreitkräfte:
   - Munitions- und Material-Depots
   - Friedens- und Kampf-Hauptquartier des Gemeinsamen Hauptquartiers Südosteuropa
2. Kommando der Marine:
   - Hubschrauber-Einrichtungen

- Munitionslager
- Torpedo-Depots und Justage/Test-Stationen
- Treibstoff-Depots
- Piers und Liegeplätze
- Wartungs- und Reparatur-Einrichtungen

3. Luftwaffen-Kommando:
   Errichtung und Modernisierung verschiedener Luftwaffenstützpunkte

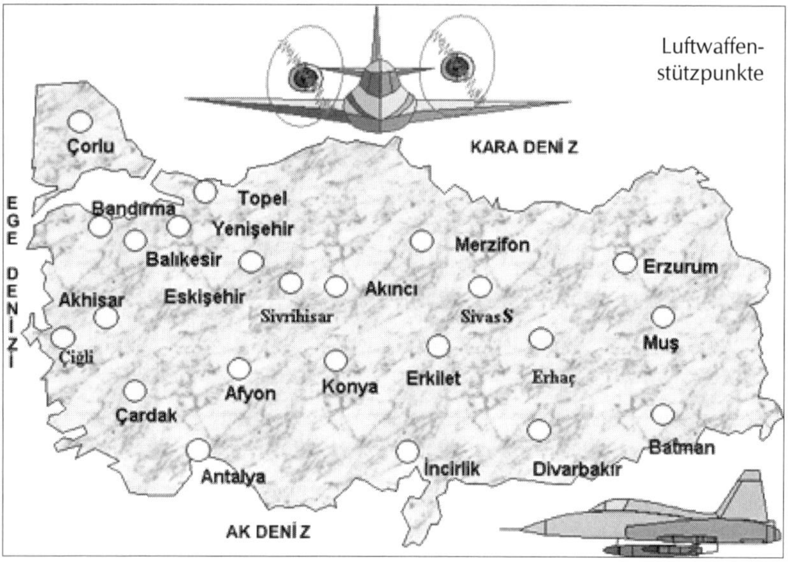

4. Einrichtungen zur gemeinsamen Nutzung:
   - Treibstoff-Pipelines und Lager
   - Treibstoff-Pump-Stationen

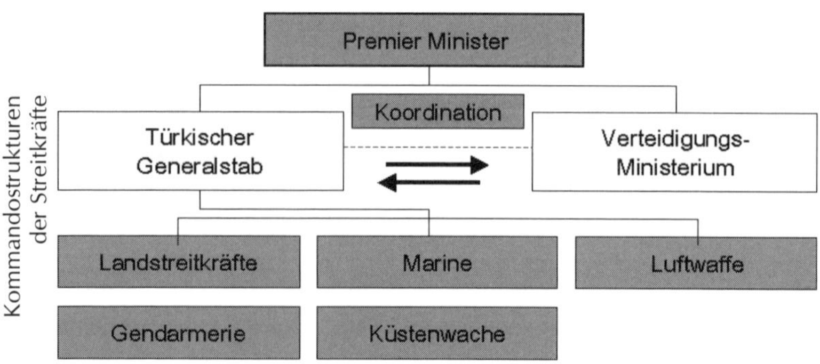

Zum Vergleich die größten Militärnationen der Welt:[48]

1.	**China:**	2,82 Mio. Soldaten/8300 Panzer/71 U-Boote/ 3000 Flugzeuge/36 Mrd. $ Etat
2.	**USA:**	1,4 Mio. Soldaten/7684 Panzer/76 U-Boote/ 52 Flugzeuggeschwader/265 Mrd. $ Etat
3.	**Rußland:**	1,16 Mio. Soldaten/15 500 Panzer/70 U-Boote/ 1455 Flugzeuge/54 Mrd. $ Etat
4.	**Indien:**	1,18 Mio. Soldaten/3314 Panzer/16 U-Boote/ 38 Flugzeuggeschwader/14 Mrd. $ Etat
5.	**Nord-Korea:**	1,05 Mio. Soldaten/ 3500 Panzer/16 U-Boote/ 511 Flugzeuge/2 Mrd. $ Etat
6.	**Süd-Korea:**	0,67 Mio. Soldaten/2130 Panzer/19 U-Boote/ 413 Flugzeuge/13 Mrd. $ Etat
7.	**Türkei:**	0,64 Mio. Soldaten/4205 Panzer/15 U-Boote/ 18 Flugzeuggeschwader/8 Mrd. $ Etat.

Zum Vergleich:

Deutschland: 333 500 Soldaten/3136 Panzer/14 U-Boote/ 15 Flugzeuggeschwader/32 Mrd. $ Etat.

2.2. Landesnatur und Bevölkerung

Mit Ausnahme eines kleinen Anteils am arabischen Tafelland im Südosten gehört die Türkei zum eurasiatischen Kettengebirgsgürtel. Die Verbindung mit Europa wurde im Quartär durch den Einbruch des Agäischen Meeres und die Überflutung der ehemaligen Flußtäler des Bosporus und der Dardanellen unterbrochen. Die tektonischen Bewegungen sind noch nicht vollständig abgeklungen, wie die Erdbeben in der jüngsten Zeit beweisen. Alte kristalline Massen im Untergrund von West- und Mittelanatolien, die weithin von jungtertiären Schichttafeln und jungen vulkanischen Gesteinen bedeckt sind, werden im Norden entlang der ungegliederten Küste vom Pontischen Gebirge, im Süden vom Gebirgssystem des Taurus umrahmt. Beide Gebirgssysteme treten am oberen Euphrat eng aneinander. Weiter im Osten umschließen sie das Ararat-Hochland. Die Randgebirge des Westens sind stark gegliedert und dachen sich sanft zur zerlappten Küste ab.

[48] Quelle: *The World Almanac and Book of Facts*, 2001.

Größe und Bevölkerung: 774 810 km², mit Wasserflächen 780 576 km²; Einwohner (1970): 35 666 500, heute rund 70 Millionen, davon mindestens 3,5 Millionen im Ausland. Die Angaben für die Zahlen in Deutschland schwanken: offiziell etwa 2 bis 2,5 Millionen, inoffiziell schätzt man allein in Deutschland 3,5 Millionen.

Das Hochland im Inneren steigt von West nach Ost von 800 auf 1200 m mittlerer Höhe an; es wird von Bergzügen mit zum Teil aufgesetzten Vulkanen (Erciyas Dag, ca. 3916 m) überragt. Im Westen

Ein typisches Landschaftsbild Anatoliens mit Kleinbauern.

wird es durch ein Bergland von wechselnder Höhe (Ulu Dag, ›Mystischer Olymp‹, 2543 m) abgeschlossen, in das große, zur insel- und buchtenreichen Küste der Ägäis sich öffnende Grabentäler eingreifen (Gediz, Menderes u. a.). In Südanatolien sind den von tiefen Schluchten zerschnittenen Tauruskketten die Ebenen von Antalya (Pamphylien) und Adana (Kilikien) vorgelagert. Das südöstliche Vorland des Taurus besteht aus sanfteren Höhenzügen und Tafeln, in die die größeren Täler (Euphrat, Tigris) sich kräftig eingetieft haben. Türkisch-Thrakien ist ein vom Ergene-Fluß zerschnittenes Flachland mit höheren Aufragungen im Norden und Süden (Istranca Dag, Tekir Dag).

Durch ihre Lage und ihr Relief hat die Türkei Anteil an verschiedenen Klimaten. In dem im Regenschatten des Balkan gelegenen

Thrakien und in dem von hohen Randgebirgen umgebenen Inneranatolien herrscht kontinentales Klima mit sehr heißen, trockenen Sommern und kalten Wintern vor. Die winterlichen Schneefälle nehmen innerhalb Inneranatoliens von West nach Ost und von den tieferen zu den höheren Lagen zu (Ankara: 360 mm Niederschlag jährlich, Erzurum: 476 mm). Auch das Ararat-Hochland weist kontinentale Klimazüge auf (kurzer, heißer und regenarmer Sommer und langer, schneereicher Winter). Ausreichende Niederschläge zu allen Jahreszeiten und gemäßigte Temperaturen hat die Schwarzmeerküste (Trapezunt: jährliches Temperaturmittel 17,7° C, jährlicher Niederschlag 837 mm). Zum mittelmeerischen Klimabereich gehören die Westküstenregion Anatoliens (Smyrna: Jahresmittel der Temperatur 22,6° C, jährlicher Niederschlag 693 mm) und der Südfuß des Taurus.

Entsprechend dem Klima ist die Vegetation ausgebildet. Wald nimmt nur 13,7% der Fläche ein. Er ist von Natur aus nur in den feuchteren Randgebieten und in großen Höhen möglich. Mittelmeervegetation zeigen die ägäische Seite und die Küstenregion des westlichen und mittleren Taurus (Pinien, Macchien, Mischwald aus Platanen, Eichen, Nußbäumen und Kastanien). Die Schwarzmeerregion trägt fast europäische Züge (Buchen, Tannen). Das innere Steppenland ist durch Überweidung degradiert oder in Ackerland verwandelt.

Die Flüsse sind wegen der jahreszeitlich wechselnden Niederschlagshöhe großen Wasserstandsschwankungen unterworfen. Wichtigste Flüsse sind Kizilirmak, Sakarya und Yecilirmak (zum Schwarzen Meer), Gediz, Büyük Menderes, Seyhan und Ceyhan (zum Mittelmeer), Euphrat und Tigris (aus dem Ararat-Hochland). In Inneranatolien und am Fuß des Ararat-Hochlandes versiegen die meisten Flüsse zu schmalen Rinnsalen und enden in Salzseen, wie dem Tuz Gölu oder dem Vansee.

Seit dem Ersten Weltkrieg ist die Bevölkerungszunahme sehr stark (1927: 13,6 Mio.; 1940: 17,8 Mio.; 1950: 20,9 Mio.; 1960: 27,7 Mio.; 1970: 35,6 Mio.; heute: 70 Mio.), die jährliche Zuwachsrate lag zwischen 2,1 und 2,8%, heute: 1,67% vor allem wegen des Rückgangs der Kindersterblichkeit. Regional ist das Wachstum unterschiedlich: Trotz höherer Geburten auf dem Land wachsen die Städte weit überdurchschnittlich, während die Gebirgsregionen stagnieren. Die Bevölkerungsdichte liegt in den Küstenzonen, besonders des Westens und Nordens, über 150 Einwohner je Quadratkilometer, in den Gebirgen des Ostens unter 20 Einwohner je Quadratkilometer.

Wichtige Städte

(Einwohner 1970, in Klammern heute: 1990 bzw. 1997)

Istanbul	2 247 600	(off. 9 061 000, geschätzt: 11–12Mio.).
Erzurum	134 700	(888 103*)
Diyarbakir[49]	138 700	(1 280 000*)
Ankara	1 208 800	(3 627 000*)
Samsun	134 300	(1 158 000)
Smyrna[50]	520 700	(2 695 000)
Sivas	132 500	(767 480)
Adana	351 700	(1 934 000)
Malatya	130 300	(853 660)
Bursa	275 900	(1 906 000*)
Izmit	123 000	(936 160)
Gaziantep	225 900	(1 313 000*)
Mersin	114 300	(422 360)
Balikesir		(1 038 000*)
Elazig	108 300	(519 941*)
Eskisehir	216 300	(648 342*)
Maras	105 200	(1 028 000*)
Konya.	200 800	(1 750 000)
Adapazari	101 600	(834 000)
Kayseri	167 700	(943 500)
Urfa	100 200	(1 313 000*)

* Einwohnerdaten von 1997,
die anderen: 1990

[49] Wegen der Kurdenverfolgung ist durch Zuzug von Flüchtlingen die Bevölkerung in wenigen Jahren gewaltig angestiegen.

[50] Smyrna erlebte seit dem 18. Jahrhundert einen beachtlichen Aufstieg. Hier endete die durch Anatolien führende Karawanenstraße. Der Fernhandel reichte bis nach Indien. Die Stadt war, neben Odessa, Saloniki, Beirut und Alexandria, ein Glied in der Kette der großen Hafenstädte zwischen dem Schwarzen Meer und der Levante. Bedeutende griechische Handelshäuser mit Niederlassungen in London und Bombay entstanden hier. Zählte die Stadt 1830 unter ihren Einwohnern 80 000 Türken und 20 000 Griechen, so waren es gut dreißig Jahre später bereits 75 000 Griechen und 41 000 Türken.

In ihrer ethnischen Zusammensetzung besteht die Bevölkerung seit dem Völkermord und der Vertreibung der Armenier im Ersten Weltkrieg und der Vertreibung der griechisch-türkischen Bevölkerung 1922/23 zu rund 90 Prozent aus Türken. Die Muttersprache gilt nicht als Kriterium für Minderheiten; deshalb genießen (1965) 2,2 Millionen islamische Kurden verschiedener Dialekte (vorwiegend in den SO-Provinzen), 0,36 Millionen islamische Araber (meistens im syrischen Grenzgebiet) und 26 000 islamische Lasen im östlichen Schwarzmeergebiet keinen Sonderstatus. 58 000 Personen sprechen noch Tscherkessen-Dialekte, die jedoch, wie auch die Sprachen anderer kleinerer Gruppen islamischer Flüchtlinge, durch rasche Assimilation zurückgehen. 73 000 Griechen und 69 000 Armenier, vorwiegend in Istanbul konzentriert, sind der Rest der noch 1914 sehr bedeutenden Minderheiten. Die staatsbürgerliche Gleichstellung und Sonderrechte im Bildungswesen scheinen mehr auf dem Papier zu bestehen und wurden faktisch immer wieder aufgehoben. Erst jetzt, im Zuge der ›Hausaufgaben‹ für den EU-Beitritt, wurden Zugeständnisse gemacht.

Die seit Mitte des 19. Jahrhunderts eingewanderten islamischen Flüchtlinge (Muhadschir) vom Balkan und aus Südrußland (1951/52 rund 200 000 aus Bulgarien) sind verstreut angesiedelt und assimilieren sich rasch – aufgrund der türkischen zentralistischen Staatsideologie und der bis dahin allgemeinen Nichtanerkennung von Minderheitenrechten.

Die nomadischen Bevölkerungsteile (Jürüken und einige kurdische Stämme) sind bis auf wenige Tausend seßhaft geworden; jedoch ist halbnomadische Wohnweise in den Gebirgslandschaften des Südens und Ostens noch verbreitet.

Für die rund 75 Prozent der Einwohner, die auf dem Land und in kleinen Landstädten leben, ist die soziale Bindung in der Großfamilie islamischen Stils entscheidendes Ordnungssystem, das zugleich die unvollkommene Sozialfürsorge ersetzt. Die Großfamilie ist gleichzeitig Arbeitseinheit in der vorwiegend klein- bis mittelbäuerlichen Agrarsozialstruktur. Großgrundbesitz mit abhängigen Pächtern oder Teilbauern tritt in der Türkei seit je nur vereinzelt auf, unter anderem in den Beckenebenen des Südens und Westens, so daß Unterschiede in ländlichen Grundbesitzgrößen nicht wie in Nachbarstaaten zu sozialen Spannungen führen (1963: über 50 ha besitzen nur 0,4 % der Betriebe, mit zusammen 10,7 % der Anbaufläche). Die trotzdem verbreitete ländliche Armut und strukturelle Arbeitslosigkeit

Türkische Bauernfamilie.

(69% der agrarischen Betriebe bewirtschaften unter 5 ha, mit zusammen 24,2 % der Anbaufläche) sind Folgen des Mangels an nichtagrarischen Arbeitsplätzen.

Die Suche nach Arbeit führt zu ausgedehnten unkontrollierbaren Binnenwanderungen, zu extrem starkem, ungeregeltem Wachstum der Stadtrandzonen in Form selbstgebauter Behelfsunterkünfte (Gecekondu) und zu starkem Druck auf den ausländischen Arbeitsmarkt (Gastarbeiter). Als tonangebende soziale Oberschicht sind Offiziere, Beamte, Akademiker und inzwischen auch Unternehmer anzusehen, die sämtlich eine moderne westliche Erziehung genossen haben. Eine Industriearbeiterschaft gibt es inzwischen in den Großstädten und neuen Industriezonen. Die Masse der städtischen Handwerker, Händler und Angehörigen der Dienstleistungsberufe zählt mehr zu einer städtischen Unterschicht als zu einem Bürgertum europäischen Stils. Durch die starke personelle Überbesetzung von Handel und Dienstleistungen sind auch hier die Einkommen sehr gering.

Im Bereich des *Bildungswesens*[51] führte Mustafa Kemal Atatürk weitreichende Reformen durch; unter anderem:

[51] Weitergehende Informationen: http://www.turkdunya.de/de/tuerkei/verschiedenes/sehe.php3?site=schulsystem

- Trennung von Religion und Staat,
- Gleichstellung der Frau,
- Europäisierung von Bildung, Schrift und Kleidung.

Atatürk orientierte sich dabei an den liberalen und republikanischen Ideen Europas und richtete sich mit seinen Maßnahmen daher besonders gegen die vom Islam bestimmte Gesellschaftsordnung des Osmanischen Reiches.

Die kemalistische Revolution zielte auf einen Wandel der Gesellschaft und änderte auch das türkische Schulsystem. Das alte Schulwesen beruhte weitgehend auf dem klassischen System der *medrese,* in der vor allem islamische Fächer wie Koran- und Traditionslehre im Vordergrund standen. Fortgeschrittene Schüler wurden in Fächern wie Mathematik unterrichtet.

Entscheidend war vor allem die Einführung der lateinischen Schrift (seit 1. 12. 1928) anstelle der arabischen. Die Umgestaltung des öffentlichen Lebens durch die Türkische Republik hatte auch eine grundsätzliche Änderung des Schulwesens zur Folge (Gesetze von 1924 und 1926), die zu einer Ausrichtung nach westlichen Vorbildern und der Zurückdrängung des Einflusses der Koranschulen führte. Die Analphabetenquote konnte von rund 90% (1924) auf 45% (1970, weibliche Bevölkerung 59%) gesenkt werden. Das gesamte staatliche Schulwesen ist koedukativ und bis zum Sekundarschulabschluß kostenfrei. Seit 1923 besteht die allgemeine Schulpflicht vom siebenten bis zum zwölften Lebensjahr; die Einschulungsquote beträgt rund 60%.

Auf die fünfjährige Primarschule bauen Berufs- und Fachschulen und die allgemeinbildende Sekundarschule auf, die sich aus einer dreijährigen Unterstufe (Mittelschule) und einer dreijährigen Oberstufe (Lyzeum) zusammensetzt. Im Bereich der Lehrerbildung bestehen Lehrerseminarien, die Primarschullehrer in dreijährigen (nach Mittelschulabschluß) oder sechsjährigen (nach Primarschulabschluß) Kursen ausbilden und spezielle Lehrerbildungseinrichtungen sowie Pädagogische Institute, die auf Mittelschulabschluß aufbauend Sekundarschullehrer in zwei bis drei Jahren für die Mittelschule und in vier Jahren für das Lyzeum heranbilden.

1971 bestanden sechs Universitäten: zwei in Ankara (gegründet 1946; gegründet 1206 in Kayseri, seit 1967 in Ankara), zwei in Istanbul (gegründet 1453, neugegründet 1927 und 1933; gegründet 1863 als American College, seit 1971 Universitätsstatus), eine in Smyrna (gegründet 1955), eine in Erzurum (gegründet 1957) und drei Technische Universitäten in Istanbul (gegründet 1773), in Ankara (gegründet 1956) und in Trapezunt (gegründet 1963). Im Rahmen der Erwachsenenbildung bestehen Tages- und Abendschulen mit allgemeinbildenden und berufsbildenden Kursen (1967: 5164 Kurse, 6052 Lehrer, 178 000 Teilnehmer).

Atatürks Reformen maßen der Schulbildung größte Bedeutung bei. Die folgenden Zahlen belegen dies eindrucksvoll:

- 1960 gab es 17 100 Grundschulen, die von rund 1,6 Millionen Schülern besucht wurden.
- 1970/71:[52] 38 227 Primarschulen, Lehrer 132 577, Schüler 5011426
- 1985 waren es 49 000 Schulen mit 6,6 Millionen Schülern

Entwicklung der Höheren Schulen:

- 1950 gab es 88 Höhere Schulen mit 21 000 Schülern
- 1970/71:[54] Sekundarschulen 2364, Lehrer 32 408, Schüler 1 064 635

Berufs- und Fachschulen 917, Lehrer 15 039, Schüler 244 144

- 1968:[54] Lehrerbildungs–Einrichtungen 82, Lehrer 2040, Schüler 58000
- 1981 waren es dann 1166 Schulen mit 530 000 Schülern und
- 1985 schließlich 1300 Schulen mit ca. 628 000 Schülern
- 1970/71:[54] Universitäten 9, Lehrer 5484,[53] Studenten 78 115.[55]

Bis zu Atatürks Reformen gab es keine Universitäten im europäischen Sinne. Bis Anfang der achtziger Jahre wurden 310 Institutionen wie Universitäten, Fachhochschulen und Akademien aufgebaut (u. a. Studiengänge für Ingenieure, Lehrer und Geistliche).

Die Schulordnungen fußen auf die Verfassung und sind nach Angaben des Ministeriums für Nationale Erziehung in den unten angeführten Artikeln festgeschrieben:

- Artikel 10: Gleichheit vor dem Gesetz
- Artikel 24: Religions- und Glaubensfreiheit
- Artikel 42: Rechte und Pflichten in der Erziehung.

Wesentliche Prinzipien sind:

---

[52] Nach: *Der Große Brockhaus*, Ausgabe 1971.

[53] Ohne Hacetepe Univ., Ankara, ohne Bogazici Univ., Istanbul.

[54] Ohne Bogazici Univ., Istanbul.

[55] In der türkischen Reichshistoriographie nicht zu den Sultanen gerechnet.

- Alle Schulen unterstehen dem türkischen Schulministerium und sind an dessen Curricula gesetzlich gebunden.
- Die ersten fünf Schuljahre sind obligatorisch (seit August 1997 die ersten acht). Danach endet die Schulpflicht, und der Besuch der Schule ist freiwillig.
- Das Tragen von Schuluniformen ist vorgeschrieben.
- Mädchen müssen ihr Haar zum Zopf gebunden tragen. Jungen müssen ihr Haar kurz schneiden lassen.
- Das Tragen von Kopftüchern ist außer an Anatolian Imam and Preacher High Schools und an Imam and Preacher High Schools untersagt.

Presse. Das erste türkische Blatt war *Takvim-i Vekayi* (›Kalender der Ereignisse‹; gegründet 1831), die erste Tageszeitung *Tercüman-i Ahval* (›Dolmetscher der Ereignisse‹; gegründet 1860). Eine moderne Presse entstand nach Gründung der Republik, Partei- und am Kiosk verkaufte Zeitungen gab es erst nach 1945. In Istanbul erscheinen unter anderem die der Gerechtigkeitspartei nahestehenden Blätter *Ulus* (›Die Nation‹; gegründet 1919), *Zafer* (›Der Sieg‹; gegründet 1962) und *Adalet* (›Die Gerechtigkeit‹; gegründet 1962), die großen Zeitungen, u.a. *Hürriyet* (›Die Freiheit‹; gegründet 1948), *Cumhurriyet* (›Die Republik‹; gegründet 1923) und *Milliyet* (›Die Nationalität‹; gegründet 1950) sowie die Blätter der Gerechtigkeitspartei *Tercüman* (›Der Dolmetscher‹; gegründet 1961), *Son Havadis* (›Letzte Nachrichten‹; gegründet 1960), *Yeni Istanbul* (›Neues Istanbul‹; gegründet 1949) und *Her Gün* (›Alltag‹; gegründet 1947).

Die zu 49% staatseigene *Anadolu Ajansi*/AA (Anatolische Agentur; gegründet 1920/25), Sitz: Istanbul, und die privaten Agenturen *Türk Haberler Ajansi*/THA (Türk. Nachrichtenagentur; gegründet 1950) und *HaberAjansi*/HA Nachrichtenagentur; gegründet 1963) verbreiten nationales und internationales Wort- und Bildmaterial.

Eine private Rundfunkgesellschaft wurde 1927 gegründet, 1934 der Generaldirektion der Presse im Innenministerium unterstellt und 1937 verstaatlicht. 1964 wurde die staatliche Gesellschaft *Türkiye Radyo Televizyon Kurumu*/TRT errichtet, die über die Funkhäuser Ankara, Istanbul, Smyrna und Erzurum Hörfunkprogramme im Inlandsdienst und einen Auslandsdienst in rund 15 Sprachen verbreitet. TRT-TV begann 1968 in Ankara einen Fernsehprogrammdienst. Die Technische Universität Istanbul verbreitet Hörfunk- und Fernsehprogramme.

Religion: Die Bevölkerung gehört zu 98,9 Prozent zur sunnitischen Richtung des Islam. Religion und Staat sind von der kemalistischen Erneuerungsbewegung radikal getrennt worden (unter anderem Abschaffung des Kalifats, Schließung von Moscheen und Koranschulen). Seit 1950 neigt der Staat wieder zu einer liberalen Handhabung der religiösen Angelegenheiten. Seit 1949 gibt es eine islamisch-theologische Fakultät in Ankara, daneben bestehen zahlreiche Seminare für Prediger und Vorbeter. Islamische Orden sind mehr oder minder geheim tätig. Besonders auf dem Land und in den Kleinstädten gewinnt der Islam zunehmend an Bedeutung; dadurch ist die Spannung zur großstädtischen Bevölkerung gewachsen. Dem laizistischen Nationalismus treten eine neuorthodoxe Strömung, aber auch marxistische Gruppen gegenüber.

Die etwa 80 000 Orthodoxen (meist griechischen Herkommens) unterstehen dem ökumenischen Patriarchen, die etwa 69 000 Armenier einem Patriarchen in Istanbul, der dem Katholikos in Edschmiadsin untersteht.

Die etwa 35 000 monophysitischen Christen gehören zum syrisch-orthodoxen Patriarchat von Antiochia. Die Situation der orthodoxen Kirche ist in jüngster Zeit durch die griechisch-türkischen Spannungen (Zypern) belastet worden. 1955 kam es zu Kirchenzerstörungen, 1964 wurden kirchliche Zeitschriften eingestellt und die Tätigkeit der theologischen Hochschule in Chalki behindert. Die etwa 29 000 Katholiken gliedern sich in Lateiner (ein Erzbistum, ein Apostolisches Vikariat, zwei Missionen *sui juris*) und verschiedene unierte Gruppen; die Armenier gehören zum Patriarchat von Kilikien (zwei Erzbistümer, 12 Bistümer), für die Chaldäer bestehen ein Erzbistum und ein Bistum, für die Syrer ein Bistum.

In der europäischen Türkei bestehen für die Armenier ein Erzbistum und ein Apostolisches Vikariat. Für die Katholiken des byzantinischen Ritus in der Türkei besteht ein Apostolisches Exarchat. In der Türkei leben 23 000 Evangelische. Eine deutsch-evangelische Gemeinde besteht seit 1843 in Istanbul. Sie verfügt über ein Krankenhaus, ein Seemannsheim und hält auch Gottesdienste in Ankara und Smyrna. Für die 38 000 vor allem sephardischen Juden besteht in Istanbul ein Groß-Rabbinat.

2.3. Geschichtlicher Abriß von der Antike bis zum 19. Jahrhundert

Vorgeschichte des Gebietes der asiatischen Türkei (Anatolien, Mittelmeergebiet) und Anfänge des Osmanischen Reiches bis zur Einnahme Konstantinopels (1071–1453). Ausgangspunkt des Osmanischen Reiches war das rum-seldschukische Sultanat um Konya und Kayseri (1079). Dieses entstand nach dem Einbruch der Seldschuken in das bisher oströmische Kleinasien infolge des Sieges bei Mantzikert im Jahre 1071.

Türkische Sultane

Osman I.	1288–1326	Ahmed II.	1691–95
Orchan	1326–59	Mustafa II.	1695–1703
Murad I.	1359–89	Ahmed III.	1703–30
Bajesid I.	1389–1402	Machmud I.	1730–54
Süleiman I.[55]	1403–11	Osman III.	1754–57
Mohammed I.	1413–21	Mustafa III.	1757–74
Murad II.	1421–51	'Abd ül-Hamid I.	1774–89
Mohammed II.	1451–81	Selim III.	1789–1801
Bajesid II.	1481–1512	Mustafa IV.	1807–08
Selim I.	1512–20	Machmud II.	1808–39
Süleiman II.[56]	1520–66	'Abd ül-Medschid I.	1839-61
Selim II.	1566–74	'Abd ül-'Asis	1861–76
Murad III.	1574–95	Murad V.	30.5.–31.8.1876
Mohammed III.	1595–1603	'Abdül- Hamid II.	1876–1909 († 1918)
Ahmed I.	1603–17	Mohammed V.	1909–18
Mustafa I. u. 1622–23	1617–18 († 1638)	Mohammed VI.	1918–22
Osman II.	1618–22	'Abdül-Medschid II.	1922–24 (nur Kalif)
Murad IV.	1623–40		
Ibrahim	1640–48		
Mohammed IV.	1648–87		
Süleiman III.[57]	1687–91		

[56] Gelegentlich als SÜLEIMAN I. bezeichnet.
[57] Gelegentlich als SÜLEIMAN II. bezeichnet.

Die nunmehr einsetzende Türkisierung und Islamisierung Kleinasiens beruhte auf der allmählichen Verschmelzung der Ogusen und wandernder Turkmenen-Stämme mit der gräzisierten Urbevölkerung. Sie wurde durch die dauernde Zurückdrängung der byzantinischen Herrschaft und wiederholte Zwangsumsiedlungen gefördert und brachte dem Land unter der Dynastie der Seldschuken eine kul-

Osman I. Ghasi (1259–1326) ist der Begründer des Osmanischen Reiches.

turelle und wirtschaftliche Blüte. Die Niederlage der Seldschuken gegen die Mongolen 1243 schwächte ihre Stellung und ermöglichte unter lockerer mongolischer Oberaufsicht die Herausbildung selbständiger, zum Teil seetüchtiger türkischer Kleinstaaten, die durch neu einwandernde Türken (auch Iraner) gestärkt wurden. Die bedeutendsten waren Mentesche, Karaman sowie im Nordwesten das Grenzkämpfer-Fürstentum der Kay unter Ertogrul und seinem Sohn (?) Osman I., nach dem sich dieser Stammesverband Osmanen nannte. Von ihm wurde ein wesentlicher Teil des Glaubenskampfes *(Dschihad)* gegen Byzanz getragen.

Nach dem Untergang der Rum-Seldschuken (um 1318) breiteten sich die Osmanen auf Kosten anderer türkischer Kleinfürsten auch in Kleinasien immer mehr aus. Ihre Helfer dabei und Träger des osmanischen Staatsgedankens waren neben einigen griechischen Renegaten-Familien vor allem Derwische, besonders die Bektaschis. Im Volk waren noch aus der Zeit der Islamisierung schiitische und sufische Neigungen, auch vorislamische Erinnerungen, vorhanden. Die

Bruderschaften der Futuwwa überzogen im 13./14. Jahrhundert das ganze Land mit einem Netz humanitärer Geheimorganisationen.

Der Zusammenbruch der Herrschaft der Ilchane in Anatolien um 1327 gab auch den Osmanen unter ORCHAN größere Bewegungsfreiheit. Sie nahmen Brussa (Bursa), das sie als Hauptstadt einrichteten, und überschritten 1354 die Dardanellen. 1361 fielen ihnen Adrianopel (seit 1366 Hauptstadt), nach dem Sieg auf dem Amselfeld 1389 Serbien und 1393 Bulgarien zu. Die Walachei wurde tributpflichtig; 1396 wurde ein vor allem aus ungarischen Rittern bestehendes Kreuzheer bei Nicopolis (Nikopol 2) geschlagen; der Ring um Konstantinopel war geschlossen. Zwar hielt die Niederlage und Gefangennahme BAJESIDS I. durch TIMUR bei Angora (Ankara) 1402 die Entwicklung noch einmal auf, doch gelang 1413 die erneute Einigung des Staates, auch gegenüber sozialrevolutionären Strömungen *(Bedr ed-Din)*: MURAD II. konnte die Herrschaft auf dem Balkan wieder festigen (Schlacht bei Warna gegen die Polen und Ungarn, 1444). Jetzt setzte MOHAMMED II. zum Stoß gegen Konstantinopel an und nahm die Stadt am 29. Mai 1453 ein.

Am 28. 6. 1389 bereitete MURAD I. den verbündeten Serben, Albanern und Bulgaren eine vernichtende Niederlage. Das Amselfeld wurde 1448 erneut zum Schlachtfeld, als auch ungarische und osmanische Truppen gegenüberstanden. Abbildung aus: *Chronik der Weltgeschichte*, Gütersloh–München 2001.

Innere Festigung und Aufstieg zur Großmacht. Das Osmanische Reich erhielt mit Konstantinopel/Istanbul seine das Land weithin beherrschende Hauptstadt; der Sultan nannte sich immer häufiger Kalif. Ungeachtet des Schreckens, den die Nachricht vom Ende des Oströmischen Reiches in Europa verbreitet hatte, schlossen Venedig und Genua mit den Siegern die ersten Handelsverträge. 1460/61 fielen die Peloponnes, 1462 Trapezunt, 1466 Karaman, das letzte bedeutende selbständige türkische Fürstentum. Die Krim wurde 1475 tributpflichtig *(Girai)*. Nachdem die von Johannes HUNYADI drohende Gefahr 1448 auf dem Amselfeld ausgeschaltet worden war, hatte SKANDERBEGS Aufstand nur örtliche Bedeutung. Neben den seit 1329 bestehenden Janitscharen fanden nun griechische Familien Aufnahme ins Osmanentum, und griechische Staatstraditionen formten den neuen Staat entscheidend mit.

29. 5. 1453: Die Türken haben nach wiederholten Anläufen Konstantinopel erobert. Istanbul wird Hauptstadt des Osmanischen Reichs. Unten: Sultan MOHAMMED II. der Eroberer (1430–1481). Mit 21 Jahren kam er auf den Thron.

Mit der Durchsetzung der Verwaltung durch Wesire und den Großwesir hörte das Derwischtum allmählich auf, die geistige Grundlage des Staates zu bilden; nur die Bektaschis konnten sich durch ihre ideologische Verbindung mit den Janitscharen behaupten. Nach der von außen und innen gefährdeten *(Dschem)* Regierung des frommen BAJESID II. sah sich dessen Sohn SELIM I. zu einer scharf schiitenfeindlichen Politik genötigt, um sich der Gefahr eines Übergreifens der Safawiden auch auf Anatolien zu erwehren; 1514 gebot er ihnen durch die Schlacht bei Tschaldyran auch militärisch Einhalt. Die Bedeutung der Derwisch-Orden lag seither im wesentlichen auf seelsorgerischem und sozialem Gebiet (Armenspeisungen, Betreuung der männlichen Jugend, besonders der Handwerker); Aufstände der Theologie-Studenten *(Softa)* wurden gelegentlich bedrohlich.

Den christlichen Bekenntnissen und den Juden wurde die innere Autonomie belassen (*Raja*), wenn auch Übergriffe vorkamen und manche Kirche in eine Moschee verwandelt wurde (Hagia Sophia). Die Eroberung Syriens und Ägyptens mit der Arabischen Halbinsel (Mameluken) durch SELIM I. 1516/17 unterstellte dem Osmanischen Reich auch weite arabische Gebiete, deren religiöser Einfluß im Sinne der Sunna bedeutsam blieb, und sicherte seine Stellung gegenüber Persien, dem 1534 Bagdad entrissen wurde. So konnte SÜLEIMAN DER PRÄCHTIGE die Eroberungspolitik in Europa wiederaufnehmen.

Siebenbürgen und der größte Teil Ungarns wurden dem türkischen Reich gewonnen; doch scheiterte die erste Belagerung Wiens 1529. Der Sultan ließ das geltende Recht kodifizieren und schuf eine Staatsverwaltung, die auf Jahrhunderte hinaus in Kraft blieb. Von nun an wurden auch nicht-türkische Muslime (unter anderen Albaner und Kroaten; Köprülü) zu den höchsten Staatsämtern herangezogen; sie wurden zum Teil Besitzer bedeutender Latifundien, die auch bei der lehensartigen Verfassung des Heeres *(Timur)* von Bedeutung waren. Daneben spielten in den Provinzen Lokalfürsten *(Begs)* und Notabeln *(A'jan)* eine Rolle. 1535 hatte sich Frankreich mit dem Sultan geeinigt (Kapitulation: Vertrag FRANZ I. von Frankreich mit dem Sultan SÜLEIMAN, der Europäer von der türkischen Gerichtsbarkeit ausnahm) und verbündet. Die Türkei wurde damit ein wichtiger Faktor im europäischen Staatenkonzert: Sie trat zum Kaiser, zur Mittelmeer- und osteuropäischen Staatenwelt in diplomatische Beziehungen, und ihr Ausgreifen nach Nordafrika machte sie zur beherrschenden Flottenmacht im Mittelmeer (Cheireddin, Dragut). Der venezianische Besitz auf den Inseln und in Griechenland, Rhodos (1522) und Zypern

(1571/73) fiel in türkische Hand. Doch scheiterte um 1510 ein Vorstoß über See nach Indien sowie ein seit 1550 von Massaua aus eingeleitetes Ausgreifen nach Äthiopien 1578 endgültig. Kreta blieb nach dem abendländischen Seesieg bei Lepanto 1571 venezianisch; die türkische Flotte war nun für längere Zeit ausgeschaltet.

Der Reichtum des Staates wuchs durch diese Eroberungen und ihren Steuerertrag, doch machte sich die Entwertung des Silbers unter dem Druck der Einfuhr aus Amerika auch hier Ende des 16. Jahrhunderts geltend.

Seit 1596 mußte die Türkei militärische Mißerfolge im Osten hinnehmen, wo 'ABBAS I. von Persien 1623 die Einnahme Bagdads und des Zweistromlandes gelang (1638 zurückgewonnen). Die Kriege gegen Venedig und Polen brachten beiden Seiten Vor- und Nachteile. Der Abschluß der Eroberung Kretas durch die Türkei 1669, das gleichzeitige Anwachsen des türkischen Einflusses bei den Kosaken und die Eroberung Podoliens 1672 zeigten einen neuen Machtanstieg an, der wesentlich den Köprülüs verdankt wurde.

Zerfall der osmanischen Macht. Den endgültigen Machtumschwung leitete der Fehlschlag der zweiten Belagerung Wiens 1683 ein: Ungarn, dann Siebenbürgen, Teile Serbiens, Bosniens und der Walachei gingen bis 1718 verloren. Der Kaiser war nunmehr der angreifende Teil. Das lag auch an der damals letztmalig aktiven Türkenpolitik Polens unter König Johann SOBIESKI, vor allem aber an dem Auftreten Rußlands am Nordrand des Schwarzen Meeres. Rußland wurde bald der gefährlichste Gegner des Sultans, besonders nach Ausschaltung der schwedischen Gefahr (KARL XII., Türkenkriege).

Hinzu kam ein innerer Zerfall. Seit etwa 1400 hatten die Sultane meist ihre Brüder beim Regierungsantritt als mögliche Rivalen ermordet; so blieben oft nur wenige, häufig unfähige Vertreter des Hauses OSMAN übrig. 1617 wurde für die (friedliche) Erbfolge das Seniorat eingeführt. Die Sultane verzichteten mehr und mehr auf die tatsächliche Leitung der Regierungsgeschäfte und (nach MURAD IV.) auf die aktive Teilnahme an Feldzügen. Die Zügellosigkeit der durch Aufnahme eigener Angehöriger und von Türken in zunehmendem Maß entartete Janitscharen wuchs; die örtlichen Machthaber (*Dere Beis*, ›Talfürsten‹) in Anatolien und die Notabeln *(A'jan)* in den Provinzen wurden immer selbständiger, Aufstände schwächten die Macht der Pforte, die Korruption wuchs, die Stellung der Griechen *(Fanarioten)* wurde seit 1711 wesentlich gestärkt. Auch die Köprülüs konnten den Verfall im Gefolge der militärischen Nieder-

Entsatz des belagerten Wien am 12. 9. 1683 in der Schlacht am Kahlenberg. Das Entsatzheer unter der Führung JOHANNS III. SOBIESKI zählte rund 75 000 Mann mit 170 Geschützen. Nach erbittertem Ringen wurden die Osmanen nach Ungarn zurückgedrängt. Die Belagerung hatte 62 Tage gedauert.

lagen nicht aufhalten. Die beherrschende Stellung im Staat ging von den Militärs mehr und mehr auf Zivilbeamte (›Sekretäre‹) über, das Interesse der Öffentlichkeit wandte sich von politischen Dingen ab. In der ›Tulpenzeit‹ erlebte die Türkei Anfang des 18. Jahrhunderts ihre Barockperiode. Damals wurde auch der Buchdruck eingeführt (1727).

Die Herausbildung einer Literatenschicht schuf die Voraussetzung für die spätere geistige Europäisierung. Das 18. Jahrhundert brachte erneut schwere militärische Rückschläge, befreite die Türkei aber mit dem Zusammenbruch der Safawiden-Herrschaft und dem Tod NADIRS von der Gefahr im Osten. Die Stärkung der Stellung Rußlands trug dem russischen Kaiser in steigendem Maß auch die Sympathien der Balkanbevölkerung ein. Dieser Entwicklung trat die Türkei seit 1774 mit der neu entwickelten Idee der geistigen Herrschaft des Sultans als des Kalifen aller Sunniten entgegen.

Österreich trat als Gegner ab 1791 ganz zurück. Der im 18. Jahrhundert sehr starke Einfluß Frankreichs wurde durch NAPOLEONS I. mißglückte ägyptische Expedition geschwächt. Großbritannien verwandelte sich von einem Handelspartner in einen ›Beschützer‹, der zum erstenmal während der Friedensverhandlungen in Adrianopel 1829 Rückhalt bot, an der Zurückdrängung MEHMED ALIS, der sich durch die Ausschaltung der Mameluken 1811 eine weitgehend selbständige politische Stellung geschaffen hatte, mitwirkte und schließlich im Krimkrieg 1853–56 (mit Frankreich und Sardinien) an der Abwehr Rußlands aktiv teilnahm. Doch konnten sich die Völker der Balkanhalbinsel und die Wahhabiten in Arabien zwischen 1812 und 1913 verselbständigen.

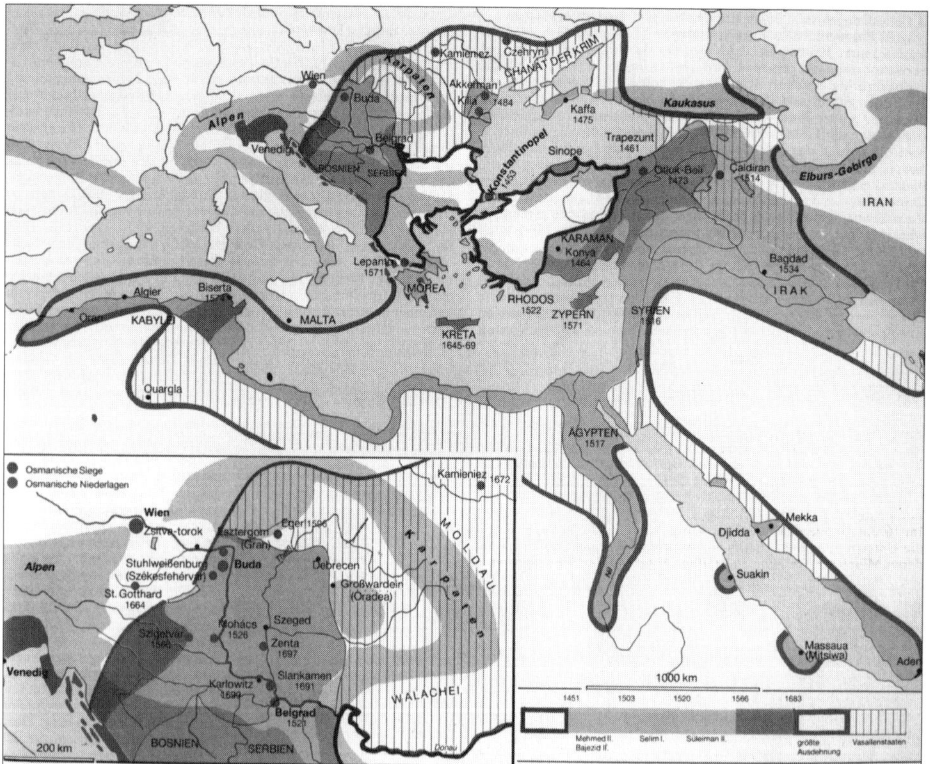

Aufstieg und Fall des Osmanischen Reichs. Karte aus: *Historischer Bildatlas*, München 1991.

3. Die ›moderne‹ Türkei von Atatürk bis zum Kurdenproblem

3.1. Historischer Grobüberblick

Die ›moderne‹ Türkei fiel nicht vom Himmel. Ihre Vorgeschichte reicht bis weit ins 19. Jahrhundert zurück, als die Zentralfugalkräfte im Osmanischen Reich nach und nach die Oberhand gewannen. Eine Reihe militärischer Niederlagen vervollständigte das Bild und schwächte die Zentralgewalt zusätzlich. Seit SELIM III., stärker noch seit MAHMUD II., führte die offenkundige militärische Schwäche des Reiches dazu, daß das Heer neu aufgebaut wurde. Die Janitscharen wurden 1826 endgültig ausgeschaltet. Die Reform des Heeres (u.a. unter Teilnahme preußischer Offiziere, so H. VON MOLTKES) zog auch auf anderen Gebieten europäische Einflüsse nach sich, die sich in der Verwaltung *(Tansimat)* und Gesetzgebung (neues Zivilgesetz – *Medschelle* von 1869), dann in der Literatur und Weltanschauung geltend machten, wobei man lange vor allem französischen Vorbildern folgte. Gleichzeitig vermochte sich durch Ausschaltung der *Dere Bejs* die Zentralgewalt in Anatolien wieder durchzusetzen. Der wachsenden Einmischung des Auslands (im Gefolge auch des Staatsbankrotts von 1875) suchte 'ABD ÜL-HAMID II. durch Niederhaltung jeder freiheitlichen Regierung und die Nichtdurchführung der Verfassung von 1876 *(Midhat Pascha)* zu steuern. Tatsächlich gelang es ihm nach dem Abschluß des Berliner Kongresses und der Besetzung Tunesiens durch Frankreich 1881 sowie Ägyptens durch Großbritannien 1882, weitere Gebietsverluste abzuwehren. Doch ließ sich die Reaktion im Innern nicht durchhalten, und nach dem endgültigen Verlust Bosniens wurde 'ABD ÜL-HAMID II. durch die Jungtürken 1909 gestürzt. Einen Neuaufbau der Türkei nach deren Grundsätzen (ENVER PASCHA, TALAT PASCHA) ließen die Balkankriege nicht zu. Am 1. 11. 1914 trat die Türkei an der Seite der Mittelmächte in den Ersten Weltkrieg ein. Im Waffenstillstand von Mudros (30. Oktober 1918) kapitulierte das Osmanische Reich.

Am 10. 8. 1920 unterzeichnete die Regierung des Sultans MOHAMMED VI. den Friedensvertrag von Sèvres, der – obwohl nie in Kraft getreten – die Auflösung des Osmanischen Reiches besiegelte. Die Alliierten beschränkten das Herrschaftsgebiet des Sultans im wesentlichen auf Mittel- und Nordanatolien sowie auf die Umgebung von

Istanbul bis zur Catalca-Linie. Neben Gebietsabtretungen großen Umfangs und Besetzungen türkischen Gebiets durch alliierte Streitkräfte mußte die Sultans-Regierung der Internationalisierung der Meerengen, der Besetzung Istanbuls und der Verselbständigung Türkisch-Armeniens zustimmen und sich einer alliierten Militär- und Finanzkontrolle unterwerfen.

Ab Mai 1919 organisierte Mustafa KEMAL Pascha, später ATATÜRK genannt, im unbesetzten Anatolien den nationalen Widerstand. Auf ihrem ersten Kongreß am 23. 7. 1919 in Erzurum forderten die nationalistisch-republikanischen Kräfte um ATATÜRK die Bildung eines souveränen türkischen Staates innerhalb des geschlossenen türkischen Siedlungsraumes. Sie bildeten zugleich eine provisorische Regierung unter ATATÜRK. Am 23. 4. 1920 berief dieser die erste Große Nationalversammlung nach Ankara ein.

Diese erkannte die Regierung des Sultans nicht mehr an, verabschiedete die ersten Reformgesetze und ernannte ATATÜRK zum Oberbefehlshaber der Armee. Dieser organisierte den Kampf gegen die griechische Armee, die seit Mai 1919 mit Zustimmung der Alliierten Westanatolien (besonders Smyrna) besetzt hielt. Nach wechselvollen Kämpfen gelangen den Türken entscheidende Siege bei Inönü (30. 3. 1921) und Dumeupinar (30. 8. 1922). Nach der Räumung von Smyrna (September 1922) sah sich Griechenland am 11. 10. 1922 zum Abschluß des Waffenstillstandes von Mundanya gezwungen. Nach Rückeroberung Türkisch-Armeniens konnte die türkisch-republikanische Regierung in Ankara durch Verträge mit der Armenischen Sozialistischen Sowjetrepublik und der bolschewistischen Regierung in Moskau 1920/21 die Grenze zur späteren Sowjetunion absichern. 1922 setzte die Große Nationalversammlung den Sultan ab. Ein Stimmungsumschwung bei den Alliierten zugunsten der Regierung ATATÜRK führte 1921 zum Rückzug der Franzosen aus Kilikien, 1922 der Italiener aus Südwest-Anatolien. Im Frieden von Lausanne (24. 7. 1923) erlangte die Türkei ihre Souveränität und den im wesentlichen noch heute bestehenden territorialen Umfang. Am 2. 10. 1923 räumten die Alliierten Istanbul. 1925 wies der Völkerbund türkische Ansprüche auf das Mossulgebiet zugunsten des Irak (britisches Mandat) zurück.

Die Republik 1923–45. Am 29. 10. 1923 wurde die Republik ausgerufen. Die Große Nationalversammlung wählte zugleich ATATÜRK zum Präsidenten, MUSTAFA ISMET (später Ismet INÖNÜ) zum Ministerpräsidenten. Am 3. 3. 1924 wurde das Kalifat abgeschafft, am 20. 4.

Atatürk und Inönü Anfang der zwanziger Jahre.

1924 eine Verfassung verabschiedet. Auf der Grundlage eines von der Republikanischen Volkspartei getragenen Einparteiensystems führte Atatürk Reformen durch: unter anderem Trennung von Religion und Staat, Gleichstellung der Frau, Europäisierung von Bildung, Schrift und Kleidung. An den liberalen und republikanischen Ideen Europas orientiert, richteten sich diese Maßnahmen besonders gegen die vom Islam bestimmte Gesellschaftsordnung des Osmanischen Reiches. Nach dem Tod Atatürks wurde 1938 Inönü Staatspräsident.

In der Außenpolitik suchte Atatürk die Türkei durch Verträge zu sichern: u. a. Neutralitäts- und Nichtangriffspakt mit der UdSSR (1925), Freundschaftspakt mit Griechenland (1930), Balkanpakt (1934), Pakt von Saadabad (1937; zwischen Türkei, Irak, Iran und Afghanistan). Die Türkei näherte sich immer stärker den westeuropäischen Großmächten, besonders Großbritannien. Mit britischer Unterstützung gewann die Türkei im Abkommen von Montreux 1936 (Meerengenfrage) die Souveränität über die Meerengen zurück. 1939 trat Frankreich als Mandatsmacht über Syrien Hatay an die Türkei ab. Im Zweiten Weltkrieg suchte die Türkei die Neutralität zu wahren. Mit Kriegserklärung an Deutschland im Februar 1945 wurde sie ein ›alliiertes‹ Land.

Nach dem Zweiten Weltkrieg. 1945 wurde eine Landreform eingeleitet. Seit 1946 wandte sich die Türkei dem Mehrparteiensystem zu (Gründung der Demokratischen Partei; Vors. C. Bayar). In Abkehr vom Prinzip der Autarkie verfolgte die türkische Regierung eine Politik der wirtschaftlichen Öffnung nach außen (1947 Beitritt zur Weltbank und zum IWF, 1948 zum GATT, 1956 zur OEEC/OECD). Nach dem Wahlsieg der Demokratischen Partei 1950 wurde Bayar Staatspräsident, A. Menderes Ministerpräsident. Dieser setzte verstärkt die Liberalisierung der Wirtschaft fort. Mit der Förderung der landwirtschaftlichen und religiösen Belange gewann Menderes besonders bei den Bauern viele Anhänger.

Inflation, zeitweilige Verknappung von Lebensmitteln und Industriegütern, Unterdrückung der Opposition und Pressezensur förderten die Unzufriedenheit besonders der städtischen Bevölkerung. Diese Mißstimmung entlud sich im Mai 1960 in Studentenunruhen, die am 27. Mai 1960 zum Militärputsch unter General Gürcel führte. Ein von ihm geführter Offiziersausschuß übernahm die Regierung. In einem Prozeß (Oktober 1960 – September 1961) wurden drei Todesurteile (u. a. Menderes) und langjährige Haftstrafen (u. a. Bayar) verhängt.

Im Ost-West-Konflikt wandte sich die Türkei seit 1945 den von den USA geführten Mächten zu, zumal sie sich durch Ansprüche der Sowjetunion bedroht fühlte (1945 Kündigung des Nichtangriffsvertrages durch die UdSSR). 1952 trat sie der NATO, 1955 dem Bagdadpakt (CENTO) bei. Im Koreakrieg stellte die Türkei den Vereinten Nationen Truppen zur Verfügung. Die Zusammenarbeit mit Griechenland wird seit 1955 durch Spannungen um Zypern stark beeinträchtigt.

Neuere Entwicklung. Nach Verabschiedung einer neuen Verfassung (19. 7. 1961) wurde Gürcel Präsident (bis 1966; 1966–73 C. Sunay, seit 1973 F. Korutürk). Eine Koalitionsregierung unter Inönü und S. Ürgüplü wurde 1965 abgelöst durch eine Regierung der Gerechtigkeitspartei (seit 1961 Nachfolgerin der Demokratischen Partei) unter S. Demirel. Die gegenüber Sozialreformen zurückhaltende Politik Demirels sowie zunehmender Terrorismus sozialrevolutionärer Organisationen führten zum Sturz der Regierung durch die Armee, die sich als Hüter des Atatürkschen Reformgeistes betrachtete. Die nachfolgenden Regierungen (u. a. N. Erin) bemühten sich um Reformen.

Wirtschaftlich blieb die Türkei auf das westliche Europa ausgerichtet (seit 1963 mit der EWG assoziiert). Die Unruhen auf Zypern 1969 belasteten das griechisch-türkische Verhältnis erneut.

Ab 1984 kommt es verstärkt zu Unruhen in den türkischen Kurdengebieten. Aus türkischer Sicht handelt es sich um terroristische Aktivitäten, aus kurdischer um Befreiungs- und Selbstbestimmungsaktionen. Seit 1978 gibt es die kurdische PKK in der Südosttürkei. Sie war jahrzehntelang Trägerin der bis heute spürbaren Autonomieforderungen der Kurden.

Wichtigste Parteien in der Türkei sind heute die Demokratische Linkspartei (DSP), die Partei der Nationalistischen Bewegung (MHP), die Mutterlandspartei (ANAP), die Partei des Richtigen Weges (DYP), die Gerechtigkeits- und Entwicklungspartei (AKP) und die Glückspartei (SP).

Nach dem Rücktritt mehrerer Minister und dem Ausscheiden einiger Abgeordneter aus der regierenden Demokratischen Linkspartei (DSP) geriet die Türkei im Juli 2002 in eine innenpolitische Krise (deren Ursprung vor allem der Staatsbankrott war). Im Herbst 2002 kam es zu Neuwahlen. Als Siegerin ging daraus mit 35 Prozent der Stimmen die gemäßigt-islamistische Gerechtigkeits- und Fortschrittspartei (AKP) hervor, die auch die absolute Mehrheit im Parlament erhielt.

Die einzige Oppositionspartei ist die sozialdemokratisch ausgerichtete Republikanische Volkspartei (CHP). Alle anderen Parteien scheiterten an der Zehn-Prozent-Hürde, womit fast die Hälfte der Wähler bzw. deren Parteien überhaupt nicht im Parlament vertreten sind. Hauptziel der neuen Regierung unter Regierungschef Reçep Tayyip ERDOGAN ist die Vollmitgliedschaft in der Europäischen Union. Mit innenpolitischen Reformen soll die Türkei zudem demokratisiert und die schlechte Wirtschaftslage beseitigt werden.

1999 erlangte die Türkei offiziell den Kandidatenstatus für den Beitritt zur EU. Seither wurden große Anstrengungen unternommen, um die türkische Verfassung den EU-Standards anzugleichen.

3.2. Der Vater der ›modernen‹ Türkei: Kemal Atatürk

Um die Entwicklung der Türkei zu verstehen, ist es unumgänglich, sich mit dem Gründer der modernen Türkei und den von ihm durchgesetzten Reformen auseinanderzusetzen.

Kemal ATATÜRK [türk.: »Vater der Türken«], bis zum Jahre 1934 Mustafa KEMAL PASCHA, bis 1937 Kemal ATATÜRK, der Schöpfer der modernen Türkei, 1881 in Saloniki geboren, am 10. November 1938 in Istanbul gestorben. Er besuchte die Kriegsakademie, nahm als Gesinnungsgenosse ENVER PASCHAS 1908/09 an der jungtürkischen Revolution teil, zeichnete sich 1911 gegen die Italiener in der Cyrenaica und 1915 bei der Abwehr britisch-französischer Angriffe auf die Dardanellen aus. Im Mai 1919 organisierte er in Anatolien den militärischen Widerstand gegen die Alliierten und die Griechen und brach mit der Regierung des Sultans.

ATATÜRK

Aufstieg. Am 22. Juni 1919 erließ Mustafa KEMAL PASCHA, Generalinspekteur der türkischen 9. Armee in Samsun, in Amasya eine Erklärung, in der die Regierung des Sultans in Konstantinopel angeklagt wurde, ihre Verantwortung für das Land und die Unabhängigkeit nicht wahrzunehmen. Der nachmalige Kemal ATATÜRK erklärte, die Nation werde die Unabhängigkeit wiederherstellen. Er berief zu diesem Zweck einen Kongreß nach Erzurum und Sivas ein, der »frei von fremden Einflüssen« sein und sich mit der Zukunft der Türkei auseinandersetzen sollte. Am 27. Dezember 1919 zog Mustafa KEMAL in Ankara ein; den Frieden von Sèvres akzeptierte er nicht. Es kam zum Aufstand gegen die Siegermächte des Ersten Weltkrieges, Großbritannien, Frankreich und Italien sowie gegen Griechenland und Armenien, was eine Wiederaufnahme der Kämpfe bedeutete. Die Westmächte besetzten Konstantinopel. Die Türkische Große Nationalversammlung wählte daraufhin – im Jahre 1920 – KEMAL PASCHA in Ankara zu ihrem Präsidenten und damit zum Vorsitzenden der Gegenregierung gegen den von der Entente abhängigen Sultan.

KEMAL PASCHA gewann zunächst den Krieg mit Armenien (Juni bis Dezember 1920) und erreichte im Dezember 1920 in Alexandropol (Gümrü bzw. Leninakan) von Armenien die Anerkennung der auch heute noch gültigen Grenze, die 1921 in Verträgen mit der Sowjetunion und mit Sowjet-Armenien bestätigt wurde.

In den USA wurde der Republikaner Warren HARDING Präsident; eine amerikanische Intervention war nicht mehr zu befürchten. Nach dieser Begradigung der Fronten wandte sich KEMAL dem Süden zu: Die Franzosen, kriegsmüde, räumten Kilikien und erhielten im Gegenzug von den Türken im Oktober 1921 eine beruhigte Nordgrenze für ihr syrisches Mandatsgebiet. Die meisten Armenier Kilikiens wichen nun nach Süden aus. Damit blieben noch die Griechen, die von England und Frankreich ermuntert wurden, in die Türkei einzumarschieren. Das griechische Abenteuer hatte bereits 1919 mit einer Landung begonnen. Die griechischen Truppen konnten aber im Sommer 1921 am Sakarya zurückgeschlagen werden und richteten sich weiter westlich zur Verteidigung ein. Die auseinandergezogene Front hielt der nun einsetzenden türkischen Offensive nicht stand. Mustafa KEMAL erhielt für seinen Sieg den Titel eines Ghazi, Siegers, und den Marschallgrad. Im Zuge dieser Ereignisse wurden die Griechen 1921/22 aus Kleinasien vertrieben (auf die damit verbundenen Grausamkeiten wird noch an anderer Stelle zurückzukommen sein).

Im November 1922 beseitigte KEMAL das Sultanat und wurde am 29. 10. 1923 zum ersten Präsidenten der Republik gewählt (wiedergewählt 1927, 1931, 1935). Im März 1924 schaffte er auch das Kalifat ab. Durch kluge Beschränkung der eigenen Machtmittel und des türkischen Staatsgebiets bewahrte ATATÜRK die Türkei vor dem Untergang und konnte ihr einen respektierten Platz in der Völkerfamilie sichern. In der Erinnerung der Türken lebt er vor allem durch seine tiefgreifenden Reformen des türkischen Lebens weiter. Diese bestanden vor allem in der zwangsweisen Übernahme der abendländischen Zivilisation (Schrift, Bildung, Kleidung) und in der Gleichstellung der Frau.

Die von ATATÜRK bestimmte politische Richtung der Türkei wird ›Kemalismus‹ genannt. Sie lehnte den Panislamismus und den Turanismus ab und verfolgte eine nur auf türkische Interessen ausgerichtete Außenpolitik. In der Innenpolitik nahm der Kemalismus sogar islamfeindliche Züge an und trat für eine möglichst starke Europäisierung auch im Bereich der Wirtschaft und Technik ein.

3.3. Die sechs Prinzipien des ›Kemalismus‹

Obwohl pragmatisch in die Realität umgesetzt, bildeten die kemalistischen Maßnahmen doch ein mehr oder weniger geschlossenes ideologisches ›System‹, das auf der Vision des Staatsgründers fußte. Mustafa Kemal ATATÜRK hat wohl als erster Politiker jenes Teils der Welt, der später als ›Dritte Welt‹ bezeichnet werden sollte, einen eigenen nationalen Entwicklungsweg beschritten.

Der Katechismus des ›Kemalismus‹ (*Atatürkçülük*) umfaßt sechs Prinzipien, auf denen der neue Staat gründen sollte:

- Nationalismus: Errichtung eines türkischen Nationalstaates.
- Laizismus: Trennung von Staat und Religion. Faktisch übt freilich das Amt für religiöse Angelegenheiten die Kontrolle über das religiöse Leben aus.
- Republikanismus: Gründung eines republikanischen Regimes. Damit wurde zugleich der entschlossene Wille bekundet, der Wiedereinführung einer Sultanats- oder Kalifatsherrschaft entgegenzuwirken.
- Populismus: Gleichheit der Bürger ohne Ansehen von Volkszugehörigkeit, Sprache, Religion und sozialer Schicht. Damit war gleichzeitig der Grundsatz verbunden, den
- ›Willen des Volkes‹ als konstitutives Element der Türkischen Republik anzuerkennen.
- Etatismus: Bestimmende Rolle des Staates in der Wirtschaft.

Mustafa Kemal ATATÜRK auf einer Inspektionsreise im Jahre 1925. Eine revolutionäre Neuerung für damalige türkische Verhältnisse: Seine Frau (links) begleitete ihn.

Seit 1946 und besonders seit 1950 läßt sich in einigen Bereichen ein stillschweigendes Aufgeben mancher kemalistischer Programmpunkte feststellen, obwohl sich alle Parteien und ebenso das Militär noch immer auf Atatürk berufen. Gerade was die programmatische Islamfeindschaft des Kemalismus angeht, ist das alte Dogma aber zusehends im Aufweichen begriffen.

Aus europäischer – und aufklärerischer – Sicht werden die kemalistischen Reformen meist positiv beurteilt. In ihrer Konsequenz liegt immerhin auch die heutige Hinwendung der Türkei zu Europa. Atatürk selbst konnte von der EU natürlich noch nichts wissen, deshalb stellte sich für die Frage eines ›Beitritts‹ seiner Republik zu einem europäischen Verbund noch nicht. Der Beobachter glaubt in der wachsenden Westorientierung der Türkei mitunter Parallelen zu ähnlichen Tendenzen im orthodoxen Rußland zu bemerken. Aber dort wurde die ›Verwestlichung‹ immer – und zwar bis heute – auch kritisch betrachtet, als potentieller Verlust russischer Identität und des als Auftrag empfundenen eigenen Sendungsbewußtseins. Im Falle Rußlands hat eine totale Hinwendung zum Westen jedenfalls bislang nicht stattgefunden, obwohl sich die Kulturen und selbst die beteiligten Völker in diesem Fall viel ähnlicher sind.

Die Frage ist immerhin berechtigt, was allein infolge der Übernahme der lateinischen Schrift an eigener türkischer Kultur und eigenständigem Volksgeist verlorengegangen ist. Die ganze Reform Atatürks war im Grunde eine Revolution, nicht unähnlich der Französischen und wohl auch vom selben – freimaurerischen – Geist inspiriert, den viele Jungtürken im französischen Exil eingeatmet und dann nach Kleinasien verpflanzt haben. Diesem ›Geist‹ sind ethnische, kulturelle und religiöse Differenzierungen allerdings völlig fremd; sein Ideal ist der Weltbürger, und im Falle der türkischen Republik wurde die Kultur unter der Parole eines politischen Programms und mit Gewalt ›westlich‹ gemacht (was nicht wirklich gelungen ist) und die Religion bekämpft. Mit einer charakteristischen Ausnahme: Auch die Religion, der Islam, wird mittlerweile im Kampf um die angestrebte ›Eroberung‹ Europas, aus der manche Türken unvorsichtigerweise überhaupt kein Hehl machen, instrumentalisiert, indem die heutige Immigration von Millionen türkischer Muslime mit der Türkenbelagerung Wiens unter Sultan Suleiman in direkte Beziehung gesetzt wird.

3.4. Zur Geschichte der ›Grauen Wölfe‹

Die ›Grauen Wölfe‹ haben ihre Wurzeln in der Bewegung der ›Jungtürken‹ (*Genç Türkler*), einer nationalen Reformpartei westlicher Ausrichtung. Sie entstand 1876 und hatte um die Jahrhundertwende, von Saloniki ausgehend, beträchtlichen Einfluß auf das türkische Offizierskorps gewonnen. Zwischen 1908 bis 1918 konnte sie sich unter ENVER PASCHA und TAL'AT PASCHA in der Führung des Osmanischen Reiches behaupten, dessen Verfall zu dieser Zeit allerdings bereits mit Händen zu greifen war. Die Jungtürken verstanden sich als Reformbewegung. Mustafa KEMAL, der spätere Gründer der Türkischen Republik, besser bekannt als Kemal ATATÜRK, war ein Gesinnungsgenosse ENVER PASCHAS und nahm 1908/09 an der jungtürkischen Revolution teil. Er verfügte über großen Einfluß auf die Bewegung und setzte sich schließlich auch an ihre Spitze.[58]

Die Jungtürken waren von Anfang an von einem großtürkischen Chauvinismus geprägt und hatten sich dem Ziel verschrieben, den Zerfall des Osmanischen Vielvölkerreiches zu verhindern. Dieses Ziel stand in schärfstem Gegensatz zum Unabhängigkeitsstreben der nichttürkischen Völker, das als Verrat am gemeinsamen osmanischen Vaterland betrachtet wurde. Konsequenterweise betrieben die Jungtürken daher die Zwangsassimilation, also die Türkisierung aller im Reichsgebiet lebenden Völker: Albaner, Armenier, Araber, Bulgaren und Kurden. Nach ihrer Machtübernahme im Jahre 1908 hoben sie die Organisationsfreiheit der Minderheiten auf, Türkisch wurde zur offiziellen und einzigen Sprache in Schule und Verwaltung.

Diese Politik der Zwangsassimilation ging mit der Vorstellung des ›Turanismus‹ einher, der zufolge die Einheit aller Turkvölker von

Der Nationalist ENVER PASCHA, Ex-Militärattaché in Berlin, wurde mit dem Eisernen Kreuz ausgezeichnet. Rechts: MEHMET V. Unter seiner Herrschaft fand die Türkisierung der Minderheiten auf breiter Front statt.

[58] Siehe das Portrait Kemal ATATÜRKS in diesem Buch, S. 112.

Innerasien bis zum Balkan - notfalls mit dem Bajonett - zu verbreiten sei. »Vorn die Flagge, in der Hand das Bajonett, im Herzen Gott. Wir wollen Herrscher über die Welt sein«, lautete die Parole Ziya Gölaps, eines zeitgenössischen jungtürkischen Turanisten. Die Bewegung entstand während des Ersten Weltkrieges in der Türkei und Ungarn und betonte über die politische Zusammenarbeit, den Pantürkismus, hinaus auch die gemeinsame Abstammung und Kultur der türkischen und uralaltaischen Völker. Der Einfluß dieser Bewegung ist in der türkischen Geschichtsschreibung und Politik bis heute spürbar.[59]

1908 wurde die Vereinigung ›Türk Ocagis‹ ins Leben gerufen, deren Ziel es war, mit allen Mitteln das ›Reich Turan‹ (»die Wiege des Volkes und das Ursprungsland der Rasse«) zu errichten. Die Mittel zur Erreichung dieses Ziels waren: die »nationale Erziehung des türkischen Volkes, selektive Anwendung des Islamismus,[60] Hebung des intellektuellen, sozialen und ökonomischen Niveaus, Vollendung der türkischen Sprache und Rasse«.

Die Türkische Republik und der Widerstand gegen den Zerfall der Überreste des Osmanischen Reichs ruhten auf einem fragwürdigen, brüchigen Fundament: auf der Unterdrückung, Vertreibung, ja Vernichtung ganzer Völker. Der Ausbruch des Ersten Weltkrieges kam den Jungtürken gelegen, konnten sie in seinem Schatten doch den bereits vor dem Krieg gefaßten Plan zur Ausrottung der ›fremdländischen‹, christlichen Armenier praktisch ungestört in die Tat umsetzen. Von den rund zwei Millionen im Osmanischen Reich lebenden Armeniern überlebten nur an die 100 000. Franz Werfel hat

---

[59] U. Heyd, *Foundations of Turkish Nationalism*, London 1950; B. Lewis, *The Emergence of Modern Turkey*, London 1968.

[60] Das ist deshalb bemerkenswert, weil die Türkei ein betont laizistischer Staat ist, nicht unähnlich Frankreich nach der Französischen Revolution, und es den auch hier maßgeblichen freimaurerischen Prinzipien widerspricht, die Religion nicht als ›Aberglauben‹ abzuschaffen. Das Verhältnis der Jungtürken war auch anfangs eher sehr distanziert, ja islamfeindlich (wie es programmatisch ja auch der Kemalismus war, der inzwischen in aller Stille wieder von diesem Punkt abgerückt ist), weil sich die Nützlichkeit (oder Notwendigkeit) deutlich herausstellte, den Islamismus als Mittel der Politik zu instrumentalisieren. Echte religiöse Überzeugung oder Gläubigkeit dürfte jedenfalls nicht das Motiv sein. Man erkennt das auch an Symptomen: etwa dem Kopftuchverbot im türkischen Parlament als religiöse Demonstration und bei uns - in Europa - das angeblich religiös gebotene Kopftuchgebot als politische Äußerung.

Der Genozid an den Armeniern 1915/16 gilt als erster Völkermord des 20. Jahrhunderts. Bild im Bild: Franz Werfel und sein Buch *Die vierzig Tage des Musa Dagh* (s. S. 126)

diesem Völkermord ein literarisches Denkmal gesetzt, ohne das dieser Genozid vermutlich längst vergessen oder verdrängt wäre. Die Türken ihrerseits reagieren noch heutigentags mit allen diplomatischen Mitteln, wenn der Armenier-Holocaust irgendwo thematisiert wird.

Nach Aufständen in Kurdistan begannen die Jungtürken auch mit der planmäßigen Vernichtung des kurdischen Volkes. Allein von 1914 bis 1918 fielen ihr mehr als 700 000 Kurden zum Opfer. Die Niederlage des Osmanischen Reiches, das im Ersten Weltkrieg an der Seite Deutschlands kämpfte, durchkreuzte diesen Völkermord allerdings und brachte neue Koalitionen. Mustafa Kemal organisierte das sogenannte ›türkische Bündnis‹, um sich mit den (Besatzungs-)Mächten England und Frankreich die Trümmer des Osmanischen Reiches zu teilen.

Der Turanismus war nun kein geeignetes Mittel mehr, die Völker der Region für den Kampf gegen die Kolonialmächte zu mobilisieren. Mustafa Kemal sprach nicht mehr von der ›türkischen Nation‹, sondern hob verstärkt den ›islamischen Staat‹ hervor. Mit dieser Losung gelang es ihm, die kurdischen Scheichs für den letztlich erfolgreichen Aufstand gegen die Kolonialmächte zu gewinnen, der 1919 von Anatolien aus seinen Anfang nahm.

Nach der Gründung der türkischen Republik im Jahre 1923 wurde der Nationalismus wieder zur herrschenden türkischen Staatsauffassung. Ziel war jetzt die Errichtung eines nationalistischen völkischen Staates mit dem Herrschaftsinstrument des Türkismus, der die Existenz aller anderen Völker im gemeinsamen Staat verneinte. Schon zuvor, 1921/22, wurden die Griechen aus Kleinasien vertrieben, und 1923 wurden 300 000 Angehörige des Pontus-Volkes, einer griechischen Minderheit, massakriert. Im Jahre 1924 wurden die kurdischen Schulen, Vereinigungen und Publikationen verboten. Seither gibt es offiziell keine Kurden mehr. Sie werden seither als ›Bergtürken‹ geführt.

Für die Politik Kemal ATATÜRKS waren die pantürkischen, turanischen Ideen hinderlich, für die Konsolidierung der Türkei sogar gefährlich. ATATÜRK vorbot sie kurzerhand und verfolgte eine strikt an türkischen Interessen orientierte Politik. Die so geschwächte Bewegung mußte ihre Tätigkeit nun hinter den Kulissen entfalten. Noch in den sechziger Jahren des 20. Jahrhunderts konzentrierte sie sich unter Alpaslan TÜRKES, dem 1997 gestorbenen langjährigen Vorsitzenden der MHP (›Partei der Nationalen Bewegung‹), auf die Gewinnung der Jugend für die panturanische Ideologie. Die MHP (*Milletci Hareket Partisi*) wurde im Jahre 1969 gegründet. Bei den Wahlen im Frühjahr 1999 konnte sie ihren bisherigen Stimmenanteil von neun Prozent (in der Türkei gilt eine Zehn Prozent-Hürde, um ins Parlament zu gelangen) fast verdreifachen.

Der neue Parteichef, Devlet BAHCELI, nennt sein überwiegend junges Parteivolk »meine lieben Grauen Wölfe«. Der militante Arm, die

Von links: Alpaslan TÜRKES, Devlet BAHCELI und Süleyman DEMIREL.

›Kommandos‹, erhielten auch den Namen *Bozkurtcula* (›Sturmtruppen‹ bzw. ›Graue Wölfe‹), zur Erinnerung an jenes Tier, das der panturanischen Legende zufolge die letzten türkischen Stämme aus den Altai-Gebirgen in Zentralasien geführt und so gerettet hatte.

Bis 1980 wurden den ›Grauen Wölfen‹ mehr als 5000 Morde in der Türkei und in Kurdistan nachgesagt. 1975 wurde die MHP zum Bündnispartner der konservativen Gerechtigkeitspartei (AP) unter dem damaligen Ministerpräsidenten S. Demirel und damit Regierungspartei. Alpaslan Türkes wurde stellvertretender Ministerpräsident und hatte damit volle staatliche Rückendeckung für den organisierten Terror gegen die Opposition.

Nach dem Militärputsch 1980 wurde die MHP verboten, was sie aber nicht daran hinderte, unter anderem Namen ihre Politik fortzusetzen. Längst waren große Teile des Militärs und der staatlichen Verwaltung von MHP-Anhängern durchsetzt. Als hauptsächliches Agitationsfeld wurden Moscheen und islamische Vereine auserkoren. Ende der achtziger Jahre wurde das Verbot der MHP offiziell aufgehoben.

3.4.1. Die Ideologie der ›Grauen Wölfe‹

Die Ideologie der MHP und ihrer Kommandoorganisation, der ›Grauen Wölfe‹, gründet im wesentlichen auf drei Hauptpfeilern:

1. dem Nationalismus – in diesem Fall ein vom Panturanismus geprägter Nationalismus. Er gibt sich äußerst feindselig gegenüber allen nicht-türkischen Nationalitäten, vor allem den Minderheiten im eigenen Land gegenüber.

2. einem strikten Antikommunismus. Dadurch konnte die – spätere – MHP immer auf die dezente Rückendeckung durch die CIA zählen.

3. dem Islam. Zum Islam entwickelte die MHP in den Jahrzehnten ein ambivalentes Verhältnis. In der Gründerzeit der Partei gaben sich die führenden Personen ausgesprochen anti-islamisch. Wenn überhaupt Religion, dann versuchte man einen Rückbezug auf die vorislamische Zeit mit ihrer schamanistischen Tradition herzustellen. Der Islam wird bei der MHP, so paradox es klingt, nicht unter ›religiösen‹ Vorzeichen gesehen, sondern als nationalistisches Kampfmittel. In der Frage, inwieweit der Islam Bestandteil des ›Türkentums‹ ist, kam es im Laufe der Jahre zu einer pragmatischen Umorientierung,

weil die MHP mit ihrer anti-islamischen Grundhaltung schlechte Wahlergebnisse erzielte und Wähler an die islamisch-fundamentalistische ›Nationale Wohlfahrtspartei‹ verlor. Unter dem Strich läßt sich sagen, daß die große Konstante der MHP der Nationalismus war. Seit den siebziger Jahren gewinnt allerdings der Islam in der Parteiprogaganda immer mehr Raum.

Der langjährige ›Führer‹ der MHP, Alpaslan TÜRKES, spielte bereits in den vierziger Jahren in der pan-turanischen Bewegung eine entscheidende Rolle. Im Jahre 1944 wurde TÜRKES als angeblicher »Kopf der faschistischen Bewegung« und wegen seiner Versuche, die Türkei an der Seite des Deutschen Reiches in den Zweiten Weltkrieg zu ziehen, verhaftet. In der Gerichtsverhandlung erklärte er: »Ich betrachte es als Ehre, wegen Turanismus und Rassismus verurteilt zu werden. Die Verwaltung des Staates durch Menschen türkischer Rasse ist lebensnotwendig. Die in der Türkei lebenden Nichttürken mit türkischer Staatsangehörigkeit sind Tscherkessen, Bosniaken, Lazen, Araber, Kurden, sie sollte man in die Länder schicken, wo sie hingehören.«

1948 begab sich TÜRKES in die USA. Dort erhielt er bis 1955 eine Bandenbekampfungs-Ausbildung in der ›Operationsakademie‹ der amerikanischen Armee und an der Infanterieschule und kehrte 1959 in die Türkei zurück. Zuvor, im Jahre 1958, besuchte er noch die Hochschule für Atom- und Nukleartechnik in der Bundesrepublik Deutschland.

Bis zu seiner Rückkehr war TÜRKES in der türkischen Militärmission in Washington tätig und knüpfte hier enge Kontakte zur CIA und zum Pentagon. Es verwundert deshalb auch nicht, daß er 1960 zu den 32 Offizieren gehörte, die die damalige Regierung MENDERES stürzten. Nach dem Putsch wurde er zum persönlichen Sekretär des neuen Machthabers, General GÜRSEL, ernannt. Dort versuchte er weiter, hinter den Kulissen seine pan-turanischen Ideen durchzusetzen, wurde aber bald politisch kaltgestellt und an die türkische Botschaft in Neu Delhi ›abgeschoben‹.

Nach seiner abermaligen Rückkehr in die Türkei im Jahre 1964 konzentrierte er sich auf den Aufbau der MHP/›Graue Wölfe‹. Nach einem Verbot der MHP im Jahre 1980 wurde ihm jegliche politische Betätigung untersagt. Das hinderte ihn nicht, im Rahmen zahlreicher offizieller Besuche nach Deutschland zu kommen, etwa am 26. November 1994 nach Sindelfingen oder zuletzt am 5. Oktober 1996 nach Essen (Grugahalle), wo er beim 19. Jahreskongreß der ADÜTDF[61] als umjubelter Redner auftrat.

3.4.2. Die ›Grauen Wölfe‹ in der Bundesrepublik Deutschland

Türkische Nationalisten begannen sich bereits Ende der sechziger Jahre in der Bundesrepublik zu organisieren. Dies geschah in Vereinen, die als ›Türkische Gemeinschaften‹, ›Idealistenvereine‹ oder einfach als ›Kulturvereine‹ firmierten. Eine MHP-Auslandsvertretung besteht offiziell seit 1973, inoffiziell aber bereits seit Ende der sechziger Jahre. Einschließlich der Zentrale in Ludwigshafen verfügt sie in der Bundesrepublik über Zweigstellen in 40 Städten.

1976 wurde der MHP vom türkischen Verfassungsgericht unter Anwendung des Parteiengesetzes der Unterhalt von Auslandsorganisationen verboten. Die MHP umschiffte dieses Verbot mit der Auflösung ihrer Unterorganisationen in der Bundesrepublik zum 28. 7. 1976 und deren Umwandlung in sogenannte ›unabhängige‹ Idealistenvereine. In der Folge wurde der Terror gegen die türkische und vor allem kurdische Opposition systematisch ausgeweitet.

Zur besseren Koordination schlossen sich im Juni 1978 die verschiedenen Vereinigungen zur ›Föderation der demokratisch-idealistischen türkischen Vereine in Europa/Türk-Föderation‹ zusammen. Die in Frankfurt am Main ansässige ›Türk-Föderation‹ muß, was sich mit Blick auf die erwähnte Umstrukturierung von selbst ergibt, im Grunde als Untergrundorganisation betrachtet werden, die mit ganz anderen Mitteln als Kultur und Folklore Politik macht. Sie ist als zentrale Schaltstelle der MHP in Deutschland anzusehen. Zur 17. Jahreshauptversammlung der ›Türk-Föderation‹ am 26. November 1994 kamen unter den Augen des türkischen Botschafters mehr als 10 000 Anhänger der MHP in Sindelfingen zusammen.

---

[61] Die ›Föderation der türkisch-demokratischen Idealistenvereine in Europa e.V.‹ (ADÜTDF) wurde am 18. Juni 1978 in Frankfurt/Main gegründet. Die Organisation, die als extrem nationalistisch einzuschätzen ist, hat zur Zeit rund 6900 Mitglieder. Sie steht der ›Partei der Nationalistischen Bewegung‹ (MHP) nahe. Der Gründer und langjährige Vorsitzende, Alparslan TÜRKES, ist am 4. April 1997 verstorben. Die Aktivitäten der Organisation im Bundesgebiet sind gering. Sie wurde daher zuletzt im Verfassungsschutzbericht 1993 erwähnt (S. 177). (Aus der Antwort der Bundesregierung auf eine parlamentarische Anfrage [*Drucksache* 13/7861 vom 5. 6. 1997]).

Die ›Grauen Wölfe‹ in Deutschland. Rechts: *Graue Wölfe heulen wieder*. Das Buch der linken Autoren F. ASLAN und K. BOZAY befaßt sich mit dem sogenannten türkischen Faschismus und seiner Vernetzung in der Bundesrepublik.

Die MHP trägt maßgebliche Mitverantwortung an der Existenz staatlicher ›Todesschwadronen‹ und türkischer Spezialeinheiten im Krieg gegen das kurdische Volk. Erhebliche Teile der in Kurdistan eingesetzten Spezialeinheiten sympathisieren offen mit der MHP. Seit der Krieg auf die Bühne der internationalen Politik gerückt ist, gerieten Ankara und seine nächsten Verbündeten, allen voran die Bundesrepublik, zunehmend unter politischen Druck.

3.4.3. Die MHP heute

Mit dem Tod von Alpaslan TÜRKES, der seit Beginn der Bewegung eine Schlüsselfigur war, wurde der Streit um die Führung der MHP immer heftiger und führte schließlich zu Abspaltungen. TÜRKES' Sohn TUGRUL trennte sich von der MHP und gründete die *Aydinlik Türkiye Partisi* (ATP). In der MHP selbst konnte sich Devlet BAHCELI als neuer Parteivorsitzender durchsetzen. Die Delegierten forderten in Sprechchören: »Devlet an die Spitze des Staates!« Auch bei den ›Grauen Wölfen‹ herrschte auf dem Parteitag eitel Sonnenschein. Delegierte, Parteivolk und Öffentlichkeit wurden mit der Nachricht vom ›neuen Basbus‹ BAHCELI beglückt, der an die Stelle des verstorbenen Alpaslan TÜRKES getreten war. Der weitere Verlauf des Kongresses überraschte jedoch. BAHCELI hielt eine Rede, ohne den Delegierten die übliche

Möglichkeit zu geben, Dampf abzulassen. Ihr neuer Führer hielt keine emotionsgeladene Parteitagsrede, sondern referierte sein Programm wie auf einer wissenschaftlichen Konferenz.

Es ging BAHCELI um die ganz ›großen‹ Themen der künftigen türkischen Politik. Im Globalisierungsprozeß, führte er aus, komme der Türkei eine wichtige Rolle zu. Kein Land könne sich den wirtschaftlichen Entwicklungen in aller Welt entziehen oder sie gar aufhalten. Er ließ keinen Zweifel daran, daß er den Platz der Türkei in der Europäischen Union sehe. Die EU sei eine multinationale Föderation, in der die Nationalstaaten ihren Platz hätten und einen Großteil ihrer Souveränitätsrechte an Brüssel, Straßburg und Den Haag abgeben. Doch die MHP bejahe das ausdrücklich, sagte ihr Parteichef in Ankara. Beim Parteivolk blieb der Widerspruch nicht verborgen, daß sich Nationalisten plötzlich als überzeugte Europäer gaben.

Im zweiten Teil seiner Rede warnte BAHCELI vor der weltweit voranschreitenden ›Regionalisierung‹: »Starke Tendenzen zu Regionalisierung und Separatismus bedeuten Zersplitterung und Schutzlosigkeit. Sie ebnen der Globalisierung den Weg. Schauen Sie auf Kaukasien oder den Balkan.«

Für westeuropäische, an politische Schalmeienklänge gewöhnte Ohren haben Begriffshülsen wie ›Regionalisierung‹ oder ›Europa der Regionen‹ einen positiven Klang. Dabei handelt es sich bei solchen Begriffen natürlich um genau jene Wortkreide, mit der von den wirklichen Vorgängen abgelenkt wird. Für die türkischen Nationalisten ist ›Regionalisierung‹ jedoch mit der größten Gefahr gleichbedeutend, die es für die Türkei gibt: die Selbstbestimmung ethnischer Minderheiten.[62]

BAHCELI stellte dieser Horrorvision aus nationalistischer Sicht das ›Projekt Eurasien‹ entgegen. Bei der MHP wird darunter eine Türkei verstanden, die als Vorhut von 280 Millionen Menschen agieren würde, deren Sprachen der türkischen Sprachfamilie zuzurechnen sind und die in dem gewaltigen Gebiet vom Balkan bis zur chinesischen Mauer leben. Die MHP, die noch immer Ideologien wie dem Pantürkismus und dem Turanismus anhängt, träumt davon, daß eine derart gestärkte Türkei mit ihrem wirtschaftlichen und politischen

[62] Das ist angesichts der Politik der Türkei im 20. Jahrhundert verständlich: Unter diesem Vorwand laufen ihnen die bisher unterdrückten Minderheiten davon. Für die gewachsenen europäischen Staaten bedeutet die ›Regionalisierung‹ freilich etwas anderes: Auflösung der alten Ordnung, *divide et impera*, um die *global governance* endgültig zu etablieren.

Gewicht zur Lokomotive in der EU werden könnte. Solche Vorstellungen signalisieren eine neue Variante des türkischen Nationalismus, von dem der Gründer der Bewegung, Alpaslan Türkes, nicht einmal geträumt hätte. Auch die Basis der Bewegung denkt gewöhnlich nicht in solchen Dimensionen. Das ›Projekt Eurasien‹ übersteigt schlicht und einfach die Vorstellungskraft des einfachen Parteisoldaten. Aber angesichts der Tatsache, daß in der Türkei chauvinistische Tendenzen auf breiter Front im Vormarsch sind und die MHP inzwischen eine ernst zu nehmende politische Größe ist, kann man über die Eurasien-Phantasien eines Devlet Bahceli auch nicht einfach hinwegsehen.

Bemerkenswert ist auch, daß die unverhohlen globalistischen Tendenzen der EU zwar einerseits Zustimmung bei der MHP finden, andererseits aber der ›Regionalismus‹ als Wegbereiter der Globalisierung erkannt und abgelehnt wird. Man muß bei alledem auch die Grundlinien der US-Außenpolitik mit im Hinterkopf behalten. Es ist kaum anzunehmen, daß Washington der Verwirklichung des Eurasien-Projekts, wie von Bahceli skizziert, tatenlos zusehen würde. In Washington wäre ein solches Projekt sogar ein ausgesprochen schlechter Einfall Ankaras – *bad business*. Gleichwohl machten die Vereinigten Staaten bereits Bekanntschaft mit den strategischen Ambitionen der Türkei, und zwar, als Ankara beim zweiten Überfall der USA auf den Irak höchst überraschend ihr Territorium nicht als Aufmarsch- und Operationsgebiet zur Verfügung stellte. Das Weiße Haus ist seitdem alarmiert.

Andererseits muß man sich über die geostrategischen Ambitionen Ankaras auch wundern. Denn die Türkei hat es bislang bekanntlich nicht einmal innerhalb ihrer eigenen Grenzen geschafft, ihre Wirtschaft so zu konsolidieren, um auch nur die dringendsten eigenen Bedürfnisse befriedigen zu können. Die letzte große Krise, die genaugenommen eine ständige Krise ist, wurde 2001 sichtbar, als das türkische Bruttoinlandsprodukt stark zurückging, die Inflation explodierte und Zinsen für Übernacht-Intrabank-Kredite auf über 6200 Prozent stiegen. Die Türkei war offenkundig bankrott, obwohl schon zuvor, im März 2000, der Weltbank-Vizedirektor türkischer Nationalität, Kemal Dervis, als Wirtschaftsminister in die Koalitionsregierung Ecevit aufgenommen und mit der Aufgabe betraut wurde, die Wirtschaft in Ordnung zu bringen – gewissermaßen als Notoperation der globalen Hochfinanz. Das alte IWF-Programm wurde durch ein neues, ebenfalls vom IWF unterstütztes Programm ersetzt.

Aber die Sanierung der Wirtschaft ist schwieriger als erwartet. Eine Welle von Kapitalflucht setzte ein, weitere Zinserhöhungen sowie weitere Lira-Abwertungen waren die Folge.

3.5. Der Völkermord an den Armeniern

Die den Deutschen übergestülpte *mea-culpa*-Haltung und die ständigen *Nie-vergessen*-Mahnungen haben einen anderen Genozid, der im türkischen Kontext hochbedeutsam ist, fast vergessen lassen: den von den Jungtürken während des Ersten Weltkrieges verübten Völkermord an den Armeniern. Dieser Genozid wird von der Türkei bis heute mit großem Aufwand geleugnet. Gäbe es nicht das literarische Denkmal, das Franz WERFEL den Armeniern mit seinem Roman *Die vierzig Tage des Musa Dagh*[63] errichtete, der das Andenken an das armenische Volk und sein grausames Schicksal zumindest bei uns noch bewahrt hat, wäre dieses Ereignis der jüngeren türkischen Geschichte heute vergessen.

Der 1933 veröffentlichte Roman beschreibt die Geschichte von etwa 5000 Menschen, die sich der von den Jungtürken angeordneten Deportation im Jahre 1915 durch ihren Zug auf den Musa Dagh entzogen und bis zu ihrer Rettung durch ein vor der türkischen Küste erscheinendes französisches Kriegsschiff erfolgreich Widerstand leisteten. Obwohl diese Episode scheinbar die Rettung der Armenier nahelegt, war ihre tatsächliche Geschichte eine Katastrophe: Etwa eine Million Menschen, eher mehr, fanden durch systematische Vernichtung während der als ›Umsiedlung‹ etikettierten Todesmärsche in die syrische Wüste oder, falls diese überhaupt erreicht wurde, in den türkischen Konzentrationslagern den Tod. Der Romanform zum Trotz basiert der Kern der Geschichte auf Fakten. Wie man aus dem hartnäckigen Leugnen dieses Völkermordes bis heute schließen muß, deckt die offizielle Türkei dieses Verbrechen bis auf den heutigen Tag.

Es gab bisher kaum Versuche, sich mit dem Völkermord von 1915/16 auseinanderzusetzen. Die wenigen Anläufe wurden von Menschenrechtsorganisationen – z. B. der ›Gesellschaft für bedrohte Völker‹ –, kirchlichen Kreisen oder einzelnen Journalisten angeregt. Drei solcher Versuche aus der jüngeren Vergangenheit verdienen Erwähnung, von denen eine größere Öffentlichkeit aus den Medien Kenntnis erlangte:

[63] Franz WERFEL, *Die vierzig Tage des Musa Dagh*, Frankfurt/M. 1990.

• Die Bremer Konferenz *Genozid und Holocaust* anläßlich des 70. Jahrestages des Völkermordes an den Armeniern.[64] Auf Intervention des türkischen Generalkonsulats und des Auswärtigen Amtes in Bonn nahm der Bremer Bildungssenator FRANKE deutlichen Einfluß auf die Konferenz, indem dem Mitorganisator und Leiter der Landeszentrale für Politische Bildung Frank BOLDT die Teilnahme an der Pressekonferenz untersagt wurde. Auch die von der Landeszentrale herausgegebene Broschüre mit Beiträgen aus türkischsprachigen Zeitungen über Armenier und andere Minderheiten in der Türkei wurde kurzerhand wieder eingezogen. Die Veranstaltung war offenbar politisch nicht korrekt, was man aus türkischer Sicht verstehen kann, aber nicht unbedingt aus deutscher.

• Die Errichtung eines Gedenksteins für die armenischen Opfer des Genozids von 1915 auf einem Stuttgarter Friedhof.[65] Auf dem Friedhof liegen 300 Armenier begraben, derer gedacht werden sollte. Die Armenier wollten das Datum des 24. April 1915 eingraviert haben, was die Stuttgarter Stadtverwaltung aber nicht genehmigte. Nur eine allgemeine Formulierung in deutscher und armenischer Sprache – »Zum Gedenken an die Opfer des armenischen Volkes« –, die so gut wie keinen Bezug auf die Ereignisse von 1915 herstellt, wurde erlaubt. Aber sogar diese undatierte Inschrift stieß auf den Protest des türkischen Generalkonsulats in Stuttgart, weil sie angeblich den Begriff ›Völkermord‹ enthalte. Die türkische Übersetzung des beanstandeten Wortes erwies sich als falsch, und der Stein durfte, fast ein Wunder, stehen bleiben. Der Stuttgarter Oberbürgermeister entzog sich dem armenischen Wunsch, ausdrücklich der Ereignisse von 1915 zu gedenken, weil es sich im Zusammenhang mit den Geschehnissen von 1915/16 nicht um Deutsche handle; man könnte, lautete die offiziöse Begründung, dann ja auch auf die Idee kommen, den Untergang der nordamerikanischen Indianer auf bundesdeutschen Friedhöfen zu beklagen.[66]

• Ein Petitionsantrag an den Bundestag, der die offizielle Anerkennung des Armenier-Genozids als »Völkermord«[67] zum Gegenstand hatte. In einer Petition der ›Arbeitsgruppe Anerkennung‹ beim Petitionsausschuß des Deutschen Bundestages werden die Abgeordneten des Deutschen Bundestages aufgefordert:

[64] April 1985.
[65] April 1987.
[66] In: Ralph GIORDANO, *Kleines Volk mit großem Erbe*, o.J., S. 24.
[67] April 2000.

1. die Tatsache des Völkermordes an den Armeniern anzuerkennen, wie dies bereits von seiten zahlreicher internationaler und nationaler Gremien geschehen sei, und

2. die Regierung und den Gesetzgeber der Republik Türkei aufzufordern, die historische Tatsache des Völkermordes anzuerkennen.

- Anfang 2001 anerkannte das französische Parlament den Völkermord an den Armeniern von 1915 offiziell.

Als Grund für das deutsche Schweigen wird immer das Militärbündnis zwischen dem Deutschen Kaiserreich und der osmanischen Türkei im Ersten Weltkrieg ins Spiel gebracht. Außerdem wird darauf hingewiesen, daß die Regierung in Berlin durch ihre Vertreter an Ort und Stelle genaustens über die Geschehnisse informiert war, diese aber aus bündnisstrategischen Gründen billigend in Kauf genommen habe. Das sind aber eher Ausreden. Ausschlaggebend ist vielmehr die Tatsache, daß die Türkeipolitik der Bundesrepublik von Rücksichtnahmen auf den EU-Beitrittskandidaten und NATO-Partner Türkei bestimmt ist. Es geht angeblich um bündnisstrategische und wirtschaftliche Interessen und nicht zuletzt um die besondere Bevölkerungssituation in Deutschland, wo die Türken die größte ethnische Minderheit stellen. Doch daraus läßt sich das unterschiedliche Verhalten deutscher Politiker im Vergleich etwa zu ihren französischen Kollegen keinesfalls erklären. Die Wahrheit ist, daß Deutschland eben nicht souverän und daher nicht frei in seinen Entscheidungen ist, die folglich auch keine Entscheidungen im Interesse und zum Wohl des deutschen Volkes sein können. In Sachen Türkeipolitik kommen die Vorgaben aus Washington.

Tatsächlich ist die ganze Angelegenheit für Deutschland nicht ohne peinlichen Nebengeschmack, wurde das Wissen über die Vorgänge damals auf deutscher Seite doch bewußt bündnispolitischen Überlegungen untergeordnet. Das macht verständlich, warum in diesem wie in ähnlichen Fällen bisher fast nur Literaten die Erinnerung an den Völkermord wachgehalten haben.

Festzuhalten bleibt: Nicht nur im Mittelalter und während der 500jährigen Besetzung des Balkans war die türkische Haltung Europa und der abendländischen Kultur gegenüber meist von Feindschaft geprägt. Noch im 20. Jahrhundert fiel mit den Armeniern ein christliches Volk der türkischen Aggression zum Opfer. Man muß dies in Erinnerung behalten.

3.6. Die ›kleinasiatische Katastrophe‹

Nicht nur die Armenier wurden in der jüngeren Vergangenheit Opfer der Türken. Übel wurde auch den Griechen mitgespielt. Die *Neue Zürcher Zeitung* erinnerte an das unbewältigte Trauma der neueren griechischen Geschichte[68] und unterstrich in diesem Zusammenhang ausdrücklich die Tatsache, daß sich »das demographische und kulturelle Antlitz der Halbinsel nachhaltig mit der Einwanderung türkischer Nomadenstämme seit dem 11. Jahrhundert veränderte«. Erst im 19. Jahrhundert setzte ein Wandel an, und die »geschützte, aber inferiore« christliche Minderheit konnte sich wieder entfalten:

»Smyrna erlebte seit dem 18. Jahrhundert einen Aufstieg sondergleichen. Hier endete die durch Anatolien führende Karawanenstraße; der Fernhandel reichte bis nach Indien. Die Stadt war, neben Odessa, Saloniki, Beirut und Alexandria, ein Glied in der Kette der großen Hafenstädte zwischen dem Schwarzen Meer und der Levante. Bedeutende griechische Handelshäuser mit Niederlassungen in London und Bombay entstanden hier. Zählte die Stadt 1830 unter ihren Einwohnern 80 000 Türken und 20 000 Griechen, so waren es gut dreißig Jahre später bereits 75 000 Griechen und 41 000 Türken. Nördlich von Smyrna entwickelte sich Ayvalik zum Zentrum Äoliens. Am Schwarzen Meer drängte Trapezunt alle anderen Häfen in die zweite Reihe. In Bursa forcierten griechische Unternehmer den Aufbau der Textilindustrie. Die Landwirtschaft expandierte; griechische Geschäftsleute erwarben große Ländereien und versuchten sich als Großgrundbesitzer.«

Im Zuge des Niedergangs des Osmanischen Reiches sahen sich die Griechen auf der siegreichen Seite. Ein ›Griechenland der zwei Kontinente und fünf Meere‹ schien im Entstehen begriffen. Dann, nach dem Ersten Weltkrieg, war das Osmanische Reich geschlagen, Griechenland stand im Lager der Sieger. Aber die ›Ionische Vision‹ sollte sich als verhängnisvolle Chimäre erweisen. König Konstantin wollte keine friedliche Lösung in Kleinasien, sondern die Herrschaft durch einen militärischen Vorstoß auf Ankara absichern. Aber Griechenland stand im Grunde allein da, die Unterstützung durch England war keine wirkliche. Im Sommer 1921 lief sich der griechische Vormarsch am Sakarya vor Ankara fest. Die griechische und türkische Armee standen sich ein Jahr gegenüber.

---

[68] *Neue Zürcher Zeitung*, 6. 10. 2001.

Die Griechen schwächten im Juli 1922 ihre anatolische Front, indem sie zwei Divisionen für den Marsch auf Konstantinopel nach Thrakien verlegten. Umsonst, denn die Großmächte blockierten diesen Schritt mit ihren Kräften, indem sie an der Aufrechterhaltung einer neutralen Zone um die Meerengen festhielten. Mustafa KEMAL nutzte Ende August die Gelegenheit. Der entschlossene und entscheidende Angriff führte zur völligen Niederlage der griechischen Truppen. Smyrna/Izmir fiel am 9. September 1922. Smyrnas griechische und armenische Stadtviertel wurden niedergebrannt, 30 000 Menschen fanden in einer barbarischen Racheorgie den Tod. Der Weg nach Norden, nach Konstantinopel, war nun offen.

Nach den Massakern an Armeniern und Griechen durch die Türken: Ankunft überlebender Waisenkinder in Griechenland 1922. Aus: *Historischer Bild-Atlas,* München 1991.

In der türkischen Geschichtsschreibung trägt dieser Krieg verschiedene Namen: Türkischer Unabhängigkeitskrieg oder Griechisch-Türkischer Krieg. So oder so, im Anschluß daran wurde die überlebende griechische und armenische Bevölkerung der anatolischen Küstenstädte aus ihrer angestammten Heimat vertrieben. Ende der zwanziger Jahre zählte man in Griechenland 1,8 Millionen Flüchtlinge – 25 Prozent der Bevölkerung. Die meisten lebten in armseligen Notunterkünften aus Holz und Wellblech an den Rändern der Städte und entlang der Ausfallstraßen. Die allermeisten von ihnen kamen aus dem ehemaligen Osmanischen Reich, einige zehntausend auch aus Bulgarien und Rußland. Der Empfang im ›Mutterland‹ fiel beschämend aus.

Franzosen und Italiener zogen am 18. September 1922 ihre Kontingente aus dem asiatischen Teil der neutralen Zone um die Meerengen zurück. Die Engländer hatten die Rechung ohne den Wirt gemacht: Sie standen nun ebenfalls allein da. Bei Tschanak an den Dardanellen - mehr der Form wegen als erste Weltmacht - kämpften sie noch gegen KEMAL. Ein neuer Krieg wäre innenpolitisch undenkbar gewesen, es ging nur noch um die griechisch-türkische Grenze in Europa. Schon am 5. September 1922 hatte Mustafa KEMAL geschrieben: »Die griechische Armee ist entscheidend geschlagen. Jeder ernsthafte Widerstand ist ihr unmöglich geworden. Es kann deshalb in keiner Art und Weise mehr um Verhandlungen über Anatolien gehen. Der Waffenstillstand kann nur Thrakien betreffen.«[69]

Am 11. Oktober 1922 schlossen Großbritannien, Frankreich und Italien mit KEMAL PASCHA den Waffenstillstand von Mudanya. Griechenland mußte sich fügen.

Riesige Gebiete hatte der Krieg verwüstet, eine Massenmigration vor allem der Griechen aus der Türkei nach Griechenland, aber auch von Türken in die Gegenrichtung veränderte das Antlitz dieser Landstriche. Was blieb, war menschliches Elend.

Aus dem Waffenstillstand wurde schließlich ein Friedensvertrag, der am 24. Juli 1923 in Lausanne unterzeichnet wurde. Wie immer gab es Verlierer: die Griechen (deren Ministerpräsident Demetrios GOUNARIS als Sündenbock am 28. November 1922 standrechtlich erschossen worden war), die Kurden, die Armenier. Hat das große Blutvergießen damit aufgehört? Vielleicht. Aber, schreibt die *Neue Zürcher Zeitung*, »solange die griechische nationale Identität maßgeblich am türkischen Feindbild ausgerichtet ist und solange die politischen Streitfragen zwischen Griechenland und der Türkei ungeklärt bleiben, wird auch dieses Trauma unbewältigt bleiben«.

Ein Ende dieses Zustandes ist nicht abzusehen. Hinzu kommt der jahrzehntelange Krieg, der im Inneren gegen die Kurden geführt wird und der Ankara inzwischen rund 100 Milliarden US-Dollar gekostet hat - Geld, das die Türkei eigentlich gar nicht hat. Der Konflikt mit dem Nachbarn Griechenland schwelte unterdessen fort. Eine Chro-

---

[69] Bilâl N. SIMSIR, »Moustafa Kemal ATATÜRK, Homme de guerre - homme de paix«, in: *Revue Internationale d'Histoire Militaire*, Nr. 50, Ankara: Türk Tarih Kurumu Basimevi, 1981, S. 47.

nologie der wichtigsten feindseligen Aktionen Ankaras und seiner willkürlichen Forderungen an die griechische Adresse von 1955 bis 1996 zeigt dies:[70]

September 1955

Organisierter Angriff des türkischen Mobs auf die griechische Minderheit in Konstantinopel (Istanbul). Es gibt eine erhebliche Zahl von Verletzten, das griechische Eigentum fällt praktisch völliger Vernichtung anheim. In der Folge verringerte sich die Zahl der Griechen von ursprünglich 120 000 auf nur noch 2000 heute.

1958

Entscheidung, die griechische Gewerkschaft in Istanbul mit sofortiger Wirkung zu verbieten.

1964

Einseitige türkische Kündigung der *Convention of Establishment of Commerce and Navigation* (›Vertrag über Handelsbeziehungen und Schiffahrt‹) vom Jahre 1930 (abgeschlossen zwischen VENIZELOS und ATATÜRK). Verpflichtung zur beschleunigten Deportation der Verwandten von Minoritätsangehörigen türkischer Staatsbürgerschaft. Verabschiedung eines geheimen Gesetzes, das griechischstämmigen Bürgern jegliche Eigentumsrechte in der Türkei verweigert.

1964

Schließung aller Schulen der Minderheiten auf den Inseln Imbros und Tenedos. Errichtung von türkischen Gefängnissen für Schwerkriminelle, Enteignung allen griechischen Eigentums, mit der Folge der Flucht der griechischen Minderheit von diesen Inseln. Die ursprüngliche griechische Bevölkerung verringert sich von 8000 auf heute 250.

1971

Entscheidung der türkischen Behörden, die Theologische Schule Halki mit sofortiger Wirkung zu schließen. Im Anschluß wird das Ökumenische Patriarchat all seiner Mittel zur Gewinnung neuer Mitglieder beraubt.

1973-74

Faktische Negierung der Souveränitätsrechte Griechenlands über die Schelfgebiete der Ägäis durch die Gewährung einer Ausbeutungsli-

[70] Quelle: http://www.hri.org/MFA/foreign/bilateral/turchro.htm

Türkische Soldaten auf Zypern in Siegerpose mit einem Panzer. Am 20. Juli 1974 waren türkische Truppen auf Zypern gelandet... unter Berufung auf das Interventionsrecht zum Schutz der Inseltürken. Zur Zeit (Frühjahr 2005) ist die Türkei beim Thema Zypern unter Zugzwang. ERDOGAN, der mächtige Mann der Türken, hat im Hinblick auf EU-Beitrittsverhandlungen eine Anerkennung der Insel Zypern zugesagt. Sie steht aber noch aus.

zenz an die staatliche Türkische Erdöl-Firma (TRAO) und die Entsendung des Forschungsschiffes ›Cardali‹ zwecks Untersuchungen in diesem Gebiet.

1974

Türkische Invasion Zyperns. Besetzung von 37 Prozent der Insel Zypern. Ein Drittel der Bevölkerung (etwa 180 000–200 000) werden dadurch zu Flüchtlingen. Inbesitznahme des türkischen Teils der Insel durch Militär in einer Stärke zwischen 30 000 und 35 000 Soldaten. Landnahme der besetzten Gebiete durch etwa 700 000 türkische Siedler aus Anatolien.

1974

Faktische Aufhebung der griechischen Lufthoheit innerhalb der Zone von zehn Seemeilen erstmals seit 1931. Ständige massive Verletzungen des griechischen Luftraumes (über 500mal allein seit 1995). Über 80 Prozent der Luftraumverletzungen erfolgen in einer Entfernung von weniger als sechs Seemeilen zur griechischen Küste und sogar über griechischen Inseln. Völlig unmotivierte und willkürliche Ablehnung der F.I.R. Athens (bis 1980) durch die Türkei.

1968–82

Während der gesamten Dauer der UN-Seerechts-Konferenz versucht die Türkei systematisch, die Inseln ihrer Rechte zu berauben, die allen Ländern innerhalb ihrer Küstengewässer zustehen (Hoheitsgewässer, Kontinental-Schelf, Wirtschaftszone usw.). Die türkischen Versuche werden allesamt zurückgewiesen.

1975

Die Türkei stimmt dem Schiedsspruch des Internationalen Gerichtshofes über den Streit über die Kontinental-Schelfgebiete zu (gemeinsame Erklärung von Premierminister KARAMANLIS und DEMIREL in Brüssel). In der Folge kündigt die Türkei diesen Vertrag und besteht auf neuen Verhandlungen, um eine ›politische‹ Lösung zu erzielen (womit nichts anderes gemeint ist als eine Teilung der Hoheitsrechte zur gemeinsamen Nutzung der ägäischen Schelfgebiete).

1975 bis heute

Wiederholte Erklärungen offizieller Vertreter aller Ebenen der türkischen Regierung, denen zufolge die Ausdehnung der griechischen Hoheitsgewässer auf 12 Seemeilen – was internationalem Recht entspräche – oder andere Aktionen im Zusammenhang mit den griechischen Souveränitätsrechten einen *casus belli* (Kriegsgrund) für die Türkei darstellen würden. Ständige Infragestellung der griechischen Souveränität über die Ägäisinseln (gemäß dem Frieden von Lausanne von 1923 und dem Frieden von Paris von 1947) unter wechselnden und grundlosen Vorwänden (historischen, geopolitischen usw.).

1974-80

Griechenland ist zeitweise nicht Teil des militärischen Armes der NATO. Seit der Rückkehr Athens im Jahre 1980 versucht die Türkei ständig, Griechenlands vollen Wiedereintritt zu verhindern, indem es von seinem Vetorecht Gebrauch macht (und zwar in Angelegenheiten der militärischen Planung, gemeinsamer Infrastruktur-Projekte und in der Frage der Errichtung des NATO-Hauptquartiers in Griechenland). Seit 1992 weigert sich die Türkei, NATO-Beschlüsse umzusetzen, die die Errichtung von zwei alliierten Hauptquartieren in Griechenland vorsehen. Sie blockiert außerdem die Entscheidung, in Griechenland das NATO-Regionalkommando-Süd zu errichten.

1989

Ankara erläßt Gesetze, denen zufolge sich die Türkei völlig willkürliche ›Such- und Rettungs‹-Rechte in der halben Ägäis anmaßt. Dies bedeutet eine direkte Verletzung der ICAO-Übereinkunft.

1993

Willkürliche türkische Vorschriften bezüglich der Navigation durch Seestraßen unter Verletzung der Konvention von Montreux (1936).

1995–96
Erstmals in der Geschichte beansprucht die Türkei Souveränitätsrechte über griechisches Territorium (und zwar über die Imia-Inseln und in der Folge auch über die Dodekanes-Inseln). In beiden Fällen wird der Schritt mit militärischen Aktionen abgesichert, indem die Gültigkeit und Verbindlichkeit internationaler Verträge und Übereinkünfte, die den territorialen Status in der Ägäis festlegen, in Frage gestellt wird.

3.7. Im wilden Kurdistan: Tragödie ohne Ende

Was ATATÜRK in das staatliche Korsett seiner türkischen Republik zwang, ist ethnisch äußerst heterogen. In den Grenzen der heutigen Türkei leben etwa 13 Millionen Kurden, die auf eigene Rechte pochen. Kleinere Minderheiten bilden Araber, Tscherkessen, Armenier und Georgier.

Bei den gewalttätigen Auseinandersetzungen im Südosten der Türkei sind bislang mindestens 20 000 Menschen getötet worden, unzählige Dörfer wurden zerstört, Millionen Menschen vertrieben.

Der Zustrom der aus ihren Dörfern vertriebenen Menschen in die Städte verschärft die Situation. Diese leben in großstädtischen Slums, wo ihnen Arbeits- und Obdachlosigkeit drohen. So ist die Einwohnerzahl von Diyarbakir in den letzten sechs Jahren von 380 000 auf rund 1,4 Millionen angewachsen, ohne daß die Infrastruktur mit dem Bevölkerungswachstum Schritt gehalten hätte. Die Arbeitslosigkeit liegt hier bei 70 Prozent. Die schlechte Wirtschaftslage trägt nach Ansicht der ›Internationalen Ärzte zur Verhütung des Atomkriegs‹ (IPPNW), die in diesen Krisengegenden medizinische Hilfe leisten, dazu bei, daß sich Mafia-Organisationen, Spekulation, Korruption und ein blühender Schwarzmarkt ausbreiten.[71]

Mit der Machtübernahme der Militärs nach dem Putsch von 1980 wurde erneut der Ausnahmezustand über die kurdischen Südostprovinzen erklärt. Die Truppenpräsenz wurde von 45 000 auf 100 000 Mann verstärkt, und der Bürgerkrieg eskaliert von neuem. In alter Manier - erinnert sei an die Vertreibung und den Völkermord an den Armeniern - wurden die Bewohner Hunderter Dörfer zusammengetrieben und dann über 1000 Kilometer Entfernung an die Ägäis deportiert. Da Kurden auch in den benachbarten Ländern Irak, Iran

[71] *Deutsches Ärzteblatt* 93, Heft 48 (29. 11. 1996), S. 3170.

Türkische Offensive (35 000 Soldaten) gegen 2800 PKK-Kämpfer am 20. März 1995. Bild im Bild: Öcalan.

Von Kurden bewohnte Gebiete. Karte aus: *Harenberg Länderlexikon.*

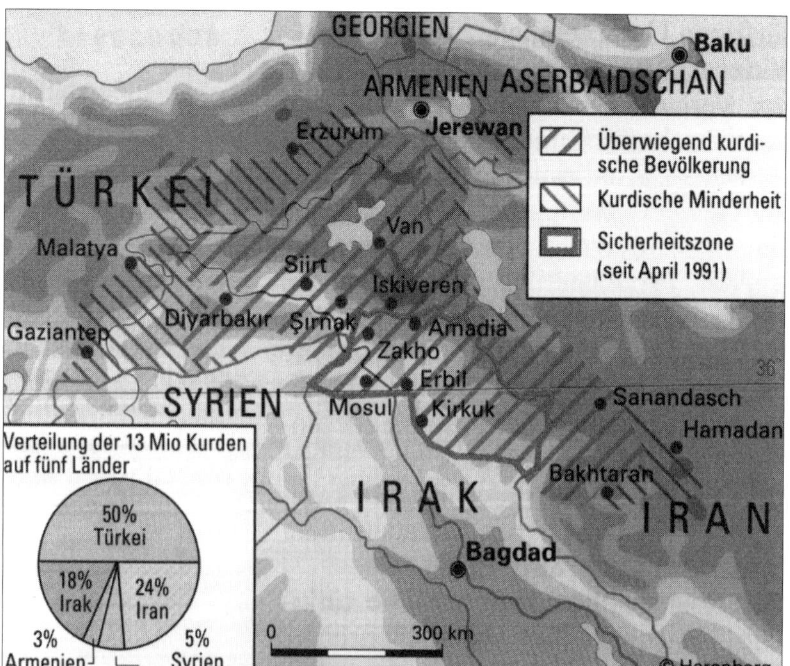

und Syrien leben, wurde dieser Krieg oft genug auch über die Grenzen, in den Irak, hinausgetragen. Das war insofern leicht möglich, als nach dem Irakkrieg von 1991 der Norden eine von den USA überwachte ›Sicherheitszone‹, sprich wehr- und schutzlos, war.

In der Türkei war die bevorzugte Methode der Lösung des Kurdenproblems: Vernichtung oder Zwangstürkisierung. Erfolgreich war diese Vorgehensweise freilich nicht. Der Krieg im eigenen Land ging weiter, im Grunde bis heute, auch wenn es zur Zeit aus durchsichtigen Gründen keine Pressemeldungen mehr darüber gibt. Die letzten war die ›Begnadigung‹ von PKK-Chef ÖCALAN – als ob dies ein einziges Problem gelöst hätte.

Auf ein Gesprächsangebot der PKK im Jahre 1994 – Aufgabe der Forderung nach einem eigenen Kurdenstaat, aber bundesstaatliche Neuordnung der Türkei – antwortete man im Jahre 1995 mit einer drastischen Maßnahme: verbrannte Erde. Man hielt dieses Gesprächsangebot für Schwäche bzw. deutete es als Absicht, Zeit zu gewinnen, um neue Anschläge vorzubereiten, und drang mit der größten Militäroperation (seit Zypern) im März 1995 mit 35 000 Mann bis in den Irak ein. Trotz einer weiteren Kommandoaktion im Irak im Juli 1995 war dem ganzen Unternehmen kein militärischer Erfolg beschieden.

Militärexperten hielten solche Materialschlachten in den unübersichtlichen, schwer zugänglichen Gebirgsregionen der kurdischen Siedlungsgebiete ohnehin schon lange für sinnlos. Als sich auch der türkische Generalstab dieser Einsicht beugte, änderte er die Strategie: Wenn man den ›Fisch im Wasser‹ nicht fassen kann, dann ›schöpft man eben das Wasser ab‹.

Praktisch bedeutete das: Dörfer, die Kämpfern Unterschlupf gewähren konnten, wurden dem Erdboden gleichgemacht, Felder und Gärten, die Versorgungsgrundlage für Guerillas, aber auch der lokalen Bevölkerung, wurden zerstört, und die Zivilbevölkerung, sozusagen das ›Wasser für den Fisch‹, wurde vertrieben oder deportiert. Die Provinz Tunceli wurde ›trockengelegt‹.

Die Bilanz von 1984 bis 1995: 20 000 Tote, zwei Millionen Vertriebene (nach Angaben des türkischen Ministers für ›Menschenrechte‹), in Wirklichkeit wesentlich mehr, schätzungsweise drei Millionen. Auf Anweisung der Sicherheitsbehörden mußten 1390 – wahrscheinlich auch hier viel mehr – Dörfer geräumt werden. Die Internationale Helsinki-Föderation für Menschenrechte sieht in dieser Entvölkerung der kurdischen Wohngebiete und in der Zerstreuung der Kurden über das ganze Staatsgebiet der Türkei eine systematische Maßnahme zur gewaltsamen Assimilierung. Das ist nach UN-Konvention Völkermord.

3.8. Die demographische Zeitbombe: Bevölkerungsentwicklung der Türkei 1927–2002

Im Jahre 2002 hatte die Türkei 65,3 Millionen Einwohner. Damit hatte sich ihre Bevölkerungszahl seit der Gründung der Republik verfünffacht. Zusätzlich leben rund 3,5 Millionen türkische Staatsbürger im Ausland, davon drei Millionen in Europa, 2 bis 2,5 Millionen allein in Deutschland.

Jahr	Bevölkerungszahl	Jährliche Wachstumsrate (%)
1927	13 648 000	--
1930	14 448 000	2,11
1940	17 821 000	1,96
1950	20 947 000	2,17
1960	27 755 000	2,85
1970	35 605 000	2,5
1980	44 737 000	2,07
1990	56 473 000	2,35
2002	65 293 000	1,32

Quelle für das Jahr 2002: *Spiegel-Jahrbuch* 2003

»Kräftige Männer gesunde Frauen«

Wie für sich entwickelnde Länder kennzeichnend, ist die hohe Sterberate in der Türkei ständig gefallen. Lag sie in den Jahren 1960 bis 1965 noch bei 16,4 Promille, sank sie bis 1997 auf 6 Promille. Die Lebenserwartung der türkischen Bevölkerung betrug 2002 66,2 Jahre für Männer und 70,9 Jahre für Frauen. Sie hat sich damit allein in den letzten zwölf Jahren um 2 Jahre erhöht.

Die Fertilität türkischer Frauen war bis in die zweite Hälfte des 20. Jahrhunderts hinein sehr hoch: Noch 1960 wurden durchschnittlich 6,2 Kinder je Frau geboren. Die Gesamtfertilitätsrate sank jedoch deutlich, sie betrug 1978 noch 4,3 und 2002 nur noch 2,4 Kinder je Frau. Auch dieser Wert ist noch deutlich höher als in allen europäischen Ländern.

»Im Jahr 2100 wird es in Deutschland 35 Millionen Türken geben. Die Einwohnerzahl der Deutschen wird dann bei ungefähr 20 Millionen liegen. Das, was Kanuni Sultan SÜLEYMAN 1529 mit der Belagerung Wiens begonnen hat, werden wir über die Einwohner, mit unseren kräftigen Männern und gesunden Frauen, verwirklichen.« Diese Worte stammen aus dem Mund des Flugreisen-Unternehmers Vural ÖGER (siehe Abbildung gegenüberliegende Seite), SP-Abgeordneter im Europaparlament, Mitglied der Zuwanderungskommission unter Rita SÜSSMUTH und Bundesverdienstkreuzträger. ÖGERS bildhafter Vergleich mit den Eroberungsversuchen der Türken im 16. Jahrhundert und dann 1683, die vor und von Wien abgewehrt wurden, sprechen nur das aus, wovor in diesem Buch gewarnt wird – und was wir selbstverständlich nicht wollen.

Es rächt sich nun, daß jahrzehntelang keine volkserhaltende Bevölkerungspolitik in der Bundesrepublik Deutschland betrieben wurde, daß man keine durchgreifenden Maßnahmen zur Verhinderung des wachsenden Geburtenmangels auf seiten der einheimischen Bevölkerung in Angriff nahm und daß man immer mehr Ausländer einwandern ließ, die letztlich das deutsche Sozialwesen ungeheuer belasten, wie neuerdings endlich auch angesehene Bevölkerungswissenschaftler, etwa der Bielefelder Professor Herwig BIRG, überzeugend dartun. Lange Zeit wurden diese Themen tabuisiert, an der ›Integrationsfront‹ durfte es unter gar keinen Umständen zu Irritationen kommen.

Für solche Irritationen sorgte aber zum Beispiel der zunehmende Chipkarten-Betrug durch ausländische ›Gesundheitstouristen‹, die mit den Karten ihrer Angehörigen oder Freunde in Deutschland die ärztliche Versorgung in Anspruch nehmen. Nach Meinung des Vorsitzenden des Bayerischen Hausärzteverbandes, Wolfgang HOPPENTHALLER, ist allein der dadurch von Ausländern in der Bundesrepublik verursachte Schaden »bestimmt so hoch wie das aktuelle Defizit der Krankenkassen«.[72] Angesichts derart offenkundiger Mißstände ist die durch die leeren Kassen motivierte Demontage des deutschen Soszialsystems, wie sie die Bundesregierung mit ›Hartz IV‹ ab 1. 1. 2005 plant, doppelt ungeheuerlich.

Die Einwanderung der Türken und deren hohe Geburtenrate ist freilich nur die eine Hälfte des Problems. Die größere andere ist selbstverschuldet: Sie liegt in der Weigerung der Deutschen, den Fortbestand des eigenen Volkes durch ausreichende Geburtenraten zu sichern.

---

[72] *Euro-Kurier*, Nr. 4/2003; *Unabhängige Nachrichten*, Nr. 12/2002.

Schon im sogenannten »Heidelberger Manifest« vom 17. Juni 1981, also vor nunmehr bald einem Vierteljahrhundert, warnten namhafte deutsche Professoren ausdrücklich vor

- dem deutschen Geburtendefizit,
- der fehlenden Familienpolitik und
- dem weiteren Zuzug von Ausländern;

alles zusammen müsse zu einer ethnischen Katastrophe führen. Wörtlich hieß es in dem Manifest:

»Mit großer Sorge beobachten wir die Unterwanderung des deutschen Volkes durch Zuzug von vielen Millionen von Ausländern und ihren Familien, die Überfremdung unserer Sprache, unserer Kultur und unseres Volkstums... Gegenüber der zur Erhaltung unseres Volkes notwendigen Zahl von Kindern werden jetzt jährlich kaum mehr als die Hälfte geboren. Bereits jetzt sind viele Deutsche in ihren Wohnbezirken und an ihren Arbeitsstätten Fremdlinge in der eigenen Heimat... Die Integration großer Massen nichtdeutscher Ausländer ist... bei gleichzeitiger Erhaltung unseres Volkes nicht möglich und führt zu den bekannten ethnischen Katastrophen multikultureller Gesellschaften. Jedes Volk, auch das deutsche Volk, hat ein Naturrecht auf Erhaltung seiner Identität und Eigenart in seinem Wohngebiet.«[73]

Auch Herwig Birg, Präsident der ›Deutschen Gesellschaft für Demographie‹, malt das Menetekel seit Jahren an die Wand. Aber es ist wohl das Schicksal solcher Wandzeichen, daß sie von der Politik regelmäßig übersehen werden. Auch Birg läßt Fakten sprechen:

»Durch den Geburtenrückgang in den letzten drei Jahrzehnten wurden in Deutschland die Weichen für einen langfristigen Bevölkerungsrückgang gestellt. Wenn die Geburtenrate z.B. auf dem seit drei Jahrzehnten nahezu konstanten Niveau von 1,2 bis 1,4 Kindern pro Frau unverändert bliebe, würde die deutsche Bevölkerung – ohne Ausgleich durch Wanderungen – bis 2100 auf 22,4 Millionen abnehmen.«

Regierung und Bundestag, Parteien und gesellschaftliche Institutionen, Medien, sie alle kümmern sich um diese Entwicklung in kei-

[73] *Der Spiegel*, Nr. 18/1982. An die Universitätsprofessoren wagten Presse und politische Justiz damals noch nicht, Hand anzulegen. Würde es heute ein etablierter Politiker wagen, das Überleben unseres Volkes zu thematisieren oder gar auf dem Land, das es ehedem dem Urwald abgerungen hat, als angestammtem Lebensraum zu beharren, wäre er den Angriffen einer wütenden Presse ziemlich wehrlos ausgeliefert.

ner Weise. Im Gegenteil, alles andere wird gefördert und forciert, die hedonistische Lebensweise, ›Homo-Ehen‹, Pillen bereits für Kinder und Abtreibung auf Krankenschein. Inzwischen gibt es sogar schon eine kriminalisierende Rechtsprechung gegen Lebensschützer, die das tödliche,[74] aber lukrative Treiben von Abtreibungs-›kliniken‹ öffentlich anprangern. Ein zynisches, janusköpfiges Spiel: Politisch wird einerseits der Kopf in den Sand gesteckt, wenn die von außen aufgezwungene forcierte Einwanderung kleingeredet wird, weil die Türkei NATO-Verbündeter ist oder weil die USA aus hier besprochenen Motiven deren EU-Beitritt erpresserisch verlangen. Andererseits wird mit der angeblich nicht länger gegebenen Finanzierbarkeit der Renten dem eigenen Volkstod weiterer Vorschub geleistet – wenn, ja wenn nicht ›notgedrungen‹ noch mehr Zuwanderung stattfindet.

Schon das Argument der Nicht-Finanzierbarkeit ist haltlos. Es hat sich längst herumgesprochen, daß uns das Gros der Zuwanderer weit mehr kostet, als es den deutschen Sozialkassen bringt. Das Beitragsaufkommen der Immigranten deckt nicht annähernd die mit ihnen verbundenen und durch sie verursachten Sozial- und sonstigen Kosten. Außerdem erhebt sich die Frage, warum nicht genügend Mittel vorhanden sein sollen, wenn doch angeblich das Bruttoinlandsprodukt Jahr für Jahr steigt, die Zahl der Menschen im Lande aber abnimmt. Demzufolge dürften wir also nicht weniger Mittel als früher zur Verfügung haben, sondern mehr – ein eklatanter Widerspruch, zumindest was die Leistungen der Volkswirtschaft betrifft. Ist das Ganze nicht vielmehr eine Verteilungsfrage? Dann beträfe es aber vor allem die Sozial- und Steuerpolitik, und die läßt sich schwerlich auf dem Umweg der Einwanderung ins Lot bringen (ganz abgesehen davon, daß sich dies von selbst verbietet, aus Gründen, die offenkundig sind).[75]

---

[74] Wir haben hier den merkwürdigen Tatbestand, daß die Abtreibung zwar nach wie vor – von ein paar Ausnahmen abgesehen – verboten ist, aber nicht bestraft wird. . . und den noch merkwürdigeren, daß das Leben unter striktem Schutz steht, unter bestimmten Umständen aber – wenn es am meisten schutzbedürftig ist – völlig preisgegeben ist.

[75] Tatsächlich liegt das Problem viel tiefer: Es ist dies die Folge einer perversen Geldpolitik, die entgegen allen religiösen Tabus und selbst rationaler Einsicht über den Zinseszins-Mechanismus Geld aus sich selbst schafft. Eine blasphemische *imitatio* Gottes mit *fiat money*, um die Gott vorbehaltene *creatio ex nihilo* nachzuäffen. Die Folgen sind die beschleunigte Umverteilung von Arm zu Reich und schließlich der Kollaps.

Von den etablierten Parteien werden die schon eingebürgerten Fremden als Wählerpotential betrachtet, das man sich sichern will: Man schickt deutsche Vorzeige-Türken wie Vural ÖGER ins EU-Parlament – oder auch bloß Spesenritter wie den Grünen Cem ÖZDEMIR, der sich peinlicherweise beim zu häufigen Gratisfliegen erwischen ließ. Beide setzen sich natürlich ohne Wenn und Aber für den EU-Beitritt der Türkei ein. In wessen Auftrag eigentlich? Jedenfalls nicht im Auftrag des deutschen Volkes (bzw. des Wählers). Bei der jüngsten EU-Wahl im Juni 2004 gingen gerade noch 40 Prozent der Stimmberechtigten zur Wahl, drei Prozent wählten ungültig, fast 10 Prozent wählten Witz-Parteien am Ende des Stimmzettels. Auf die Etablierten entfielen gerade noch 30 Prozent insgesamt. Mit anderen Worten: Eine vorgebliche ›Volkspartei‹ wie die SPD hat nicht einmal mehr 10 Prozent der Wähler hinter sich, die CDU/CSU steht nur geringfügig besser da. Der Wille des Souveräns taugt angesichts solcher Zahlen nicht mehr zur Legitimation. Die ›Volksparteien‹ sind längst delegitimiert.

4. Der ökonomische Aspekt

4.1. Eckdaten der türkischen Wirtschaft[76]

Die Wirtschaft der Türkei war vor 1980 importabhängig. Danach strebte man die Deckung des Inlandsbedarfs durch im Inland hergestellte Produkte an. Die neuen Industrien wurden lange durch Zollschranken und Steuern geschützt. Ein neues Wirtschaftsprogramm, das radikale Umwälzungen vorsah, trat am 24. Januar 1980 in Kraft. Die Industrialisierungsstrategie sollte die Importabhängigkeit der türkischen Wirtschaft in eine exportorientierte verwandeln.

Die jährlichen Wachstumsraten des Bruttosozialprodukts waren seit den achtziger Jahren mit durchschnittlich 5% im OECD-Vergleich hoch, gemessen am Bevölkerungswachstum von derzeit immer noch rund 1,5% jedoch kaum ausreichend, um die Lücke im Pro-Kopf-Einkommen gegenüber anderen OECD-Staaten zu schließen. Im Jahre 2000 stieg das Pro-Kopf-Einkommen auf 3200 US-Dollar (1999: 2900 US-Dollar). 2001 führte die tiefgreifende Wirtschafts- und Finanzkrise zur schärfsten Rezession seit 1945 (- 8,5%);[77] das Pro-Kopf-Einkommen sank auf 2160 Dollar.[78] Danach wurden die mit IWF-Krediten finanzierten Reformen bei strikter Fiskalpolitik durch Wachstum belohnt (2002 7,8%, 2003 voraussichtlich 5%, Erwartung für 2004 ebenfalls 5%).[79] Der öffentliche Sektor fällt allerdings durch anhaltende Austeritätspolitik - wegen des hohen Schuldendienstes - als Wachstumsmotor aus.

Im Jahre 1981 trat das Kapitalmarkt-Gesetz in Kraft. Am 3. Januar 1986 wurde die Istanbuler Effektenbörse (IMKB) eröffnet. Die durch

---

[76] Das Folgende zum Teil nach Angaben der türkischen Botschaft. Weitere Quellen sind: www.auswaertiges-amt.de, *Le Monde diplomatique,* Nr. 6549, 14.9.2001, S. 1, 12 f.; *Neue Zürcher Zeitung* u. a.

[77] *Dow Jones Newswires/11. 8. 2004/ptr:* »IWF: Türkei muß sich an strenge Haushaltsregeln halten«.

[78] Die türkischen Angaben sind erheblich bescheidener als jene des *Fact Book* der amerikanischen CIA; siehe die diesbezügliche Tabelle.

[79] Der numerische Wert dieser beeindruckenden Wachstumsraten ist freilich fragwürdig, wenn man gleichzeitig die zweistelligen Inflationsraten von 14 bis 20 Prozent (und mehr) bedenkt. Was wird hier wie gemessen? Und wie paßt dies zusammen mit der Nichterfüllung sämtlicher ›Maastricht-Kriterien‹ und der Tatsache, daß die Türkei doch in Wahrheit unter Kuratel von IWF und Weltbank steht?

Steuererleichterungen erweiterten Investitionsfonds sowie die Liberalisierung für ausländische Investoren am Kapitalmarkt haben zu einer raschen Entwicklung der IMKB beigetragen. Sie ist auf dem Aktien-, Obligations- und Staatspapieremarkt sowie auf dem internationalen Markt tätig. Im Mai 2000 betrug der Wert der am IMKB-Aktienmarkt gehandelten Aktien 101,4 Milliarden Dollar. Der tägliche Wert lag durchschnittlich bei 1 Milliarde Dollar. Internationale Investoren besitzen 55 Prozent des öffentlichen Kapitals der Firmen im IMKB. Der Obligations- und Staatspapieremarkt beträgt 433,8 Milliarden Dollar. Er lag täglich bei 4,2 Milliarden Dollar. Am internationalen Markt des IMKB werden ausländische Verschuldungstitel, Investitionsfonds und Wertpapiere der Gesellschaften gehandelt.

Mit der Liberalisierung des Außenhandels und wegen der exportorientierten Industrialisierung wurden neue Regelungen für den Devisen- und Außenhandel eingeführt. Der Kurs der türkischen Lira wird von ›Marktkräften‹ bestimmt. Ab Mai 1981 wurden die Wechselkurse unter Beachtung der Preise, der Zahlungsbilanz und der Entwicklungen auf den internationalen Devisenmärkten täglich von der Zentralbank bestimmt. Seit August 1988 werden die Wechselkurse vom Devisenmarkt bestimmt. Nach dem Devisenmarkt ›liberalisierte‹ die Zentralbank im April 1989 auch den Goldmarkt. Infolge dieser Liberalisierungsmaßnahmen gibt es heute so gut wie keine Beschränkungen mehr für den Kapital- und Güterverkehr in der Türkei und mit dem Ausland:

- Der Import und Export der türkischen Währung ist frei. Türkische Bürger haben die Möglichkeit, über Banken oder private Finanzinstitutionen türkische Lira in das Ausland zu überweisen.
- In der Türkei seßhafte Personen können über Devisen verfügen, von Banken, befugten Behörden und privaten Finanzinstitutionen im erwünschten Umfang Devisen kaufen, Devisen in das Ausland transferieren und bei Banken ein Devisenkonto eröffnen.
- Unternehmen können sich zur Finanzierung ihrer Investitionen aus dem Ausland mit Produktionskrediten versorgen.
- In der Türkei seßhafte Personen können für kommerzielle Tätigkeiten und Investitionen Kapital ins Ausland exportieren.
- In der Türkei seßhafte Personen können Effekten exportieren und diese im Ausland verkaufen.

Aufgrund der neuen, den Export fördernden Politik betätigen sich immer mehr Industrielle auf den Auslandsmärkten. Die Produktion für ausländische Märkte dient der Auslastung der Kapazität und zielt auf die Vermehrung der Zahl der Betriebe sowie auf neue Investitionen.

Der siebte Fünfjahres-Entwicklungsplan von 1996 bis 2000 konzentrierte sich auf den öffentlichen Dienst in den Bereichen Ausbildung, Gesundheit und soziale Sicherheit. Was daraus wurde, wird noch zu zeigen sein. Die Privatisierung soll zur Verringerung des Staatsvermögens führen und zur Rückkehr des Staates zu seinen eigentlichen Aufgaben.[80]

Um die Probleme der Privatisierung seit ihrer Einführung Anfang 1984 zu lösen und um das Privatisierungsprogramm zu beschleunigen, wurden verschiedene rechtliche Korrekturen vorgenommen. 1995 bzw. 1997 wurden rechtliche Bestimmungen zur Privatisierung auf den Sektoren Telekommunikation und Energie erlassen.

4.2. Bruttosozialprodukt, Wachstum und Stabilitätspolitik

Nach Daten der Weltbank stand die Türkei zwischen 1980 und 1991 mit einem durchschnittlichen jährlichen Anstieg von 2,9 Prozent des Bruttosozialprodukts unter 127 Ländern an 16. Stelle (hier gehen die Angaben stark auseinander: zuvor noch ~ 5%, nach US-Angaben sogar 6%.)

Die türkische Wirtschaft wuchs in den letzten Jahren, mit Ausnahme der Jahre 1980, 1994 und 2001. Das BIP stieg zwischen 1980 und 1990 jährlich um 5,3 %, zwischen 1990 und 1995 um 3,2 % und zwischen 1995 und 1997 um 7,8 %.

Die Krise in Rußland von August 1998 bis Mitte 1999 wirkte sich negativ auf die türkische Wirtschaft, insbesondere auf den Export, aus. Zusätzlich belasteten türkische Anti-Inflationsmaßnahmen, die Verknappung des Geldes und eine Steuerreform die Wirtschaft. Die Regierung mußte Steuerschulden stunden und Exportförderungen gewähren.

Kurz darauf, im Jahre 2001, wurde die Erdbebenkatastrophe zum zweiten großen ökonomischen Schock. Neben den erdbebenbedingten Kapitalausfällen und den menschlichen Verlusten war außerdem ein Rückgang im Bruttosozialprodukt (BSP) von 1 bis 2 Prozent zu

[80] Mit diesen Schalmeien wird in allen Staaten der Welt die Aufforderung, sich plündern zu lassen, umschrieben.

verzeichnen.[81] Auch dies dürfte allerdings eine beschönigende Angabe sein, denn in ernsthaften Analysen ist von einem 8- bis 10prozentigen Rückgang die Rede.

Die Graphik auf der nächsten Seite zeigt, daß die Landwirtschaft nach wie vor einen ziemlich hohen Anteil am Gesamt-BIP der Türkei ausmacht. Wenn man den Dienstleistungssektor um die ›heiße Luft‹ verringert, dürfte sich ein realistischeres Bild ergeben. Jedenfalls ist nach diesem Bild deutlich, daß die eigentlich produktiven Bereiche viel zu klein sind, wenn in einem faktischen Entwicklungsland beinahe zwei Füntel (?) des BIP aus angeblichen Dienstleistungen, einem ›soften‹ Bereich, stammen.

Abbildung 1: WACHSTUMSRATEN - Unselbst.ausländ.Arbeitskräfte - ausländ.Wohnbevölkerung - BIP

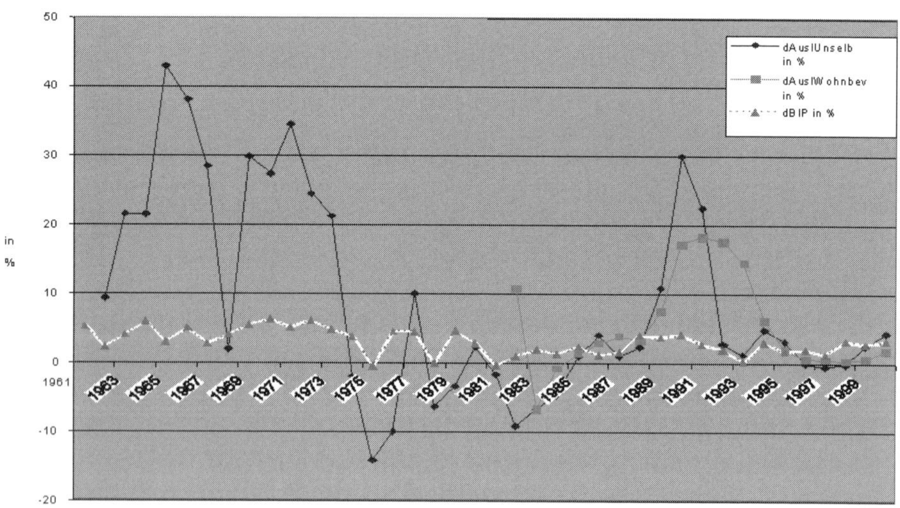

---

[81] Dies sind in offiziellen Darstellungen sozusagen die ›Sündenböcke‹ für eine gescheiterte Wirtschaftspolitik, die aber als Einzelereignis kaum diese weiten Auswirkungen haben können. Insofern sind auch die relativ hohen Wachstumsraten fraglich, weil solche Schwankungen in einer realen Wirtschaft nicht sehr glaubhaft sind. Die in den obigen – im wesentlichen amtlichen – Darstellungen gemachten Angaben über die Maßnahmen und Gesetze lassen hier vor allem die Handschrift der *economic adjustment policies* des IWF erkennen, die natürlich nicht einem echten wirtschaftlichen Aufbau dienen, sondern einer neo-liberalen, kapitalistischen Plünderung wie überall auf der Welt.

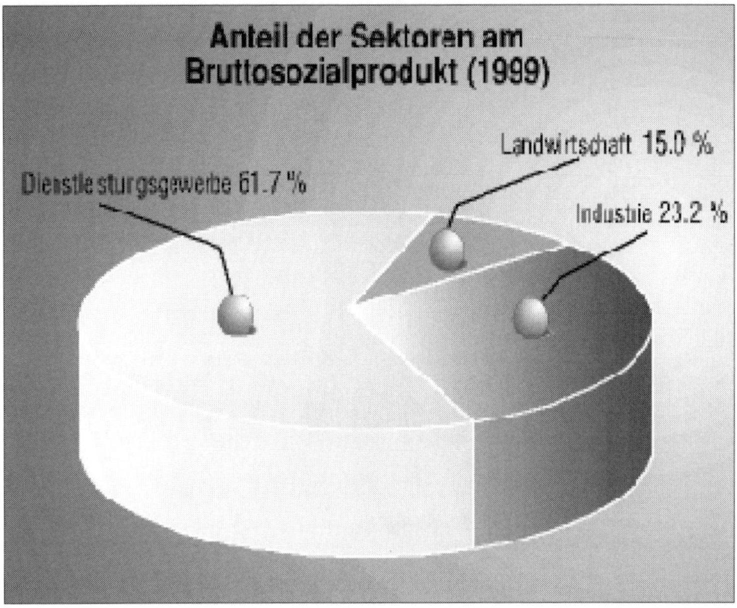

Die türkische Wirtschaft hat in wenigen Jahrzehnten aus fast ausschließlicher Agrarökonomie differenzierte Strukturen mit starkem West-Ost-Gefälle entwickelt. Nach Angaben der Weltbank arbeiten noch rund 45% der Erwerbsbeschäftigten in der Landwirtschaft und leisten einen Beitrag von etwa 15% des Bruttoinlandsprodukts. Vor allem in der Westtürkei ist die industrielle Entwicklung stark ausgeprägt (Textil, Fahrzeuge, Chemie, Maschinen, Elektrobranche). Die Industrie trägt mit rund 20% zum BIP bei, der Dienstleistungssektor ist seinerseits mit etwa 40% beteiligt (Um welche ›Dienstleistungen‹ es sich handelt, die mit 21,7 % zu Buche schlagen, damit der Gesamtposten von 61,7 % erreicht wird, wird leider nicht verraten!).

Der auch infrastrukturell noch vergleichsweise unterentwickelte Osten und Südosten der Türkei ist nach wie vor überwiegend Agrargebiet. Im Südosten werden seit Mitte der achtziger Jahre erhebliche Entwicklungsanstrengungen unternommen (GAP-Projekt mit Staudämmen, Kraftwerken, Elektrifizierung, Bewässerungsanlagen, Agrarindustrie, Straßen, Telekommunikation), an deren Wirtschaftlichkeit jedoch zum Teil Zweifel bestehen. Die Bevölkerung der Region profitiert bislang nur in beschränktem Maße vom infrastrukturellen Ausbau.

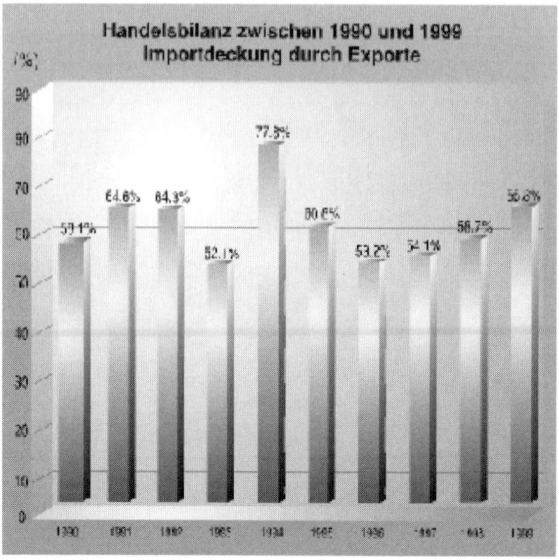

Die Auswirkungen der Krise in Rußland und der Erdbeben hatten, wie gesagt, verheerende Folgen für die Bilanz. Wegen des Rückgangs der Netto-Einnahmen aus dem Außenhandel um 56,2% ging 1999 das BIP um 6,4% zurück und betrug 186,8 Milliarden Dollar (BIP pro Person: 2878 Dollar).

Anfang 1998 wurden Programme zur wirtschaftlichen Stabilität und zur Bekämpfung der Inflation beschlossen; zu Beginn des Jahres 2000 ein weiteres umfangreiches makro-ökonomisches Programm umgesetzt. Dieses Programm wurde vom IWF mit einem drei Jahre dauernden *Stand By*-Abkommen ›unterstützt‹, es zeitigte bereits erste ›positive‹ Ergebnisse. Die bis zum Ende 2000 angestrebten Privatisierungseinnahmen in Höhe von 7,6 Milliarden Dollar wurden schon im April zu 60 Prozent übertroffen. (Man merke: lat. *privare* heißt ›plündern‹, ›stehlen‹; der Ausverkauf läuft offenbar auch in der Türkei auf vollen Touren.)

Die türkischen Arbeitnehmer und die Mittelklasse waren in den achtziger und neunziger Jahren denn auch die großen Verlierer der Liberalisierungspolitik, die dem Land ein rasches Wirtschaftswachstum, aber auch eine zunehmend ungleiche Einkommensverteilung beschert hatte. Der überwiegende Teil der in Industrie, Landwirtschaft und Handwerk erwerbstätigen Arbeiter bezieht weiterhin den Mindestlohn, einen ursprünglich nach einem Warenkorb berechneten Betrag für eine Person, der aber in der Praxis das ganze Familieneinkommen darstellt. Seit dem 1. Juli 2002 beträgt der Netto-Mindestlohn etwa 111 Euro (184 Mio. TL). Die Entwicklung der Realeinkommen hat mit der Inflation nicht Schritt halten können, so daß insbesondere die unteren Bevölkerungsschichten am Rande des Existenzminimums leben. Auf der Suche nach Arbeit und besseren Lebensbedingungen wandert die ländliche Bevölkerung weiterhin in die Städte und industriellen Zentren ab und erhöht die dortigen sozialen Probleme wie folglich die Arbeitslosenquote (siehe Überblick über die Wachstumsraten der großen Städte).

4.3. Außenwirtschaftliche Beziehungen und Zahlungsbilanz

In ihrer achtzigjährigen Geschichte konnte die Republik Türkei beim Außenhandel wie auch auf anderen Entwicklungsgebieten große Erfolge verzeichnen. Am 17. Februar 1923, noch vor der Ausrufung der Republik, wurden auf dem Wirtschaftskongreß von Izmir wichtige Entscheidungen getroffen, um die Abhängigkeit vom Ausland zu verringern und um die nationale Industrie zu schützen und zu entwickeln.

Die Weltwirtschaftskrise von 1929 und der Zweite Weltkrieg ließen es ratsam erscheinen, eine Politik der Autarkie in den Vordergrund zu stellen. In den fünfziger Jahren dagegen machten sich in der Wirtschaftspolitik verstärkt liberale Gedanken bemerkbar. Parallel zu zunehmenden auswärtigen Hilfsleistungen, zum Übergang zur Mechanisierung der Landwirtschaft, zum Aufbau eines dichten Verkehrsnetzes und zur Entwicklung auf dem internationalen Markt erhöhte sich das türkische Nationaleinkommen in der ersten Hälfte der fünfziger Jahre beträchtlich.

1963, mit Beginn der Periode der Jahrespläne, wurde eine die Importe zurückdrängende Entwicklungspolitik eingeleitet. Ein notwendiges Stabilitätsprogramm hatte 1970 eine beträchtliche Abwertung der türkischen Lira zur Folge.

Einen wichtigen Wendepunkt in der türkischen Wirtschaft stellten die ökonomischen Stabilitätsbeschlüsse vom 24. Januar 1980 dar. Erstmals erhielt der Export Priorität, Maßnahmen wie Steuerrückerstattung, Kredite zu niedrigen Zinsen, Zollfreiheit für die Importe von exportorientierten Produzenten oder die sektorenbezogene Förderung unterstützten diese Wirtschaftspolitik. Als Ergebnis der seit 1984 praktizierten Liberalisierungspolitik stieg die Konkurrenz im

Binnenmarkt und auch der Import. Die gleichzeitigen Exportsteigerungen waren indessen noch größer: In der Exportstruktur verschob sich der Schwerpunkt weg von landwirtschaftlichen Erzeugnissen und hin zu Industrieprodukten. Türkischen Angaben dazu ist allerdings mit Vorsicht zu begegnen. Ankara versucht hier gern den Eindruck zu erwecken, als habe man einen Überschuß erwirtschaftet. Tatsächlich verhält es sich eher so, daß die Exportraten von einem zunächst niedrigen Niveau aus größer waren; das ändert aber am Defizit unter dem Strich nichts.

Das Ergebnis der seit 1980 praktizierten Politik:

Außenhandelsvolumen		BIP in Mrd. $ und in % des BIP	
1980:	11 Milliarden Dollar	BIP: 68,75Mrd. $	16%,
1999:	67 Milliarden Dollar	BIP: 184,57Mrd. $	36,3%.

Mit dem Abkommen über die Zollunion vom 1. Januar 1996 wurden alle Schutzzölle im Handel mit Industriegütern aufgehoben und gegenüber Drittländern der gemeinsame Zolltarif angewendet. Dies führte 1996 zu einem Minus von 20 Mrd. Dollar in der Außenhandelsbilanz; 1997 verzeichnete der Export wieder einen Anstieg von 13% und 26,2 Mrd. Dollar, während der Import um 11,3% anstieg und 48,6 Mrd. Dollar erreichte.

1998 verlangsamte sich der Anstieg im Export und wuchs nur um 2,7% auf 26,9 Milliarden Dollar. Die Nachfrage auf dem Binnenmarkt ließ den Import um 5,4 % auf 45,9 Milliarden Dollar sinken. Die beiden schweren Erbeben von 1999, die das Marmaragebiet, einen Schwerpunkt der türkischen Industrie, heimsuchten, bewirkten einen weiteren Rückgang der Produktion. Der Export ging auf 26,6 Milliarden Dollar und der Import auf 40,7 Milliarden Dollar zurück. Wegen des Rückgangs bei Import und Export ging auch das Außenhandelsvolumen um 7,7% zurück und betrug 67,3 Milliarden Dollar. Beim Außenhandelsdefizit gab es dagegen wegen des starken Rückgangs beim Import eine Verringerung von 25,6% auf 14,1 Milliarden Dollar.

In den neunziger Jahren wurde der Import ungefähr zu 50% vom Export gedeckt. Die Deckung des Imports durch den Export stieg dagegen im Krisenjahr 1994 auf 77,8%. Als dann 1995 der Import um 53,5% stieg, sank die Deckung durch den Export auf 60,6%. Dieser Trend hielt auch 1996 an, so daß diese Deckungsrate 53,2% betrug. 1997, 1998 und 1999 stieg diese Rate jedoch wieder an und betrug jeweils 54,1%, 58,7% und 65,3%.

Im Export der Türkei kam es in den achtziger Jahren zu einer wichtigen strukturellen Änderung. So ging der Anteil des Exports der Landwirtschaft und Viehzucht am gesamten Export der Türkei, der 1970 75% und 1980 57% betragen hatte, 1999 auf 9% zurück. Der Anteil des Exports von Industrieprodukten dagegen, der 1970 18% und 1980 36% betragen hatte, stieg erheblich an und erreichte 1999 89,4%. Außerdem kam es nach 1980 beim Export der gesamten Produktionsindustrie zu einer Veränderung zugunsten der nichtlandwirtschaftlichen Industrie. Auch diese Entwicklung entspricht der strukturellen Änderung in Richtung Industrie im Rahmen der wirtschaftlichen Restrukturierung der Türkei.

Die Handelsbilanzdefizite der Türkei sind jedoch in Wirklichkeit verheerend. Ohne die Zuflüsse im Tourismus-Bereich (und die Geldtransfers der Gastarbeiter aus Deutschland und jenen aus dem deutschen Sozialsystem - aufgrund seit langem bestehender Staatsverträge) wäre die Türkei längst bankrott. Die akut ausgebrochene Krise vor ein paar Jahren signalisierte diesen faktischen Bankrott ohnedies, was zur Entsendung des bisherigen Vize-Chefs der Weltbank, Kemal Dervis, als ›Statthalter‹ des internationalen Kapitals in der Türkei führte (ein vergleichbarer Vorgang fand übrigens in der Bundesrepublik statt, als Horst Köhler, vormals IWF-Chef, als Bundespräsident und Statthalter der Hochfinanz installiert wurde).

Im Außenhandel der Türkei nehmen die Länder Westeuropas einen wichtigen und dauerhaften Platz ein - Export: 57,4%, Import: 54,9%. Obwohl 1999 der türkische Export im allgemeinen sank, stieg er in den Ländern Westeuropas um 8,1% an und erreichte 15,3 Milliarden Dollar. Innerhalb der europäischen Länder nimmt die EU einen wichtigen Platz ein: 1998/99 gingen 50% des türkischen Exports in die EU, und zwar im Wert von 14,3 Milliarden Dollar. Der Anteil der Einfuhren aus der EU am gesamten Import betrug im selben Jahr 52,6% bzw. 21,4 Milliarden Dollar. Den größten Anteil sowohl beim Export als auch beim Import hat Deutschland: ein Fünftel des Exports und 15% der Importe. Der Anteil des Exports in die Länder Mittel- und Osteuropas und die baltischen Staaten betrug jeweils 9,7 und 11,8 % des Gesamtimports. Ab den achtziger Jahren gewannen besonders die Länder des Nahen Ostens und die islamischen Länder Nordafrikas im türkischen Außenhandel an Bedeutung. In Zahlen für das Jahr 1999: Export: 14,9 %, Import 10 %.

Die Leitwährung in der Bilanz ist der amerikanische Dollar. Die Türkei zählt zu den wenigen Mitgliedsländern des Internationalen

Währungsfonds (IWF), die eine monatliche Zahlungsbilanz veröffentlichen können (wohl eher *müssen*, weil die Zahlen so katastrophal sind und eine strikte Kontrolle erfordern).

Den wichtigsten Posten der Leistungsbilanz macht der Güterhandel aus. Die negative Entwicklung - besonders nach 1988 - führte zur Erhöhung des Außenhandelsdefizits. Dieses wurde mit den wachsenden Tourismuseinnahmen ab 1988 zum Teil gedeckt.

Ein weiterer Posten, der die Leistungsbilanz beeinträchtigt, sind die erheblichen Zinszahlungen für die Auslandsschulden. Die jährlichen Deviseneinfuhren der im Ausland lebenden Türken, die bei rund drei Milliarden Dollar liegen, sind lebenswichtige Einnahmen.

Die Dienstleistungsbilanz weist in der Zahlungsbilanz einen wachsenden Überschuß auf. Die im Ausland tätigen türkischen Unternehmen haben in den letzten Jahren besonders im Bauwesen bedeutende Zugewinne verzeichnet.

Ein weiterer Überschuß-Posten in der Zahlungsbilanz ist die Transferbilanz. Diese umfaßt vor allem den privaten Transfer von Einkommen der im Ausland tätigen Türken. Im Ausland leben nach offiziellen Angaben rund 3,4 Millionen Türken. [82] Die Zahl der türkischen Arbeitnehmer beträgt rund 1 200 000. Deren Überweisungen beeinflussen die Leistungsbilanz positiv.

Das Außenhandelsdefizit betrug 1999 10,4 Milliarden Dollar. Die Einnahmen aus dem Tourismussektor, die innerhalb der unsichtbaren Umsatzeinnahmen einen wichtigen Platz einnehmen, verringerten sich 1999 wegen der im Ausland verbreiteten Terrorangst und der Erdbebenkatastrophen um 27,5% auf 5,2 Milliarden Dollar. Auch bei den anderen ›unsichtbaren‹ Umsatzeinnahmen kam es im Rahmen der ökonomischen Krise zu einem Rückgang von 30,7%. Bei den ungedeckten Transfers war gegenüber dem Vorjahr ein Rückgang um 15,2% auf 4,6 Milliarden Dollar zu verzeichnen.

Als Ergebnis dieser Entwicklungen war in der Leistungsbilanz, die 1998 noch einen Überschuß von zwei Milliarden Dollar auswies, 1999 ein Minus von 1,4 Milliarden Dollar zu verzeichnen. Trotz der positiven Entwicklungen in der Außenhandelsbilanz ergab sich bei der Leistungsbilanz wegen der negativen Entwicklungen bei den unsichtbaren Umsatzeinnahmen ein negatives Ergebnis.

Hier wird im übrigen deutlich, daß die Abhängigkeit von ›Dienstleistungen‹, insbesondere vom Tourismus, gefährlich ist. In wirt-

[82] Das ist eher eine Untertreibung, da dies allein jene in Deutschland sind.

schaftlichen Krisenzeiten kommt es in diesem Sektor zu erheblichen Einbrüchen, und es ist davon auszugehen, daß der Dienstleistungssektor auch in nächster Zeit weiter unter Druck stehen wird (Ölpreise, Arbeitslosigkeit in Europa, faktische Rezession in den Industrieländern. Die US-Statistiken, die einen Aufschwung behaupten, sind gefälscht; außerhalb der Statistiken findet kein Aufschwung statt).

Tabelle Wirtschaftsdaten der Türkei für 2001, 2002, 2003[83]

	2001	2002	2003
BSP: Kaufkraft-Parität	$444 Mrd. (2000 gesch.)	$443 Mrd.(2001 gesch.)	$468 Mrd.(2002 gesch.)
BSP - reales Wachstum	6% (2000 gesch.)	- 6.5% (2001 gesch.)	7.8% (2002 ges.)
BSP - per capita: Kaufkraft-Parität	$6,800 (2000 ges.)	$6,700 (2001 ges.)	$7,000 (2002 ges.)
BSP - Nach Sektoren	*Agrar:* 15% *Industrie:* 29% *Services:* 56% (1999	*Agrar:* 14.5% *Industrie:* 28.4% *Services:* 57.1% (2000)	*Agrar:* 12.9% *Industrie:* 30.4% *Services:* 56.7% (2001)
Haushalts-Einkommen o. Anteile %	*niedrigste 10%:* 2.3% *höchste 10%:* 32.3% (1994)	*niedr. 10%:* 2.3% *höchste 10%:* 32.3% (1994)	*niedr. 10%:* 2.3% *höchste 10%:* 32.3% (1994)
Inflationsrate (Verbraucher-Preise):	39% (2000 ges.)	69% (2001)	45.2% (2002)
Beschäftigung:	23 Mio. (2000 ges.) *Anm:* ~ 1.2 Mio. Türken arbeiten auswärts (1999)	23.8 Mio. (2001 3. Q) *Anm:* ca. 1.2 Mio. Türken arbeiten auswärts (1999)	23.8 Mio. *Anm:* ca. 1.2 Mio. Türken arbeiten auswärts (2001 3. Q)
Nach Branche:	Agrar 38%, Services 38%, Ind. 24% (2000)	Agrar 39.7%, Services 37.9%, Ind. 22.4% (2001 3. Q)	Agrar 39.7%, Services 37.9%, Ind. 22.4% (2001)

[83] http://www.photius.com/wfb2001/turkey/turkey_economy.html

Arbeitslose:	5.6% (plus Unterbeschäft. 5.6%) (2000 gechs.)	10.6% (plus Unterbeschäft. 6.1%) (2001 4. Q)	10.8% (plus Unterbeschäft. 6.1%) (2002 gesch.)
Staatshaushalt:	*Einnahmen:* $54.5 Mrd. *Ausgaben:* $75.2 Mrd. Einschl. Kapitalkosten $ 3.3 Mrd. (2000)	*Einnahmen:* $42.4 Mrd. *Ausgaben:* $69.1 Mrd., Einschl. Kapitalkosten $ NA (2001)	*Einnahmen:* $42.4 Mrd. *Ausgaben:* $69.1 Mrd., Einschl. Kapitalkosten $ NA (2001)
Industrien:	Textiles, Nahrungsmittelerz., Autos, Bergbau (Kohle, Chrom, Kupfer, Bor), Stahl, Erdöl, Anlagenbau, Holz, Papier	Textiles, Nahrungsmittelerz., Autos, Bergbau (Kohle, Chrom, Kupfer, Bor), Stahl, Erdöl, Anlagenbau, Holz, Papier	Textiles, Nahrungsmittelerz., Autos, Bergbau (Kohle, Chrom, Kupfer, Bor), Stahl, Erdöl, Anlagenbau, Holz, Papier
Industrieproduktion Wachstum:	6.2% (2000 gesch.)	- 8.9% (2001)	8.5% (2002 gesch.)
Stromproduktion:	125.3 Mrd. kWh (2000 gesch.)	119.18 Mrd. kWh (2000)	116.6 Mrd. kWh (2001)
Stromprod. nach Quelle:	*Kohle:* 71% *Wasser:* 29% *Atom:* 0% *sonst.:* 0% (2000 gesch.)	*Kohle:* 74.09% *Wasser:* 25.65% *sonst:* 0.26% (2000) *Atom:* 0%	*Kohle:* 79.3% *Wasser:* 20.4% *sonst:* 0.3% (2001) *Atom:* 0%
Stromverbrauch:	119.5 Mrd. kWh (2000 gesch.)	114.192 Mrd. kWh (2000)	112.6 Mrd. kWh (2001)
Stromexporte:	350 Mio. kWh (2000 gesch.)	437 Mio. kWh (2000)	433 Mio. kWh (2001)
Stromimporte:	3.35 Mrd. kWh (2000 gesch.)	3.791 Mrd. kWh (2000)	4.579 Mrd. kWh (2001)
Agrarprodukte:	Tabak, Baumwolle, Getreide, Oliven, Zucker, Hülsenfr., Zitrusfr.; Vieh	Tabak, Baumwolle, Getreide, Oliven, Zucker, Hülsenfr., Zitrusfr.; Vieh	Tabak, Baumwolle, Getreide, Oliven, Zucker, Hülsenfr., Zitrusfr.; Vieh

Exporte:	$ 26.9 Mrd. (f.o.b., 2000 gesch.)	$ 33.8 Mrd. (f.o.b., 2001)	$ 35.1 Mrd. f.o.b. (2002)
Exporte – Gebrauchsgüter:	Kleider 25.6%, Nahrungsm. 15.4%, Textil 12.3%, Metall-Erzeugnisse 8.6%, Transportausrüstung 8.1% (1998)	Kleider 24.8%, Nahrungsm. 12.8%, Textil 12.7%, Metall-Erzeugnisse 8.8%, Transportausrüstung 8.5% (2000)	Kleider, Nahrungsm., Textil, Metall-Erzeugnisse, Transportausrüstung
Exportpartner:	D 18.7%, US 11.4%, UK 7.4%, I 6.3%, F 6.0% (2000 ges.)	D 17.4%, US 10.2%, I 7.5%, UK 7.0%, F 6.1% (2001 ges.)	D 17.2%, US 10.0%, I 7.5%, UK 6.9%, F 6.0%, Rußl. 2.9% (2000)
Importe:	$ 39.7 Mrd.(c.i.f., 2001 ges.)	$ 55.7 Mrd.(c.i.f., 2000 ges.)	$ 50.8 Mrd. (c.i.f. (2002)
Importe – Gebrauchsgüter:	Maschinen 28.3%, chem. Prod. 15.2%, Halbfertigpr.14.5%, Treibst. 11%, Transportausrüstung 9.5% (1999)	Maschinen 25.4%, chem. Prod. 13.4%, Halbfertigpr.13.7%, Treibst. 14.0%, Transportausrüstung 12.4% (2000)	Maschinen, chem. Prod., Halbfertigpr., Treibst., Transportausrüstung
Importpartner:	D 13.1%, I 7.9%, US 7.2%, Rußl. 7.0%, F 6.6%, UK 5.0% (2000 gesch.)	D 13.3%, I 8.6%, Rußl. 8.4%, US 8.1%, F 5.7%, UK 4.5% (2001 gesch.)	D 12.9%, I 8.4%, Rußl. 8.3%, US 7.9%, F 5.5%, UK 4.6% (2000)
Auslandsschulden:	$ 109 Mrd.(2000 gesch.)	$ 118.8 Mrd.(Sept. 2001)	$ 118.3 Mrd.(Ende 2001)
Wirtschaftshilfe: ODA	$ 195 Mio.(1993)	$ 195 Mio.(1993)	$ 300 Mio.(2000)
Währung:	Türkische Lira (TRL)	Türkische Lira (TRL)	Türkische Lira (TRL)
Wechselkurs: TL per 1 US-$	**677,621** (Dezember 2000), **625,219** (2000), **418,783** (1999), **260,724** (1998), **151,865** (1997), **81,405** (1996)	**1,223,140** (Januar 2002), 1,223,140 (2001), 625,219 (2000), 418,783 (1999), 260,724 (1998), 151,865 (1997)	NA (2002), 1,225,590 (2001), 625,218 (2000), 418,783 (1999), 260,724 (1998), 151,865 (1997)

Anmerkung: Die die Türkei betreffenden Informationen wurden dem 2001/2002/2003 *World Fact Book of the United States Central Intelligence Agency* entnommen. Für die Richtigkeit wird keine Garantie übernommen.

Die hier aufgeführten Daten sind leider nicht allzu genau und außerdem vielfach Schätzungen, die offenbar nicht zutreffend sind. Außerdem hat man es mit Informationen zu tun, die die CIA zusammenträgt. Dennoch ist zu erkennen, daß der Haushalt jeweils ein erhebliches Defizit aufweist, die Handelsbilanz völlig unausgeglichen und die Währung in atemberaubender Geschwindigkeit verfällt. Kritische Daten wie die jüngsten Entwicklungen der Schulden und der Schuldendienste sind nicht (mehr) enthalten, werden aber im verbalen Kommentar erwähnt. Die Sozialdaten sind offenbar statistische ›Wahrheiten‹. Da auch die Türkei selbst nur die positiven Seiten beleuchtet, sind die tatsächlichen aktuellen Werte kaum in Erfahrung zu bringen.

Offiziell liest sich die herbeibeschworene Hoffnung ungefähr so:[84] Das reale Wirtschaftswachstum betrug im Schnitt (angeblich) jedes Jahr um die 6%, unterbrochen von scharfen Rückgängen in den Jahren 1994 und 1999. Das Haushaltsdefizit hatte regelmäßig 10% überschritten. Die Belastung durch Zinszahlungen betrug im Jahre 2001 über 40% des Haushalts der Regierung. Vor der Krise im Jahre 2001, die der im Jahre 2000 unmittelbar folgte, lauteten die Schalmeien noch, daß sich die Lage verbessere, weil die Regierung ECEVIT seit 1999 ein IWF-›Hilfs‹-Programm umgesetzt habe. Dieses wies die üblichen Schwerpunkte auf:

- straffe Kontrolle des Staatshaushalts,
- Reform des Sozialbereiches,[85]
- Bankenreorganisation[86] und
- forcierte Privatisierung.

Infolge dieses Programmes, heißt es offiziell, sei die Inflation erstmals seit 1987 unter 40% gefallen. Und trotz der Finanzkrise Ende

[84] Die numerischen Angaben sind derselben Quelle entnommen wie die Tabelle.

[85] In IWF-Terminologie heißt ›reformieren‹ die Kosten dafür im Budget radikal zu senken. In der Türkei gibt es aber in der Praxis einen solchen Budget-Posten überhaupt nicht. Was könnte also mit ›Reform‹ noch gemeint sein?

[86] Das haben wir schon erläutert: Es heißt insbesondere die Verluste der Banken durch den Staat abzudecken.

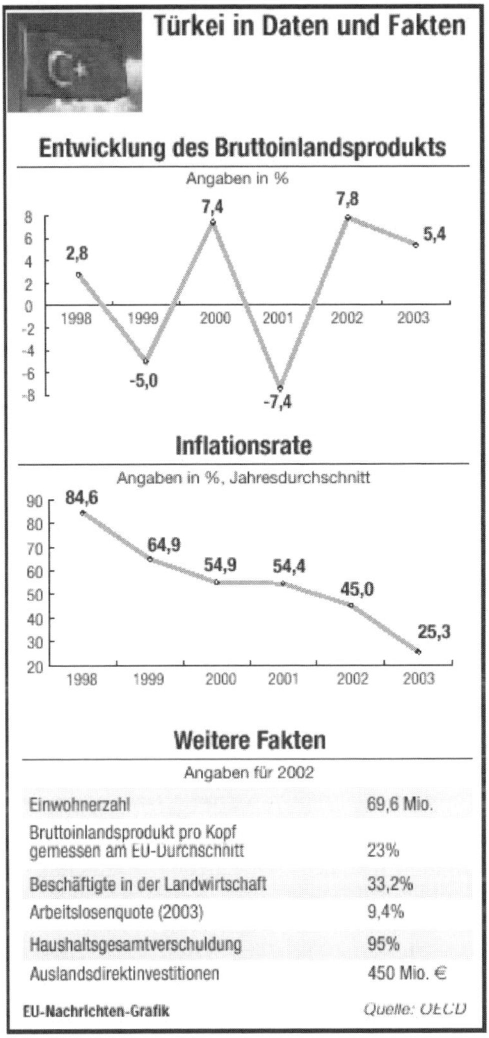

Einwohnerzahl	69,6 Mio.
Bruttoinlandsprodukt pro Kopf gemessen am EU-Durchschnitt	23%
Beschäftigte in der Landwirtschaft	33,2%
Arbeitslosenquote (2003)	9,4%
Haushaltsgesamtverschuldung	95%
Auslandsdirektinvestitionen	450 Mio. €

Die Wirtschaftsdaten der Türkei (Quelle: OECD).

Die türkische Lira mit dem Konterfei ATATÜRKS. Im Mai 2004 erhielt man für einen Euro rund 1,4 Millionen türkische Lira. Angesichts der galoppierenden Inflation wurde eine Währungsreform zum 1. Januar 2005 beschlossen, und zwar mit der Schaffung der Neuen Türkischen Lira (YTL bzw. NTL). Aus 1 Mio. TL wurde durch Streichung von 6 Nullen 1 YTL (Yeni Türk Lirasi)

2000 habe sich die Türkei dank weiterer IWF-Unterstützungsprogramme und der Verpflichtung der Regierung, die Reformen im Rahmen eines »spezifischen«[87] Zeitrasters umzusetzen, schnell erholt.

So etwa lauteten die Sprechblasen für das Finanzjahr 2001. Für das Jahr 2002 und folgende lautete der Text wie folgt: scharfe Rückgänge in der Produktion in den Jahren 1994, 1999 und 2001. Das vergangene Jahr 2001 kam als Katastrophenjahr dazu. Die Belastung durch Zinszahlungen erhöhte sich auf über 50%! Ankara war gezwungen, den Wechselkurs freizugeben, und die Wirtschaft fiel in eine Rezession. Die Aussichten für 2002 waren offiziell natürlich viel besser, wiederum wegen der ›starken finanziellen Unterstützung‹ durch den IWF, der noch strengeren Fiskalpolitik und eines großangelegten Banken-Umstrukturierungsprogramms, nicht zu sprechen von zahlreichen weiteren ›Wirtschaftsinitiativen‹. Die Quintessenz von alledem ist mehr als dürftig: Nachdem diese Maßnahmen schon zuvor nichts gefruchtet haben, wird dieselbe Kur einfach noch intensiviert. Das kann nur zu fragwürdigen Ergebnissen führen.

Auch für das Jahr 2003 blieb es bei den üblichen Verlautbarungen. Offenbar hat sich nichts Berichtenswertes ereignet, außer daß die Inflation im hohen zweistelligen Bereich blieb. Aber die Ergebnisse für 2002 seien viel besser gewesen - dank dem IWF - und strikter Fiskalpolitik. Lediglich ein anhaltendes niedriges Wachstum und schwere Krisen im Nahen Osten werfen nach offizieller Sicht einige Schatten auf die Aussichten des Jahres 2003. Auf gut deutsch: Die Lage ist hoffnungslos, aber nicht ernst.

4.4. Das Erdbeben von 2001 und seine Folgen

Am 19. Februar 2001 war nach dem zuvor erfolgten Rücktritt des Gouverneurs der türkischen Notenbank, Gazi Ercel, eine schwere Finanz- und Wirtschaftskrise ausgebrochen.[88] Ercel und dem Chef des Schatzamts, Selcuk Demiralp, der ebenfalls seinen Rücktritt eingereicht hatte, war es (laut *Neue Zürcher Zeitung*) »gelungen, den Teu-

---

[87] ›Spezifisch‹ bedeutet, daß die Türkei überhaupt unter Vormundschaft der internationalen Finanzorganisationen (vertreten in der Person Kemal Dervis') gestellt wurde.

[88] Für das Folgende siehe auch: Ayse Bugra, Professorin an der Instanbuler Bosporus-Universität, in: *Le Monde diplomatique*, Nr. 6549 vom 14. 9. 2001.

felskreis von hoher Inflation und hohen Zinsen zu durchbrechen und den Grund zu einer weniger an Renteneinkommen orientierten Wirtschaft zu legen«.

Angesichts der in den Folgejahren nach wie vor schweren Inflation (2002: 30%, 2003: 20%, Ziel 2004: 12%)[89] nimmt sich dieser Erfolg bescheiden aus. Die Regierung machte Ercel jedenfalls zum Sündenbock für die Entwicklung, die zur Freigabe des Wechselkurses und zur Abwertung der türkischen Lira um 40% geführt hatte. Ercel hatte in den Tagen vor der Abwertung den großen Staatsbanken keine Liquidität mehr bereitgestellt, da die Mittel umgehend in den Devisenmarkt geflossen wären, also nur der spekulativen Abzockerei gedient hätten.

Ein fester Wechselkurs, zentraler Bestandteil des Stabilisierungsprogramms, ist angesichts solcher Umstände nicht zu halten. Manche Devisenhändler rechnen so zynisch wie höhnisch den Devisenbestand einer Nationalbank in Minuten (!) um, die diese damit den schier unerschöpflichen Mitteln des ›Marktes‹ Paroli bieten könnte. Während dieser Krise sind an einem Tag so viele Devisen abgeflossen wie während der gesamten Finanzkrise im November 2000. Zur Lösung der Krise fiel der Regierung Ecevit schließlich nichts anderes ein, als auf wenigstens 25 Milliarden Dollar vom IWF zu hoffen. Vertreter der Regierung verhandelten denn auch gleich in Ankara über die Bedingungen und die Höhe eines neuen Hilfspakets. Es kam, und zwar praktisch zeitgleich mit Kemal Dervis, dem Vizedirektor der Weltbank als Krisenmanager und Aufpasser. Trotz solcher ›Hilfen‹ des Internationalen Währungsfonds und der Weltbank dürften sich die internationalen, hauptsächlich europäischen bzw. deutschen Banken künftig zurückhalten. Vertreter europäischer Banken deuteten an, daß sie kleineren türkischen Banken keine Kredite mehr bereitstellen würden.

Ausländische Banken, die einen Einstieg in die Türkei geplant hatten, zogen sich wieder zurück: Die Société Générale hat ihre weit gediehenen Gespräche für eine Zusammenarbeit mit der Iktisat Bankasi eingestellt, die HSBC übernimmt nun nicht die dem Einlagensicherungsfonds unterstellte Demirbank - und so weiter und so fort.[90]

Es handelte sich alles in allem um eine der schwersten Bewährungsproben für die Türkei. Im ersten Halbjahr 2001 schrumpfte das

[89] Quelle: www.auswaertiges-amt.de
[90] *Neue Zürcher Zeitung*, 3. 3. 2001.

Bruttoinlandsprodukt um 6,1 Prozent. Die Zahlungsbilanz verschlechterte sich noch mehr, weil ausländische Investoren weg- und auch die Devisen türkischer Emigranten ausblieben. Der Finanzsektor steckt weltweit - wie auch in der Türkei - in der Krise, obwohl er hier vom Staat auf Kosten der Realwirtschaft gemästet wurde. Leidtragende sind die mittelständische und traditionelle sowie die Landwirtschaft.

Das bewährte soziale Netz im Familienverband wurde aber nicht erst durch die Krise zerstört, sondern auch als eine Folge der ›modernen‹ Marktwirtschaft, die weder neue Arbeitsplätze noch minimale sozialstaatliche Leistungen bietet, sondern *survival of the fittest* (Überleben der Gesündesten, Kräftigsten) als Programm zelebriert. Durch das Streichen von sechs Nullen aus einer Million sollte eine neue Lira entstehen und dem Wert von 2 Euro entsprechen.

Während einer hitzigen Debatte im Nationalen Sicherheitsrat warf der Präsident der Türkischen Republik, Ahmet Sezer, einem Minister der Regierung Ecevit ein Exemplar der türkischen Verfassung an den Kopf. Dieses Ereignis leitete die wohl größte und folgenreichste Wirtschaftskrise des kapitalistischen Systems in der Türkei ein.

4.4.1. Erste Anzeichen: Explosion der Zinsraten

Der Zinssatz für Tagesgeld unter Banken stieg bis auf 6200 Prozent. Die Kombination von hoher Inflation (2001 über 80%), starkem Wertverlust der türkischen Lira nach Freigabe des Wechselkurses und hohen Zinssätzen (über 90%), gepaart mit anhaltend hoher Staatsverschuldung, mußte zwangsläufig zu einer neuerlichen und schweren Finanzkrise führen. Um spekulative Angriffe auf die türkische Lira abzuwehren, verschleuderte die Zentralbank - ganz sinnlos, wie ihr Präsident selbst bald einsah - Devisen im Wert von 5,36 Milliarden Dollar, immerhin 20 Prozent ihres gesamten Devisenbestandes, weil der Außenwert der Lira natürlich nicht gehalten werden konnte, wie es das Stabilisierungsprogramm eigentlich vorsah.

Es kam, was kommen mußte: Die erzwungene Kursfreigabe führte zu einer schlagartigen Abwertung. Das vom IWF ›unterstützte‹, sprich auferlegte Drei-Jahres-Stabilisierungsprogramm war gescheitert. Dieses Programm vom Dezember 1999 sollte vor allem die chronisch im zweistelligen Bereich liegende Inflationsrate bekämpfen, die der Türkei seit dreißig Jahren zu schaffen macht. Im März 2000 wurde Kemal Dervis wie gesagt als Statthalter der Hochfinanz als

Wirtschaftsminister in die Koalitionsregierung ECEVIT entsandt, um die Wirtschaft, wie offiziell verlautbarte, ›in Ordnung zu bringen‹. Das alte IWF-Programm wurde durch ein neues ersetzt.

Allerdings: Die Wirtschaft ›in Ordnung zu bringen‹ ist unter den *economic adjustment policies* (einer Politik der wirtschaftlichen Anpassung) des IWF natürlich eine Unmöglichkeit, wenn darunter eine Gesundung der nationalen Realwirtschaft, und nicht die Sicherung der Zahlungsfähigkeit für Fremdwährungskredite oder ein *bail-out* für die spekulativen Kasino-Verluste internationaler Banken verstanden wird. Im Juli 2000 setzte deshalb eine neue Welle der Kapitalflucht ein, die weitere Zinserhöhungen und eine weitere Lira-Abwertung auslöste.

4.4.2. Die Ursachen der Krise

Wo liegen die Ursachen für dieses einschneidende historische Ereignis, und vor welchem gesellschaftlichen Hintergrund findet es statt? Und: Welche Folgen hat die Türkei zu gewärtigen?

Die oben erwähnten Kennzeichen der Krise sind die in der heutigen Wirtschaft üblichen ›Finanzkennziffern‹. Damit wird das wirkliche Problem auch fast schon sichtbar: Die Politik und die Medien konzentrieren sich fast ausschließlich auf die finanziellen Aspekte. Den Problemen der Realwirtschaft wird dagegen – auch in den Medien – wenig Beachtung geschenkt. Das rührt daher, daß der Finanzsektor anscheinend zum obersten Kriterium des internationalen Wirtschaftslebens geworden ist. Insofern ist auch die verzerrte Wahrnehmung in den Medien und in der Öffentlichkeit keine Überraschung.

Hier sind tiefgreifende Unterschiede der Wahrnehmung gegenüber einer älteren Sichtweise hervorzuheben. So zog etwa Johann Heinrich VON THÜNE vor dem Hintergrund einer noch überwiegend agrarisch geprägten Gesellschaft die ›unter Pflug‹ stehenden, sichtbar bewirtschafteten Felder als unmittelbar einsichtige, reale Kennzeichen für das wirtschaftliche Wohlergehen einer Gegend den nicht wirklich aussagefähigen abstrakten Kennzahlen vor. Es ging dabei auch tatsächlich um die Real-, und nicht um eine virtuelle oder Casino-Wirtschaft.

Noch immer ist die irrige Auffassung weitverbreitet, die globale Ökonomie befinde sich noch immer in einer Phase der Expansion. Doch das ist eine folgenschwere Täuschung. Denn das vorgebliche

›Wachstum‹ beruht in Wirklichkeit auf Pump; der große Zampano der Weltwirtschaft und -finanz, Alan GREENSPAN, hat eine unvorstellbare Kreditblase entstehen lassen. Das einzige, was tatsächlich mit atemberaubender Geschwindigkeit wächst, sind die Schulden. Inzwischen liegen die Finanztransaktionen, denen keine realwirtschaftlichen Ursachen und Gegenwerte - etwa die Bezahlung von Gütern und echte Dienstleistungen - zugrunde liegen, bei einem täglichen Volumen von einigen Billionen Dollar pro Tag.[91]

Nach Angaben der Bank für Internationalen Zahlungsausgleich (BIZ) haben die Umsätze im klassischen Devisenhandel vom April 1998 bis zum April 2001 deutlich abgenommen, nämlich von täglich 1490 Mrd. Dollar (!) auf 1200 Mrd. Dafür haben die Tagesumsätze mit Zins-Derivaten von 1995 bis 2001 stark zugenommen: von netto 151 über 265 auf 489 Mrd. Dollar im April 2001. Zusammen mit anderen Derivaten sind das 1387 Mrd. Dollar, die über die Bank für Internationalen Zahlungsverkehr (BIZ) täglich abgewickelt werden. Dazu kommen noch täglich 2169 Mrd. Dollar an Derivatgeschäften an den Börsen.

Zum Vergleich: Das Bruttoinlandsprodukt der USA liegt bei etwa 10 Billionen Dollar; pro Tag entspricht das einer Wirtschaftsleistung von ca. 27 Mrd. Dollar, im Vergleich zu 1200 (Währungshandel) plus 1387 (Derivate über BIZ) plus 2179 (Derivate über Börsen) plus unbekannte Summe Derivate über OTC[92] (›über den Tresen‹ der Banken) - alles in allem zusammen mindestens 4766 Mrd. Dollar an Scheingeschäften. Anders ausgedrückt: Die ganze US-Volkswirtschaft macht nicht einmal ein halbes Prozent[93] vom täglichen Casino-Einsatz der Banken und Finanzinstitutionen aus. Dabei sind Marginalien wie die Tatsache, daß das Bruttoinlandsprodukt der USA seinerseits nur noch zu weniger als einem Drittel aus der Fertigung von Produkten besteht, während der Rest - mehr als zwei Drittel - mit Dienstleistungen zu Buche schlägt, noch gar nicht einmal berücksichtigt (daß etwa zwei Drittel des BIP auf Dienstleistungen ent-

[91] *Le Monde diplomatique*, 14. 9. 2001, berichtete in einem Beitrag über das »türkische Wirtschaftsbeben«, daß dieses Volumen bei einer Billion pro Tag liege, 50mal mehr als die Umsätze in der Realwirtschaft. Das war gewiß eine gewaltige Untertreibung bzw. eine unvollständige Angabe, die nur den Devisenhandel betrifft. Nach den aufgeschlüsselten Angaben der BIZ - Bank für Internationalen Zahlungsausgleich in Basel - ist der gesamte Umfang für alle Derivate etwa fünfmal größer.

[92] OTC: *Over the Counter*.

[93] 27 : 4.766 = 0,00566... à ½ Prozent!

fallen, ist im übrigen eine Konstellation, die man in der *virtual economy* oft begegnet).[94]

Die hier in Rede stehenden Summen an virtuellem Kapital sind derart irreal, daß damit das tägliche Umsatzvolumen im Währungshandel allein (nämlich über eine Billion US-Dollar) die Devisenreserven aller Zentralbanken der Welt noch um 200 Millionen Dollar übertrifft.[95] Unter diesen Umständen wird klar, daß sich die Nationalstaaten den internationalen (Finanz-)Organisationen geradezu unterordnen müssen, von denen sie über ›finanzielle Interessen‹ (ein anderer Ausdruck für ›Schuldenfalle‹) beherrscht werden.

Auch im Fall der Türkei führte der wachsende Kreditbedarf des öffentlichen Sektors im Laufe der Zeit zum faktischen Bankrott des Staates. Die Türkei ist dem Diktat des (internationalen) Finanzsektors ausgeliefert. Natürlich schlug Weltbank-Vizedirektor Kemal Derviş in seiner Eigenschaft als Superminister (zuständig für Finanzen und Wirtschaft) zunächst das tiefe Mißtrauen der gewählten Politiker entgegen, trotz seines starken Rückhalts in den Medien. Dies erklärt sich aus den ökonomischen Interessen dieser Kreise, oder anders ausgedrückt: Die Medien sind nichts anderes als ein anderer Aggregatszustand des allesbeherrschenden Kapitals. Natürlich hat ihr Statthalter eine ›gute Presse‹. Auch die politischen Parteien verhalten sich ruhig, weil sie alle ihr gerüttelt Maß Mitverantwortung an Mißwirtschaft und Korruption tragen. Andererseits käme vermutlich auch für den Fall, daß sie die öffentlichen Gelder in eigener Regie verwalten könnten, nichts anderes heraus als Wählerbestechung zum Zweck der eigenen Klientel-Politik, Förderung der eigenen Machtambitionen und illegale Bereicherung am laufenden Band.[96] Das ist freilich nicht nur in der Türkei so.

---

[94] Anders als die deutsche Volkswirtschaft ist die US-amerikanische viel weniger vom Export abhängig. Der Außenhandel ist ein kleiner Bruchteil der Gesamtleistung. Mit anderen Worten: Jene täglichen Transaktionen der BIZ haben nur zu einem verschwindend geringen Teil etwas mit dem Zahlungsausgleich aufgrund der Lieferung von Waren und echten Dienstleistungen zu tun. Im übrigen bezahlen die USA ja ihre Importe nicht, wie ihr Handelsdefizit von 2001 in Höhe von fast 500 Mrd. Dollar beweist, das sind immerhin knapp 5 Prozent des BIP.

[95] J. Gray, *False Dawns: the Delusion of Global Capitalism*, New York 1998.

[96] Ein besonders krasses Beispiel ist die ehemalige Ministerpräsidentin Tansu Ciller, die wegen ihrer unerhörten Korruption – sie brachte es zu einem Vermögen von 100 Mio. Dollar, was selbst für orientalische Verhältnisse ziemlich arg ist – schließlich zurücktreten mußte.

Zu praktikablen politischen Maßnahmen wurden die verbreiteten Vorbehalte gegen DERVIS jedoch nicht. Regierung und Parteien stehen eben auch in der Türkei unter der finanziellen Vormundschaft des IWF. Dagegen ist nicht viel auszurichten.

4.4.3. Besonderheiten der türkischen Wirtschafts- und Finanzpolitik

Nachdem ein Land – in unserem Fall: die Türkei – erst einmal in der Schuldenfalle gefangen ist, geht es den herrschenden ›Eliten‹ im Normalfall nur noch darum, das System nicht in Frage zu stellen. Dieses beruht auf der Umverteilung vom produktiven hin zum Finanzsektor, in anderen Worten: von Arm nach Reich. Voraussetzung dafür ist, daß die Bedienung der Kredite unter allen Umständen sichergestellt, wirkliches Vermögen ›privatisiert‹, sogenannte ›Finanz-Märkte‹ dereguliert und das Verschieben (Transferieren) von Kapital ›liberalisiert‹ wird.

De-Regulierung bedeutet dabei nichts anderes als Wild-West-Zustände: Wegfall jeder wie immer gearteten gesetzlichen Beschränkungen für clever eingefädelte Raubzüge. Die Liberalisierung des Kapitalverkehrs hat zu gewährleisten, daß die Beute ins Trockene gebracht werden kann.

Ein Dauerproblem der Türkei war und ist die wahnwitzige Inflation und, dadurch bedingt, der ständige Verfall der türkischen Lira. Daher beinhaltete das IWF-Programm als eine der wichtigsten Maßnahmen einen fixen Wechselkurs als wichtigen Indikator für die Senkung der Inflationsrate. Diese war in verbindlich festgelegten Etappen abzubauen.

Das dahinterstehende Dogma lautet: stabile Währung = Vertrauen der Investoren = verstärkter Kapitalzufluß ausländischer Investoren. Letzteres fand freilich kaum statt. Wenn, wie im Falle der Türkei (und zahlreicher anderer Länder vor ihr: Südostasien, Argentinien u. a), dieses Programm scheitert, was faktisch immer der Fall war, gilt natürlich auch die Umkehrung: Eine Spirale des Mißtrauens führt zu Kapitalflucht. Man sieht hieran, wozu die Liberalisierung des Kapitalverkehrs gut ist. Malaysias langjähriger Staatschef Mohammad MAHATHIR schaffte die Erholung seines Landes sehr schnell, weil er zum Beispiel genau dies unterbunden hatte.

War die türkische Finanzkrise vorauszusehen? Selbstverständlich, und zwar so sicher wie das Amen in der Kirche. Und hätte es Möglichkeiten gegeben, sie aufzuhalten, falls sich (wie vorhersehbar) die geplante Stabilisierung der nationalen Währung nicht durchhalten ließe? Hätte es Alternativen gegeben? Bei einem grundsätzlichen Kurswechsel: ja. Wenn man im ›System‹ verharrt bzw. verharren muß: nein. Diejenigen, die Einhalt hätten gebieten können, taten überhaupt nichts: nämlich der IWF, der in Wirklichkeit den wirtschaftspolitischen Kurs des Landes bestimmt. Der IWF zog keine Ausstiegsstrategie in Erwägung, etwa in Gestalt einer flexibleren Handhabung der Wechselkursziele. Seine ›Lösung‹ war ein Rettungspaket im Wert von 10 Milliarden Dollar zur Aufstockung der türkischen Devisenbestände, mit denen man die spekulativen Angriffe auf die Lira abwehren könnte. Aber dieser Ansatz mußte noch tiefer in die Schuldenkrise führen und hatte einen noch härteren Griff des internationalen Finanzkapitals nach den Ressourcen und dem Steueraufkommen des Landes zur Folge, denn ohne solche Zugeständnisse gibt es keine *economic adjustment policy*. Das neue Geld wiederum dient ausschließlich den alten Zwecken: Bedienung der alten Verpflichtungen, sprich der Schadloshaltung der kreditgebenden internationalen Banken.

So kann sich an der wirtschaftlichen Gesamtsituation der Türkei natürlich nicht das Geringste ändern. Lediglich die makroökomomischen Ziele für 2001 wurden - kosmetisch - korrigiert, und zwar in Richtung höherer Zinsraten, niedrigerer Wachstumsraten und einer noch höheren Staatsverschuldung.

4.4.3. Die lange Vorgeschichte des Debakels und der Beitrag des Finanzsektors

Bis 1989 wurde der Kapitalverkehr vollständig liberalisiert. Die volle Freigabe der Kapitalbewegungen ermöglichte es türkischen Banken, Anleihen in Fremdwährung - mit schlimmen Folgen - aufzunehmen. Die innertürkischen Strukturprobleme blieben dabei aber ungelöst, nämlich:

- Liberalisierung ohne staatliche Haushaltsdisziplin.
- Trotz Strukturwandels in den achtziger Jahren (Ansätze zur Verringerung des Staatseinflusses und Stärkung des Marktes) ist das Staatsdefizit seitdem ständig angewachsen.
- Gigantische, aber völlig planlose Investitionen im Verkehrs- und Telekom-Sektor überschritten die tatsächliche Leistbarkeit.
- Gleichzeitig häuften die jahrelangen Militäraktionen gegen die Kurden Kosten von insgesamt 100 Milliarden Dollar auf.

Die Korruption hatte inzwischen alle staatlichen Ebenen durchsetzt, wobei ganze Netzwerke neureicher Großindustrieller und korrupter Politiker sich in die Hände spielten und die öffentlichen Ressourcen plünderten.

Zusätzliche negative externe Einflüsse verschärften die Entwicklung: die Erhöhung des US-Leitzinses Februar 2000, ein starker US-Dollar und ein schwacher Euro sowie steigende Ölpreise. Dollar-Importe wurden teurer, Erlöse für Exporte nach Europa, dem wichtigsten türkischen Absatzmarkt, geringer. Bei dem chronischen Handelsbilanz-Defizit ergibt das eine doppelt nachteilige Wirkung.

Der Kreditbedarf der öffentlichen Hand stieg zwischen 1988 und 1999 von 4,8 auf 15,1% des Bruttoinlandsprodukts. Die damit einhergehenden Zinszahlungen für staatliche Schuldverschreibungen sind seit 1995 höher als die staatlichen Einnahmen aus indirekten Steuern. Im Jahre 1998 stieg/stiegen

- der Zinsendienst für staatliche Inlandsverschuldung auf 36,1 % der gesamten Staatsausgaben,
- die Personalausgaben (zweitgrößter Posten) gingen seit 1990 von 38,6 auf 24,8 % zurück,
- der Anteil für Zuschüsse an die öffentlichen Unternehmen lag bei 6,4 Prozent und
- die Transferzahlungen an die staatliche Sozialversicherung bei 9,7 %.[97]

Mit dem Rückgang der Personalausgaben in den neunziger Jahren verarmten die Staatsbediensteten, und die eingeschränkten Leistungen im Schulwesen, dem Gesundheitswesen u.ä. führten zu einem Niedergang statt einer Verbesserung. Außer den Transferleistungen an die Sozialversicherungen – die nur deren Defizite abdeckten – gibt es praktisch kein staatliches Sozialsystem.

Die Krise vom Februar 2001 kündigte sich schon im November 2000 an. Die Novemberkrise war von mehreren alarmierenden Indikatoren gekennzeichnet:

- rapide Verschlechterung des Verhältnisses zwischen kurzfristigen Auslandskrediten und Devisenreserven,

[97] Diese Transferleistungen decken das Defizit des Sozialversicherungssystems, dessen Beiträge von Arbeitern und Arbeitgebern gezahlt werden. Siehe E. Yeldan, *Küresellesme Sürecinde Türkiye Economisi: Bölüsüm. Birikim v Büyüme*, Istanbul 2001.

- das wachsende Zahlungsbilanzdefizit überschritt den als kritisch angesehenen Punkt,
- die ausländischen Direktinvestitionen fielen auf ein erschreckend niedriges Niveau,
- der Bankensektor ist faktisch bankrott – zahlreiche Banken mußten in staatliche Einlagensicherungsfonds umgewandelt werden.

Zwischen dem 20. November und dem 5. Dezember 2000 flossen Devisenbestände im Wert von 6,4 Milliarden Dollar ab. Am 1. Dezember stiegen die Zinsen für Übernacht-Kredite unter Banken schlagartig auf 700 Prozent.

Die Schieflage der Banken hatte im Grunde kriminelle Ursachen. Der extrem schwankende Zufluß von spekulativem Kapital in die sogenannten *emerging markets* (›aufsteigende Märkte‹) war eine Folge der Liberalisierung der Finanzmärkte Ende der achtziger Jahre. Die praktisch nicht regulierten Finanzsysteme/-märkte sorgten so für sehr starken Druck auf die Türkei. Denn die anwachsenden Finanzströme wurden von einheimischen Banken für unsichere, unproduktive, sprich spekulative Kreditoperationen eingesetzt. Das konnten sie um so leichter, als es Regierungsdogma war, ein Fiasko des Bankensektors unbedingt zu verhindern, den Bankensektor um jeden Preis zu ›schützen‹. Um ihn abzuschirmen, wurden die Spareinlagen staatlich garantiert. Das erlaubte es den Banken, die offiziellen Reserveanforderungen zu umgehen, womit die unverantwortlichen Praktiken ihres Fonds-Managements für sie folgenlos blieben.

Anstatt produktive Investitionen zu finanzieren, waren und sind die Banken die Gläubiger des Staates, der immer neue Kredite vor allem für den Zinsendienst früherer Kredite benötigt. Parallel dazu stiegen die Außenstände des türkischen Bankensystems in nicht abgesicherten Auslandskrediten, die Ende 1999 die Höhe von 13,2 Milliarden Dollar erreichten. Von Juni 1997 bis Juli 2001 gingen 18 Banken wegen ›Mißmanagements‹ und nackter Betrügereien bankrott. Jedoch wurden sie wegen des Regierungsdogmas, das den Schutz der Banken vorschrieb, dem Einlagensicherungs-Fonds überschrieben, also unter staatliche Zwangsverwaltung gestellt. Damit waren deren Schulden voll vom Staat abgedeckt. Er hatte die Zeche zu zahlen.

Anfang 2000 und Ende Mai 2001 gab die Regierung Staatsbürgschaften von 19 Milliarden Dollar, um die Positionen dieser Banken zu konsolidieren, und das neue Wirtschaftsprogramm Kemal Dervis' sah allein im Jahre 2001 für die Konsolidierung des Bankensektors fast ein Viertel des türkischen Nationaleinkommens vor[98] – womit die wahre Rolle des Weltbank-Vizes für jeden klar wurde.

Das türkische Finanzsystem wird heute vor allem durch Entwicklungen der Staatsverschuldung in Mitleidenschaft gezogen. Die Banken sind aber nicht eigentlich Opfer der Krise, sondern Mitverursacher, denn sie agierten aufgrund ihrer ganz und gar privilegierten Position einfach skrupellos. Jede – auch die ökonomische Krise von 1994 – hatte eine Festigung ihrer Position zur Folge, so auch hier.

Im Juni 2001 arrangierte das Finanzministerium für die Banken einen ›Währungstausch‹, der es den Banken ermöglichte, Staatspapiere auf Lira-Basis in längerfristige Schuldverschreibungen auf Fremdwährungsbasis umzuwandeln, angeblich, um das Währungsrisiko der Banken und die Schulden des Staates zu verringern. Die Abwertung der Lira unmittelbar nach dieser Operation verschaffte den Banken erneut spektakuläre Gewinne. Sie machten so viel aus wie die Summe der zusätzlich nötigen Haushaltsmittel, die wegen der Krise für Kapitalausgaben, Transferzahlungen an staatseigene Unternehmen und landwirtschaftliche Unterstützungszahlungen aufgebracht werden mußten.[99]

In Wirklichkeit handelt es sich ganz einfach um staatliche Subventionen für die Banken, was nicht einmal die Weltbank gutheißen dürfte (und ganz ehrbar und offiziell auch nicht tut). In einem Bericht der Weltbank über die sozialen Konsequenzen der Finanzkrise in Ostasien heißt es ausdrücklich, die finanzielle Rettung der Banken dürfe keinen höheren Stellenwert haben als das Bemühen, die Einkommensverluste und die verschärfte Armut abzufedern, die mit der Krise einhergehen. Dieser Bericht stellt überdies fest, daß solche Rettungsversuche, die einen Vertrauensverlust vermeiden sollen, nicht nur kostspielig, sondern auch unwirksam seien, denn sie ermunterten nur zur Fortsetzung hochriskanter Kreditvergabestrategien.[100]

In den neunziger Jahren wurde der Einkommenstransfer vom produzierenden (= Real-) zum Rentier- (= Finanz-)Kapital eines der be-

---

[98] Diese Summe enthält die Beträge für die Rettung der vom ›Deposit Insurance Fund‹ übernommenen Banken plus die Gelder zum Ausgleich der Verluste der staatlichen Banken. Siehe E. Yeldan, »Bir Takas Seliminin Aryndan«, in: *Birikim*, Nr. 147, Juli 2001.

[99] Ebenda.

[100] T. M. Atinc und M. Walton, *Social Consequences of the East Asian Financial Crisis, World Bank report prepared for the Ancien Development Forum in Manila*, März 1998.

sonderen Kennzeichen der türkischen Volkswirtschaft. Da das von den internationalen Organisationen bewirkte heutige ›Krisenmanagement‹ vor allem die Banken retten wollte, wurden die Probleme der Realwirtschaft weitgehend außer acht gelassen. Eine derartige ›Wirtschaftspolitik‹ sorgte dafür, daß die öffentlichen Gelder in die Taschen einer Rentierskaste, und nicht in langfristige Infrastrukturinvestitionen und in produktive Forschungs- sowie Entwicklungsprojekte flossen. Daß es dabei keine soziale Gerechtigkeit geben konnte, versteht sich von selbst.

Wer hat nun von diesem Transfer der öffentlichen Gelder profitiert? Die Besitzer der Staatspapiere (Schuldverschreibungen) sind:

- zu 1,3 Prozent individuelle Sparer,
- zu 2,1 Prozent private Unternehmen,
- zu 85,3 Prozent Banken; sie beziehen also den Löwenanteil des Rentiereinkommens.

Anstatt der Volkswirtschaft zu dienen, sind sie Saugnäpfe, die sie in Wirklichkeit auszehren. Angesichts dieser Nichterfüllung ihrer eigentlichen (oder besser: angeblichen) Aufgabe, ja ihrer eigentlich schädlichen Wirkungsweise stellt sich die Frage, wozu man sie denn überhaupt braucht und warum sie von der Volkswirtschaft gespeist werden.

Eingehende Untersuchungen über die Folgen der Krise hat es in der Türkei bisher kaum gegeben. Erst nach der Katastrophe haben sich Gewerkschaften und Unternehmerverband dazu entschlossen, nunmehr eine Aufarbeitung der Krise in Angriff zu nehmen. Einige Ergebnisse liegen freilich ohnedies auf der Hand: etwa, daß als Folge der Wirtschaftskrise die Firmenzusammenbrüche rasch zunahmen, gefolgt von umfangreichen Entlassungswellen. Nach groben Schätzungen gingen in der ersten Jahreshälfte 2001 rund 52 800 Unternehmen bankrott. Die Zahl der Arbeiter und ihrer Familien, die durch die Krise schwer in Mitleidenschaft gezogen wurden, geht weit über die direkt Entlassenen hinaus und ist kaum zu beziffern. Durch die spekulativen Aktivitäten einiger weniger geraten – wie überall auf der Welt – ganze Völker ins Elend.

Bislang hat der traditionelle Sektor mit seinen vorkapitalistischen Werten und Normen das abgefangen, was die kapitalistische Marktwirtschaft nicht zu leisten imstande war. Nun ist auch dieser informelle Bereich nicht mehr in der Lage, den Lebensunterhalt der Menschen zu sichern. Das Ausmaß von Arbeitslosigkeit und Armut, das die aktuelle Krise mit sich brachte, war zu groß. Von manchen Wirtschaftshistorikern wurde die türkische Entwicklung mit derjenigen der klassischen *Great Transformation* im England des 19. Jahrhunderts verglichen: Das Marktprinzip hat alle Bereiche des Wirtschaftslebens durchdrungen und die traditionellen sozialen Beziehungen, die auf familiärer und nachbarschaftlicher Hilfe beruhten, zerstört. Dieser Bereich war bereits so geschwächt, daß er nun wohl den Todesstoß bekommen hat. Vor allem zwei Faktoren sind unmittelbar daran schuld:

1. Die Beschäftigung in staatlichen Unternehmen ist keine langfristig lebensfähige Lösung.

2. Es wird schwieriger, die Landwirtschaft zu subventionieren. Von den internationalen Finanzinstitutionen werden Strukturanpassungsprogramme aufgezwungen, das heißt, die Umwandlung des Agrarsektors erfolgt unter der Logik des ›ökonomischen Kalküls‹.

Dabei wird in richtiger Einschätzung der Lage, nämlich: daß die kapitalistische ›Marktwirtschaft‹ kein modernes sozialstaatliches System mehr wird schaffen (können), auf einmal die Ko-Existenz dieser traditionellen mit den ›modernen‹ Markt-Strukturen beschworen.[101] Das gilt im übrigen auch für die westlichen Industrieländer, in denen ebenfalls die Sozialsysteme geradezu mit der Abrißbirne zertrümmert werden: Nachbarschaftshilfe, Familien, Vereine werden plötzlich als Ergänzung – auf lange Sicht aber eher als Ersatz – für die bisherigen Sozialsicherungen salonfähig gemacht. In der Türkei ist nichts ›abzureißen‹, es war erst gar nichts vorhanden, und da alle öffentlichen Ressourcen zugunsten des Finanzsektors mobilisiert wurden und immer noch werden, mit dem der Staat über seine Verschuldung unauflösbar verbunden ist, könnte sich nicht einmal bei

[101] Siehe auch: ROTH, Klaus: »Zu einer ›Politik der interethnischen Koexistenz‹: Kann Europa von den historischen Vielvölkerstaaten lernen?«, in: *Südosteuropa Mitteilungen*, Nr. 1/2000, S. 3–21; S. 8: »Historische Erfahrungen der Türkei weisen jedoch darauf hin, daß die Menschen im Osmanischen Vielvölkerstaat soziale und individuelle Praktiken hatten, welche unter den Bedingungen der Moderne und der Zivilgesellschaft noch anwendbar sein könnten. Die Individuen der vormodernen, in sich geschlossenen Gesellschaft mit traditionellen Werten, Einstellungen und Weltbildern besaßen für eine friedliche interethnische und interkulturelle Koexistenz eine gewisse Kompetenz, die man unter den Bedingungen der Moderne und der Zivilgesellschaft noch anwenden könnte.«

guter Absicht etwas ändern. Gab es vor der Krise zumindest noch zaghafte Versuche einer umfassenden Reform der Sozialversicherung – Sicherung der Arbeitsplätze und Einführung einer Arbeitslosenversicherung –, so fehlen nun die Möglichkeiten dazu. Der Staat leistet nach wie vor außer in Gestalt eines Ausgleichs der Defizite der Versicherungen keinerlei Beitrag zum System der sozialen Sicherung.

Mit Blick auf den Zusammenbruch der formellen Wirtschaft und den Verlust bestehender Arbeitsplätze wird die informelle Beschäftigung durch die Krise noch größere Ausmaße annehmen müssen, das heißt, die Lage auf dem Arbeitsmarkt kann sich auch kaum zum Positiven verändern. Hinzu kommt eine immer noch anwachsende Bevölkerung, die sich allein durch den stagnierenden Arbeitsmarkt schwersten Problemen gegenübersieht. Wie sehen, oder besser: wie sahen diese informellen Sozialsicherungen der Türkei aus? Wo lagen ihre Probleme?

In der Türkei existieren praktisch keine formellen Umverteilungsmechanismen, sondern informelle Unterstützungsstrukturen, die im traditionellen Wirtschaftssektor verankert sind. Hier kommt der Familie die größte Bedeutung zu, aber aus gutem Grund übt auch der Staat einen zentralen Einfluß aus.

Die informelle Beschäftigungs- und Einkommenspolitik fußt auf drei Pfeilern:

1. zunächst auf der Beschäftigung in den staatlichen Unternehmen.[102]

2. Außerdem versuchte die Politik die Menschen in der Landwirtschaft zu halten, indem der Staat zum Beispiel gezielt verhinderte, daß die Produktion stärker mechanisiert und die kleinen Anbauflächen durch Landkonzentration abgeschafft wurden. In den neunziger Jahren hingen daher immer noch über 40 Prozent der Bevölkerung unmittelbar von der Landwirtschaft ab. Seit den achtziger Jahren gab es keine geplanten Investitionen mehr zur Steigerung der landwirtschaftlichen Produktivität.

3. Dritter Pfeiler der informellen staatlichen Unterstützungspolitik ist die Förderung der ›Gecekondu‹. Diese offiziell überhaupt nicht genehmigten Häuser im Umkreis der zu Megastädten gewachsenen Ansiedlungen bieten den Menschen Obdach.

[102] Wie etwa in früheren verstaatlichten Unternehmen Österreichs auch hier mit zu vielen Beschäftigten: Staatsunternehmen als Mittel der Beschäftigungssicherung.

Die Übersicht über die größten Städte zeigt, welches ungeheure, kaum zu bewältigende Wachstum die Städte in den letzten 30 bis 40 Jahren erfaßte. Was in diesen Ballungsräumen in wirklich existentiellen Notlagen passieren kann und wird, ist nicht vorstellbar. Mit der Zeit wurde aus einem notdürftigen Unterschlupf fürs Überleben ein Ersatz für eine soziale Wohnbaupolitik. Solange weder der Arbeitsmarkt noch der ländliche und städtische Grundstücksmarkt der kapitalistischen Marktlogik vollständig unterworfen war, konnte dieser informelle Bereich noch überleben. Der Familie als wirtschaftlicher Einheit und Erwerbsgenossenschaft war es zu danken, daß die Arbeitskraft noch nicht zur ›Humanressource‹, also zu einer Ware für den Markt, geworden ist. Die städtischen Massen – man muß wohl von einem Proletariat ausgehen – und die hier einsetzenden Lockerungen der Familienbande, ferner der demographische Trend zu kleineren Familien – das alles zusammen wird die Rolle der Familie als einer wohlfahrtspolitischen Institution in Zukunft wohl immer mehr schwächen. Im übrigen macht auch das Problem der demographischen Alterung vor der Türkei nicht halt. Der Rückgang von früher im Schnitt sechs auf heute durchschnittlich 2,4 Kinder pro Familie läßt die Richtung der zukünftigen Entwicklung ahnen.

Aber auch die dritte Säule, die ›Gecekondus‹, ist auf Dauer kein tragfähiges Fundament. Denn zum einen wird die Konkurrenz um den Besitz der städtischen Flächen härter; und zum anderen ist die bisherige Praxis einer völlig ungeplanten baulichen Stadtentwicklung für die städtische Umwelt geradezu selbstmörderisch.

Vor dem Hintergrund dieses demographischen und kulturellen Wandels ist es völlig unrealistisch, auch künftig die Familie als Einrichtung der sozialen (Ab-)Sicherung zu betrachten. In Europa wurde im Rahmen des sozialen Wohlfahrtsstaates rechtzeitig eine Auffanginstitution mit einem gesetzlich geregelten Netzwerk geschaffen. In der Türkei nicht. Die schon seit Jahren zu beobachtende Verarmung breiter Bevölkerungsschichten ist vielmehr ein Anzeichen für das Zusammenbrechen des traditionellen Wirtschaftssektors.

4.4.5. Lösungen?

Regierung, Weltbank und IWF beharren auf ihren neoliberalen, monetaristischen Rezepten und weisen nach wie vor alle Forderungen zurück, die darauf abzielen, den Zusammenbruch der Unternehmen der Realwirtschaft, der Fertigungsindustrie, zu verhindern, um weitere Entlassungen zu vermeiden. In gleicher Weise wird auch nichts gegen den schnellen Zerfall des landwirtschaftlichen Bereichs getan.

Die nach dem finanziellen Erdbeben ins Amt gewählte Regierung der gemäßigt islamischen AKP unter ERDOGAN hat in den letzten Jahren ein wahres Crash-Programm an Reformen im Parlament auf den Weg gebracht, um die Türkei ›EU-reif‹ zu machen (in Wirklichkeit geht es darum, wenigstens diesen Anschein zu erwecken). Naturgemäß ist nur wenig davon tatsächlich in die Wirklichkeit umgesetzt worden. Die formalen Beitrittskriterien betreffen: Menschenrechte, Marktwirtschaft, Rechtssystem, Demokratie. Alle diese Bereiche sind zu innenpolitischen Monumentalbaustellen geworden.

Zumindest die Fassaden einer Europa-kompatiblen Ordnung stehen bereits. Aber die politische ›Diskussion‹ (= Propaganda) befaßt sich lediglich mit rein virtuellen Dingen, sogenannten ›legislativen Reformpaketen‹, bei denen es unter anderem um die Presse-, Meinungs- und Versammlungsfreiheit, um die Abschaffung der Todesstrafe, um die Strafverfolgung von Folterern in den Reihen der Sicherheitskräfte, um die Stärkung der Rechte von Frauen und Kindern usw. geht. Die Wirtschaft kommt bei alledem nicht vor. Das ist nur zu verständlich, wenn der Beitritts-Kandidaten-Status der Türkei für die tonangebende politische Klasse in Brüssel ja ohnehin längst beschlossene Sache ist. Wirtschaftspolitisch, darüber ist sich jeder klar, wäre dieser Beitritt eine Katastrophe für alle Beteiligten. Für die Türkei bedeutet diese Beitritts-Kasperliade andererseits, ihre Finanzkennzahlen noch energischer als bisher zu ›frisieren‹; also noch mehr Austerity-Politik, noch mehr Belastungen der Realwirtschaft.

Die Frage nach Alternativen drängt sich natürlich auf. Ob es sich um wirkliche Alternativen handelt, ist eine andere Frage. Für die Türkei bemühten sich unabhängige Wirtschaftsexperten, ein solches Alternativprogramm zu entwerfen, das die Unternehmer, Produzenten und Leistungsträger nicht derart skrupellos den Interessen des internationalen und des verfilzten türkischen Finanzsystems ausliefert, wie dies in den letzten Jahren der Fall war. Um revolutionäre Ideen handelt es sich freilich nicht gerade. Kernpunkte des Programms sind eine Umschuldung der Binnen- und Auslandskredite sowie die Einführung von Beschränkungen für den Kapitalverkehr.

Aber selbst diese Minimalforderungen sind unrealistisch, weil die übergeordnete politische Strategie – siehe oben – eine ganz andere ist, obwohl die Mehrheit des türkischen Parlaments eher auf Oppositionskurs gegen den vom Internationalen Währungsfonds diktierten Kurs ist und sich nur murrend mit ihm abfindet. Daran läßt sich ablesen, daß das nationale Parlament auch in der Türkei nicht mehr Herr im eigenen Haus ist.

Anfang der vierziger Jahre schrieb Karl POLANYI in Reaktion auf die jahrzehntelangen gewaltigen Verwerfungen der Weltwirtschaft, es gebe nur zwei Antworten auf die zerstörerischen Wirkungen, die von der weltweiten Ausdehnung der sich selbst regulierenden Marktwirtschaft auf die menschliche Gesellschaft ausgehen: den demokratischen Sozialismus und den Faschismus.[103]

Diese Sichtweise erwies sich für die Türkei unversehens als recht aktuell. Denn wenn es nicht gelingt, die Marktkräfte sozialen Zielen unterzuordnen, bleiben die radikalen Islamisten, die Ultranationalisten oder eine Synthese aus beiden die einzigen Alternativen zur gegenwärtigen Situation. Oder man hängt die Türkei noch eine Weile an den europäischen Tropf; ob allerdings mit den erhofften oder erwarteten ›lebenserhaltenden‹ Infusionen aus der EU, die im Zeichen des an sein Ende gelangenden Kapitalismus ihrerseits soziale Auflösungserscheinungen zeigt, überhaupt noch zu rechnen ist, bleibt dahingestellt. Selbst wenn dies der Fall sein sollte, ist das bestenfalls eine kurzfristige Lösung, mithin überhaupt keine.

Fazit: Echte Alternativen dürfen im öffentlichen Diskurs nicht erörtert werden. Deshalb beherrschen die Hohepriester-Ökonomen in den Medien konkurrenzlos das Feld und können ihre verlogenen ›wissenschaftlichen‹ Analysen endlos weiter verbreiten. Die Versicherung, es gebe schlicht und einfach keine Alternativen zur aktuell umgesetzten Politik, ist geradezu grotesk.

4.4.6. Schwellenländer im Banne der Türkei-Krise – ein Damoklesschwert namens EMBI

Im Februar 2001 titelte die *Neue Zürcher Zeitung*: »Schwellenländer im Banne der Türkei-Krise – Verschuldete Länder unter Druck.«[104] Im Text hieß es weiter: »Die Reaktion der Finanzmärkte der Schwellenländer auf die Krise in der Türkei kam umgehend. Die Renditen der Anleihen von Schwellenländern, die in den letzten zwei Mona-

[103] Karl POLANYI, *The Great Transformation – politische und ökonomische Ursprünge von Gesellschaft und Wirtschaftssystem*, Frankfurt 1997.

[104] *Neue Zürcher Zeitung*, Ressort Börsen und Märkte, 26. 2. 2001, S. 17.

ten mit der Lockerung der Geldpolitik in den USA deutlich zurückgekommen waren, zogen in den jüngsten Tagen erneut an. Der *Emerging-Market-Bond* Index der Investmentbank J. P. Morgan (Embi+), der die Kursentwicklung von Anleihen der wichtigsten Schwellenländer aufzeigt, gab in der ersten Wochenhälfte 2,3% nach. Spiegelbildlich dazu hat sich die Renditedifferenz zu Staatsanleihen der Industrieländer - der Risikoaufschlag, den Anleger im Vergleich zu sichereren Staatspapieren einfordern - um 41 Basispunkte (Bp) ausgeweitet. Betroffen waren vor allem russische und bulgarische Anleihen, aber auch die argentinischen Märkte gerieten unter Druck. Die entsprechenden *Emerging-Market-Bonds* verloren in den ersten Wochentagen zwischen 3,6% und 5,0% an Wert. Besonders vergleichsweise liquide Titel - wie die 30jährigen russischen Bonds - litten unter der Nervosität und dem schwindenden Risiko-Appetit der Anleger. Auch die Aktienmärkte von Rußland, Bulgarien und Argentinien verbuchten im Wochenverlauf deutliche Verluste...

Obwohl die Märkte weiterhin auch in der zweiten Wochenhälfte volatil blieben, hat sich die Situation seit Mittwoch, nachdem die Türkei ihre Währung freigegeben hatte und sowohl der Internationale Währungsfonds (IMF) als auch US-Staatssekretär Paul O'Neill dem Land ihre Unterstützung zugesagt hatten, in den Schwellenländern bereits wieder stabilisiert. Die wenigsten Marktteilnehmer rechnen damit, daß sich die Ereignisse in der Türkei zu einer neuen *Emerging-Market*-Krise ausweiten könnten. Es ist allerdings bezeichnend, daß vor allem hochverschuldete, problembehaftete Länder von den politischen und wirtschaftlichen Turbulenzen der Türkei am stärksten tangiert wurden.

Gemäß *Emerging-Market*-Experten ist Argentinien das Land, das am ehesten in den Türkei-Strudel hineingerissen werden könnte. Der argentinische Peso ist, ähnlich wie die türkische Lira noch vor ein paar Tagen, an einen fixen Wechselkurs gebunden. Allerdings handelt es sich im Falle von Argentinien nicht um eine einfache Bindung an einen definierten Korb von Währungen, sondern um ein *Currency Board*, wo die Dollar-Reserven der Notenbank die gesamte inländische Geldmenge abdecken. Die Auslandsverschuldung des Landes beläuft sich auf 145 Mrd. Dollar. Die ausländischen Verpflichtungen der Türkei liegen nur geringfügig darunter (106,5 Mrd. Dollar)...

Die *Emerging-Markets*-Spezialisten schließen Parallelen mit früheren Schwellenländerkrisen aus verschiedenen Gründen aus. Einerseits handle es sich bei den Turbulenzen in der Türkei um eine isolierte, hausgemachte Situation eines einzelnen Schwellenlandes, das mit einem hohen Reformbedarf konfrontiert ist. Die Asien-Krise, die 1997 in Thailand begann, war demgegenüber das Produkt der Strukturkrise einer gesamten Region. Andererseits kam die Krise in der Türkei nicht völlig überraschend. Die meisten Investoren haben bereits im Zuge der letzten Finanzmarktturbulenzen im November ihre Engagements in der Türkei deutlich zurückgefahren. Die Schwierigkeiten der Türkei wurden an den Finanzmärkten der Schwellenländer zumindest teilweise bereits eskomptiert, und die Zahl der aufgeschreckten Investoren, die ihre Gelder aus den übrigen *Emerging Markets* abzogen, hielt sich deshalb in Grenzen. Ein weiterer Faktor, der eine Ausbreitung der Krise verhindern dürfte, ist die geringe Handelsverflechtung der Türkei mit anderen Schwellenländern. Die Importe des Landes stammen zum größten Teil aus europäischen Industrieländern.«

Um die hier etwas ausführlicher zitierte Analyse der *Neuen Zürcher Zeitung* richtig einschätzen zu können, muß man einem unscheinbaren Kürzel ein wenig Aufmerksamkeit schenken. Was also bedeutet EMBI?[105] Der EMBI (*Emerging-Markets-Bond Index*) umfaßt derzeit nur in Dollar eingegangene Obligationen, und zwar folgende: sogenannte Brady- und Euro-Schuldverschreibungen, marktfähige Anleihen und inländische Schuldtitel, die vom Staat oder quasi-staatlichen Institutionen eingegangen wurden.

Der Haken: Statt die Länder nur nach ihrer Kreditwürdigkeit[106] auszuwählen, definiert der EMBI+ bzw. EMBI Global die *emerging-Markets*-Länder anhand eines Mixes aus Pro-Kopf-Einkommen (gemäß Weltbank-Definition) und Zahlungsmoral (gemäß der bisherigen Umschuldungs-Historie, um auch höher eingestufte Länder mitveranschlagen zu können, die von den Investoren trotz eines besseren *Ratings* als Teil des *emerging-markets*-Universums angesehen werden.

Länder, auf die dieser Index Anwendung findet, müssen nach S&P- bzw. Moody-Vorgaben mit einem *Rating* von BBB-/Baa3 oder niedriger bewertet werden. Diese Kennung steht für *non-investment-grade* – auf dem Kapitalmarkt bekommen Länder mit dieser Bewertung keine Kredite ohne erhebliche Risiko-Zuschläge, also Wucherzinsen.

---

[105] Dieser Index wird von JPMorganChase herausgegeben, jener Bank, die in den USA – und wohl weltweit – die größte Institution für Casino- und Derivatgeschäfte des internationalen Raubtier-Kapitalismus ist.

[106] Die von den Rating-Agenturen S&P und Moodys vergeben werden, und im Falle der e.m. niedriger als ein noch *investment-grade* liegen müssen; als Voraussetzung für *erhebliche* Risiko-Aufschläge zu den Zinsen.

Das *emerging-Markets*-Universum ist eine euphemistische Bezeichnung für jenen riesigen Teil der Welt, der das Unglück hat, mit den Industrieländern der Triade[107] nicht wirklich konkurrieren zu können, der im Normalfall von den ›Investoren‹ in die Schuldenfalle gelockt wurde (indem den betroffenen Ländern Auslandsschulden - vor allem IWF-Kredite - aufgedrängt wurden) und der deshalb praktisch wehrlos dem Diktat der internationalen Finanzinstitutionen ausgeliefert ist. Wie man aus der Statistik und der Wahrscheinlichkeitstheorie weiß, kann man auch bei großem Risiko eines Zahlungsausfalles die Umstände und den Zeitpunkt berechnen, wann man die Gelder wieder abziehen muß, um bei gewissen - kalkulierten - Verlusten und den hohen Zinsen dennoch einen überproportionalen Profit herauszuholen.

Dazu dient der EMBI. Und je größer die Zahl der betrachteten Länder und der unterschiedlichsten Kreditformen (*instruments*) ist, um so zuverlässiger die Statistik bzw. Wahrscheinlichkeitsrechnung. Schlauerweise werden zur Bewertung nur Schuldtitel von Staaten oder staatsähnlichen Einrichtungen (wo der Staat die Mehrheit besitzt) herangezogen, weil ein Staat nicht so einfach bankrott gehen, sprich bis zum Geht-nicht-Mehr ausgepreßt werden kann. Die Titel haben eigentlich Ewigkeitswert und werden gegebenenfalls noch nach Jahrzehnten hervorgeholt, für den Fall etwa, daß zwischenzeitlich doch der Staatsbankrott eingetreten sein sollte.

Man muß sich in diesem Zusammenhang auch die üblich gewordene Länder-Rating-Definition ansehen. Wie bei Kredit Bonitätsprüfungen gibt es sieben verschiedene Rating-Stufen. Sie unterscheiden sich nicht grundsätzlich von den ›amtlichen‹ Kriterien, die bei Standard&Poors oder Moody's üblich sind:

A1: Die stabile politische und wirtschaftliche Lage ist positiv, und die bisherige Zahlungsmoral der Unternehmen war gut. Sehr geringe Gefahr von Forderungs-Ausfällen.

A2: Immer noch sehr geringe Gefahr von Forderungs-Ausfällen, auch wenn die politische und wirtschaftliche Lage und die Zahlungsmoral der Firmen nicht ganz so gut ist wie bei A1-Ländern.

A3: Widrige politische und wirtschaftliche Umstände können zu einer Verschlechterung der Zahlungsmoral führen, die unter jener der obigen Kategorien liegt. Aber die Wahrscheinlichkeit des Forderungs-Ausfalls ist immer noch gering.

[107] USA/Kanada, EU, Japan und Tigerstaaten.

A4: Eine bereits schlechtere Zahlungsmoral in der Vergangenheit könnte sich durch eine weitere Verschlechterung der politischen und wirtschaftlichen Lage verschlimmern. Aber die Wahrscheinlichkeit eines Ausfalls ist noch akzeptabel.

B: Eine instabile politische und wirtschaftliche Lage wird wahrscheinlich die bereits schlechte Zahlungsmoral weiter beeinträchtigen.

C: Eine sehr instabile politische und wirtschaftliche Lage könnte die bereits schlechte Vergangenheit der Zahlungsmoral verschlechtern.

D: Eine mit hohem Risiko behaftete politische und wirtschaftliche Lage wird die schon chronisch schlechte Zahlungsmoral weiter verschlechtern.

EMBI+ und EMBI-Global auf einen Blick

	EMBI+	**EMBI Global**
Zahl der Länder	16	27
Zahl der Schuldverschreibungen (*instruments*)	68	128
Markt Kapitalisierung	US$127 Mrd	US$169 Mrd.
Zulassungsanforderung der Länder	Muß BBB-/Baa3 oder niedriger von beiden, S&P und Moody's, bewertet werden.	Weltbank-Klassifizierung eines niedrigen oder mittleren pro-Kopf Einkommens, oder Umschuldungen nationaler oder Auslands-Schulden innerhalb der letzten 10 Jahre, aktuelle Umschuldungs-Notwendigkeit nationaler oder Auslandsschulden.
***Allgemeine* Anforderung zur Zulassung des ›Instruments‹**	US$ 500 Mio. Minimumbetrag der offenen Schulden, und eine Mindest-Restlaufzeit von 2 ½ Jahren (ab Hinzufügen zum Index), und es müssen eine Reihe von Liquiditäts-Tests bestanden werden (eine Minimum-Differenz des Angebots-/Kaufpreises – und eine bestimmte Anzahl von *inter-dealer*-Broker-Notierungen)	US$ 500 Mio. Minimumbetrag der offenen Schulden, und eine Mindest-Restlaufzeit von 2 ½ Jahren (ab Hinzufügen zum Index), und Verfügbarkeit täglicher Preise, entweder von einer fremden Quelle oder J.P. Morgan.

Welche Auswirkungen hat nun schlechtes Rating auf ein Land? Die Antwort liegt auf der Hand: Ein niedrigeres Rating schlägt sich in einem reduzierten Geschäftsvolumen und einem ›angepaßten Pricing‹ nieder. Das kann bei Krediten oft ein gewaltiger Risiko-Zuschlag sein, d.h. Wucherzinsen. Länder mit einem schlechten Rating geraten in einen Teufelskreis, insbesondere, wenn internationale Rating-Agenturen ein Land herabstufen. Das Vertrauen[108] der Investoren in das Land sinkt, die Gelder werden abgezogen. Große Banken[109] kommen im übrigen oft zu anderen Bewertungen als die Rating-Agenturen, weil sie es laut Selbsteinschätzung als ihre Aufgabe sehen, auf »Chancen, und nicht auf Risiken hinzuweisen«.

Die internationalen Agenturen sind mit dem Heraufsetzen eines Ratings häufig schneller als mit dem Zurückstufen, angeblich, weil sie sich der schwerwiegenden Folgen, die mit der Herabstufung eines Landes verbunden sind, bewußt sind. Agenturen wie Standard & Poors oder Moody's üben, was die weltweite Wirkung ihrer Rating-Aktionen betrifft, nach wie vor eine politische Funktion aus und sind gleichzeitig wie jede Firma auf Aufträge von den Regierungen und anderen *Sovereigns* angewiesen. Mit anderen Worten: Sie machen damit Auftragspolitik – im Interesse der USA. Oder noch deutlicher: Sie sind gleichsam die schwere Artillerie im globalen Wirtschaftskrieg der USA gegen den Rest der Welt.

Betrachten wir die Entwicklung der ›Performance‹ der aus den *emerging markets* insgesamt herausgeholten Profite, so sieht man, daß diese kurzfristig exorbitant sind. Selbst bei fallweisen großen ›Forderungs-Ausfällen‹ liegt über längere Zeiträume hinweg der durchschnittliche Reibach noch immer weit über ›konservativen‹ oder gar produktiven Investitionen. Im einzelnen können diese Profite natürlich noch viel weiter auseinander liegen. (Links S&P-Index, unten JPM-Index)

---

108 Siehe dazu die an einem Beispiel erwähnten Rating-Abstufungen. Man erkennt, daß immer die Wahrscheinlichkeit entscheidend ist, die Beute ins Trockene zu bringen, ob ›Finanzanlagen‹ abgezogen werden.

109 Diese Anmerkungen stützen sich auf Aussagen, die die Credit Suisse First Boston in einem Interview machte.

Historische Performance: Vergleich des Gesamtgewinns

Grundlage: monatliche Daten per 30. Juli 1999

	EMBI Global	EMBI Global Constrained	EMBI+
1994	-18.35	-19.28	-18.93
1995	26.38	27.34	26.78
1996	35.23	37.75	39.30
1997	11.95	10.81	13.02
1998	-11.54	-8.11	-14.35
1999 *per 7.99*	8.17	6.66	8.28
	49.47	53.78	50.06
	7.46	8.01	7.54
	21.44	20.53	22.49

Hier nur ein Beispiel für die Komplexität der zur Anwendung gebrachten Berechnungsformeln:[110]

In dieser Gleichung ist des "i." Bonds Gewicht der "dirty"-Markt-Kapitalisierung am Tag t-1 definiert durch:

$$m_{i,t',t-1} = \frac{N_{i,t'} \times ESV_{i,s(t-1)}}{\sum_{i \in L(t')} N_{i,t'} \times ESV_{i,s(t-1)}}$$

wobei: $$\sum_{i \in L(t')} m_{i,t',t-1} = 1$$

und:

$L(t')$ Liste der "Instrumente" am Tag t'

t' letzter Tag zur Bilanzierung

$N_{i,t'}$ Anzahl der Bonds (siehe oben); gewöhnlich gleich de offenen Betrag, ausgenommen - kapitalisierte oder rückbezhalte Bonds.

[110] Für das Verständnis des Artikels ist es nicht nötig, sich damit weiter zu befassen. Wer dies möchte, kann im Internet mit Google fündig werden. (J.P. Morgan Securities Inc. Emerging-Markets Research; John CAVANAGH (1-212) 648-1771, Richard LONG (1-212) 648-1769. *Introducing the J.P. Morgan Emerging-Markets Bond Index Global (EMBI Global).*

Die Türkei nimmt im Reigen de *emerging markets* einen eher bescheidenen Rang ein: Nur 0,9 % tragen die türkischen – für die ›Investoren‹ hochriskanten – Schulden zum EMBI-Gesamtvolumen bei. Um so bemerkenswerter sind die Auswirkungen, die der Kollaps der türkischen Volkswirtschaft verursachte. In der Tabelle von J.P Morgan (*Country and regional compositions*) erkennt man die unfaßbare Dimension lateinamerikanischer Länder. Das Ausschlaggebende bei Krisen wie jener der Türkei (oder 1998 in Rußland) ist nicht der tatsächliche Umfang der Auslandsschulden, sondern die Tatsache, daß die *emerging markets* eben sehr wohl bankrott gehen können. Die Verschlechterung der ›Bonität‹ verringert den Wert aller ausstehenden Schulden, was wegen der weltweiten Dimension gewaltige Summen sind.

EBMI Global: Länder und regionale Zusammenstellung

Gewicht in % der Markt-Kapitalisierung per 30. Juli 1999

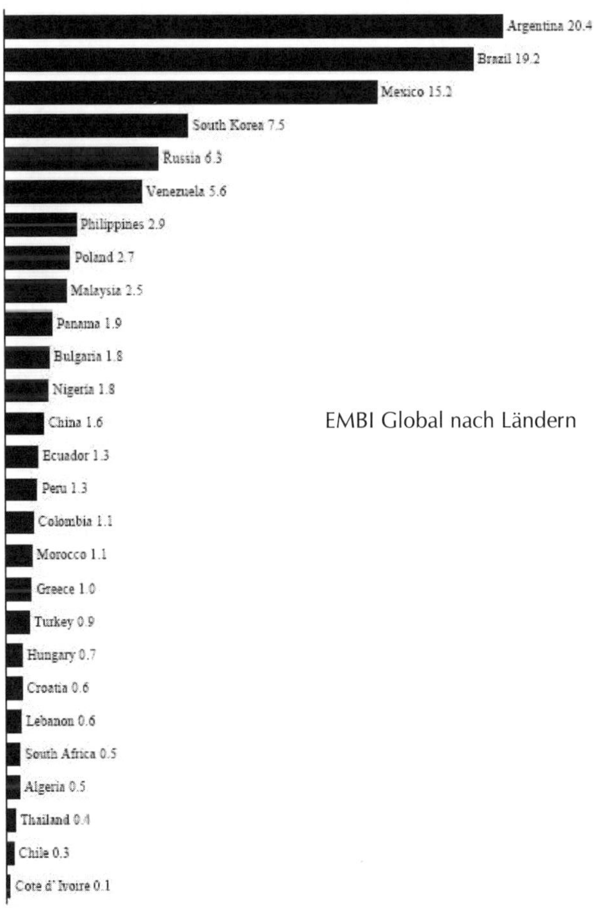

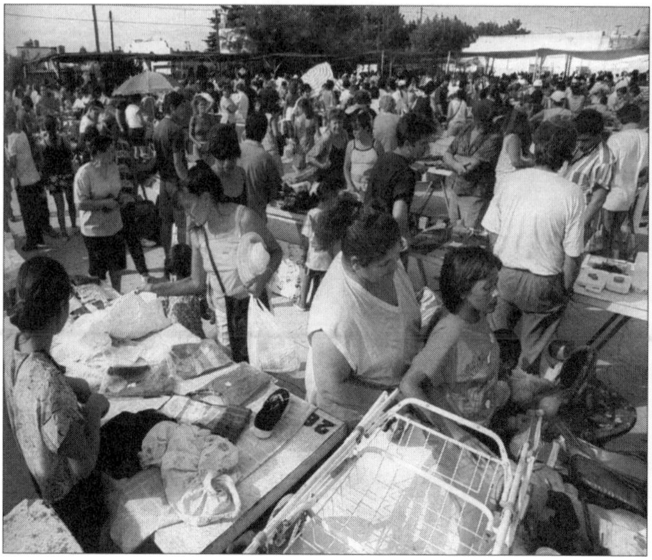

Tauschmarkt in Buenos Aires. Mit Krediten des IWF hält sich Argentinien über Wasser – aber um welchen Preis!?

Die S&P-Graphik zeigt, daß nach der Türkei-Krise die ›Performance‹ – also der Profit – insgesamt noch deutlich angestiegen ist, am meisten im Nahen Osten und in Afrika. Je größer die Krisen, um so besser ist dies offenbar für das Geschäft.

Betrachten wir noch einmal die Bedingungen, die erfüllt werden müssen, um sich für die Aufnahme im EMBI zu qualifizieren. Sobald das Universum der *emerging market*-Länder einmal umrissen ist (der Kriegsschauplatz der Plünderungen), werden sie ›ausgewählt‹. Dabei müssen die jeweiligen *Instruments* – Staatsobligationen – sämtliche der folgenden Kriterien erfüllen, um in den EBMI Global aufgenommen zu werden.

1. Klassifikation (Art) des Begebers einer Anleihe (es müssen staatsgarantierte Schuldverschreibungen sein[111]);
2. Währung (derzeit nur Dollar, später eventuell auch Euro);
3. (Mindest-)Umfang der noch offenen Schuldverpflichtung;

[111] Fast ist es zum Lachen: Vor etlichen Jahren sind die Abgesandten der internationalen Finanzinstitutionen in China düpiert worden. Sie hielten die modern anmutenden Gebäude, die schweren europäischen Limousinen DB Typ 600 u.ä. und den für sie nicht lesbaren Firmenwortlaut für *Staats*-Institutionen und gaben unbesorgt Kredite. Als die chinesischen Firmen/Verwaltungen dieser Provinz bankrott machten, erfuhren sie, daß es private Unternehmen waren und sie daher keinen bevorzugten Status als Gläubiger hätten.

4. (Mindest-)Restlaufzeit der Schulden;

5. Tilgungsweise;

6. Quantifizierbare Quellen der für die Bedienung der Schulden nötigen Mittel;

7. Verfügbarkeit von quotierten Preisen (d. h. ein tatsächlicher Handel dieser Staatspapiere muß existieren).

Diese Auswahlkriterien haben in der Praxis bislang noch immer sichergestellt, daß kaum etwas schiefgehen kann und daß man sich nicht mit Groschenbeträgen aufhält. Auch auf dem internationalen Finanzmarkt wird geklotzt und nicht gekleckert.

4.5. Geopolitische und innertürkische Fragen[112]

An zwei Beispielen soll die grundsätzliche Politik der USA bezüglich aller jener Länder, die an oder um geopolitische Angelpunkte herum liegen, deutlich gemacht werden.

Die durchgängig chauvinistische Politik Ankaras gegenüber den ethnischen Minderheiten im Lande (die oft gar keine sind, da etwa die Kurden für sich bereits ein sehr zahlreiches Staatsvolk wären) ist bekannt. Unter türkischen Politikern und vor allem Militärs bricht fast regelmäßig Panik aus, wenn die Völkergemeinschaft, die UNO, der amerikanische Hegemon oder auch nur Menschenrechtsorganisationen (z. B. in Deutschland) die Frage der Minderheitenrechte oder gar der ›Selbstbestimmung‹ für die ethnischen Minderheiten in der Türkei auch nur anrühren. Man fürchtet offenbar, daß ein selbstbestimmter kurdischer Teilstaat, etwa auf irakischem Boden, Auswirkungen auf die Türkei und ihre territoriale Integrität haben könnte, weil die innerhalb des türkischen Staatsgebietes lebenden Kurden gleiche Selbständigkeit für sich fordern könnten.

Auch die prekäre Finanz- und Wirtschaftslage der Türkei ist allgemein bekannt.

An diesen beiden ›Schrauben‹ drehten die USA, um der Türkei ihren Willen aufzuzwingen. Wie erinnerlich, hat das türkische Parlament den USA den Aufmarsch von US-Invasionstruppen zum Überfall auf den Irak untersagt, eine Folge des Umstandes, daß die-

---

[112] Nach: http://www.wsws.org/de/2003/jan2003/erdo-j07.shtml, Justus Leicht, »Krieg gegen Irak – Türkisches Parlament gibt amerikanischem Druck nach«, 21. 3. 2003; ders., »US-Regierung fordert stärkere Rolle des türkischen Militärs«, 22. 5. 2003.

ser Raubkrieg auch von rund 90 Prozent der türkischen Bevölkerung abgelehnt wurde.

Die amerikanische Reaktion war bemerkenswert. Sie zeigt, wie Washington mit abhängigen ›Partnern‹ umgeht: Diese werden nämlich ganz offen und ungeniert erpreßt. Mitte Mai 2003 lieferte der stellvertretende US-Verteidigungsminister Paul WOLFOWITZ anläßlich seines Besuchs in der Türkei dafür die Probe aufs Exempel. In einem Interview mit dem Fernsehsender *CNN Türk* kanzelte er die türkische Regierung ab, weil die Regierungspartei AKP dem öffentlichen Druck nachgegeben und die Nutzung türkischen Territoriums als Angriffsbasis verweigert hatte. WOLFOWITZ forderte eine Entschuldigung: »Wir brauchen eine Türkei, die vortritt und sagt: ›Wir haben einen Fehler gemacht. Wir hätten wissen müssen, wie schlecht die Dinge im Irak standen, und jetzt wissen wir es. Jetzt müssen wir einen Weg finden, wie wir den Amerikanern so hilfreich wie möglich sein können.‹«

Noch unverschämter war WOLFOWITZ' Kritik an den türkischen Militärs, denen er vorwarf, sie hätten sich nicht gegen die gewählte (!) Regierung durchgesetzt: »Aus irgendeinem Grund haben sie in dieser Frage nicht die starke Führungsrolle übernommen, die wir von ihnen erwartet haben.« Den Einwand, daß sich das Militär zu sehr in die Politik einmische – der von der Generalität beherrschte Nationale Sicherheitsrat stürzte in den zurückliegenden 45 Jahren immerhin vier Regierungen –, wischte WOLFOWITZ vom Tisch: »Meiner Meinung nach ist es, besonders in Ihrem System, durchaus angebracht, wenn das Militär sagt, es sei im türkischen Interesse, die USA bei dieser Anstrengung zu unterstützen. . . Ich habe den Eindruck, daß es dies nicht mit dem Nachdruck gesagt hat, der für eine Veränderung nötig gewesen wäre.«

So unverblümt wurden die türkischen Generale noch niemals öffentlich aufgefordert, der Regierung und der eigenen Bevölkerung – noch dazu gegen deren einmütigen Willen – die Anweisungen der USA aufzuzwingen.

Den Worten folgten natürlich auch Taten. Die US-Methoden, dank derer die sogenannte ›Koalition der Willigen‹ zustande kam, auf die sich BUSH bei seinem Irak-Abenteuer stützen konnte, sind bezeichnend und folgen der in GOETHES *Erlkönig* enthaltenen Maxime: »Und bist du nicht willig, so brauch' ich Gewalt.« Regierungschef ERDOGAN wurde jedenfalls schnell gefügig gemacht.

Die USA erpreßten die Regierung zum einen finanziell, indem sie eine Zusage über dreißig Milliarden Dollar zurückzogen, die die

Türkei als Ausgleich für die wirtschaftlichen Folgen des Krieges erhalten sollte. Dabei handelte es sich wohlgemerkt nicht einmal um einen amerikanischen, sondern um einen Kredit des IWF![113] Washington drohte der türkischen Regierung aber zum anderen mit politischen Folgen, indem sich das Weiße Haus demonstrativ hinter den türkischen Generalstab stellte, der immer als Wächter des Kemalismus, d. h. der laizistischen Republik, und für ein Verbot islamistischer Parteien, unter ihnen immerhin eine Regierungspartei, gut ist. Indem sich Washington überdies noch mit den Kurden, Gegnern SADDAM HUSSEINS, im Nordirak zusammentat, beschworen die USA geradezu einen Alptraum der türkischen Elite: die Errichtung einer autonomen Kurdenregion. Das wirkte.

Die Einschüchterungs- und Erpressungsaktivitäten wurden aber noch um einiges verschärft. Nach dem Kriegsgipfel auf den Azoren erklärte US-Außenminister Colin POWELL seinem türkischen Kollegen Abdullah GÜL, daß »die Türkei eine letzte Chance [habe], Partner der USA zu bleiben, wenn das Parlament innerhalb von 72 Stunden grünes Licht gebe«. Bis 22 Uhr werde eine Antwort von der Regierung in Ankara erwartet. Ein glattes Ultimatum.

Am selben Tag reiste der amerikanische Sondergesandte Zalmay KHALILZAD zu mehrtägigen Gesprächen mit Vertretern der Kurdenparteien PUK (Patriotische Union Kurdistans) und KDP (Demokratische Partei Kurdistans) sowie weiteren irakischen Oppositionsgruppen nach Ankara. Türkische Zeitungen interpretierten präzise: Die USA spielten die ›kurdische Karte‹. KHALILZAD sagte, »falls sich die Türkei nicht auf die Seite der USA stelle, würden die USA ›nicht zusehen‹, wenn türkische Truppen eigenmächtig in den Nordirak einmarschierten und es zu Kampfhandlungen zwischen türkischer Armee und kurdischen Milizen komme«.[114]

Um die Türkei von solchen militärischen Abenteuern abzuhalten, spielten die USA in der Vergangenheit regelmäßig die ›kurdische Karte‹. Diesmal wurde offen über eine gemeinsame Front mit Milizen der Kurden im Nordirak verhandelt und der Türkei damit die Rute ins Fenster gestellt. Diese ausdrückliche Drohung Washingtons, sich auf die Seite der Kurden zu stellen, wurde verstanden. Fürchtet

---

[113] Begleitet auch von dem lauten ›Nachdenken‹ über eine schlechtere Bewertung durch (amerikanische) Rating-Agenturen, was Kredite erheblich verteuert – bis hin zur Kredit-Unwürdigkeit.

[114] Nach einem Bericht der Zeitung *Radikal*.

das türkische Militär doch nichts so sehr wie das Entstehen eines Kurdenstaates, auch wenn er Teil einer irakischen Föderation bliebe.

Washington orakelte aber noch weiter, daß die türkische Sturheit böse Folgen haben könnte: Der Nachrichtensender *ntv* berichtete, nur dem amerikanischen Oberkommando unterstellte Streitkräfte würden Spezialcodes zur Erkennung durch US-Kampfjets erhalten. Würde die Türkei auf eigene Faust handeln, könnten ihre Truppen deshalb ›aus Versehen‹ getroffen werden. Die *Washington Post* schrieb außerdem über eine enge Kooperation der USA mit den Kurden: »Mehrere Dutzend« amerikanische Spezialkräfte arbeiteten bereits mit irakisch-kurdischen Milizen zusammen. Weitere würden folgen. Kurdische Kämpfer sollten »nach Beginn einer amerikanischen Invasion Ziele für US-Luftangriffe identifizieren und Vorbereitungen für die Eroberung von Kirkuk treffen, eine strategische Ölstadt im Nordirak«.

Ankara nahm diese Drohungen schließlich ernst. Die Zeitung *Türkiye*[115] griff die Kriegsgegner im Lande und jene Parlamentarier an, die am 1. März 2003 gegen die Unterstützung der USA gestimmt hatten: »Unser Militär wird möglicherweise nicht die nötigen Informationen erhalten, um sich vor Angriffen von US-Jets zu schützen. Ist das der Fall, können wir unsere Armee nicht gefährden und in den Irak einmarschieren. Kritische Informationen gingen mit Sicherheit an die nordirakischen Peschmergas, die – wegen uns – zu den neuen strategischen Verbündeten der USA geworden sind. Wir werden nie vergessen, welche intensive Arbeit in der Türkei geleistet wurde, um die türkisch-amerikanische Freundschaft im Namen des Friedens zu zerstören.«

Auf dem Höhepunkt der Krise traf sich ein Krisenstab aus Regierung und Militärs bei Präsident SEZER und legte sich schließlich im gewünschten Sinne fest. Aus »nationalem Interesse« sollte sich das Parlament noch einmal mit der Frage von Krieg und Frieden befassen. SEZER, der sich am 1. März noch gegen die Kriegsresolution ausgesprochen hatte, forderte nun das Parlament auf, seine Entscheidung zurückzunehmen und den Krieg zu unterstützen, der nach seiner eigenen Rechtsauffassung illegitim sei. Am folgenden Tag segnete zunächst das Kabinett und dann die Parlamentsfraktion der AKP diese Entscheidung ab.

Auch das Militär beugte sich den amerikanischen Forderungen. Generalstabschef Hilmi ÖZKÖK äußerte sich dahingehend, die finan-

[115] *Türkiye*, 19. 3. 2003.

zielle, politische und rüstungstechnische Unterstützung durch die USA sei für die Türkei »unverzichtbar«.

Medien und Politiker reagierten mit kaum verhohlenen Unterwerfungsgesten. Der Rückzieher des Parlaments erlaubte nun das Überfliegen türkischen Territoriums durch amerikanische Bomber und Transportflugzeuge. Die Regierung hatte außerdem die Nutzung der Türkei als Nachschubbasis zugelassen.

Die USA ließen ihre kurdischen ›Verbündeten‹ daraufhin wieder fallen. Die Abschlußerklärung des Treffens mit KHALILZAD in Ankara enthielt gesichtswahrende Punkte, auf die Ankara gedrängt hatte, unter anderem die Entwaffnung der kurdischen Milizen und die Beteuerung, daß die »Souveränität, territoriale Integrität und nationale Einheit« des Irak nach einem Krieg aufrechterhalten würden.

Aus diesem Musterbeispiel einer amerikanischen Erpressungskampagne lassen sich einige wichtige Schlüsse ziehen, gerade auch, was zentrale Binnenfragen der türkischen Politik anbelangt:

1. Das Verhältnis zwischen Militär und demokratisch gewählter Regierung verhält sich in der Türkei wie in einem permanenten Ausnahmezustand. Immer wenn die laizistisch-republikanische Ordnung der militärischen Machtelite gefährdet erscheint, greift sie mit eigentlich diktatorischer Gewalt ein.

2. Das türkische Minderheiten- bzw. Kurdenproblem läßt sich mit irgendwelchen liberaleren (von der EU verlangten) Gesetzen nicht aus der Welt schaffen. Es wird auch in Zukunft ein Dauerproblem bleiben, das sich jederzeit machtpolitisch instrumentieren läßt.

3. Das türkische Minderheitenproblem wird auf geradezu erpresserische Weise instrumentiert, ohne daß dabei auch nur im Traum daran gedacht würde, den Kurden wirkliche Autonomie oder Selbstbestimmung zu gewähren. Dieser Hebel der Erpressung funktioniert zuverlässig, allen demokratischen und verfassungsmäßig-institutionellen Regelungen zum Trotz.

4. Mithin ist die Türkei nicht nur aus innenpolitischen Gründen, sondern auch wirtschaftlich erpreßbar.

Die Türkei ist damit weniger ein ›Partner‹ oder gleichberechtigter Verbündeter, der – wie uns manche Polit-Lakaien der USA einzureden versuchen – die »Südostflanke Europas beschützt«, also Subjekt der Weltpolitik wäre. Vielmehr ist die Türkei nichts anderes als Objekt der imperialen US-Politik. Nur wenige Wochen nach dieser Erfahrung und der Forderung WOLFOWITZ' nach einer »starken Führungsrolle des türkischen Militärs« wurde in Ankara laut über die Möglichkeit eines Militärputsches gegen die gemäßigt islamistische Regierung der AKP unter ERDOGAN spekuliert.

Das britische ›International Institute for Strategic Studies‹ erstellte eine Studie, der zufolge »die Armee die Regierung stürzen würde, falls diese irgendwelche radikalen Maßnahmen in Richtung Fundamentalismus unternehmen würde. Besonders die jüngeren Offiziere würden sich als Wächter der säkularen Ordnung sehen, und die Unzufriedenheit wachse«.[116]

Ein der Presse zugespielter vertraulicher Brief General Tuncer KILINC', Mitglied des Nationalen Sicherheitsrats, an Präsident ERDOGAN, machte in diesem Zusammenhang klar, daß sich die Armee nicht so sehr um den Säkularismus als vielmehr um die Demokratie sorge. Der General sprach sich in seinem Brief gegen eine Änderung der Anti-Terrorgesetze aus, das auch ›Gesinnungsverbrechen‹ mit harten Strafen belegt. Ebenso warnte er vor der Zulassung ausländischer Wahlbeobachter, einer Zulassung privater kurdischer Fernsehsender und vor einer Änderung des Privilegs, daß der vom Militär beherrschte Nationale Sicherheitsrat einen Vertreter in die Medienaufsichtsbehörde RTÜK entsenden darf.

Auf diese Bloßstellung hin sprach Generalstabschef ÖZKÖK persönlich bei Premierminister ERDOGAN vor und las ihm laut Berichten armeenaher Zeitungen gehörig die Leviten. Das wurde von ERDOGAN zwar geleugnet. Regierung und Armee arbeiteten »in voller Eintracht«, alles andere seien bösartige Erfindungen der Presse, die »eifersüchtig auf die schönen Entwicklungen im Land« sei. Darauf angesprochen, daß von der Armee kein derartiges Dementi gekommen sei, meinte ERDOGAN verlegen, der Generalstabschef würde »zur rechten Zeit die notwendigen Erklärungen abgeben«, was dieser mit einer Verspätung von einer Woche dann tatsächlich tat.[117] Eine Geschichte mit Fortsetzungen.

4.5.1. Folgen der Globalisierung: Die Türkei folgt den USA in den Crash

Weniger als drei Monate nach der letzten türkischen Finanzkrise und einem IWF-Rettungspaket steckt das Land jetzt in einer noch tiefe-

[116] Mitte Mai 2004 berichteten türkische Zeitungen darüber.

[117] http://www.wsws.org/de/2003/jan2003/erdo-j07.shtml, Justus LEICHT, »Putschgerüchte in der Türkei«, 31. 5. 2003.

ren Krise. Zugleich torkelt aber auch die größte Volkswirtschaft der Welt - die USA - in eine Wirtschaftsdepression.[118]

Während die ›Experten‹, die noch vor drei Monaten mit leuchtenden Augen über das ›amerikanische Wirtschaftswunder‹ geschwafelt hatten, über die täglichen Horrormeldungen aus der US-Wirtschaft ganz still geworden waren, platzte das Weltfinanzsystem an anderer Stelle aus den Nähten: Am 19. Februar 2001 brachen die türkischen Devisen- und Finanzmärkte ein.

Angesichts von Panikverkäufen an den türkischen Anleihe- und Devisenmärkten explodierten die Zinsen für Übernachtkredite, auf das Jahr hochgerechnet, auf unglaubliche 6200 %! Noch eine Woche zuvor hatten diese Tagesgeld-Zinsen bei 40 % gelegen. In der Türkei setzte eine massive Kapitalflucht ein, die dazu führte, daß die türkische Zentralbank innerhalb von zwei Tagen zehn Milliarden Dollar ihrer knappen Devisenreserven verlor. Es gelang ihr trotzdem nicht, die türkische Lira zu stabilisieren. Am 22. Februar wurde der Wechselkurs freigegeben und brach am selben Tag um fast 40 % ein.

Der angebliche Auslöser dieser Erschütterungen in der Türkei war ein Streit zwischen Ministerpräsident Bülent Ecevit und dem Staatspräsidenten Ahmet Necdet Sezer. Die Ursachen der türkischen Finanz- und Wirtschaftskrise sind natürlich ganz andere. Die Türkei ist mit 115 Mrd. Dollar im Ausland verschuldet, gleichzeitig lastet auf dem türkischen Bankensystem ein schwer zu beziffernder, aber auf jeden Fall riesiger Berg fauler Schulden.

Bereits im November 2000 war die türkische Finanzkrise offen aufgebrochen. Eilig wurde im Dezember ein ›Rettungspaket‹ des Internationalen Währungsfonds in der Größenordnung von 11,4 Mrd. Dollar auf den Weg gebracht. Dafür sorgte schon Washington, das in der Türkei eine entscheidend wichtige geopolitische und militärische Basis im Hinblick auf den Nahen Osten, die Golfregion und Zentralasien sieht. Nutzen doch die USA die Luftwaffenbasis Incirlik für ihre Bombenangriffe auf den Irak.

Doch die finanziellen ›Rettungspakete‹ des IWF mit ihren ›Auflagen‹ haben, wie man spätestens seit der Asien-Krise 1997/98 wissen sollte, eigentümliche Konsequenzen: Nach einer kurzen, manchmal euphorischen Zwischenphase, in der ausländische Finanzinteressen ihre Schäfchen ins Trockene zu bringen pflegen, verschlimmert sich

[118] Für das Folgende siehe auch: William Engdahl, in: *Neue Solidarität,* Nr. 9/2001.

wieder die Wirtschaftslage. Um in den Genuß der IWF-Gelder zu kommen, hatte die Türkei einem rigorosen Maßnahmenbündel aus massiven Haushaltskürzungen und forcierter Privatisierung der öffentlichen Infrastruktur und staatlicher Industrien zustimmen müssen. Aber diese Politik zwang die türkische Wirtschaft noch tiefer in die Krise.

Das Wiederaufbrechen der türkischen Finanzkrise weniger als drei Monate nach dem IWF-Paket sollte deshalb nicht überraschen. Der panische Devisenabfluß aus der Türkei setzt die türkischen Banken unter immensen Druck, was wiederum die Kredite in Höhe von etwa 54 Mrd. Dollar seitens im wesentlichen europäischer und vor allem deutscher Banken an die Türkei gefährdet. Die drastische Abwertung der türkischen Lira macht die Bedienung der Auslandsschulden in Fremdwährungen (Dollar und Euro) noch ungleich schwieriger. Im Jahre 2004 mußten türkische Banken schätzungsweise 20 Mrd. Dollar zur Bedienung ihrer Auslandsschulden aufbringen, mindestens 4 Mrd. Dollar davon werden bereits im März fällig.

Man muß davon ausgehen, daß die Türkeikrise nur die Ouvertüre für andere neue Finanzkrisen auf den ›aufstrebenden Märkten‹ in Asien und Lateinamerika ist. Parallel zur Türkeikrise sind die Finanz- und Devisenmärkte in Thailand, Korea, den Philippinen und Indonesien sowie in Argentinien, Brasilien und Mexiko am 22. Februar 2004 in die Knie gegangen.

Ebenfalls im Dezember 2003 mußte der IWF für Argentinien ein ›Rettungspaket‹ von 39,7 Mrd. Dollar bereitstellen. Nun könnte – wie bei der Türkei – auch die argentinische Wirtschafts- und Finanzkrise wieder voll aufbrechen. Türkische, aber auch andere Anleger haben 2004 russische Aktien abgestoßen, um Verluste in der Türkei abzufedern – was einen Absturz der russischen Aktienbörse um 9% auslöste.

Heute ist die finanzielle und wirtschaftliche Lage in den ›aufstrebenden‹ Volkswirtschaften viel gefährlicher, als sie während der ›Asien-Krise‹ von 1997–98 war, denn die größte Volkswirtschaft der Welt, die der Vereinigten Staaten, steckt in einer sich täglich verschärfenden Krise und ist zur eigentlichen Achillesferse des Weltfinanzsystems geworden. Alle Wirtschaftsdaten deuten darauf hin, daß sich die USA mit Riesenschritten auf eine ausgewachsene Depression zubewegen.

Angesichts dieser Lage haben die Bush-Administration und die US-Notenbank unter Alan Greenspan auf eine inflationäre Politik des

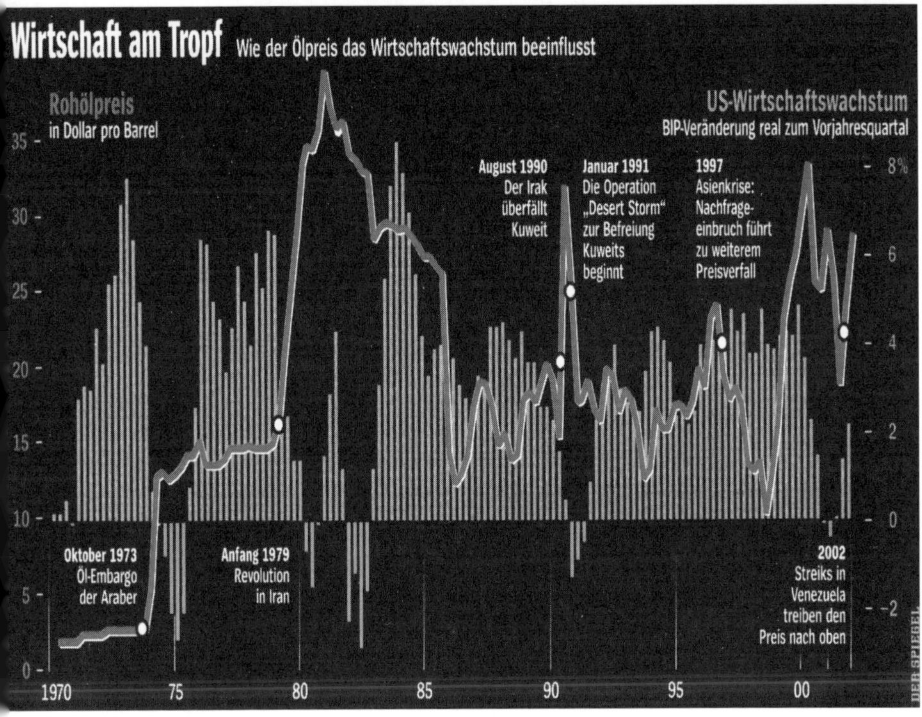

Der Ölpreis bedingt größtenteils das Wirtschaftswachstum der USA. Ihre Außen- bzw. Kriegspolitik wird dadurch verständlich. Graphik: *Der Spiegel*

›leichten Geldes‹ gesetzt: aggressive Zinssenkungen plus Steuersenkungen. Die neuen amerikanischen Inflationszahlen und die extreme Abhängigkeit der USA von ausländischem Kapital - praktisch 2 Mrd. Dollar täglich - bringen GREENSPAN aber zunehmend in die Zwickmühle, wenn die Zinsen weiter gesenkt werden.

Am 16. Februar 2004 veröffentlichte das US-Arbeitsministerium den Erzeugerpreisindex (PPI) für Januar - ein Monatswert von 1,1 % für Fertiggüter gegenüber 0,2 % im Dezember 2000. Dies ist der höchste monatliche Anstieg seit zehn Jahren. Aufs Jahr gerechnet, bedeutet dies einen Anstieg der amerikanischen Erzeugerpreise um 13 %. Dies geht vor allem auf den starken Anstieg der Energiepreise zurück. Auf diese schlechten Nachrichten folgte dann am 21. Februar die Meldung über den Anstieg des Verbraucherpreisindexes CPI, der im Januar um 0,6 % und aufs Jahr gerechnet um 3,7 % anstieg. Letztere Zahl dürfte geschönt sein, aber selbst 3,7 % Inflation sind sehr weit von einer Wirtschaftslage entfernt, in der Inflation angeblich »kein ernsthaftes Problem darstellt«, was GREENSPAN noch Mitte Februar behauptete.

Der Eiterherd der amerikanischen Wirtschaftskrise ist die gigantische Verschuldung der Unternehmen und Privathaushalte. Von 1993 bis 1999 gaben die Verbraucher für alles Mögliche vom Neuwagen bis hin zu CDs und Gebrauchsartikeln 48,3% mehr aus, während ihr Einkommen im selben Zeitraum nur um 36,4% anstieg. Die Differenz finanzierten die Verbraucher über Kredite. Die täglichen Ankündigungen neuer Entlassungspläne größerer Unternehmen, Firmenschließungen und sinkende Aktienkurse haben das Vertrauen der Verbraucher zutiefst erschüttert. Angesichts drohender Arbeitslosigkeit sind sich die amerikanischen Verbraucher des Schuldenberges bewußt geworden, auf dem sie sitzen, und streichen nun ihre Konsumausgaben zusammen. Die Autohändler bleiben auf ihren Wagen sitzen, und General Motors verringerte die Produktion, um die nichtverkauften ›Automobilberge‹ abzubauen.

Im ganzen Land sind Banken dazu übergegangen, ihre Kreditvergabe einzuschränken, womit sie allerdings nur die angespannte Finanzlage vieler kleinerer und mittlerer Unternehmen verschärfen. Wie die Konsumentenschulden ist auch die Verschuldung der amerikanischen Unternehmen in den letzten sechs Jahren drastisch angewachsen. Mit fallenden Aktienkursen sind die Unternehmen nicht länger in der Lage, über Aktienemissionen frisches Kapital in die Kasse zu bekommen, während die Banken die Kreditvergabe einschränken.

Aber der Nachfrageeinbruch in den USA ist nicht nur ein binnenwirtschaftliches Problem. Seit der Asienkrise 1997 waren die USA immer mehr zum ›Importeur der letzten Instanz‹ geworden. Ein Indikator dafür war der explosive Anstieg des amerikanischen Handelsbilanzdefizits, das 1999 eine Rekordhöhe von 324 Mrd. Dollar erreichte. Aber dieser Rekord wurde im Jahre 2000 noch einmal um rund 30 % oder 121 Mrd. Dollar auf insgesamt 445 Mrd. Dollar überboten.[119] Gegenüber China lag das Handelsbilanzdefizit mit 84 Mrd. Dollar am höchsten; dann folgten Japan mit 81, Kanada mit 50 und Mexiko mit 24 Mrd. Dollar. Gegenüber der Europäischen Union be-

[119] Nach Angaben des US-Censusbüros.

trug es 60 Mrd. Dollar. Für 2001 gab das US-Zensus-Büro 417 Mrd. Dollar an, und in den Folgejahren ist es abermals gestiegen: Die Vereinigten Staaten verzeichneten nämlich für 2003 ein Rekorddefizit (*CBSNews* vom 13. Februar 2004) von 489,4 Mrd. Dollar, eine Steigerung von 17,1% nach dem Rekorddefizit von 2002 mit 418 Mrd. Dollar. Im Juni 2004 betrug es: 55,8 Mrd. Dollar nach 46,9 Mrd. Dollar im Vormonat. Bei einem durchschnittlichen monatlichen Defizit von rund 50 Mrd. Dollar ergibt das für das ganze Jahr ein Defizit in Höhe von 600 Mrd. Dollar, das offenbar für das Finanzjahr 2004/05 zu erwarten ist.

Am 19. Juni 2004 wurde für das erste Quartal des Jahres berichtet, daß für knapp 150 Mrd. Dollar mehr Waren importiert als exportiert wurden. Das ist das größte je erreichte Defizit in der US-Außenhandelsbilanz. Zur Finanzierung der Importe brauchen die USA immer mehr Kapital aus dem Ausland. Im ersten Quartal kauften vor allem asiatische Notenbanken Dollar-Anleihen der US-Regierung in Höhe von über 125 Mrd. Dollar zur Unterstützung ihrer Exportwirtschaft in der Hoffnung, daß damit der Dollarkurs zur jeweiligen Landeswährung hoch bleibt.

Aus dieser Lage ergibt sich, daß die Bruchlandung der amerikanischen Wirtschaft wohl zur Bruchlandung der Weltwirtschaft werden wird. Was Anfang 2002 in der Türkei geschah, dürfte einen Vorgeschmack auf das geben, was nicht nur den ›aufstrebenden Märkten‹, sondern auch der Wirtschaft in Europa blühen könnte.

4.6. Ein entlarvendes Dokument

Das nachstehend wiedergegebene Strategiepapier der EU ist ein beredtes Dokument. Es zeigt ohne viel Umschweife auf, wie weit die Türkei mit ihrem ›Reformprozeß‹ noch von europäischen Normen und Vorstellungen entfernt ist. Ein Sprichwort sagt: Gesagt ist nicht verstanden, verstanden ist nicht einverstanden, einverstanden ist nicht umgesetzt, und umgesetzt heißt noch nicht das beabsichtigte Ziel erreicht zu haben. Es ist hier genau so: Auf dem Papier werden sogenannte ›Reformen‹ beschlossen, aber selbst die EU-Kommission merkt an, daß diese Prozesse in der Praxis nur unvollständig stattfinden.

Bedenkt man weiter das Beharrungsvermögen, wenn es um historisch gewachsene Traditionen geht, hält man sich außerdem die weitgehend ländliche Bevölkerung der Türkei vor Augen – und so weiter, und so fort, dann ist eine Änderung der politisch-gesellschaftlichen Großkonstanten durch eine zufällig ›reformwillige‹ Regierung natürlich längst nicht das angepeilte Ergebnis. Es gibt ja auch erhebliche Gegenkräfte, die ebenso gut bei einem Regierungswechsel alles wieder zurückdrehen könnten. Die opponierende MHP hatte sogar das Militär zum Eingreifen aufgefordert, weil sie in allen Reformmaßnahmen nur Schritte zur Auflösung der ›Integrität der Türkei‹ erblickt. Auch wenn die Generale diesmal nicht in Aktion getreten sind, so müssen die MHP-Führer dies zumindest als reale Möglichkeit ins Kalkül gezogen haben.

Was die anderen Kriterien betrifft, also die ›harten‹, weil konkret meßbaren Faktoren, so ist nichts auch nur annähend erfüllt oder in naher Zukunft erreichbar. Die wirtschaftlichen und Finanzdaten sind katastrophal. Der ewige Streit mit Griechenland, insbesondere um Zypern, ist natürlich nicht beigelegt, auch wenn ein freimaurerisch angehauchter Ministerpräsident Griechenlands die »Türkei als Gewinn für Europa« bezeichnet. Die Griechen sehen das gewiß anders.

Die Abstimmung auf Zypern ging überdies glatt daneben – anscheinend unerwartet für die Eliten der liberalen Internationale. Als besondere Pikanterie kommt noch hinzu, daß die griechischen Zyprer gegen den EU-Beitritt, die türkischen aber dafür waren, also gerade entgegengesetzt zu den Verhältnissen in den jeweiligen Mutterländern. Aber die EU-Abstimmungen funktionieren anscheinend schon länger nicht mehr ›planmäßig‹, wie das Debakel der EU-Parlamentswahl im Juni 2004 mit einer miserablen Wahlbeteiligung um die 40% es hinlänglich belegte.

Bemerkenswert sind aber einige andere ›Forderungen‹ in dem EU-Bericht: die weitere Liberalisierung und Privatisierung. Man weiß inzwischen, was das in Wahrheit bedeutet, nämlich die legale Ermöglichung der Plünderung durch die internationale Hochfinanz. In der Türkei hatte diese mit dem vorigen Finanzminister und früheren stellvertretenden Direktor der Weltbank, Kemal Dervis, gleich den passenden Oberaufseher installieren lassen.

Die offiziellen Aktivitäten sind bei alledem so gut aufeinander abgestimmt, daß man die dahinter stehende Regie gegen den Wind riecht. Der anonymen Internationale geht es darum, den Sack noch vor dem großen Crash zuzumachen.

Hier nun der Text des EU-Papiers im Wortlaut:

Strategiepapier und Bericht der Europäischen Kommission über die Fortschritte... der Türkei auf dem Weg zum Beitritt

Die Türkei im Erweiterungsprozeß – Fortschritte und Herausforderungen

1. Fortschritte der Türkei bei der Erfüllung der Kriterien für die Mitgliedschaft

Der Europäische Rat erinnerte im Dezember 2002 in Kopenhagen an seinen in Helsinki 1999 gefaßten Beschluß, wonach »die Türkei ein beitrittswilliges Land ist, das auf der Grundlage derselben Kriterien, die auch für die übrigen beitrittswilligen Länder gelten, Mitglied der Union werden soll«. Er begrüßte nachdrücklich »die wichtigen Schritte, die die Türkei zur Erfüllung der Kopenhagener Kriterien unternommen hat«, und ruft die Türkei auf, ihren Reformprozeß energisch voranzutreiben. Er kam zu folgendem Schluß: »Entscheidet der Europäische Rat im Dezember 2004 auf der Grundlage eines Berichts und einer Empfehlung der Kommission, daß die Türkei die politischen Kriterien von Kopenhagen erfüllt, so wird die Europäische Union die Beitrittsverhandlungen mit der Türkei ohne Verzug eröffnen.«

Auf der Tagung in Thessaloniki im Juni 2003 begrüßte der Europäische Rat es, daß »die türkische Regierung sich verpflichtet hat, den Reformprozeß, insbesondere die bis Ende 2003 noch ausstehenden Gesetzgebungsarbeiten, voranzutreiben«, und unterstützte ihre »laufenden Bemühungen um die Erfüllung der politischen Kriterien von Kopenhagen für die Eröffnung von Beitrittsverhandlungen mit der Union«.

Die türkische Regierung hat im vergangenen Jahr mit großer Entschlossenheit die Legislativreformen in den Bereichen beschleunigt, die unter die politischen Kriterien fallen. Sie hat auch wichtige Schritte unternommen, um ihre effektive Umsetzung sicherzustellen, damit die Grundfreiheiten und Menschenrechte im Einklang mit den europäischen Standards für alle türkischen Bürger gelten. Diese Bemühungen stellen einen wesentlichen Fortschritt in Richtung Erfüllung der politischen Kriterien von Kopenhagen dar.

Einige Teile der Reform betreffen heikle Fragen wie Meinungsfreiheit, Versammlungsfreiheit, kulturelle Rechte und die zivile Kontrolle über das Militär. Sie sind Ausdruck der Entschlossenheit der türkischen Regierung, den Prozeß voranzutreiben. Die Türkei hat zwei wichtige UN-Konventionen, den Pakt über bürgerliche und politische Rechte und den Pakt über soziale und wirtschaftliche Rechte, ratifiziert. Mehrere Personen, die wegen gewaltloser Meinungsäußerungen verurteilt waren, sind freigelassen worden. Die Rechtsvorschriften zur Bekämpfung der Folter wurden verstärkt, und die Haft ohne Kontakt zur Außenwelt wurde abgeschafft. Viele Prioritäten, die in der überarbeiteten Beitrittspartnerschaft unter den politischen Kriterien aufgeführt sind, wurden angegangen.

Trotz der Entschlossenheit der Regierung ist die Kommission allerdings der Auffassung, daß die Türkei die politischen Kriterien von Kopenhagen noch nicht vollständig erfüllt. Der klare Rahmen für die Gewährleistung politischer, bürgerlicher, wirtschaftlicher, sozialer und kultureller Rechte ist noch nicht vollständig entwickelt, und es muß noch mehr für eine stärkere Kohärenz von Rechtsvorschriften und Praxis getan werden. Was den Rechts- und Regelungsrahmen betrifft, so sollte der Stärkung der Unabhängigkeit und der Funktion der Justiz, den Rahmenbedingungen für die Inanspruchnahme der Grundfreiheiten (Versammlungs-, Meinungs- und Religionsfreiheit), der weiteren Angleichung der Beziehungen zwischen der zivilen und militärischen Ebene an die Praktiken in den EU-Mitgliedstaaten und der Lage im Südosten besonderes Augenmerk gewidmet werden. Kulturelle Rechte sollten für alle türkischen Bürger unabhängig von ihrer Herkunft garantiert sein.

Um die Umsetzung der Reformen zu intensivieren, müssen alle beteiligten Einrichtungen und Personen den Geist der Reformen akzeptieren. Die Verantwortung für die Durchsetzung der reformierten Gesetze in Zusammenhang mit den Grundfreiheiten und den Bestimmungen über Wiederaufnahmeverfahren, für die Einhaltung der Urteile des Europäischen Gerichtshofs für Menschenrechte und für die Maßnahmen zur Bekämpfung der Folter liegt im wesentlichen bei den Richtern und Staatsanwälten. Aber auch durchführende Stellen auf allen Ebenen sind für die Umsetzung der politischen Reformen verantwortlich. In einigen Fällen, z.B. in Zusammenhang mit kulturellen Rechten und Religionsfreiheit, haben diese Stellen den Geltungsbereich der Reformen durch einschränkende Bedingungen so eingeengt, daß die Verfolgung der eigentlichen Ziele erschwert ist. Ermutigend ist in dieser Hinsicht die Tatsache, daß die Regierung eine Reformüberwachungsgruppe eingesetzt hat, die die tatsächliche Umsetzung der Reformen sicherstellen und bürokratische Hindernisse überwinden soll.

Die weitreichenden Veränderungen des politischen und rechtlichen Systems in der Türkei, die im vergangenen Jahr stattgefunden haben, sind Teil eines längerfristigen historischen Prozesses, und der volle Nutzen dieser Reformen wird der türkischen Bevölkerung in den kommenden Jahren mehr und mehr zugute kommen. Es wird seine Zeit dauern, bis Exekutive und Judikative auf allen Ebenen und im ganzen Land den Geist der Reformen verinnerlicht haben und die tatsächliche Umsetzung sichergestellt ist.

Es gibt jedoch bereits deutliche Anzeichen für Verbesserungen bei Menschenrechten und Grundfreiheiten. Allerdings gibt es Anlaß zu großer Besorgnis, daß die Türkei viele Urteile des EGMR nicht vollstreckt und nicht für Entschädigungszahlungen bzw. die Aufhebung von gegen die EMRK verstoßenden Beschlüssen gesorgt hat. Die Kommission erinnert daran, daß die Bemühungen um die Lösung der Zypernfrage Teil des verstärkten politischen Dialogs zwischen der Europäischen Union und der Türkei sind. Auch der Europäische Rat hat wie alle betroffenen Parteien wiederholt darauf hingewiesen, daß die Türkei ein vitales Interesse an der entschlossenen Unterstützung der Bemühungen um eine vollständige Beilegung der Zypernfrage hat. Die Kommission ist der Auffassung, daß günstige Bedingungen für die beiden Volksgruppen bestehen, so daß vor dem Beitritt Zyperns zur EU am 1. Mai 2004 eine umfassende Regelung der Zypernfrage erreicht werden kann. Kommt es nicht zu einer Einigung, könnte dies ein ernstliches Hindernis für die EU-Bestrebungen der Türkei bedeuten.

Die Kommission erinnert auch an die Schlußfolgerungen des Europäischen Rates von Helsinki, mit denen die beitrittswilligen Länder dringend aufgefordert wurden, alles daran zu setzen, etwaige ungelöste Grenzstreitigkeiten und andere damit zusammenhängende Fragen nach dem Grundsatz der friedlichen Beilegung von Streitigkeiten gemäß der Charta der Vereinten Nationen zu lösen.

Was die wirtschaftlichen Kriterien betrifft, so hat die Türkei wichtige Fortschritte beim Funktionieren ihrer Marktwirtschaft erzielt, während die makroökonomischen Ungleichgewichte allerdings weiterbestehen. Weitere entschlossene Schritte in Richtung makroökonomische Stabilität und Strukturreformen werden die Fähigkeit der Türkei stärken, dem Wettbewerbsdruck und den Marktkräften innerhalb der Union standzuhalten.

Mit der Fortsetzung des Anti-Inflationsprozesses hat die wirtschaftliche Stabilität zugenommen; die Strukturreformen und die Modernisierung der Marktregulierung in der Türkei und der Institutionen konnten vorangetrieben werden. Der Anti-Inflations- und Reformkurs sollte beibehalten werden, insbesondere durch die Aufrechterhaltung der Haushaltsdisziplin, durch die Umstrukturierung und weitere Privatisierung des Banksektors und durch die Deregulierung der Märkte. Um das Wachstumspotenzial der Wirtschaft zu steigern, sollte der Zufluß ausländischer Direktinvestitionen durch den Abbau noch verbleibender Hürden gefördert werden.

(...)

Anhang 6: Die wichtigsten statistischen Indikatoren (2002), enthält eine Auswahl der statistischen Indikatoren.

Die Angleichung der Türkei an das Gemeinschaftsrecht ist in den meisten Bereichen vorangekommen, befindet sich bei vielen Kapiteln aber noch in einem Frühstadium. Am weitesten fortgeschritten ist sie bei den mit der Zollunion zwischen der EG und der Türkei zusammenhängenden Kapiteln, doch die Türkei erfüllt nicht alle ihre Verpflichtungen. Außerdem ist die Angleichung relativ weit fortgeschritten auf Gebieten, in denen es andere internationale Verpflichtungen gibt, die mit denen des Gemeinschaftsrechts vergleichbar sind. In allen Bereichen ist noch mehr Gesetzgebungsarbeit notwendig. Die Türkei sollte sich entsprechend den Prioritäten der Beitrittspartnerschaft bei allen Kapiteln konsequenter für die Umsetzung ihres Nationales Programm zur Übernahme des Besitzstandes einsetzen. Auch neue Rechtsvorschriften sollten nicht vom Gemeinschaftsrecht abrücken. Nähere Einzelheiten über Fortschritte bei den verschiedenen Kapiteln des Gemeinschaftsrechts sind den Schlußfolgerungen des Regelmäßigen Berichts über die Türkei zu entnehmen.

In vielen Bereichen ist die Umsetzung noch unzulänglich. Die Verwaltungskapazität in verschiedenen Bereichen muß gestärkt werden, um sicherzustellen, daß der Besitzstand wirksam umgesetzt und durchgesetzt wird. In einigen Fällen wird die Verwaltungsreform zur Schaffung neuer Strukturen führen, beispielsweise auf dem Gebiet der staatlichen Beihilfen und der Regionalentwicklung. Sofern neue Regulierungsbehörden eingerichtet wurden, muß ihre Autonomie gewährleistet sein, und sie müssen mit ausreichend Personal und Finanzmitteln ausgestattet werden.

(...)

Anhang 2: Schlußfolgerungen der Regelmäßigen Berichte über Bulgarien, Rumänien und die Türkei, enthält die vollständigen Schlußfolgerungen über die Türkei.

2. Heranführungsstrategie für die Türkei

Die Europäische Union hat die Heranführungsstrategie für die Türkei in den letzten zwölf Monaten deutlich verstärkt. Die Kommission wird diese Strategie in ihren verschiedenen Bereichen, insbesondere mit Blick auf den Bericht und die Empfehlung, die sie im kommenden Jahr zur Türkei vorlegen wird, weiterhin anwenden.

Der Rat hat am 19. Mai 2003 eine überarbeitete Beitrittspartnerschaft angenommen. Ziel der Partnerschaft ist es, die türkischen Behörden bei ihren Bemühungen um die Erfüllung der Beitrittskriterien, und zwar insbesondere der politischen Kriterien, zu unterstützen. Die Partnerschaft ist auch Grundlage für die Planung der Heranführungshilfe aus Gemeinschaftsmitteln.

Der verstärkte politische Dialog wurde unter dem dänischen, dem griechischen und dem italienischen Ratsvorsitz intensiv fortgesetzt. Erörtert werden dabei unter anderem die politischen Reformen in der Türkei, die Menschenrechte, die Zypernfrage und die friedliche Beilegung von Streitigkeiten sowie allgemeinere internationale Fragen. Seit 2003 unterstützt die Kommission den verstärkten politischen Dialog durch regelmäßige ausführliche Konsultationen mit den türkischen Behörden über den Fortschritt des Landes bei der Erfüllung der politischen Kriterien. Dieser Ansatz wird weiter ausgebaut, um ein besseres gegenseitiges Verständnis bei den betreffenden Fragen sicherzustellen. Der verstärkte wirtschaftliche Dialog zwischen der EU und der Türkei über Fragen der makroökonomischen Leistung und Stabilität sowie über Wirtschaftsreformen wird intensiv weiter geführt.

Der im Rahmen der Unterausschüsse des Assoziationsabkommens durchgeführte Prozeß der Durchsicht der Rechtsvorschriften wird durch TAIEX-Seminare und durch Sitzungen der Fachausschüsse oder Workshops über spezifische Themen ergänzt.

Die Verhandlungen über die Ausweitung der Zollunion EG-Türkei auf Dienstleistungen und die gegenseitige Öffnung der Beschaffungsmärkte werden fortgesetzt und sollen im Jahr 2004 abgeschlossen werden.

Seit 2003 beteiligt sich die Türkei an der Europäischen Umweltagentur und an folgenden Gemeinschaftsprogrammen: Unternehmen und Unternehmertum, Geschlechtergleichstellung, Kampagne gegen Ungleichbehandlung, beschäftigungswirksame Maßnahmen sowie sechstes Rahmenprogramm für Forschung. Die Vorbereitungen für die Teilnahme an weiteren Programmen, einschließlich der uneingeschränkten Teilnahme an den Bildungsprogrammen 2004 sind bereits im Gang.

Im April 2003 haben das Europäische Parlament, der Rat und die Kommission sich darauf geeinigt, die Türkei in die Rubrik Heranführungshilfe der Finanziellen Vorausschau aufzunehmen und die Finanzhilfe für den Zeitraum 2004–2006 auf insgesamt 1050 Mio. EUR für die drei Jahre beträchtlich aufzustocken. Besondere Beachtung gilt dabei der Unterstützung der Regierung und der Nichtregierungsorganisationen in Bereichen, die mit den politischen Kriterien zusammenhängen.

Insgesamt betrachtet, wirkt sich die Unterstützung der Gemeinschaft für die Türkei zunehmend positiv aus. Seit Oktober 2003 wurde die Umsetzung der Programme für die finanzielle Heranführungshilfe im Rahmen des »dezentralen Durchführungssystems« (DIS) an die türkischen Behörden übergeben. Die Kommission bleibt weiterhin für eine große Zahl laufender Projekte verantwortlich. Der Rückstand der EU-Mittelbindungen für die Türkei ist im Jahr 2003 weiter reduziert worden. Die Kommission wird prüfen, ob die Türkei ihre Verpflichtungen im Rahmen des DIS erfüllt und, und ihre Vertretung in der Türkei stärken, um den weiteren Erfolg ihrer Programme für finanzielle Zusammenarbeit sicherzustellen.

. . .

D. Schlußfolgerungen und Empfehlungen

Die Schlußfolgerungen und Empfehlungen der Kommission lauten vor dem Hintergrund der vorangegangenen Ausführungen wie folgt:

. . .

5. Im Laufe des letzten Jahres hat die Türkei durch eine Beschleunigung des Reformrhythmus nachdrückliche Anstrengungen unternommen und erhebliche Fortschritte im Hinblick auf die Einhaltung der politischen Kriterien von Kopenhagen erzielt und ist bei der Erfüllung der wirtschaftlichen Kriterien deutlich weiter vorangeschritten. Auch in bezug auf die Besitzstandskriterien ist die Türkei weiter vorangekommen, doch bleibt in vielen Bereichen noch viel zu tun. Viele Prioritäten im Rahmen der politischen Kriterien der überarbeiteten Beitrittspartnerschaft wurden erfüllt. Allerdings sind weitere Anstrengungen nötig. Das betrifft insbesondere die Stärkung der Unabhängigkeit und der Arbeitsweise der Justiz, den Gesamtrahmen für den Genuß der Grundfreiheiten (Vereinigungs-, Meinungs- und Religionsfreiheit), die weitere Angleichung der Beziehungen zwischen Zivilsphäre und Militär an die europäische Praxis, die Lage im Südosten und die kulturellen Rechte. Die Türkei sollte gewährleisten, daß die türkischen Bürger Menschenrechte und Grundfreiheiten nach europäischen Maßstäben genießen können.

6. Im kommenden Jahr wird die Kommission die Fortschritte der Türkei bei der Erfüllung der Beitrittskriterien bewerten, wie vom Europäischen Rat gefordert. Die Kommission wird vor Ende Oktober 2004 einen Bericht und Empfehlungen darüber veröffentlichen, ob die Türkei die politischen Kriterien von Kopenhagen erfüllt. Damit sollte der Europäische Rat in der Lage sein, bei seiner Tagung im Dezember 2004 über die Möglichkeit der Eröffnung von Beitrittsverhandlungen mit der Türkei zu befinden.

7. Was Zypern betrifft, so hat der Europäische Rat wiederholt hervorgehoben, daß er den Beitritt eines geeinten Zypern vorzieht. Nach Auffassung der Kommission sind die Umstände günstig, daß beide Volksgruppen das Zypern-Problem vor dem EU-Beitritt Zyperns am 1. Mai 2004 lösen. Zu diesem Zweck sollte die EU erneut alle beteiligten Parteien und insbesondere die Türkei und die Führung der türkischen Zyprer auffordern, die Gespräche auf Grundlage des Vorschlags des UN-Generalsekretärs wiederaufzunehmen. Kommt keine Lösung zustande, könnte sich daraus ein ernstes Hindernis für die EU-Bestrebungen der Türkei ergeben. Der Europäische Rat von Thessaloniki erklärte die Bereitschaft der Union, den Modalitäten einer in Einklang mit den Grundprinzipien der EU stehenden Lösung Rechnung zu tragen. Die Kommission ist bereit, bei der Suche nach einer raschen Lösung zu helfen. . .«

5. Die ›politische Klasse‹ zur Beitrittsfrage

5.1. Die ›vier Freiheiten‹ der EU

Wenn in unseren Breiten von ›Freiheit‹ gesprochen wird, glaubt man meist genau zu wissen, wovon man spricht. Aber das ist nicht richtig. Es gibt dazu ein berühmtes Aperçu von F. A. VON HAYEK, der einmal sagte, »Freiheiten«, also in Pluralform, zeigten schon das Gegenteil an, was sie vorzugeben scheinen: nämlich die Unfreiheit.

In den Staatstheorien der Aufklärung wird bei Thomas HOBBES im *Leviathan* die Überwindung des Naturzustandes, der durch das *omnia contra omnes* (»alle gegen alle«) gekennzeichnet ist, diese vollkommene Freiheit als ein Zustand angesehen, der gesellschaftliches Zusammenleben unmöglich macht. Der ›Leviathan‹, die absolute Macht zur Durchsetzung unumgänglicher Regeln und Beschränkungen, wird auf dem Titelbild der ersten Ausgabe des HOBBESschen Werkes als eine aus Menschen gebildete Über-Person dargestellt, in der einen Hand das Zepter, in der anderen das Schwert, also die Gewalt. Absolute Freiheit, der ursprüngliche Naturzustand, wird hier also als ein zu überwindender Zustand verstanden, als lebensfeindliches Übel (aber natürlich muß man darin auch eine Abstraktion sehen. Mit anderen Worten: Es ist nicht einmal gesagt, daß dieser Zustand real überhaupt existenzfähig ist).

Auf der Grundlage einer idealistischen Philosophie ist Freiheit immer nur im Zusammenhang mit Verantwortung verstanden worden. Verantwortung aber aus welcher Bindung heraus? Einer ethischen vorzugsweise. Aber was wiederum ist Ethik? Ein kategorischer Imperativ: Du sollst – also Bindung an ein Gesetz oder eine Ordnung. Das ist im übrigen auch nicht erst ein ›Geschenk‹ des großen Immanuel KANT. Der Dekalog, die zehn Gebote der christlichen Religion, hat diese ethische Bindung als Gottesgebot und Naturgesetz nämlich schon von jeher postuliert. Und Religion wiederum kommt von *religio* – Rückbindung –, nämlich an ein absolutes, ein nicht von Menschen gemachtes, göttliches Gesetz.

Was hat es aber nun mit den ›vier Freiheiten‹ der EU auf sich? Diese drängende, hochaktuelle Frage beantwortet sich nach der Lektüre eines Spätwerkes Carl SCHMITTS mit dem Titel *Nomos der Erde*. Dort wird dargelegt, wie jedes Recht auf Ordnung und Ortung zurückführbar ist, wie es aus einem archetypischen Akt der Landnahme entspringt. Der ›Nomos-Prozeß‹ bei SCHMITT ist der Dreiklang aus Nehmen, Teilen und Weiden; nach der Landnahme wird der Boden aufgeteilt – das bedeutet die Schaffung einer Ordnung und damit die Begründung von Eigentum; hiervon leitet sich die Nutzung dieses Landstückes ab, das heißt: Aus dem Besitz- und Eigentumsrecht folgen ursprünglich alle weiteren Rechte der Gesellschaft: Das wird mit dem ›Weiden‹ ausgedrückt.

Bei der Diskussion über die Ein- bzw. Aufteilung der Welt, insbesondere nach der Entdeckung der Neuen Welt (Amerika), erschien die Ordnung der Alten Welt als gestört, und sie war es auch tatsächlich. SCHMITT zeichnet nach, wie sich die christlichen Fürsten, innerhalb der abendländischen Ordnung – des *jus publicum europaeum* – stehend, auf den Papst als Schiedsrichter einigten und jene Linie festlegten, dies- und jenseits deren der spanische bzw. portugiesische König die Besitz- und Herrschaftsansprüche über die Neuentdeckungen zugesprochen bekamen. Ursprünglich war damit insbesondere das Recht zur Missionierung der ›Heiden‹ in den neuentdeckten Ländern gemeint.

Später teilten dann andere Linien die Welt nach einer neuen Ordnung ab und auf: die von der Seemacht England festgelegten *amity lines*, die sogenannten ›Freundschaftslinien‹. Ihre Begründung ist eine ganz andere: Die europäischen Fürsten anerkennen keinen Schiedsrichter (den Papst) mehr. Die ›Rechte‹[120] (an den Ländern der Neuen Welt) sind nicht aufgrund einer einvernehmlichen Teilung zustande gekommen, sondern sind eine Angelegenheit der Durchsetzung von Ansprüchen. Wie man weiß, wurde daraus eine langwierige, gewalttätige und überaus kriegerische Angelegenheit.

Die ›Freundschaftslinien‹ bezeichnen Bereiche, die vom europäischen Völkerrecht, dem *jus publicum europaeum*, wie es zwischen den christlichen Fürsten herrschte, ausgenommen sind. Hier herrscht so

[120] Diese Rechte sind nur aus dem Verständnis der christlichen Fürsten begründet, wonach nichtchristliche, also heidnische Barbaren überhaupt keine Ansprüche auf das von ihnen bewohnte Land hatten. Es galt den europäischen Mächten als ›leer‹ und einer ›*Nahme*‹ frei zugänglich. Das ist aber *nicht* ein spezifisch christlicher Rechtsanspruch; als ALEXANDER DER GROSSE Asien eroberte, hat er der Sage nach beim ersten Betreten der asiatischen Küste seinen Speer in den Boden gerammt, als Zeichen, daß er dieses Land ›im Krieg‹ als ›Eroberer‹ genommen hatte, womit sich sein legitimes Recht des Besitzes ableitete.

etwas wie der HOBBESsche Naturzustand. Keine Rechtsnorm bindet die Gegner, kein ›gehegter‹ Krieg wie auf dem europäischen Festland hindert die uneingeschränkte Vernichtung des Feindes oder bremst die Grausamkeit in der Auseinandersetzung. Innerhalb der von den anglo-amerikanischen ›Freundschaftslinien‹ eingegrenzten Bereiche herrscht die vollständige, die absolute Freiheit.

Die ›vier Freiheiten‹ der EU haben hier ihre innerste Verwandtschaft. Der ›freie Welthandel‹ ist der Naturzustand, in dem das Recht des Stärkeren gilt. Alle Bindungen innerhalb einer (abgegrenzten, geschlossenen) Volkswirtschaft,[121] die von der Notwendigkeit des langfristigen Zusammenlebens ausgehen (muß), sind hier aufgehoben. Oder es sind Schein-Rechte, die nur das Recht des Stärkeren legitimieren. Hierin liegt auch das Zerstörerische dieser sogenannten ›Freiheiten‹.

Das ist aber eine andere Begründung als jene VON HAYEKS. Dieser meinte nämlich, daß mit der Mehrzahl von Freiheit, also in der Aufzählung von Freiheiten, unausgesprochen alle anderen denkbaren Freiheiten ausgeschlossen seien, also im Grunde Unfreiheit herrsche. Er assoziierte damit den Naturzustand, die Große Freiheit, die aber in einer Gesellschaft von Menschen nicht möglich ist und in Wahrheit Willkür bedeutet.

Man muß sich diesen Zusammenhang klar machen, damit das grundsätzlich Verderbliche der ›vier Freiheiten‹ der EU um so deutlicher hervortritt. Wir kennen die praktische Umsetzung der ›vier Freiheiten‹ mittlerweile unter einem anderen Namen: ›Globalisierung‹.

Die EU, die Nachfolgeorganisation der EWG, gründet auf den Römischen Verträgen. Deren Entstehung muß hier nicht im einzelnen nachgezeichnet werden. Es genügt, sich ihre grundlegenden, integralen Prinzipien in Erinnerung zu rufen – eben die ›vier Freiheiten‹. Es handelt sich dabei um die Freiheit

- des Warenverkehrs,
- des Dienstleistungsverkehrs,
- des Kapitalverkehrs und
- des Personenverkehrs.

Diese vier ›Freiheiten‹ sind von zutiefst zerstörerischem Charakter, denn ihrem eigentlichen Wesen nach liegt ihnen die ›Große Freiheit‹

121 FICHTES ›Geschloßner Handelsstaat‹ etwa.

zugrunde, ein Zustand der Willkür, das Recht des Stärkeren, das Faustrecht. Deshalb zieht, was zunächst wie ein Vorteil aussieht, praktisch schwerwiegende Folgen nach sich. So schließt die uns am meisten bedrohende ›Freiheit des Personenverkehrs‹ etwa die unbeschränkte Niederlassungsfreiheit innerhalb der EU in sich. Das elementare Recht der Völker, ihren eigenen Lebensraum gegen Fremde zu behaupten, wird damit verneint. Eine jakobinische Pseudo-Freiheit wird zum Kern der Zerstörung der Völker und ihrer eigentümlichen Kulturen und Traditionen, ihrer Seele, ihres ethnischen So-Seins.

Auch die anderen ›Freiheiten‹ sind zutiefst bedrohlich, wenngleich sie ›nur‹ auf das materielle Geschehen Einfluß nehmen. Doch ohne physische Existenzgrundlage ist auch die geistige hinfällig. Sie droht von diesen ›Freiheiten‹ ebenso vernichtet zu werden wie die Völker als je und je eigenständige Persönlichkeiten.

Die ›vier Freiheiten‹ sind die wahre Grundlage der EU. Es kann hier deshalb keine Kompromisse geben. Alle sogenannten ›Übergangsregelungen‹ – etwa sieben Jahre Verzögerung bei der Herstellung des freien Personenverkehrs – sind nichts als kurzfristige Beruhigungspillen, die nichts bewirken. Sie huldigen lediglich dem Prinzip der Faulen, der Denk-Faulen: »Morgen, morgen nur nicht heute. . .« Doch die Konsequenzen dieser Faulheit sind unerbittlich. Sie pochen dann an die Türe, wenn die Verträge längst unter Dach und Fach sind.

5.2. Die ›Kriterien von Kopenhagen‹ und die türkische Realität

Im Juni 1993 hat der Europäische Rat von Kopenhagen durch die Erklärung, daß »die assoziierten mittel- und osteuropäischen Länder, die dies wünschen, Mitglieder der Europäischen Union werden können«, und durch Festlegung der Beitrittsbedingungen (die sogenannten ›Kriterien von Kopenhagen‹) die Grundlagen für den derzeit in Vollzug befindlichen Erweiterungsprozeß geschaffen. Nach diesen Kriterien muß ein Bewerberland für den Beitritt folgende Voraussetzungen erfüllen:

1. die politischen Kriterien: »Institutionelle Stabilität als Garantie für demokratische und rechtsstaatliche Ordnung, für die Wahrung der Menschenrechte sowie die Achtung und den Schutz von Minderheiten«. Seit Inkrafttreten des Vertrags von Amsterdam im Mai

1999 wurden diese Bedingungen als verfassungsmäßige Grundsätze im Vertrag über die Europäische Union verankert und in der Grundrechte-Charta der Europäischen Union, die auf der Tagung des Europäischen Rates vom Dezember 2000 in Nizza proklamiert wurde, hervorgehoben.

2. die wirtschaftlichen Kriterien: »Funktionsfähige Marktwirtschaft sowie die Fähigkeit, dem Wettbewerbsdruck und den Marktkräften innerhalb der Union standzuhalten«. Diese Kriterien stimmen mit den Prinzipien der Wirtschaftspolitik überein, so wie sie im Vertrag von Maastricht, der am 1. November 1993 in Kraft getreten ist, verankert sind. Die Deutsche Bank hat zusammen mit der US-Unternehmensberatung ›Eurasia Group‹ einen Index der politischen Stabilität entwickelt, auf dem die Türkei noch hinter der Ukraine und Usbekistan rangiert. Nur Ägypten, Venezuela und Nigeria werden noch schlechter bewertet.

3. Das Kriterium der Übernahme des gemeinschaftlichen Besitzstands, d. h. der Anwendung des Gemeinschaftsrechts als »die Fähigkeit, die aus einer Mitgliedschaft erwachsenden Verpflichtungen zu übernehmen und sich die Ziele der politischen Union sowie der Wirtschafts- und Währungsunion zueigen zu machen«. Die nachfolgenden Tagungen des Europäischen Rates, insbesondere der Europäische Rat von Madrid im Jahre 1995, haben die Bedeutung der Übernahme des »Besitzstands« in einzelstaatliches Recht und seiner effektiven Anwendung durch den Aufbau geeigneter Strukturen in Verwaltung und Justiz unterstrichen.

Die türkische Realität im Jahre 2004, sozusagen in ›Sichtweite‹ des EU-Beitritts, hat mit den hehren Prinzipien von Kopenhagen freilich nicht allzu viel zu tun, Reformen hin oder her. Seit Jahren nehmen in Südostanatolien die sogenannten ›Ehrenmorde‹ in der Tradition des *Namuz* rasch zu. Dabei werden ›ehrlose‹ Frauen von den Dorfbewohnern oder von männlichen Mitgliedern der eigenen Familie gesteinigt und weit außerhalb des Dorfes verscharrt. Offiziell werden die Ehrenmorde als Selbstmorde kaschiert. 1993 noch wurden in Südostanatolien ›Selbstmorde‹ bei 3 % der weiblichen Bevölkerung registriert, letzte verfügbare Angaben sprechen von 5%, bei »versuchten Selbstmorden« sogar von 20 % der weiblichen Bevölkerung.[122]

Über einzelne Fälle von Steinigungen, die in der Presse publik gemacht wurden, herrschte auch in der Türkei Entsetzen. Inzwischen

[122] *Neue Zürcher Zeitung*, 6. 12. 2003.

hat die Regierung ein Gesetz annulliert, wonach die Strafe um 80 % reduziert werden konnte, sofern es sich um ›Ehrenmorde‹ handelte. An der Spaltung des Landes in eine moderne und in eine archaische Gesellschaft hat sich damit nichts geändert.

Die *Neue Zürcher Zeitung* berichtet[123] unter Bezug auf CIA-Angaben: »Haupttransitroute für Heroin aus Südwestasien nach Westeuropa auf dem Luft-, Land- und Seeweg; die großen türkischen, iranischen und anderen internationalen Drogenhändler-Organisationen operieren von Istanbul aus. Labors zur Umwandlung der importierten Morphinbasis in Heroin befinden sich in abgelegenen Regionen der Türkei, aber auch in der Nähe von Istanbul.« Keine Angaben macht die CIA darüber, wer das Drogengeschäft protegiert und daran mitverdient, obwohl sämtliche Verbindungen in Langley bekannt sind.

Die Türkei als stabiles, ›europäisches‹ Land ist eine Chimäre.

5.3. Doppeltes Spiel bei den Beitrittsverhandlungen

Die EU-Kommission, so der offizielle Fahrplan, legte im Oktober 2004 einen positiven Türkei-Bericht vor, der auf dem EU-Gipfel im Dezember als Entscheidungsgrundlage diente. Man kann angesichts der bekannten Methoden der politischen Klasse, sich nicht um die Proteste der Bevölkerung zu kümmern, getrost annehmen, daß auf der Grundlage dieses Berichtes im Frühjahr 2005 die Verhandlungen mit der Türkei aufgenommen werden.

Die großen politischen Parteien spielen beim Thema ›Türkei‹ allesamt falsch. SPD-Schröder ist nicht nur Befehlsempfänger Washingtons, sondern auch ein ›türkischer‹ Kanzler. Denn seine Mehrheit bei der Bundestagswahl im September 2002 war mit etwa 9000 Stimmen hauchdünn. Man kann sich ausrechnen, daß, wenn durch das neue Einbürgerungsgesetz von den wahlberechtigten 471 000 ›Deutsch-Türken‹ 60 % die SPD und 22 % die Grünen, mithin also fast alle Neubürger Rot-Grün wählten, sie damit schon jetzt weit mehr als nur das berühmte Zünglein an der Waage sind. Wes' Brot ich eß', des' Lied ich sing' – für den EU-Beitritt der Türkei zu sein heißt für Rot-Grün, weitere Wähler aus dem Reservoir der Neu-Eingebürgerten zu gewinnen.

---

[123] Hinweis auf der Internetseite des amerikanischen Geheimdienstes CIA (www.odci.gov./cia) unter ›Türkei‹.

Der türkische Premier Recep Tayyip ERDOGAN bei seinen Verhandlungen mit Erweiterungskommissar Günter VERHEUGEN im September 2004 in Brüssel. Mit seiner Ankündigung, Beitrittsverhandlungen einleiten zu lassen, löste der inzwischen Industrie-Superkommissar viel Unmut aus. Erdogan wird seinerseits in seinem Land als Volksheld gefeiert.

Die rot-grüne Koalition war und ist somit bisher die sicherste Bank für Ankara. Nun ziehen aber dunkle Wolken auf. SCHRÖDER ist außenpolitisch viel zu eng an Paris gebunden. Dort treibt der in Berlin ungeliebte, aber mächtige französische Wirtschafts- und Finanzminister Nicolas SARKOZY quer. SARKOZY ist gegen den EU-Beitritt der Türkei. Die französische Haltung wirkt direkt auf die Berliner Türkei-Politik ein. Und weil der Widerstand in ganz Europa natürlich nicht zu übersehen ist, werden sehr viele neue Möglichkeiten als Luftballone für die Öffentlichkeit hochgelassen. Sie tragen lauter bunte Namen, zum Beispiel ›konditionierte Zustimmung‹. Oder, wie es beim Bertelsmann-Forum im Januar 2004 hieß: »Ausgangspunkt einer Kooperation sollte sein, daß nicht für alle Nachbarstaaten zwingend ein Beitrittsantrag am Anfang und eine EU-Mitgliedschaft am Ende stehen. Die Nachbarstaaten sollten ihre Beziehungen zur Europäischen Union nicht ausschließlich im Lichte eines potenziellen Beitritts, sondern als wichtigen Impulsgeber der eigenen Transformation verstehen.«[124]

Es gibt sogar noch weitere Gründe, die gelegentlich an die Öffentlichkeit durchgereicht werden und suggerieren sollen, es gebe noch ernsthaften institutionellen Widerstand gegen einen türkischen Beitritt: Polen (katholisch) und Frankreich (wegen SARKOZY) stellen tat-

[124] So beim International Bertelsmann Forum, Weltsaal des Auswärtigen Amtes Berlin, 9./10. 1.2004.

sächlich ein gewisses Risiko für Ankara dar. Und man darf nicht übersehen, daß eine Negativentscheidung außer politischen auch wirtschaftliche Folgen hätte: einen Crash am türkischen Währungs-, Aktien- und Anleihenmarkt.

In der Phraseologie der Geld- und Anlageberater wird das verklausuliert ausgedrückt, etwa durch die Empfehlung, daß man »vor dem Gipfel vorsichtig sein sollte beim Einstieg in türkische Aktien und Anleihen«. Im Klartext: Hände weg von der Türkei! Weiter wird orakelt, daß »die Märkte bereits eine positive Entscheidung ›eingepreist‹ hätten«, die Kurse also in Wahrheit viel zu hoch sind. Die »wirtschaftliche Gesundung erfolgte zu Lasten von politischen Reformen«, das heißt im Bereich der Rechtsprechung, indem einige der größten Stolpersteine – die Diskriminierung der Minderheiten (Kurden) – beseitigt und ein paar ›aufgeklärte‹ Strafrechtsreformen (Todesstrafe!) vordergründig in Kraft gesetzt wurden. Von einer ernst zu nehmenden ›Gesundung‹ der türkischen Wirtschaft konnte aber ohnedies nie die Rede sein, denn eine Konsumentenpreisentwicklung, die in den »einstelligen Bereich gedrückt« werden konnte, bedeutet nichts anderes, als daß sie gerade unter 10 Prozent liegt, und auch das sicher nur bei Anwendung aller statistischen Tricks.

Und noch eine Phrase aus der Finanzwelt: »Eine Steuerreform stehe weiterhin noch aus wie auch eine radikale Zurückführung der staatlichen Ausgabenpraxis«, was auf den nach wie vor mittels steigender Schulden finanzierten Haushalt hinweist.

Alles in allem: Die wirtschaftlichen Voraussetzungen für die auch nur annähende Erfüllung der ehemaligen Maastricht-Kriterien sind nicht erfüllt und sind wohl auf absehbare Zeit hinaus auch nicht erfüllbar. Schlußfolgerung der Stimme aus der Finanz: »Eine negative Entscheidung hätte einen Crash zur Folge.« Kommentar überflüssig.

Das Finanzproblem der Türkei ist freilich in einen größeren Rahmen eingebettet, nämlich in den Zusammenhang der amerikanischen Finanzhegemonie, mittels deren die USA die Welt zu beherrschen suchen. Die wichtigsten ›Kriegsmittel‹ dazu sind die Weltbank und der Internationale Währungsfonds (IWF), die beide von Washington beherrscht werden (obwohl die Mitglieder in Summe die Mehrheit der Anteile hätten). Beide Institutionen wiederum diktieren die Wirtschaftspolitik der auf Hilfe angewiesenen Staaten der Dritten Welt – und nicht nur dieser.

Daß der IWF die Türkei immer wieder großzügig mit Geld versorgt und damit vor dem Konkurs bewahrt, ist, wie oben zu zeigen war, kein Zufall. Denn die Türkei ist ein unverzichtbarer strategischer Partner der USA.[125] Hinzu kommt, daß fast alle wichtigen Rating-Agenturen amerikanisch sind. Sie bewerten die Kreditwürdigkeit der Länder und entscheiden damit über die Höhe der Zinsen, die diese zahlen müssen. Niedriges Rating bedeutet hohe ›Risiko‹-Zuschläge bei den Zinsen. Als die Türkei den US-Truppen den Durchmarsch in den Irak verweigerte, wurde in Washington »laut darüber nachgedacht«, die Bonität, also die Kreditwürdigkeit Ankaras, herabzustufen. Ein Zufall konnte das nicht gewesen sein.[126]

Die Türkei ist also auch wirtschaftlich nicht nur nicht für einen EU-Beitritt vorbereitet, sondern in hohem Maße von IWF-Gnaden abhängig und damit erpreßbar. Sie ist ein Trojanisches Pferd, das den US-Einfluß auf Europa weiter verstärken würde.

Aus einem Beitrag der Tageszeitung *Die Welt* unter dem Titel »Die Zahl der EU-Skeptiker in der Türkei nimmt zu«:[127]

»Nur etwa 20 Prozent der türkischen Bevölkerung sind gegen einen Beitritt zur Europäischen Union; diese massive Unterstützung im Volk schützt die gemäßigt islamisch orientierte Regierungspartei AKP vor Störfeuer aus den Reihen der säkularen Militärs, die der Partei tief mißtrauen.«

Die meisten Beitrittsbefürworter erwarten, problemlos in den Westen reisen und dort arbeiten zu können. Das ist verständlich, wenn man die ökonomischen und sozialen Verhältnisse näher ansieht. Das könnte sich aber als eine Fehlkalkulation erweisen. »Im Jahr 2050 werden wir 100 Millionen Einwohner haben und damit im Falle eines Beitritts das bevölkerungsreichste Land der Union sein.«[128] Es ist daher nach menschlichem Ermessen eigentlich undenkbar, daß die EU der Türkei jene Arbeitskräftefreizügigkeit gewährt, wie sie in den Kernländern gilt.

Die andere große Verlockung, die sich aus türkischer Sicht darstellt, sind die begehrten Fördergelder aus Brüssel. Inzwischen hört

---

125 Als vor etlichen Jahren Zbigniew Brzezinski in Wien bei einem Vortrag (im Zusammenhang mit dem Kosovo-Krieg) vor den europäischen Vasallen sprach, hielt ihm der anwesende (damalige Außenminister und heutige Kanzler) Wolfgang Schüssel in einer Wortmeldung entgegen, daß die Europäer keine Vasallen, sondern Partner der USA seien. Brzezinski antwortete ungerührt: »Nun, wenn es Ihnen so besser gefällt, dann nennen wir die Vasallen eben Partner.«

126 Quelle: Bruno Bandulet, *Deutschlandbrief*, Nr. 4/2004.

127 *Die Welt*, 20. 8. 2004.

128 Hasan Unal von der Bilkent-Universität in Ankara.

man, daß der Beitritt der Türkei teurer sein würde, als zunächst angenommen: 15 Milliarden Euro. Die prompt ins Gespräch gebrachte Erhöhung der EU-Nettobeiträge von 1 auf 1,14 % stieß auf massive Ablehnung. Wenn man die tatsächlichen wirtschaftlichen Probleme der Türkei betrachtet, dürften die genannten 15 Milliarden eine krasse Untertreibung sein. Die deutsche Wiedervereinigung mit der zweifelsohne weiterentwickelten ehemaligen DDR hat inzwischen Mittel in der Größenordnung von rund einer Billion D-Mark erfordert. Angesichts der inzwischen bekannten Schwierigkeiten beim ›Aufschwung Ost‹ ist schwer vorstellbar, wie die Türkei mit gerade einmal 15 Milliarden Euro auskommen sollte – von den zwangsläufigen Verlusten bei der Verteilung der begehrten EU-Gelder gar nicht zu reden.

Noch eine dritte Hoffnung leitet Ankara auf seinem Kurs in Richtung EU: das erwartete Ansteigen ausländischer Direktinvestitionen nach einem EU-Beitritt. Da diese Investitionen aber schon bisher faktisch nicht erfolgten, ist schwer einzusehen, warum sie nach einem EU-Beitritt getätigt werden sollten. Wolfgang QUAISSER vom Osteuropa-Institut warnt vor einem Beitritt der Türkei zur Währungsunion: »Die EU ist gut beraten, die Integration der Türkei in die Währungsunion nicht zu forcieren.« Ankara ist meilenweit davon entfernt, die Stabilitätskriterien des Vertrags von Maastricht zu erfüllen. Sowohl beim Schuldenstand als auch bei der Neuverschuldung liege Ankara über den geforderten Werten, von einer stabilen Währung ist nicht einmal annähernd zu reden. Unter diesen Bedingungen bekommt man Anleihen zu Wucherzinsen, die natürlich nicht erwirtschaftet werden können, aber keine Realinvestitionen.

5.4. Die ›große Europäische Union‹ – die langfristigen Ziele werden sichtbar

Die Bertelsmann-Stiftung ist bekannt dafür, daß sie sozusagen ein deutsches Pendant zu den großen US-›Denkfabriken‹ ist und wie diese das Programm eines globalistischen, neoliberalen Raubtier-Kapitalismus vertritt. Bei dem Forum, das im Januar 2004 zu dem in der Überschrift umrissenen Thema stattfand,[129] wurden die nachfolgenden Positionen bezüglich einer noch weitergehenden EU-Erwei-

[129] Vorlage zum International Bertelsmann Forum, Weltsaal des Auswärtigen Amtes, Berlin, 9./10. 1. 2004.

terung – »Jenseits 25 – Kandidaten, Partner und Nachbarn« – vertreten. Wie üblich, werden dabei die eigentlichen Schlüsselfragen mit harmlosem Beiwerk eingewickelt. Der Türkei ist gerade einmal ein kleiner Absatz und Israel (!) sozusagen nur der Konjunktiv gewidmet.

Daß der deutsche Außenminister ›Joschka‹ Joseph FISCHER bei dieser Gelegenheit die ihm befohlene *message* aufsagen würde, war so klar wie das Amen in der Kirche. FISCHER nutzte das Forum, um sich in seiner Einführungsrede für eine Beitrittsperspektive der Türkei auszusprechen: »Wenn die EU ihr Versprechen an die Türkei nicht einlöse, weil es Vorbehalte gegen einen islamisch geprägten Staat in der Union gebe, dann ›werden wir dafür einen sehr hohen Preis zu zahlen haben, sagte FISCHER in Berlin.« War das eine Drohung? Und wer drohte da? Gewiß nicht die Bundesrepublik Deutschland, sondern – durch FISCHERS Mund – die tonangebende Anonyma, die diesen Kurs längst beschlossen hat.

Von links: FISCHER, WEIDENFELD und AHERN.

Welche Rolle im Rahmen aller dieser weitreichenden Pläne die am Brüsseler Gipfel gescheiterte EU-Verfassung spielte (und immer spielt), das war zu ahnen. Die Bestätigung kam auch prompt. Das Präsidiumsmitglied Prof. WEIDENFELD lieferte sie mit Ausführungen wie diesen:

»Nun – nach dem Scheitern des Brüsseler Gipfels – ist Zeit und Raum gegeben, diese große Perspektive einer strategischen Umgestaltung Europas systematisch anzugehen. Es lohnt sich – ob mit oder ohne Verfassung. [Nota bene: diese »strategische Umgestaltung« findet also auf jeden Fall statt!] Gleichzeitig wird die Europapolitik die Möglichkeiten sensibel ausloten, doch noch die vom Konvent vorgelegte Verfassung zu verabschieden.«[130]

Schließlich fehlten in Brüssel nur wenige Zentimeter zum Ziel. Im Kern hing es an einer einzigen Regierung, der polnischen nämlich, die im heimischen Parlament nicht über eine Mehrheit verfügte und es sich daher aus innenpolitischer Schwäche nicht erlauben konnte, flexible Verhandlungsfähigkeit zu zeigen. Hinzu kam, daß die polnische Regierung nicht über politische Erfahrung mit solchen Reformgipfeln verfügt. Die polnische Delegation war denn auch völlig erstaunt, als das Ende des Gipfels verkündet wurde, wo sie doch jetzt eigentlich in die ernsthaften Verhandlungen einzusteigen gedachte. Diese merkwürdige Kombination von Unerfahrenheit und Schwäche bei einer einzigen Regierung von 25 – die Spanier hatten in letzter Stunde, von einschlägigen Erfahrungen gesättigt, Einlenken signalisiert[131]– bedeutete das Scheitern des Gipfels.

WEIDENFELD weiter: »Wer hindert die Europäer in den nächsten Monaten daran, diese Schwelle zu nehmen? Polen wird sehr schnell spüren, was es bedeutet, allein den historischen Kurs Europas aufhalten zu wollen. Von der Finanzplanung bis zur Strukturpolitik wird der polnischen Regierung ein eisiger europäischer Wind ins Gesicht wehen – und naturgemäß die Verhandlungsbereitschaft wachsen lassen.«

Der türkische Ministerpräsident Recep Tayyip ERDOGAN, ebenfalls Teilnehmer des Forums, warb naturgemäß für einen Beitritt der Tür-

---

[130] Dies erfolgte kaum 14 Tage nach der wegen europaweiter Nichtbeteiligung faktisch ebenfalls gescheiterten Wahl-Farce zum EU-›Parlament‹, mit der ›demokratische Legitimität‹ vorgegaukelt werden sollte: Der Ministerrat hat die Verabschiedung der EU Verfassung »beschlossen«. Die Presse interpretierte dies als »richtige Antwort« auf das Wahldebakel und als »Beweis der Handlungsfähigkeit«.

[131] Die ›Einsicht‹ der Spanier wurde diesen offensichtlich mit dem Terroranschlag vom 11. März 2004 erleichtert. Wir haben dies in einem Artikel auf die mutmaßlichen – wirklichen – Hintergründe hin untersucht. Sie sind von der Art wie der Anschlag in Neuseeland im Zusammenhang mit ›9-11‹ und der ›Allianz gegen den Terror‹, mit dem die ziemlich unwilligen Australier zur ›Einsicht‹ gebombt wurden. Siehe auch: G. REISEGGER, »Das muti«, www.rbi-aktuell.de

kei, denn sein Land »müsse diese Zukunftsperspektive haben«. Die Türkei habe sich bereits für Europa entschieden, 75 Prozent seiner Landsleute seien für die EU-Mitgliedschaft. Was der unbedarfte Leser in diesem Zusammenhang leicht überliest, ist der Verweis auf die »weitreichenden Schritte im wirtschaftlichen Bereich bis hin zur Freizügigkeit von Waren, Dienstleistungen, Kapital und Personen«. Da sind sie wieder: die berüchtigten ›vier Freiheiten‹ der EU, die die historisch gewachsenen Völker und Nationen Europas zerstören – *ad majorem gloriam* der globalisierten One-World Diktatur.

Auch der folgende auszugsweise wiedergegebene Text spricht für sich selbst:

»Die erweiterte EU ist nicht auf 25 Mitgliedstaaten begrenzt, sondern bereits auf ein größeres Europa ausgerichtet, dessen Konturen immer deutlicher sichtbar werden. Wichtige Grundsatzentscheidungen wurden bereits getroffen:

- Mit Bulgarien und Rumänien werden die Verhandlungen voraussichtlich 2004 abgeschlossen, so daß ein Beitritt ab dem Jahr 2007 erfolgen kann, wenn es nicht zu einem Einbruch der Transformationspolitik kommt.

- Mit dem Beitrittskandidaten Türkei ist die EU seit Jahrzehnten vertraglich eng verbunden. In den letzten Jahren hat das Land erstaunliche Fortschritte auf dem Weg zur Beitrittsfähigkeit erzielt. Wird dieses Programm konsequent weitergeführt, so könnten auf der Grundlage eines Berichts der Europäischen Kommission nach 2004 die Verhandlungen über ein Beitrittsabkommen aufgenommen werden. Erhebliche innenpolitische Kontroversen zu diesem Thema sind in fast allen EU-Mitgliedstaaten vorgezeichnet.

- Mit den EFTA-Staaten Island, Liechtenstein, Norwegen und der Schweiz besteht eine äußerst enge Anbindung durch den Europäischen Wirtschaftsraum. Sollte sich die Stimmung in der Bevölkerung dieser Staaten zugunsten einer EU-Mitgliedschaft wenden, könnten zügig Beitrittsabkommen ausgehandelt werden.

- Für die Staaten des westlichen Balkans ist durch den Stabilitäts- und Assoziierungsprozeß eine Integration in die EU bereits angelegt. Kroatien hat 2003 einen Beitrittsantrag gestellt und strebt einen Beitritt bis 2007 an. Die anderen Staaten – Albanien, Bosnien-Herzegowina, die ehemalige jugoslawische Republik Mazedonien sowie Serbien-Montenegro – können je nach Stand ihrer eigenen Entwicklung aufschließen.

• Die Europäische Union beabsichtigt, die Staaten in ihrer direkten Nachbarschaft von Osteuropa bis Nordafrika enger anzubinden. Das ›Wider-Europe-Konzept‹[132] sieht dazu weitreichende Schritte im wirtschaftlichen Bereich bis hin zur Freizügigkeit von Waren, Dienstleistungen, Kapital und Personen vor. Die Ukraine und die Republik Moldau haben ihre Außenpolitik bereits auf eine Assoziierung mit der EU ausgerichtet.

Eine Europäische Union der 30 und mehr Mitgliedstaaten ist also längst vorgezeichnet.[133] Für die heutigen Beitrittskandidaten, die EFTA-Staaten sowie die Staaten des westlichen Balkans steht eine Mitgliedschaft außer Frage, wenn sie den politischen Willen zur Integration aufbringen und die rechtlichen sowie ökonomischen Anforderungen erfüllen. Das Raumbild des integrierten Europa wird auf lange Zeit nicht abschließend zu bestimmen sein, denn neben der Ukraine hegt auch die Republik Moldau starke Beitrittsambitionen, denen sich Weißrußland nach einem Systemwechsel anschließen könnte. Unter stark veränderten Rahmenbedingungen wäre auch ein Drängen Israels [!!] nach Europa nicht auszuschließen.

Zu diesen und anderen künftigen Nachbarstaaten bestehen bereits partnerschaftliche und vertragliche Beziehungen. In dieser ge-

[132] Der englisch-deutsche Sprach-Misch-Masch zeigt eine wohl unbeabsichtigte Ironie – oder sollte man sagen: *Nomen est omen*? Das Ganze, ›auf deutsch‹ gelesen, *wider* (= gegen) Europa-Konzept könnte die realistische Folge des globalistischen *Wider* (= größeren) *Europe Concept* sein.

[133] »Jean-Claude JUNCKER ist ein pfiffiger Kopf. ›Wir beschließen etwas, stellen das dann in den Raum und warten einige Zeit ab, was passiert‹, verrät der Premier des kleinen Luxemburg über die Tricks, zu denen er die Staats- und Regierungschefs der EU ermuntert. ›Wenn es dann kein großes Geschrei gibt und keine Aufstände, weil die meisten gar nicht begreifen, was da beschlossen wurde, dann machen wir weiter – Schritt für Schritt, bis es kein Zurück mehr gibt.‹ [...] Nach derselben Methode soll der Bau des Bundesstaates Europa weitergehen.« (Aus: *Der Spiegel*, Nr. 52/1999, S. 136) JUNCKER ist ein echter Vertreter der ›Demokratie‹. Was er sagt, beweist die Verschwörungsabsichten der KALERGI-Bande. In der Verachtung für die Demokratie stimmt J-C. JUNCKER, führender Funktionär der EU, mit Wolfgang SCHÄUBLE, Angela MERKEL und dem US-hörigen Volker RÜHE weitgehend überein (der sich schon als Verteidigungsminister seine Marschzahlen von amerikanischen *Think-Tanks* – gegen saftige Honorare – geben ließ; d.h., er bezahlte auch noch für die Befehlsausgabe seines Hegemons). Die Genannten wollten auch gegen den Willen von 82 Prozent des Staatsvolkes mit in den völkerrechtswidrigen Raubkrieg der USA gegen den Irak ziehen. Alles von Wichtigkeit in diesem Europa geschieht hinter dem Rükken oder gegen den Willen der Völker.

samteuropäischen Architektur ist die Europäische Union zum zentralen Bezugspunkt geworden. Ihre Anziehungskraft kann jedoch sowohl die Europäische Union als auch die potentiellen Beitrittskandidaten in ihrer Nachbarschaft überfordern. Einerseits droht der Europäischen Union bei einer ungesteuerten Erweiterungsdynamik die innere Überdehnung. Für die Länder der direkten Nachbarschaft, die bisher über keine Beitrittsperspektive verfügen, wäre andererseits das Ausbleiben der angestrebten raschen EU-Mitgliedschaft mit erheblicher außenpolitischer Frustration verbunden.

Im Interesse beider Seiten liegt daher eine für die EU realistische und für die Anrainerstaaten attraktive Nachbarschaftspolitik. Sie sollte sich an folgenden Prinzipien orientieren:

- Die Liste potentieller Beitrittskandidaten sollte nicht endgültig festgelegt werden. Die Grenzen Europas liegen vielmehr dort, wo sich die Menschen eindeutig und ohne materiellen, kulturellen oder religiösen Vorbehalt für das integrierte Europa entscheiden.[134] Die Bereitschaft zur konstruktiven Einordnung und die Fähigkeit zur Mitwirkung in der künftigen EU sind die entscheidenden Kriterien für die geographische Reichweite der Union.
- Ausgangspunkt einer Kooperation sollte sein, daß nicht für alle Nachbarstaaten zwingend ein Beitrittsantrag am Anfang und eine EU-Mitgliedschaft am Ende stehen. Die Nachbarstaaten sollten ihre Beziehungen zur Europäischen Union nicht ausschließlich im Lichte eines potentiellen Beitritts, sondern als wichtigen Impulsgeber der eigenen Transformation verstehen.

5.5. Exkurs: Zbigniew Brzezinski meldet sich zu Wort

Bundeskanzler Schröder hatte sich beim Besuch des türkischen Präsidenten Sezer in Berlin am 27. November 2002 einmal mehr dafür eingesetzt, daß die EU im Dezember desselben Jahres bei einem Gipfeltreffen beschließen solle, der Türkei ein Datum für den Beginn

[134] Das sind reine Lippenbekenntnisse, weil die Erfahrungen dagegen sprechen. Obwohl derartige ›Prinzipien‹ durch Gesetze in nahezu allen westlichen Staaten zwingend sind, kann man sich des Eindrucks nicht erwehren, daß sie - solange Völker in ethnischer und religiöser Hinsicht ziemlich homogen sind - vor allem dazu dienen, sie mit Pseudo-Toleranz zu ›Multi-Kulti‹ zu zwingen, wissend, daß die damit gerufenen antagonistischen Geister zur inneren Auflösung, Schwächung und in Folge zur künftigen Sklavengesellschaft führen werden.

von Beitrittsverhandlungen für eine Aufnahme in die Gemeinschaft zu nennen. Bei einem Presseauftritt gemeinsam mit SEZER bezeichnete es SCHRÖDER als im »nationalen« Interesse liegend, jene Kräfte in der Türkei zu ermutigen, die einen »Reformprozeß« anstrebten.

Abgesehen davon, daß letzteres den Deutschen eher gleichgültig sein dürfte, wurde sonst kein Grund vorgebracht, inwiefern eine Aufnahme der Türkei in die EU deutschen oder europäischen Interessen dienen könnte. Das verwundert nicht, denn – neben kulturellen, religiösen, demographischen und anderen Einwänden – gibt es auch wirtschaftlich ganz offensichtlich keine stichhaltigen Gründe für eine Aufnahme dieses Staates in die EU: Deutschland und die EU haben ein Millionenheer an Arbeitslosen, das sich mit der inzwischen erfolgten EU-Osterweiterung noch merklich vergrößern wird. Durch einen EU-Beitritt erhielten alle in der Türkei lebenden Türken das Recht der Freizügigkeit und könnten sich als Arbeitnehmer in den Staaten der Gemeinschaft dauerhaft niederlassen. Den Angleichungsprozeß der Türkei an die EU zu finanzieren dürfte alle Möglichkeiten der vereinigten EU-Schuldenakrobaten sprengen. Ein Beitritt sollte also im Interesse der Deutschen und der Europäer liegen?

Es ist offensichtlich, daß SCHRÖDER hier, wie so oft, nur Sprachrohr fremder Interessen ist, in diesem Fall vornehmlich der USA und der Türkei selbst. Daß er überhaupt als bis zu diesem Zeitpunkt einziger EU-Regierungschef einen EU-Beitritt der Türkei vorschlug, liegt an der Rolle, die den Deutschen vorgeschrieben und aufgetragen ist. Für die USA sind politische Gründe (der geostrategische Stellenwert

Bundeskanzler SCHRÖDER, der als einziger westeuropäischer Staatschef sich unverhohlen für den türkischen Beitritt einsetzt(e), traf mit Präsident SEZER am Rande des Nato-Gipfels von Istanbul am 28. 6. 2004 zusammen.

der Türkei: vordergründig im Nahen Osten, viel bedeutsamer jedoch die politische Kontrolle eines durch fremdkulturelle Einflüsse destabilisierten Europas und damit die Herrschaft über das euroasiatische Kernland) und solche wirtschaftlicher Art (Schwächung der EU als Handelskonkurrenz) maßgeblich.

Zbigniew BRZEZINSKI

Zbigniew BRZEZINSKI, einer der führenden außenpolitischen Denker der USA und Sicherheitsberater des früheren US-Präsidenten CARTER, hatte bereits 1997 in bemerkenswerter Nüchternheit Amerikas Strategie der weltweiten Vorherrschaft sowie die Rolle, die Europa und Deutschland darin spielen dürfen, beschrieben. BRZEZINSKI formulierte nur, was die bestimmenden Kreise der USA wünschen. Im Wortlaut:[135]

»Bedient man sich einer Terminologie, die an das brutalere Zeitalter der alten Weltreiche gemahnt, so lauten die drei großen Imperative imperialer Geostrategie: Absprachen zwischen den Vasallen zu verhindern und ihre Abhängigkeit in Fragen der Sicherheit zu bewahren, die tributpflichtigen Staaten fügsam zu halten und zu schützen und dafür zu sorgen, daß die ›Barbaren‹völker sich nicht zusammenschließen. [S. 65 f.] . . .

Es ist an der Zeit, daß Amerika eine einheitliche, umfassende und langfristige Geostrategie für Eurasien als Ganzes formuliert und verfolgt. Diese Notwendigkeit ergibt sich aus dem Zusammenwirken zweier grundlegender Faktoren: Amerika ist heute die einzige Supermacht auf der Welt, und Eurasien ist der zentrale Schauplatz. Von daher wird die Frage, wie die Macht auf dem eurasischen Kontinent verteilt wird, für die globale Vormachtstellung und das historische Vermächtnis Amerikas von entscheidender Bedeutung sein.

Amerikas globale Vorherrschaft ist in ihrer Ausdehnung und in ihrer Art einzigartig. Sie ist eine Hegemonie neuen Typs. . . In weniger als einem Jahrhundert zustandegekommen, zeigt sie sich vor allem

135 Zbigniew BRZEZINSKI, *Die einzige Weltmacht. Amerikas Strategie der Vorherrschaft*, Reinbek bei Hamburg 1999, S. 65 f. u. 277 ff.

in der beispiellosen Rolle Amerikas auf der eurasischen Landmasse, wo bisher alle früheren Konkurrenten um die Weltmacht ihren Ursprung hatten. Amerika ist nun der Schiedsrichter Eurasiens, und kein größeres eurasisches Problem läßt sich ohne die Beteiligung der USA oder gegen ihre Interessen lösen.

Ausschlaggebend für die Dauer und Stabilität der amerikanischen Weltmachtstellung wird sein, wie die Vereinigten Staaten die wichtigsten geostrategischen Spieler auf dem eurasischen Schachbrett einerseits steuern und ihnen andererseits entgegenkommen, und wie sie mit den entscheidenden geopolitischen Dreh- und Angelpunkten umzugehen verstehen. In Europa werden Deutschland und Frankreich auch weiterhin die Schlüsselfiguren sein, und Amerika sollte sich bemühen, den bestehenden demokratischen Brückenkopf an der westlichen Peripherie Eurasiens zu festigen und zu erweitern...

Die ... Gefahren für eine globale Stabilität werden durch die Aussicht auf eine allgemeine Verschlechterung der menschlichen Lebensbedingungen noch vergrößert. Vor allem in den ärmeren Ländern der Welt lassen Bevölkerungsexplosion und gleichzeitige Verstädterung das Heer der Benachteiligten und der Abermillionen arbeitsloser und immer unruhiger werdender junger Leute unaufhaltsam anwachsen, deren Frustrationspegel rasend steigt. Die modernen Medien verstärken den Bruch, den diese jungen Leute gegenüber traditionellen Autoritäten vollziehen, und führen ihnen die krasse Ungleichheit auf der Welt vor Augen. Das schürt ihren Unmut und macht sie für extremistische Rattenfänger anfällig. Einerseits könnte das Phänomen weltweiter Wanderungsbewegungen, das bereits an die zehn Millionen gehende Menschen umfaßt, für einige Zeit als Sicherheitsventil wirken, andererseits werden dadurch auch ethnische und soziale Konflikte von einem Kontinent auf den anderen übertragen...

Eine amerikanische Geostrategie für Asien wird sich folglich gegen die Kräfte des Chaos behaupten müssen. In Europa gibt es Anzeichen dafür, daß der Impuls zu Integration und Erweiterung nachläßt und die alten europäischen Nationalismen bald wieder aufleben könnten. Selbst in den erfolgreichsten europäischen Staaten dauert die Massenarbeitslosigkeit unvermindert an und erzeugt ausländerfeindliche Reaktionen, die in der deutschen oder französischen Politik einen plötzlichen Rechtsruck und chauvinistische Tendenzen herbeiführen könnten. Es wäre in der Tat denkbar, daß dort eine vorrevolutionäre Lage entsteht. Der historische Zeitplan für Europa... wird nur dann eingehalten werden können, wenn die Vereinigten Staaten Europas Einigungsbestrebungen nachhaltig ermuntern, ja sogar anspornen.

Die Ungewißheiten über die Zukunft Rußlands sind noch größer und die Aussichten auf eine positive Entwicklung viel geringer. Darum muß Amerika unbedingt einen geopolitischen Rahmen entwerfen, der Rußlands Assimilation an einen von wachsender europäischer Zusammenarbeit geprägten Hintergrund Rechnung trägt und der außerdem die selbstbewußte Unabhängigkeit seiner neuerdings souveränen Nachbarn fördert. Doch ob die Ukraine oder Usbekistan (gar nicht zu reden vom ethnisch zweigeteilten Kasachstan) als unabhängige Staaten überleben können, bleibt ungewiß, zumal wenn neue Krisen innerhalb Europas, wie etwa die wachsende Kluft zwischen der Türkei und der EU oder feindseliger werdende Töne im amerikanisch-iranischen Verhältnis, die Aufmerksamkeit der USA ablenken sollten. . .

Die hierfür erforderliche Politik muß zuallererst die drei bislang nie dagewesenen Bedingungen ungeschminkt zur Kenntnis nehmen, von denen das Weltgeschehen geopolitisch derzeit bestimmt wird: zum ersten Mal in der Geschichte ist 1. ein einzelner Staat die wirkliche Weltmacht, hat 2. ein außereurasischer Staat weltweit diese Vormachtstellung inne und wird 3. der zentrale Schauplatz der Welt, Eurasien, von einer außereurasischen Macht dominiert.

Eine umfassende und einheitliche Geostrategie für Eurasien muß allerdings auf der Einsicht gründen, daß auch der Macht Amerikas Grenzen gesetzt sind und daß mit der Zeit Verschleißerscheinungen unvermeidlich sind. Wie schon erwähnt, setzen allein die schiere Größe und Vielfalt Eurasiens wie auch die potentielle Macht einiger seiner Staaten dem Einfluß Amerikas und dem Ausmaß seiner Kontrolle über den Gang der Ereignisse Grenzen. Dieser Umstand erfordert geostrategisches Verständnis und den bewußt selektiven Einsatz amerikanischer Ressourcen auf dem riesigen eurasischen Schachbrett. Und da die beispiellose Macht der USA mit der Zeit notgedrungen abnimmt, muß es in erster Linie darum gehen, mit dem Aufkommen anderer regionaler Mächte so zurechtzukommen, daß Amerikas globale Vormachtstellung nicht bedroht wird.

Wie beim Schach müssen Amerikas globale Strategen etliche Züge im voraus durchdenken und mögliche Züge des Gegners vorwegnehmen. Eine konsequente Geostrategie muß daher zwischen kurzfristiger Perspektive (grob gesagt, für die nächsten fünf Jahre), einer mittelfristigen (bis zu zwanzig Jahren in etwa) und einer langfristigen (über zwanzig Jahre hinaus) Perspektive unterscheiden. Zudem dürfen diese Zeitabschnitte nicht als in sich abgeschlossen betrachtet werden, sondern als Teil eines Kontinuums. Die erste Phase muß allmählich und stetig in die zweite überleiten – ja, muß bewußt auf sie ausgerichtet sein –, und die zweite muß entsprechend in die dritte übergehen.

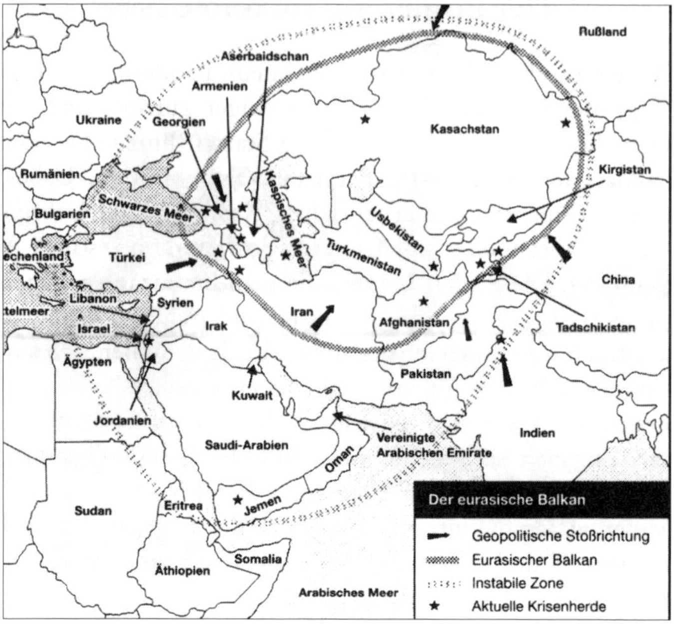

Der eurasische Balkan. Die geostrategische Bedeutung der Türkei für die USA – als Korridor zu den Bodenschätzen des Kaspischen Gebiets – ist unschwer erkennbar. Karte aus: Z. Brzezinski, *Die einzige Weltmacht*.

Kurzfristig ist es in Amerikas Interesse, den derzeit herrschenden Pluralismus auf der Landkarte Eurasiens zu festigen und fortzuschreiben. Dies erfordert ein hohes Maß an Taktieren und Manipulieren, damit keine gegnerische Koalition zustande kommt, die schließlich Amerikas Vorrangstellung in Frage stellen könnte, ganz abgesehen davon, daß dies einem einzelnen Staat so schnell nicht gelänge. Mittelfristig sollte die eben beschriebene Situation allmählich einer anderen weichen, in der auf zunehmend wichtigere, aber strategisch kompatible Partner größeres Gewicht gelegt wird, die, veranlaßt durch die Führungsrolle Amerikas, am Aufbau eines kooperativeren transeurasischen Sicherheitssystems mitwirken können. . .

Mittelfristig geht es darum, echte Partnerschaften zu fördern, allen voran jene mit einem geeinteren und politisch klarer definierten Europa und mit einem regional beherrschenden China, sowie mit (so ist zu hoffen) einem postimperialen und nach Europa hin orientierten Rußland und am südlichen Rand Eurasiens mit einem auf die Region stabilisierend wirkenden, demokratischen Indien. Aber wie das Umfeld aussehen wird, das Rußlands Rolle bestimmt, hängt davon ab, ob es gelingt, umfassendere strategische Beziehungen mit Europa beziehungsweise China zu schmieden oder nicht.

Daraus folgt, daß ein größeres Europa und eine erweiterte NATO den kurz- und längerfristigen Zielen der US-Politik durchaus dienlich sind. Ein größeres Europa wird den Einflußbereich Amerikas erweitern - und mit der Aufnahme neuer Mitglieder aus Mitteleuropa in den Gremien der Europäischen Union auch die Zahl der Staaten erhöhen, die den USA zuneigen –, ohne daß ein politisch derart geschlossenes Europa entsteht, das bald schon die Vereinigten Staaten in für sie bedeutsamen geopolitischen Belangen anderswo, insbesondere im Nahen Osten, herausfordern könnte. Ein politisch klar definiertes Europa ist nicht zuletzt für die fortschreitende Einbindung Rußlands in ein System globaler Zusammenarbeit unverzichtbar.

Amerika kann allein kein geeinteres Europa schaffen - das ist Sache der Europäer, allen voran der Franzosen und Deutschen –, Amerika kann aber das Entstehen eines geeinteren Europas behindern. Und dies könnte sich für die Stabilität in Eurasien und somit für Amerikas eigene Interessen als fatal erweisen. In der Tat droht Europa, wenn es nicht zu einer Einheit kommt, wieder zu zerfallen. Folglich ist es, wie oben dargelegt, lebenswichtig, daß Amerika sowohl mit Deutschland als auch mit Frankreich eng zusammenarbeitet, auf ein politisch lebensfähiges Europa hin, das gleichwohl mit den USA verbunden bleibt und den Geltungsbereich des internationalen Systems demokratischer Zusammenarbeit ausdehnt. Ohne Europa wird es kein transeurasisches System geben.

Praktisch heißt das: Es muß allmählich eine Übereinkunft über eine gemeinsame Führung in der NATO erzielt, Frankreichs Interesse an einer Rolle Europas nicht nur in Afrika, sondern auch im Nahen Osten stärker berücksichtigt und eine Osterweiterung der EU anhaltend unterstützt werden, selbst wenn die EU ein politisch wie wirtschaftlich selbstbewußterer *global player* werden sollte. Ein transatlantisches Freihandelsabkommen, das bereits eine Reihe prominenter Staatsmänner des Atlantischen Bündnisses befürworten, könnte außerdem das Risiko verringern, daß es auf wirtschaftlichem Gebiet zu immer stärkeren Rivalitäten zwischen einer geeinteren EU und den Vereinigten Staaten kommt. . .

Ein neues Europa muß erst noch Gestalt annehmen, und wenn dieses neue Europa geopolitisch ein Teil des ›euro-atlantischen‹ Raums bleiben soll, ist die Ausdehnung der NATO unumgänglich. . .

Großangelegte internationale Investitionen in eine immer besser zugängliche kaspisch-zentralasiatische Region würden nicht nur zur Konsolidierung dieser neuen Länder beitragen, vielmehr dürfte auch ein postimperiales und demokratisches Rußland langfristig davon profitieren. Die Erschließung der Energiequellen und Bodenschätze der Region förderte Wohlstand und würde ein stärkeres Stabilitäts- und Sicherheitsbewußtsein in diesem Gebiet erzeugen; damit ließen sich vielleicht die Risiken balkanähnlicher Konflikte verringern...

Bei der Förderung eines stabilen und unabhängigen südlichen Kaukasus und Zentralasiens muß Amerika darauf achten, daß die Türkei nicht vor den Kopf gestoßen wird, und sollte ausloten, ob sich seine Beziehungen zum Iran verbessern lassen. Eine Türkei, die sich von Europa, dem sie sich anschließen wollte, ausgestoßen fühlt, wird eine islamischere Türkei werden, die aus reinem Trotz ihr Veto gegen die NATO-Erweiterung einlegen dürfte und weniger bereit sein wird, in Zusammenarbeit mit dem Westen, ein laizistisches Zentralasien zu stabilisieren und in die Weltgemeinschaft zu integrieren.

Demgemäß sollte Amerika seinen Einfluß in Europa für einen Beitritt der Türkei geltend machen und darauf achten, daß die Türkei als europäischer Staat behandelt wird... Regelmäßige Konsultationen mit Ankara über die Zukunft des Kaspischen Beckens und Zentralasiens würden in der Türkei ein Bewußtsein strategischer Partnerschaft mit den Vereinigten Staaten fördern.« (S. 277 ff.)

5.6. Die ›Demokratisierung‹ der Türkei ist Nebensache

Sommer 2004: Die stellvertretende europapolitische Sprecherin der SPD-Bundestagsfraktion nimmt eine Aufforderung der türkischen Rechtspartei MHP an die Generale, den beitrittsbedingten ›Reformen‹ nicht länger zuzusehen, zum Anlaß, die »kollektive Empörung quer durch die politischen Parteien, die Medien und die türkische Gesellschaft« als Zeichen der besonderen EU-Tauglichkeit Ankaras hochzujubeln. Was war der Anlaß?

»Ein nichtöffentlicher und erst jetzt durch die Presse aufgedeckter Brief der rechtsnationalen Partei MHP vom 15. Juni 2004 an 313 Armeegenerale. In diesem Brief wird unter der Überschrift ›Historische Aufforderung zum Handeln‹ die Reformpolitik der Türkei kritisiert und die EU als Urheberin dieser zwangsweise verordneten Reformen ausgemacht. Als schlimme Mißstände und bedrohliche Entwicklungen für die Türkei sieht die MHP dabei gerade die demokratischen Reformen, die die EU unter anderem als Voraussetzung für die Aufnahme von Beitrittsgesprächen eingefordert hat: Abschaffung der Todesstrafe, konsequente Ächtung der Folter, Unabhängigkeit der Justiz und die Zulassung der kurdischen Sprache in Schulen und Medien. Gleichzeitig wirft sie der EU eine Förderung des kurdischen Separatismus vor. Die Kopenhagener Kriterien, an denen die Beitrittsfähigkeit eines Landes zur EU gemessen wird, seien nur dazu gemacht, um die Türkei ethnisch und politisch zu spalten. Die AKP-Regierung (Partei für Gerechtigkeit und Entwicklung) mache sich zum willigen Knecht dieser EU-Bestrebungen. Die Tatsache, daß die türkischen Streitkräfte in politische Angelegenheiten hineingezogen werden sollten, löste bei den Generalen großes Unbehagen aus. Das türkische Militär hat die Briefe nur mit dem Kommentar, sie seien für solche Anliegen nicht zuständig, in gesammelter Form wieder an die MHP-Zentrale zurückgeschickt.«[136]

Man erkennt in diesem Vorgang mehrere Dinge:

1. Es gibt in der türkischen ›Demokratie‹ mächtige Gruppierungen wie die MHP, die den neoliberalen, globalistischen Weg in die EU ablehnen. Sie sind zwar jetzt wegen eines merkwürdigen Wahlgesetzes (Zehn-Prozent-Hürde) nicht im Parlament, nichtsdestotrotz kaum minder politisch einflußreich als die regierende AKP. Die Lage in der Türkei ist also alles andere als konsolidiert.

2. Der Brief an die Militärs zeigt, daß die MHP ernsthaft die Möglichkeit – oder Wahrscheinlichkeit – erwogen hat, daß die Armeeführung, wie schon oft in der Vergangenheit, zu einem Putsch bereit sein könnte, weil auch sie in ihrem bisherigen Einfluß stark beschnitten werden soll. Das Zurücksenden der Post ohne weitere Maßnahmen zeigt außerdem, daß man diese Möglichkeit wohl erwogen haben dürfte. Es ist also keineswegs so klar, daß ein Putsch auch in Zukunft nicht in Frage kommt.

3. Die hier hervorgehobenen ›Reformen‹ sind im Grunde lächerlich, weil eigentlich ohne weitere Debatte selbstverständlich. Aber für die Türkei bedeuten sie für einen wesentlichen Teil der Bevölkerung und des politischen Parteienspektrums soviel wie die ethnische und politische Spaltung. Derartig unvereinbare Standpunkte werden nicht mit ein paar Seiten bedruckten Papiers oder der formalen Akzeptanz des *acquis communautaire* aus der Welt geschafft. Sie bleiben als ständiger Unruheherd bestehen.

4. Bei all den Beitrittserfordernissen mit ihren blumigen Namen – Kopenhagener Kriterien usw. – werden offenbar die *soft*-Kriterien in den Vordergrund geschoben, also jene, deren Erfüllung einen blo-

[136] 10. 8. 2004, SPD-Bundestagsfraktion, http://www.spdfraktion.de

ßen Meinungswechsel erfordert: Absichtserklärungen. Die ›harten‹ Kriterien werden nicht erwähnt, weil offenkundig ist, daß sie nicht oder kaum, jedenfalls nicht so schnell erfüllbar wären; etwa, die Wirtschaft so zu gestalten, daß sie ähnlich leistungsfähig wie die europäische ist und zumindest die eigene Bevölkerung zu ernähren imstande ist. Dies erfordert nämlich tatsächliche Anstrengungen, nämlich die Befähigung dazu. In der anglo-amerikanischen Militärstrategie entspricht das dem Unterschied zwischen schnell zu ändernden *intentions* und den nur sehr langsam (wenn überhaupt) zu beeinflussenden *capabilities*.

5. Aus der mit großem Tamtam unters Medienvolk gebrachten SPD-Verlautbarung und der angeblich so einhelligen Reaktion der veröffentlichten Meinung in der Türkei ist zu ersehen, daß die ganze Beitrittsangelegenheit nichts als eine oberflächliche Tünche über einer ganz anderen Stimmung im Lande ist. Es ist mit Händen zu greifen, daß hier eine Komödie aufgeführt, eine Illusion genährt wird, aber die Wirklichkeit eine ganz andere ist.

5.7. Ablenkungsmanöver

Das FORUM PRO TE*U*RKEI[137] ist eine Initiative des ÖTW (Österreichisch-Türkisches Wissenschaftsforum), das es sich im Bewußtsein der Bedeutung des Jahres 2004 für die Beziehungen zwischen der Türkei und der EU zum Ziel gesetzt hat, die Haltung der österreichischen politischen Landschaft gegenüber der Türkei zu eruieren; sprich Propaganda zu machen. Tatsächlich ist die Propaganda-Maschine längst angelaufen. ›Workshops‹ zu zahlreichen Themenkreisen sollen dem Ochsen, der sich vorerst noch dem Saufen verweigert, all das Gute und Vorteilhafte schon noch eintrichtern. Der offizielle Broschürentext informiert:

»... Des weiteren werden Workshops zu den folgenden sechs Themenkreisen veranstaltet:

Workshop Wirtschaft
Workshop EU
Workshop Wissenschaft und Forschung
Workshop Kultur
Workshop Diplomatische Beziehungen
Workshop Bedeutung der Türken im heutigen Wien...«

[137] 25. 5. 2004.

»EU-Erweiterungskommissar Günter VERHEUGEN stellte der Türkei am 21. März 2004 erstmals einen Termin für die Aufnahme von Beitrittsgesprächen in Aussicht. Sollte die EU-Kommission bei ihren Beratungen über die Aufnahme von Beitrittsgesprächen Ende des Jahres zu einem positiven Ergebnis kommen, würden die Verhandlungen im kommenden Frühjahr beginnen.«[138]

»Brüssel: Einem EU-Beitritt der Türkei erteilt Wirtschafts- und Arbeitsminister Martin BARTENSTEIN (ÖVP) eine Absage.« BARTENSTEIN betonte bei einem Vortrag vor der Vereinigung Europäischer Christdemokraten in Brüssel, »daß ich mir als Arbeitsminister eine Vollmitgliedschaft der Türkei und damit Freizügigkeit in keinster [sic!] Weise vorstellen kann«. Im Fall einer Aufnahme der Türkei erwartet BARTENSTEIN einen Zustrom von »einigen Millionen« türkischen Arbeitnehmern in die EU (eine glatte Untertreibung, worüber der Nahost- und Islamexperte Peter SCHOLL-LATOUR die Öffentlichkeit zu wiederholten Malen belehrte). Eine Aufnahme der Türkei in die Europäische Union sei daher »auf lange Zeit nicht realistisch«, dies müsse die EU »im Sinne der Glaubwürdigkeit« auch klar machen, sagte der Minister. Die Zusage der EU-Staats- und Regierungschefs, Ende dieses Jahres über die Aufnahme von Beitrittsverhandlungen mit der Türkei zu entscheiden, kritisierte BARTENSTEIN als »voreilige Festlegung«.[139]

Die Entscheidung über Beitrittsgespräche der Türkei mit der Europäischen Union ist im Dezember 2004 in Brüssel gefallen, und zwar nicht unerwartet: Die Regierung in Ankara hatte in den Monaten zuvor alles darangesetzt, auf dem Papier die Voraussetzungen für die Aufnahme von Verhandlungen zu erfüllen. Das machte es den Staats- und Regierungschefs der EU so gut wie unmöglich, Nein zu sagen, als sie im vorigen Dezember wieder über das türkische Gesuch zu befinden hatten. Deutschland, Großbritannien und Frankreich sind ohnehin für eine Aufnahme. SCHRÖDER und CHIRAC hielten es inzwischen nicht einmal mehr für nötig, den Fortschrittsbericht der Europäischen Kommission im Oktober abzuwarten. Sie haben den Türken schon öffentlich ein zustimmendes Votum in Aussicht gestellt. Es ist schwer vorstellbar, daß ein kleinerer Mitgliedstaat diesen Zug noch aufhalten wollte oder könnte.

All das ist geschehen, ohne daß in der EU jemals eine ernsthafte Diskussion stattgefunden hätte. Die Argumente, die über den türki-

[138] www.orf.at/index.html?url=http%3A//www.orf.at/ticker/141573.html
[139] *Kurier*, 12. 3. 2004.

schen Beitritt ausgetauscht wurden, entsprangen nicht einem abwägenden Für und Wider, sondern brachten vor allem europäische Hilflosigkeit zum Ausdruck.[140]

Ganz nüchtern urteilte die zur *New York Times* gehörende *International Herald Tribune*:[141] »Daß die Bevölkerung in ganz Europa schrumpft, bedeutet, daß noch mehr Einwanderung bevorsteht. Die Aufnahme der Türkei als EU-Mitglied würde diesen Trend beschleunigen und die Identität Europas unwiderruflich ändern... Viele Europäer müssen erst noch akzeptieren, daß die traditionell weiße, christliche Kultur ihrer Vorfahren von einem multikulturellen Mix mit einem starken islamischen Gewicht abgelöst wird.« So werden in den USA die den Europäern noch bevorstehenden Entwicklungen gleichsam schon amtlich verkundet.

Die Kampagne für den türkischen Beitritt rollt unaufhaltsam. Der türkische Regierungschef ERDOGAN nimmt bereits an den Konferenzen der EU-Regierungschefs teil. Es ist alles wie bei der EURO-Einführung: Erst erscheint der ganze Plan unrealistisch und wird von vielen für undurchführbar gehalten; dann wird eine offene Diskussion kriminalisiert (so ausdrücklich von SCHRÖDER); schließlich wird die Entscheidung durchgezogen, und zwar auf amerikanischen Druck hinter den Kulissen (die USA und die Türkei sind strategische Verbündete), dem sich Berlin zu beugen hat.

Wenn man die Hintergründe politischer Vorgänge analysiert, so wäre es unzureichend, nur die Ereignisse an der Oberfläche zu beschreiben. Es ist zwar unbestritten, daß in der Vergangenheit wie heute die Religion, die Nationalität, soziale Unterschiede usw. Ursachen und innerste Antriebskräfte politischer und historischer Prozesse waren; ebenso Ideologien, also Weltanschauungen ganzer Gesellschaften oder Völker, etwa der Kommunismus in der ehemaligen Sowjetunion oder der Nationalsozialismus im Deutschen Reich oder der Faschismus in Italien, der Maoismus in China u.a.m.

Bei vielen bedeutsamen Ereignissen ist die leitende, innerste Ursache allerdings nicht klar. So wird zum Beispiel allgemein für wahr gehalten, daß die Französische Revolution ein Aufstand des nicht privilegierten ›Dritten Standes‹ gegen die Privilegien des Königs und der Kirche gewesen sei. Oder daß die ›Aufklärung‹ Ursache der »Befreiung aus der selbstverschuldeten Unmündigkeit« gewesen sei, daß

---

[140] Nikolas BUSSE, »Das türkische Geschäft«, 8. 8. 2004.

[141] *International Herald Tribune*, 24. 11. 2003.

sich mithin die Vernunft und das rationale Denken gegen Aberglauben und Gottesgnadentum erhoben hätten. Wieder andere weisen auf die Hungersnot und die spekulative Verknappung des Brotgetreides hin wie auch auf den faktischen Bankrott des französischen Staates, was zusammen zum Sturm auf die Bastille geführt haben soll.

Alles mag ein Körnchen Wahrheit enthalten, aber ob damit die eigentlichen innersten Antriebskräfte erkannt worden sind, ist fraglich. Es scheint vielmehr, daß der metaphysische Kampf zweier antagonistischer Prinzipien dahinter steht: auf der einen Seite die Tatsache einer von Gottes Gnaden ausgeübten Herrschaft, rückgebunden in der *religio* und damit göttlichem (oder wenn man das lieber hören will: Natur-)Recht verpflichtet; in Europa ist damit konkret die christliche Ethik, das christliche Sittengesetz gemeint. Auf der anderen Seite steht dem in diametralem Gegensatz die angebliche Legitimation durch das ›Volk‹ gegenüber, egalitäre Mehrheitsbeschlüsse, wobei das Volk in positivistischer Weise selbst ›demokratisch‹ beschließt, was Moral und Sittlichkeit ist. War im ersten Fall noch Geistiges und Transzendenz die Grundlage, so im zweiten Materialistisches und Diesseitiges. Heutiges Kennzeichen und beste Metapher für diesen Zustand ist der Tanz ums goldene Kalb.

Diejenigen Akteure, die sich heute für den EU-Beitritt der Türkei starkmachen, haben ähnliche, nämlich rein materialistische und zerstörerische Ziele. Nur so wird verständlich, wenn plötzlich aus dem Munde des griechischen Ministerpräsidenten Kostas KARAMANLIS die Verlautbarung zu hören ist: »Die Türkei in der EU wäre für uns alle ein Gewinn.«[142] Und weiter:

»*Bild*: Glauben Sie, daß die islamisch geprägte Türkei wirklich zu Europas christlicher Prägung paßt?

KARAMANLIS: Ich bin nicht der Auffassung, daß der Geist Europas so viel mit Religionen oder Glaubensgrundsätzen zu tun hat. Ich denke vielmehr, daß dieser europäische Geist von Prinzipien getragen ist, die alle nicht-fanatischen Religionen gemeinsam haben: Demokratie, gegenseitige Rücksichtnahme, Gleichheit, der Respekt vor der

---

[142] *Bild*-Interview mit Griechenlands Premier KARAMANLIS von Kai DIEKMANN, Jörg QUOOS und Daniel BISKUP.

Würde des Menschen und vor Rechten der Minderheiten. Ich möchte auch keine geographische oder geopolitische Trennlinie ziehen, sondern vielmehr sagen: Alle Menschen, die diese Prinzipien beherzigen und nach ihnen leben, haben das Recht, nach Europa zu blikken. Und auch die Türkei ist - mit Höhen und Tiefen - seit über sechs Jahrhunderten mit Europa eng verflochten. Und deshalb ist die Türkei nach meinem Europa-Verständnis ein Teil dieser Gemeinschaft. Am Ende wird aber die EU darüber entscheiden müssen und natürlich die Türkei selbst.
Die Europäische Union hat klare Kriterien für einen Beitritt aufgestellt, und wenn die Türkei diese erfüllt, dann könnte sie auch beitreten. Letztlich geht es um die Frage, ob die Türkei zu Europa gehören und europäische Werte annehmen will. Ich glaube, daß die jetzige Regierung große Anstrengungen in diese Richtung unternimmt. Aber gewisse Schwierigkeiten sind noch zu überwinden.«

Wir haben es hier mit blanker Freimauer-Phraseologie zu tun, mit der Ideologie der liberalen Internationale, und sie steht im krassesten Widerspruch zur geschichtlichen Erfahrung Europas und insbesondere der Griechen selbst. Hier spricht die große Anonyma in der Maske des griechischen Ministerpräsidenten, der, was für Blinde zu greifen ist, damit nicht die Volksmeinung ausdrückt.

Folgt man der deutschen Bundesregierung, so besteht keinerlei Zweifel am Beitritt der Türkei zur EU. Auch Bundeskanzler SCHRÖDER hielt es nicht für angebracht, die Veröffentlichung des Brüsseler Fortschrittsberichtes abzuwarten. Er erklärte: Ankaras Weg in die EU sei »unumkehrbar«. Außenminister FISCHER unterstützt diese schnoddrige Entschlossenheit. Eine Diskussion über die Folgen dieses Schrittes versuchen beide Politiker zu verhindern. Von Anfang an unterstellten sie den Skeptikern Fremden- und Islamfeindlichkeit. Argumente für oder wider den Beitritt der Türkei sind seither kaum noch zu hören.

Sie aber sind nötiger denn je. Experten haben errechnet, welche Kosten auf die EU zukommen werden. Würden Beitrittsverhandlungen mit Ankara aufgenommen, müßte die EU jährlich 15 Milliarden Euro an die Türkei zahlen. Die Regierung läßt diese Aussicht kalt. FISCHER mag sie sogar als kleinkariert beiseiteschieben. Vielleicht hat er recht.

Womöglich ist Europa geradezu verpflichtet, einen Staat aufzunehmen, der dann der größte in der EU wäre. Eine Diskussion wäre längst überfällig. Sie aber wird nicht kommen. So wird die EU in ein Abenteuer stolpern, das verhängnisvoll enden kann.[143]

»**Sofia.** AFP/BaZ. Der deutsche Bundeskanzler Gerhard SCHRÖDER hat sein Ja zu EU-Beitrittsverhandlungen mit der Türkei bekräftigt. ›Mit der Heranführung der Türkei an die EU können wir einen neuen mutigen Schritt gehen‹, sagte SCHRÖDER am Freitag während seines Besuchs in Bulgarien. Er verwies in einer Rede vor dem Deutsch-Bulgarischen Wirtschaftsforum in Sofia auf die im Dezember im Europäischen Rat der Staats- und Regierungschefs anstehende Entscheidung über den türkischen Beitrittswunsch. ›Ich werde mich dafür einsetzen, daß er beschließt, Beitrittsverhandlungen mit der Türkei aufzunehmen.‹ Voraussetzung sei allerdings, daß die Regierung in Ankara ›ihren mutigen und weitreichenden Reformkurs‹ auch künftig beibehalte. Bulgarien, das bereits alle Kapitel der EU-Beitrittsverhandlungen abgeschlossen hat, soll 2007 in die Europäische Union aufgenommen werden, wie SCHRÖDER in Sofia bekräftigte.«[144]

Eine künftige türkische EU-Mitgliedschaft wertete der Kanzler als »einen Schritt hin zu einer besseren europäischen Zukunft und zu einem größeren Beitrag Europas zu Frieden und Sicherheit in der Welt«. Seine bulgarischen Gastgeber rief SCHRÖDER auf, eine Brückenfunktion zwischen der Türkei und Europa zu übernehmen.

Nach einem Gespräch mit Ministerpräsident Simeon SAKSKOBURGGOTSKI[145] sagte der Kanzler, beide seien sich einig gewesen, daß es gegenüber der Türkei das Versprechen gebe, Beitrittsverhandlungen aufzunehmen, wenn die auf dem EU-Gipfel in Kopenhagen festgelegten Kriterien erfüllt seien.

Auch bei diesen Verlautbarungen ist es offensichtlich, daß eine Marionette Washingtons etwas ›bekräftigt‹, wofür ihr jegliche Legitimation fehlt, weil die Deutschen das ganz offensichtlich nicht wol-

143 Kommentar von Jacques SCHUSTER, in: *Morgenpost* (Berlin), 21. 8. 2004.

144 *Basler Zeitung*, 13. 8. 2004.

145 Das ist der verballhornte Name des ›Königs‹, der eigentlich VON SACHSEN-COBURG-GOTHA heißt. Ein Kotau vor den Bulgaren, indem er seinen Geschlechternamen slawisiert.

len. Wenn sich SCHRÖDER dann auch noch Sofia für derartige Auslassungen aussucht, so ist auch das pikant: einerseits, weil die Bulgaren durch Jahrhunderte unter der türkischen Herrschaft gelitten haben und noch vor wenigen Jahren die bulgarisch-türkische ›Brückenfunktion‹ mit einer großen Vertreibungsaktion erleben durften. Wer sich noch der eigenartigen ›Wahl‹ des ›Königs‹ Simeon VON SACHSEN-COBURG-GOTHA vor ein paar Jahren erinnert, weiß auch, welche Regie hier am Werk war.

Dazu berichtete die *Neue Zürcher Zeitung* am 24. April 2001, daß die Partei SIMEONS II., des ehemaligen Königs, nicht an den Parlamentswahlen am 17. Juni teilnehmen könne, da die Eintragung als ›wahlwerbende Gruppe‹ von der Stadtverwaltung Sofias verweigert wurde. Die Klage vor Gericht wurde wegen einer angeblich »nicht vorschriftsmäßigen Begründung« abgewiesen, so daß es die Königspartei mit einer Berufung vor dem Verfassungsgericht nicht mehr vor Ende der Eintragungsfrist am 2. Mai schaffen konnte. Dabei war klar, daß dieser Willkür-Bescheid einer lokalen Mafia einer rechtlichen Prüfung nicht standhalten würde, da es kaum Sache einer Bezirksbehörde sein konnte, eine größere politische Gruppierung einfach von den Wahlen auszuschließen. Sie war nach Umfragen mit 12 Prozent der Stimmen drittstärkste Partei. Hätte sie womöglich die Machtergreifung der liberalen Internationale auch in Bulgarien in Frage gestellt? Oder kannte man vor Ort einfach noch nicht die ›oben‹ ausgegebene neue Parole?

Es gab dann doch eine überraschende Wende. König SIMEON II. trat doch zur Wahl an – und gewann ganz überraschend. Der ›Bürger‹ Simeon SAKSKOBURGGOTSKI wurde Premier und versprach prompt, Bulgarien in die NATO und die EU zu führen und allerlei sonst noch. Nur darum durfte er auch als »rechte Wende« in den postkommunistischen Ländern gefeiert werden. Man agiert, unterstützt von den USA, wie nach einer Partitur, zu der der Großmeister die jeweiligen Einsätze gibt.

Dazu noch ein letztes Beispiel. Die *Neue Zürcher Zeitung* berichtete am 13. August 2004 unter der Überschrift »Lob des Währungsfonds für die Türkei« Folgendes:[146]

»Der Internationale Währungsfonds (IWF) hat der Wirtschafts- und Finanzpolitik der Türkei ein nahezu uneingeschränkt gutes Zeugnis ausgestellt. In einem Bericht, der jetzt in Washington nach Abschluß

[146] *Neue Zürcher Zeitung*, 13. 8. 2004.

von Konsultationen nach Artikel IV veröffentlicht worden ist, heißt es, die volkswirtschaftlichen Bedingungen des Landes seien so gut wie seit Jahrzehnten nicht mehr. Der IWF lobt vor allem die Kreditpolitik und die Bemühungen zur Inflationsreduktion. In diesem Umfeld werde das reale Bruttosozialprodukt in diesem Jahr mindestens um 5% zunehmen. Gleichzeitig sei die Inflationsrate auf den niedrigsten Stand seit langer Zeit gefallen und auf bestem Wege, das angestrebte Ziel von 12% in diesem Jahr zu erreichen.

Allerdings weist der Währungsfonds darauf hin, daß das Land weiterhin Probleme im Bereich der öffentlichen Schulden habe. Der Umfang der Verschuldung, die kurzen Laufzeiten sowie ein hoher Anteil ausländischer Währungen würden die Türkei krisenanfällig bei Wechselkurs- und Zinsveränderungen machen. Darüber hinaus hält der IWF es für erforderlich, daß die Türkei die Qualität der Fiskalpolitik verbessert und das Tempo der strukturellen Reformen beschleunigt.

Unabhängig davon wird aus Ankara berichtet, daß die türkische Regierung mit dem IWF über einen neuen Standby-Kredit verhandeln will, über dessen Höhe aber noch keine Aussagen gemacht werden. Wie es heißt, sollen die Verhandlungen im September aufgenommen werden.«

Dieses Lob ist nicht ohne Zwischentöne. So ist dem Bericht zu entnehmen, daß die Türkei eine abenteuerliche Inflation hat, die lediglich als Ziel angestrebt wird, das heißt: In Wahrheit ist es wohl noch schlimmer. Außerdem wird erwähnt, daß das Land überschuldet ist, vor allem im Ausland. Das bedeutet, daß die Schulden in türkischer Währung schneller anwachsen, als sie getilgt werden können. Außerdem braucht Ankara einen neuen Kredit des IWF, um den alten zurückzahlen zu können. Die Finanzlage ist demnach so, wie sie immer ist, wenn man erst einmal in die Schuldenfalle der internationalen Finanz geraten ist. Euphemismen wie »strukturelle Reformen«, »verbesserte Fiskalpolitik« und »Beschleunigung« – also die *economic adjustment policy* des IWF – haben in erster Linie die Sicherung der Tributleistungen im Blick, nicht nur der türkischen, sondern auch jener Europas, die mit dem Beitritt der Türkei langfristig zu sichern sind.

Zu guter Letzt noch ein Fall von diplomatischer Verschleierung. Albert Prinz ROHAN[147] gewährte Menachen O. BRONNERS rosarotem

[147] Albert ROHAN war bis Ende 2001 Generalsekretär im Außenministerium und damit ranghöchster Diplomat Österreichs.

Wiener Blatt[148] im August 2004 ein Interview über einen türkischen EU-Beitritt. Auf die Frage, wie er denn den Abschlußbericht beurteile, an dem so bedeutende europäische Politiker wie Martti AHTISAARI,[149] Michel ROCARD, Kurt BIEDENKOPF oder Emma BONINO mitgewirkt hätten, meinte ROHAN, daß er von der »stillen Revolution von oben, einer totalen Transformation« überwältigt sei und die »Reformgesetzespakete die Türkei an die EU herangeführt« hätten. Die Wahrheit: Wie erwähnt, hat die Deutsche Bank zusammen mit der US-Unternehmensberatung ›Eurasia Group‹ einen Index der politischen Stabilität entwickelt, auf dem die Türkei noch hinter der Ukraine und Usbekistan rangiert. Nur Ägypten, Venezuela und Nigeria werden noch schlechter bewertet.

ROHAN weiter: Weil die überwältigende Mehrheit der Bevölkerung hinter dem Projekt EU stehe, sei »der Widerstand beharrender Kräfte in Bürokratie, Justiz und Armee schwach, [und] diese Leute sind chancenlos«.

Merkwürdigerweise teilt der Aristokrat mit, daß »der gesamte Reformprozeß aber von der EU abhänge«. Das heißt im Klartext doch nichts anderes, als daß von außen etwas aufgezwungen wird. Sonst hätte er doch vermutlich gesagt, daß die Türken selbst die Reformen anstrebten, etwa so wie früher gute Christen das Himmelreich. Die Frage muß schon erlaubt sein, was das für ›Reformen‹ sind, die nicht ein Volk aus eigenem Antrieb und innerster Überzeugung hervorbringt, sondern die »von der EU« abhängen. Auch ROHAN kommt deshalb zu einem entlarvenden Schluß, der zwischen den Zeilen alles sagt: »Würde die Türkei von der EU zurückgewiesen, wäre alles gefährdet.«

Daß der *Standard* eine so lächerliche Frage wie die nach den »Stimmgewichten« im EU-Parlament (in Wirklichkeit eine Quatschbude ohne die geringsten Kompetenzen) aufwirft! So etwas nennt man ›Vermeidungsdialoge‹, um von den wirklichen Fragen abzulenken. ROHAN gibt denn auch die gewünschten – völlig belanglosen – Antworten.

---

[148] *Der Standard*, 28. 8. 2004, S. A2.

[149] Nicht über alle ›europäischen Größen‹ haben wir ein ›Dossier‹ zur Hand. Bei M. AHTISAARI ist es zum Glück der Fall. Er war nämlich jener Vermittler und Friedensstifter in Belgrad, der mit MILOŠEVIC ›verhandelte‹. Auf die Frage, was denn passieren würde, wenn er – MILOŠEVIC – die ›Friedensvorschläge‹ nicht annähme, antwortete AHTISAARI: »Dann würden wir Belgrad dem Erdboden gleich machen.« Man beachte das Faksimile des britischen *Sunday Telegraph*, der unverhohlen forderte, Atombomben einzusetzen. AHTISAARI ist also ein bewährter Übermittler ›froher Botschaften‹.

Auch die berechtigte »Angst vor einer Einwanderungswelle« muß natürlich zumindest angesprochen werden. Hier gleitet ROHAN endgültig in die Gefilde der dreisten Lügne ab: »Die Migration wird äußerst gering sein und erst 2025 schlagend werden.« Aber warum nur? Antwort: Weil Europa spätestens dann nämlich, jahrzehntelang von politischen Verbrechern manipuliert und verführt, die Kinderlosigkeit zu spüren bekommen wird, weshalb der famose Diplomat rundheraus erklärt, daß wir dann »dringend Einwanderer brauchen«, anstatt die Ursache und damit die einzige Lösung anzusprechen: eigene Kinder. ROHAN belegt seine »äußerst geringe Einwanderung« mit einer »seriösen Prognose« – also einer der unzähligen EU-Fälschungen und Manipulationen –, die »von 2,7 Millionen Einwanderern in die gesamte EU« ausgehe. Was davon zu halten ist, wurde an anderer Stelle unter Verweis auf ein Zitat aus der *International Herald Tribune*[150] schon deutlich gemacht, wo es heißt: »Daß die Bevölkerung in ganz Europa schrumpft, bedeutet, daß noch mehr Einwanderung bevorsteht. Die Aufnahme der Türkei als EU-Mitglied würde diesen Trend beschleunigen und die Identität Europas unwiderruflich ändern. . . Viele Europäer müssen erst noch akzeptieren, daß die traditionell weiße, christliche Kultur ihrer Vorfahren von einem multikulturellen Mix mit einem starken islamischen Gewicht abgelöst wird.«

Figuren wie ROHAN wollen davon freilich nichts wissen. Seinen österreichischen Politikerkollegen empfahl der altgediente Diplomat statt dessen, sie hätten »die Wahrheit« zu sagen, aufklärend zu wirken und »nicht Ängste zu verstärken«, denn »die Türkei unterscheide sich in ihrem gesamten Lebensstil heute kaum von Europa«. Das »Problem Religion« sei in Wahrheit gar keines, denn auch »die europäischen Werte enthalten keinen religiösen Faktor«.

Daß der (frühere) oberste Beamte in Österreichs Außenministerium dem staunenden Volk einzureden versucht, daß die Türkei eine »Vorbildfunktion für andere muslimische Staaten« einnehmen könne, ist vollends Chuzpe. Für ROHAN ist das angeblich »einer der wichtigsten Aspekte«. Warum, weiß kein Mensch, und er selbst anscheinend auch nicht: Denn »das Dilemma sei, daß der radikale Islam mit Demokratie unvereinbar ist. Auch wenn gemäßigte Länder deshalb nach einer Auslegung des Koran suchen, die ein modernes Gesellschaftssystem erlaubt«.

[150] *International Herald Tribune*, 24. 11. 2003.

5.8. Der EU-Beitritt im Spiegel der Presse[151]

Es lohnt, einen Blick auf die Behandlung des Türkei-Themas in deutschen und türkischen Medien zu werfen. Dabei muß man im Hinterkopf behalten, daß die angeblich so pluralistischen Medien im deutschen Sprachraum so gut wie ausschließlich im Dienst des *main-stream* stehen, Lizenzpresse sind, und ihre Verantwortlichen wissen auch, daß das Volk mit überwiegender Mehrheit gegen den Türkei-Beitritt ist. Die deutschsprachige Presse hat sich deshalb stillschweigend auf die Linie einer weitgehenden Nicht-Thematisierung begeben.

Das läßt sich quantitativ belegen. Es gibt Untersuchungen über die Präsenz des Türkei-Themas in deutschen und türkischen Zeitungen. Der Erhebungszeitraum umfaßt die Zeit zwischen dem 1. Januar 2002 und dem 15. Juli 2002. Die im Folgenden referierten Daten stammen aus einer quantitativ-qualitativen Inhaltsanalyse ausgewählter Printmedien der Türkei (*Hürriyet, Milliyet, Türkiye* und *Zaman*) und Deutschland (*Frankfurter Allgemeine Zeitung, Frankfurter Rundschau, Süddeutsche Zeitung* und *Die Welt*) zum allgemeinen Thema ›Deutsch-türkische Beziehungen im Spannungsfeld der EU-Kandidatur der Türkei‹. Untersucht wurden im Rahmen dieser Analyse alle in diesem Zeitraum erschienenen Artikel, in denen Türkei, EU und Deutschland gleichzeitig erwähnt werden.

In der türkischen Presse fanden sich 511 Zeitungsartikel. In der deutschen Presse sind es dagegen nur 115 Artikel. Die vertretenen Zeitungen zeigt Tabelle.

Zeitung	Beiträge-Anzahl	Prozent
FAZ	41	35
FR	25	22
SZ	33	29
Die Welt	16	14
Gesamt	115	100

Zeitung	Beiträge-Anzahl	Prozent
Hürriyet	216	42
Milliyet	109	21
Türkiye	67	13
Zaman	119	23
Gesamt	511	100

[151] Seref Ates, *KAS-Auslandsinformationen,* Nr. 7/2000, S. 32–61.

Die faktische Monopolstellung der Medien bei der Produktion von sozialer Realität, die das äußerste Ende dieser Entwicklungen markiert, zeigt sich darin, daß nur noch jene Ereignisse, Gegenstände und Inhalte Einlaß in den Bereich des gesellschaftlich ›Wirklichen‹ finden, die von den Institutionen der Massenkommunikation ›thematisiert‹, das heißt in den Zustand von ›Aussagen‹ umgewandelt werden. In unserem Fall: Die Türkei soll ganz ersichtlich mit Hilfe der Medien in die EU bugsiert werden, während die politischen Weichen längst gestellt sind. Nun muß nur noch das widerspenstige Volk auf Linie gebracht werden.

Zurück zur Presse-Analyse. Alle aufgefundenen Artikel lassen sich nach inhaltlichen Schwerpunkten in insgesamt fünf Kategorien einteilen. Jeder Artikel wurde je nach inhaltlichem Schwerpunkt nur einer Kategorie zugeordnet. Es ergibt sich folgende Schwerpunktbildung:

	FAZ	*FR*	*SZ*	*Die Welt*	Gesamt	%
Innenpolitik	4	6	5	6	21	18
Kurden	6	7	8	2	23	20
Militär	17	8	14	6	45	39
Terminzusage für Beitritts-verhandlungen	8	2	4	1	15	13
EU-reif (-würdig)	6	2	2	1	11	10

	Hürriyet	*Milliyet*	*Türkiye*	*Zaman*	Gesamt	%
Innenpolitik	91	52	17	24	184	36
Kurden	16	10	15	9	50	10
Militär	31	11	13	21	76	15
Terminzusage für Beitritts-verhandlungen	51	21	17	31	120	23
EU-reif	27	15	5	34	81	16

»Die Türkei sieht Deutschland als die maßgeblichge Instanz, die über die Mitgliedschaft der Türkei entscheiden werde. So der türkische Generalsekretär für die Türkei-EU-Beziehungen, Volkan Vural.« (*Hürriyet*, 15. Juni 2002) Und weiter: »Vural hob hervor, daß Deutschland in der Frage des türkischen EU-Beitritts ein wichtiger Faktor sei, und sagte: ›Die Mitgliedschaft der Türkei führt über Berlin.‹« Das ist zweifelsohne eine klare Einsicht. Aber ebenso klar ist: Würde die deutsche Regierung, ihrem Amtseid entsprechend, »Schaden vom deutschen Volk abwenden und seinen Nutzen mehren«, brauchte es keine weitere Diskussion: Die Entscheidung kann nur ein klares ›Nein‹ sein.

Noch ein Befund der Analyse: »Das deutsche Türkeibild und das Deutschlandbild in der Türkei sind keine konstanten Werte, sondern sie verändern sich je nach Epoche und Zeitgeist. Diese Studie beweist zugleich, daß Länderimages sich mit der Zeit ändern können. Nachdem die Türkei den EU-Kandidatenstatus erlangt hat, hat sich das Deutschlandbild in der türkischen Presse kontinuierlich verbessert. Die türkischen Zeitungen sind in der Behandlung deutscher Themen und der deutsch-türkischen Problematik nicht mehr zurückhaltend. Denn das Bild der Bundesrepublik Deutschland wird in der türkischen Presse mit der EU gleichgesetzt. Wenn beim Kopenhagen-Gipfel im Dezember der Türkei kein Termin für formelle Beitrittsverhandlungen genannt wird, dann wird sich das Deutschlandbild in der Türkei in kurzer Zeit ändern. Die türkische Öffentlichkeit ist auf eine Absage nicht vorbereitet.«

Man ersieht daraus, wie verantwortungslos die deutsche Politik handelt: Es ist gänzlich unverantwortlich, die Türkei tatsächlich in die EU holen zu wollen. Es wird sich in letzter Konsequenz auch nicht durchsetzen lassen. Die beginnenden, bereits gewaltsam werdenden Proteste gegen ›Hartz IV‹, eine vergleichsweise harmlose Beeinträchtigung des deutschen Sozialstaates, lassen erahnen, wie es bei seiner wirklichen Zerstörung zugehen wird. Die Medien haben den Beitritt Ankaras aber praktisch schon vorweggenommen. In Deutschland selbst wird es zu schweren Ausschreitungen zwischen Deutschen und Türken kommen, in der Türkei wird man Deutschland ›nazifizieren‹, obwohl sie für die jahrzehntelange Hilfe nur dankbar sein müßte. Der Ablauf der psychologischen Kriegführung ist bereits vorgezeichnet.

Zur Abwechslung eine türkische Stimme. Yilmaz Öztuna schrieb in *Türkiye* (10. Juli 2002): »Die der Türkei eigene innere Dynamik hat kaum zur Einführung einer echten Demokratie beitragen können. Der Widerstand der Status-quo-Anhänger konnte nicht gebrochen werden.« Und weiter: »Das alles beherrschende Thema, der einzige Faktor, der darüber entscheiden kann, wie unsere Zukunft und unsere Entwicklung sich gestalten werden, ist die EU – nur sie alleine, und sonst gar nichts.«

Die EU-Kandidatur der Türkei hat somit gesellschaftspolitische Bedeutung. Die politische Landschaft des Landes ist seit langem von Krisen, Ungewißheit und wachsender Instabilität gekennzeichnet. Dennoch fällt es schwer zu glauben, daß ein Volk seine Zukunft von außen her bestimmt sehen will. Derartiges ist die Ideologie von Jakobinern, Revoluzzern, Protagonisten der Weltrevolution. Warum sollte das in der Türkei funktionieren, wo es bisher nirgends funktioniert hat?

Diese Haltung wird von türkischen EU-Gegnern denn auch prompt kritisiert: »In den letzten Tagen kommt es geradezu einem Vaterlandsverrat gleich, gegen die EU zu sein.«[152] Dieser Tonfall erinnert bundesdeutsche Leser an jenen Helmut KOHLS, der die Einführung des Euro und die Aufgabe der D-Mark seinerzeit zu einer Frage von »Krieg oder Frieden« hochstilisierte.

Eine sensible Frage in den türkischen Medien ist naturgemäß die Kurdenfrage. In diesem Punkt beobachten türkische Journalisten sehr genau, wie in der Bundesrepublik berichtet und kommentiert wird, gerade auch auf politischem Parkett. So schrieb etwa die Tageszeitung *Hürriyet* am 8. Mai 2002: »Der Staatsminister im Auswärtigen Amt, Ludger VOLMER, hat auf einer Veranstaltung des Essener Zentrums für Türkeistudien die Anwesenden brüskiert. VOLMER sagte: ›Im Nahen Osten gibt es drei Volksgruppen ohne eigenen Staat, nämlich die Palästinenser, die Armenier und die Kurden.‹« Mit solchen Zitaten will die türkische Presse gelegentlich ›beweisen‹, daß Deutschland die Spaltung der Türkei fördert. Es nützt deutschen Politikern und Journalisten überhaupt nichts, sich ›kritisch‹ mit den Verhältnissen in der Türkei auseinanderzusetzen: Je mehr man sich in der Bundesrepublik kritisch mit der Türkei beschäftigt, desto mehr werden die deutsch-türkischen Beziehungen belastet. Es handelt sich hier um mediale Erpressungen, um Deutschland letztendlich ein ›Ja‹ zum Beitritt abzunötigen. Die türkischen Medien sind hier Hilfstruppen des Polit-Establishments.

Eine andere ›Sollbruchstelle‹ der Medienpolitik ist der Themenkomplex ›Militär‹. In diesem Punkt ist der normale außenpolitische Reflex der türkischen Führung reaktiv-defensiv. Die Sozialisation der türkischen Staatseliten, einschließlich der Militärführung, ist von den

[152] *Türkiye*, 12. 7. 2002.

USA abhängig. Sie sind auch glücklich über die Abhängigkeit der Türkei von den Vereinigten Staaten und verzichten auf jede eigenständige Außenpolitik.Während der Diskussion der geopolitischen Lage im Zusammenhang mit dem Irak-Krieg wurde bekanntlich ziemlich offen über direkte Maßregelungen spekuliert, mit denen die USA die türkische Regierung gefügig machen könnten.

Dabei ist die immer wieder beschworene ›geostrategische Bedeutung‹ der Türkei gegenüber dem Islam eine Sprechblase. Denn welche Türen sollte ein laizistischer Staat zum Islam öffnen? Das Ganze ist vielmehr *deal*: Cash gegen Söldnerdienste. Unbestritten ist dabei, daß die Türkei in der Tat geopolitische Aufgaben wahrnimmt – etwa als Statthalter amerikanischer Interessen an der Südflanke Rußlands und in der Nähe des Kaspischen Meeres.[153] Es handelt sich allerdings nicht um europäische Interessen. So berichtete die Tageszeitung *Türkiye* über Ankaras Botschafter in Berlin, Osman Korutürk:[154]

»Korutürk unterstrich den möglichen Beitrag der Türkei zur EU und gab zu bedenken, daß trotz aller Bemühungen Deutschlands von einer europäischen Präsenz im Kaspischen Meer und im Kaukasus nicht die Rede sein könne.« Auch in einer anderen Ausgabe des Blattes wird in diese Richtung argumentiert (19. April 2002): »Wir sind die Brücke zu islamischen Ländern. Die EU muß uns sofort aufnehmen.«

Es soll nicht verschwiegen werden, daß es in der türkischen Medienlandschaft durchaus auch Kritiker der Beitrittspläne gibt. So[155] wittern türkische Kolumnisten vereinzelt sogar die Gefahr, Europa könne die Türkei gerade wegen ihrer engen Beziehungen zu den USA schließlich im Regen stehen lassen. Hadi Uluengin etwa schreibt in *Hürriyet*, die enge Kooperation der Türkei mit den Vereinigten Staaten gefährde die Chancen der Türkei bezüglich der EU, weil diese neben England keinen zweiten Spion der USA dulden werde. Dieses Argument ist für bundesdeutsche Ohren geradezu erfrischend: England als der Geßlerhut der USA in der EU, ja als »Spion der USA«. Deutlicher kann man die Rolle Englands nicht kennzeichnen – und diejenige einer von den USA abhängigen Türkei nicht minder.

---

[153] *Hürriyet*, 26. 4. 2002.
[154] *Türkiye*, 16. 6. 2002.
[155] *Türkiye*, 12. 7. 2002.

6. Religions-Fragen

6.1. Das Problem sind wir selbst oder: Der Untergang des Abendlandes ist kein Zufall

Graf Coudehove-Kalergi, Gründer der Paneuropa-Union und verheiratet mit einer Jüdin, formulierte im Jahre 1925 im Auftrag maßgeblicher Großlogen einen anspruchsvollen und weitgespannten Plan, der auf nichts Geringeres als auf die ethnische Vermischung der Menschheit und die Heranzüchtung einer weltweit standardisierten Einheitsbevölkerung ausging. Dabei ist sich Coudenhove-Kalergi der nachteiligen Auswirkungen seiner Vermischungsphantasien durchaus bewußt – er deutet sie aber kurzerhand in Vorteile um. Wörtlich:

»Die Folge ist, daß Mischlinge vielfach Charakterlosigkeit, Hemmungslosigkeit, Willensschwäche, Unbeständigkeit, Pietätlosigkeit und Treulosigkeit mit Objektivität, Vielseitigkeit, geistige Regsamkeit, Freiheit von Vorurteilen und Weite des Horizontes verbinden... Der Mensch der fernen Zukunft wird Mischling sein... die eurasisch-negroide Zukunftsrasse...« Nur ein Volk wollte Coudenhove-Kalergi von der Auslöschung durch Vermischung ausgeschlossen sehen: die Juden. Ihnen dachte er vielmehr den Status einer ›Führernation‹ zu, da sie im unvermischten Zustand eine »Adelsrasse«, frei von »willensschwachen und geistesarmen Elementen«, bildeten: »So ging schließlich aus all diesen Verfolgungen eine kleine Gemeinschaft hervor, gestählt durch ein heldenmütig ertragenes Martyrium für die Idee und geläutert von allen willensschwachen und geistesarmen Elementen. Statt das Judentum zu vernichten, hat es Europa wider Willen durch jenen künstlichen Ausleseprozeß veredelt und zu einer Führernation der Zukunft erzogen. Kein Wunder also, daß dieses Volk, dem Ghetto-Kerker entsprungen, sich zu einem geistigen Adel Europas entwickelt. So hat eine gütige Vorsehung Europa in dem Augenblick, als der Feudaladel verfiel, durch die Judenemanzipation eine neue Adelsrasse von Geistes Gnaden geschenkt.« (R. Coudenhove-Kalergi, *Praktischer Idealismus,* Wien–Leipzig 1925, S. 20, 23 u. 50)

In bündigen Worten zusammengefaßt: Coudenhove-Kalergi, einer der maßgeblichen geistigen Gründerväter der späteren EU, will durch vorsätzliche Rassenvermischung einen Menschentyp schaffen, der willensschwach und charakterlos ist. Ein moderner Doktor Frankenstein wurde hier auf das Abendland losgelassen. Eine doppelt merkwürdige Eugenik übrigens: Denn die den Deutschen zum Vorwurf gemachte ›Züchtung‹ des ›höheren‹, ›edleren‹ Menschen hat einen Vorläufer und ist heutiges Programm der anonymen Drahtzieher hinter den Kulissen der europäischen und internationalen Politik, mit dem Unterschied, daß hier das Ziel der willensschwache, charakterlose Mischling ist – in der Tat ein bemerkenswertes Ziel. Und es wird noch zu zeigen sein, daß sich hinter dem ›Antirassismus‹ unserer Tage in Wirklichkeit kompromißlose Rassisten und Völkermörder verbergen.

Man muß sich mit den hier wiedergegebenen Ideen *nolens volens* auseinandersetzen, denn sie zeigen, daß es sich um einen handfesten und von langer Hand vorbereiteten Anschlag auf unsere Identität, auf unser Überleben handelt. Und man muß auch deutlich aufzeigen, wer auf welcher Seite in diesem Kampf steht und wer – oftmals unter wohlklingenden Namen – die Hilfstruppen der Gegenseite stellt, die sich unter Vorspiegelung edler Ziele nichts anderes als das Programm des Grafen KALERGI auf ihre Fahnen geschrieben haben. Ein Teil des Anhangs des vorliegenden Buches befaßt sich ausführlicher mit COUDENHOVE-KALERGI.

Otto VON HABSBURG, Sohn des letzten Kaisers von Österreich, hat eine bemerkenswerte Biographie vorzuweisen. Ältestem europäisch-deutschen Adel entstammend, hat er offenbar einen anderen Weg eingeschlagen als seine Vorfahren, die Jahrhunderte hindurch den Kaiser des Heiligen Römischen Reiches stellten: Er wurde Abgeordneter des Europaparlamentes – nicht von Gottes, sondern der bayrischen CSU Gnaden.

Man kann sich schwerlich einen größeren Gegensatz vorstellen: auf der einen Seite die hierar-

Von oben: Graf Richard Nikolaus COUDENHOVE-KALERGI. Das Buch des Hochgradfreimaurers und Karlspreisträgers (1950) *Pan-Europa* erschien im Jahre 1950. Einer der bekanntesten Schüler COUDENHOVE-KALERGIS war der Sozialist Aristide BRIAND: 11mal Premierminister und 12mal Außenminister Frankreichs.

Von links: Otto von Habsburg, Juan Donoso Cortes und Kardinal Joseph Ratzinger.

chisch gegliederte, traditionale und organische Ordnung, wie sie für die europäischen Völker und insbesondere für das deutsche Volk galt (und in Wahrheit immer noch gültig ist) und die – man kann es wirklich so ausdrücken – »vom Himmel« fiel, weswegen die Kaiser (und ihre Völker) sich auch »von Gottes Gnaden« an ihren Platz gestellt und legitimiert sehen durften. Und auf der anderen Seite die als Erbe der Französischen Revolution heute tonangebende egalitäre Demokratie, die bekanntlich schon Voltaire als *régime de canaille* bezeichnete und die sich bis heute immer wieder als ›Ochlokratie‹, als die wahre Herrschaft der Schlechtesten, erwiesen hat. Der Frontwechsel des Kaisersohnes ist unbegreiflich, hat er sich doch damit auf die Seite der Illuminierten, also der Todfeinde der alten Ordnung, der christlichen Religion und der Kirche gestellt. Der ganze Pomp bei Hochzeit, Taufen oder Begräbnissen unter Beiziehung von kirchlichen Würdenträgern in altehrwürdigen Domen ist offenbar nur noch Dekoration ohne tiefere Bedeutung.

Nun ist ein solcher Seitenwechsel in Frankreich, dem Erzfeind Österreichs bzw. Deutschlands, dem klassischen Land der Freimaurer-Herrschaft, kein Wunder. »Frankreich hatte sich mit dem Gift der Aufklärung, dann dem des Deismus, schließlich dem des Pantheismus und dem des Atheismus infiziert und, aufgrund seiner geistigen Vormachtstellung, den ganzen Kontinent damit angesteckt.«[156]

[156] Donoso Cortes, Polémica con la prensa espaniol, Briefe an die Zeitung *El Pais* und *El Heraldo*, 16. Juli 1849, in: ders., *Obras completas*; II, Madrid 1970, S. 331–342, hier: S. 340. (Zit. nach: Cortes, *Diktatur*)

Schlimmer noch: »Europa hat nicht begriffen, daß das wirkliche Thema das Christentum war, das man abgeschafft hatte, es hatte nicht begriffen, daß man, weltlich frech oder weltlich verwirrt, mit steigender Leidenschaftsgeschwindigkeit, in Probleme sich verirrte, die sich nur göttlich beantworten, die nur das Christentum beantworten kann.«[157] Man muß unterstellen, daß dies auch Otto VON HABSBURG, der Kaisersohn, nicht begriffen hat.

Europa läuft derzeit Gefahr, seine eigene Basis zu zerstören, weil es seine geistigen Wurzeln verliere.[158] Diese These vertritt - neben vielen anderen - der Präfekt der vatikanischen Glaubenskongregation, Kardinal Joseph RATZINGER. Bei einem Vortrag in Rom führte RATZINGER aus, die Auflösung der grundlegenden Gewißheiten des Menschen über Gott, über sich selbst und das Universum sowie das Verschwinden des Bewußtseins der unantastbaren moralischen Werte seien wie schon in der marxistischen Ära Osteuropas zum Problem geworden.

Dies könne zur Selbstzerstörung des europäischen Bewußtseins führen, die wir allmählich als eine reale Gefahr ansehen müssen, warnte der Kardinal. Er merkte an, daß Europa heute aus Sicht anderer Kulturkreise wie eine von innen her absterbende, dem Untergang geweihte Zivilisation erscheine.

Dies gehe mit einem biologischen Schwund durch abnehmende Geburtenzahlen einher. RATZINGER hielt seinen von der RAI *live* übertragenen Vortrag in der Bibliothek des italienischen Senats vor einem Publikum aus Politikern, Professoren, Diplomaten und Publizisten. Anlaß der *lectio magistralis* war der 150. Jahrestag der Gründung der zivilrechtlichen Fakultät der römischen Lateran-Universität.

Die derzeitige Tendenz in Europa, sich für andere Kulturen zu öffnen und zugleich die eigenen Traditionen zu verleugnen, habe etwas Krankhaftes, beklagte RATZINGER, und er meinte, daß die künftige EU-Verfassung zeigen müsse, daß Europa wieder bewußt nach seiner Seele suchen müsse.

Sie tut dies jedoch nicht nur nicht, muß man dazu sagen, sondern bestätigt die Vergewaltigung von seiten der Liberalen, Linken und

---

[157] KIERKEGAARD, Sören, »Das Eine, was not tut«, in: *Zeitenwende*, Nr. 1/1927, S. 1–7. (Zit. nach: CORTES, *Diktatur*)

[158] Das Folgende nach: *Der 13.*, 13. Juni 2004, »Kardinal Ratzinger beklagt die Auflösung und Selbstzerstörung Europas«.

Freimaurer, die jegliche Zweifel diesbezüglich vollkommen beseitigte. So war der scheidende EU-Kommissionspräsident Romano Prodi bei der ›Europa-Wallfahrt‹ zwar in Mariazell, aber »als Privatmann«, um klarzustellen, daß sich die atheistische Haltung der EU nicht geändert hatte. Das war auch nicht zu erwarten.

Es gibt einen aufschlußreichen Bericht, der wie ein Kommentar zur Ratzingers Rede anmutet, obwohl er bereits 5 Jahre vorher erschienen ist. Er stammt aus der Feder des Minoritenpaters Giuseppe Germano Bernardini, Bischof von Izmir. Die katholische Wochenzeitung *Die Furche* (Ausgabe vom 21. Oktober 1999) schrieb dazu unter dem Titel »Ökumene, Islam«:

»Aufsehen erregte die Äußerung des Bischofs von Izmir, des Minoritenpaters Giuseppe Germano Bernardini. Ein ›einflußreicher Vertreter der Muslime‹ habe sich während eines Dialogtreffens an die christlichen Teilnehmer (gewandt) und laut Bernardini gesagt: ›Dank eurer demokratischen Gesetze werden wir euch überwältigen, dank eurer religiösen Gesetze werden wir euch beherrschen‹. Bernardini berichtete noch zwei weitere Beispiele und warnte vor Naivität im Umgang mit den Vertretern des Islams. Schon bald sollte ein Symposion betroffener Bischöfe einberufen werden, um gemeinsame Prinzipien im Umgang mit den in Europa lebenden Muslimen zu finden, regte der Bischof an den Papst gewandt an. Ähnlich, wenn auch weniger scharf, äußerten sich andere Bischöfe. Karl Lehmann erzählte am Rande der Synode von den Schwierigkeiten mit fundamentalistischen Muslimen in seiner Diözese. Mit den religiösen Führern der Türken, die die fünf Moscheen in Mainz dominierten, sei ein Dialog kaum möglich, meinte der Bischof. Bischof Kapellari erinnerte daran, ›daß es in islamischen Ländern kaum Toleranz für dort lebende Christen gibt‹.«

Gelegentlich sind Äußerungen aus den Reihen des katholischen Klerus sogar heutzutage noch imstande, Orientierung zu verleihen. Das ist zum Beispiel der Fall bei einer Verlautbarung des Grazer Diözesanbischofs Egon Kapellari,[159] der vor dem Überhandnehmen der muslimischen Bevölkerung und der damit verbundenen Destabilisierung warnt. Bischof Kurt Krenn wiederum vertrat in einem Interview die Auffassung, man müsse sich gegen sie klar gegen den Islam abgrenzen:

---

[159] *Sonntags-Rundschau*, 21. 12. 2003. Bischof Egon Kapellari (Jahrgang 1936), seit 1997 Mitglied der Kommission der Bischofskonferenz in der EU.

»Der Islam ist gegen manche Erwartungen wiedererwacht, und er ist sehr plural. Das Problem für Europa ist folgendes: Wenn eine große Zahl von Muslimen bei aller gegebenen Pluralität des Weltislams in einem westlichen Land ohne lange Vorbereitung etabliert wird, dann gibt es die Gefahr einer Destabilisierung dieses Landes. Das hat nichts mit Minderachtung einer Weltreligion zu tun, sondern ist eine Konsequenz politischer, historischer, kultureller und religionsvergleichender Betrachtung. Natürlich müssen wir versuchen, als Christen mit allen Menschen gut auszukommen. Wir werden aber nicht aufhören können, Muslime daran zu erinnern, daß es in fast allen muslimischen Ländern keine Reziprozität zugunsten der Christen gibt, daß Christen also nicht voll respektiert werden. Wir sind im religiösen Gespräch auf die Standards des II. Vatikanischen Konzils und des Papstes verpflichtet.

Naivität in der Einschätzung des Islams sollte es aber nicht geben. Ich sehe da manchmal im Westen doch Leute, die sehr intelligent, aber nicht im Stande oder gewillt sind, die Komplexität des Problems zu erkennen. Sie reduzieren das Problem auf zwei, drei Faktoren, die es auch gibt, aber sie verkennen ganz, daß ein starker Islam, wenn er nicht durch das Feuer der Aufklärung auch nur ansatzweise hindurchgegangen ist, in westlichen Ländern zu programmierten Konflikten führt. Von daher glaube ich, ist es legitim, daß sich Leute in Deutschland, Frankreich oder Österreich wünschen, es möge das, was man christlich geprägte Leitkultur nennt, nicht verschwinden oder in einen Winkel gedrängt werden. Das hat überhaupt nichts mit Intoleranz zu tun, sondern mit Optionen für oder gegen Aufklärung.

Frage: Sind Ihrer Meinung nach christlich geprägte Gesellschalten höherwertig als muslimisch geprägte?

KAPELLARI: Wir dürfen nicht glauben, daß wir als eine Gruppe konkreter Christen generell großartiger oder gar heiliger sind als eine Gruppe aus anderen Religionen. Das befreit uns aber nicht von der Frage, ob das Christentum selber, ob Christus selber eine austauschbare Offenbarung Gottes ist, austauschbar gegen Buddha oder Mohammed. Das müssen wir verneinen. Wir können schlechte Christen sein und sind es auch oft. Muslime können edle Muslime sein und sind es auch oft. Aber als Christen müssen wir sagen, was HÖLDERLIN gesagt hat: ›Christus aber ist das Ende.‹ Er meint hier nicht ein zeitliches Ende, sondern die höchste Qualität von Göttlichkeit.«

Der Tübinger Theologe Hans Küng setzt sich für einen Dialog zwischen den Weltreligionen ein.

Broschüre der Tübinger Stiftung ›Weltethos‹ (englische Ausgabe)

Um über die Möglichkeiten eines aktiven Widerstandes Europas gegen den Islam zu spekulieren, müssen wir Europa selbst unter die Lupe nehmen. Gibt es den Willen zur Verteidigung überhaupt? Es scheint nicht, daß die moralische Verwüstung der westlichen Gesellschaft bereits so umfassend ist, daß sie ihren eigenen Niedergang herbeiwünscht. Von den verirrten Charakterzügen, die die Gesellschaft kennzeichnen, kann nicht erwartet werden, daß sie Bestand hätten, wenn der Islam vorherrschte. Sie legen aber im Gegenteil den Muslimen die Überzeugung nahe, daß Europa erobert werden müsse wegen dessen Verderbtheit, so daß diese Religion in den Augen der Gläubigen ein Mittel der Rettung der Menschheit vor ihrem drohenden Zusammenbruch wäre. So wird der Islam, je mehr die westliche Zivilisation degeneriert, um so mehr ermuntert, alle Anstrengungen zu machen, die der ›Dschihad‹ von ihm fordert.

Aber auch die demütigende Lage der Kirche kann den Islam begünstigen. Die Vertreter des Islams könnten all die krampfhaften Bemühungen, mit denen die Kirche mit dem Islam zurechtzukommen versucht (indem sie ständig ›Dialoge‹ veranstaltet), als unbezweifelbare Zeichen ihrer Schwäche ansehen. Die Kirche ist eifrig dabei, den übernatürlichen Rahmen der christlichen Offenbarung zu zerstören und ihn in eine universelle Konstruierbarkeit (Machbarkeit) interreligiöser Normen umzumodeln.[160]

Auf dem Weg der (pseudo-)christlichen ›Dialog‹-Mentalität wird der Islam zunehmend der westlichen Welt aufgedrängt, ganz im Gegensatz zu den grundlegenden Interessen der Gesellschaft. Die aufgezwungene Selbstverleugnung christlicher Stärken stärkt aber wiederum den Islam in dessen stereotyper Selbstgefälligkeit sowie im unerschütterlichen Willen sturen Beharrens und mag sich sogar in ›Allahs‹ Voraussage der allmählichen Auflösung der christlichen Wahrheit selbst bestätigt finden. Diese Lage trifft sich mit den Interessen des Liberalismus und dessen wichtigstem Ziel, der Auflösung der traditionellen Gesellschaft, um sowohl den Nationalstaat als auch den traditionellen Menschen zu zerstören, indem er alles und jedes de-reguliert und jedermann von seiner ureigensten Selbstverantwortung entkleidet. Die Folgen davon sind, daß praktisch niemand bemerkt, welch fundamentale Änderungen vor seinen Augen (und selbstverständlich auch mit ihm selbst) stattfinden.

Daß die Masseneinwanderung der Muslime bisher geduldet wurde, liegt einfach in der fortdauernden Tatsache begründet, daß sich die allgemeine Information (und Bildung) in einer besorgniserregenden Weise verschlechtert hat. Zugleich werden die Menschen dummgeschwätzt, damit sie die Globalisierung akzeptieren, ohne daß sie über die auf das gröbste manipulierte ›Tendenz‹ entscheiden dürften. So bildet sich eben jetzt eine Gesellschaft, die in ihrer Kurzsichtigkeit, in ihrer ›Hier-und-jetzt‹-Mentalität (besser ausgedrückt: in ihrer Gier) unfähig ist, eine umfassende Kenntnis über das, was weltweit stattfindet, zu bekommen, und die auch keine Vorstellung von der Kohärenz der Ereignisse auf der ganzen Welt hat. Daher ist sie unfähig, daraus die nötigen Schlüsse für sich selbst zu ziehen. Die Unfähigmachung ist der Boden, auf dem die Sumpfblüten des ›Multikulti‹ blühen.

Der politische Niedergang der westlichen Gesellschaften ist leicht zu erkennen, wenn man auf die sogenannten ›Eliten‹ blickt, wie sie

[160] BARTH, L.-H., *Christus und Mohammed. Eine Auseinandersetzung mit dem Islam aus christlicher Sicht,* Teil I, Stuttgart 1998; RADDATZ, H.-P., *Von Gott zu Allah? Christentum und Islam in der liberalen Fortschrittsgesellschaft,* München 2001.

sich selbst schaffen; man erkennt, daß sie nur wegen der zynischen Eliminierung der demokratischen Wahlen, Entscheidungen und Kontrollen existieren, indem sie ein auf sich selbst bezogenes Monopol der Macht erhalten (Raddatz).

Indem sie die Massenmedien auf Kurs mit der ›veröffentlichten Meinung‹ gebracht haben, sind die meisten Menschen nicht mehr in der Lage, die Manipulationen zu durchschauen, denen sie ausgesetzt sind. Die ständige Aktivität der ›Eliten‹ besteht im Aufbau eines bedrohlichen Potentials ›politisch korrekter‹ Normen des Verhaltens, sogar des Denkens; als Tupfen auf dem ›i‹: die ausschließliche Orientierung an fremden Kulturen.

Seit der sogenannten ›Aufklärung‹ neigen religiös indifferente oder ungläubige Intellektuelle, voller Haß gegen das Christentum, dazu, die Vernunft zur einzigen Norm zu erheben (um die ›Freiheit‹ in der Form des Liberalismus in jeder Hinsicht zu schaffen, im Handel sowie im menschlichen Betragen), wobei die traditionell gewachsenen Strukturen radikal zerstört wurden, besonders jene wahrer Religiosität und Moral. Letztere wurde bisher für jedermann als ihm unverlierbar und zu seiner Identität gehörend gehalten. Das Ergebnis ist innere Leere, Verzweiflung und Langeweile, die nun stellvertretend als Gewalttätigkeit oder sexuelles Ausleben hervorbrechen und als frustrierende Ersatzstücke der verlorenen Lebensziele dienen. Um etwas Ähnliches immer noch aufrechtzuerhalten, was dem ähnelt, was absichtlich zerstört wurde, mußte eine neue Orientierung gesucht und gefunden werden: in den zwei neuerfundenen Kriterien

a. des ›Fremden‹ oder Fremdartigen (als ›Ideal‹ der Existenz) und
b. der sie begleitenden ›Toleranz‹ (als ›Ideal‹ des Verhaltens) (Raddatz).

Liberale Intellektuelle erkannten bald, daß diese Kriterien in vollkommener Weise dazu benutzt werden können, die öffentliche Meinung zu manipulieren, sie auf bestimmte Ziele hin zu formen, sie unter ständiger Kontrolle zu halten und so zu pressen, daß sie nicht auf ›verbotene‹ Gedanken komme. Mit Schlagwörtern (oder schlimmer: Totschlagwörtern) wie ›Rechtsextremismus‹, ›Faschismus‹, ›Rassismus‹, ›Fremdenfeindlichkeit‹ usw. und durch Gesetzes-Reformen, d.h. hauptsächlich durch *ad hoc* ausgebrütete Paragraphen des Strafgesetzes wurde ein kritisches Nachdenken, etwa über die bedrohliche demographische Entwicklung oder gewisse religiöse Verhaltensweisen strafrechtlich verfolgbar gemacht.

Gegen die neue post-konziliare Strategie des Vatikans, die die vorgebliche Gemeinschaft des Christentums mit dem Islam betont – nämlich in der gemeinsamen Verehrung des ›einen‹ Gottes – muß gesagt werden, daß der Islam in Wirklichkeit und unmißverständlich feindselig gegen den christlichen Glauben eingestellt ist und daß dies unmißverständlich aus gewissen Suren des Korans hervorgeht, die direkt gegen die Heilige Dreieinigkeit und die göttliche Natur von JESUS CHRISTUS gerichtet sind.

Eine besonders hinterlistige Strategie antichristlicher Haltung ist bemerkbar: Auf der einen Seite wird JESUS gepriesen (Sure 5, 111), aber wenn die Christen sagen: »Christus ist der Sohn Gottes«, »sollen sie erschlagen werden« (Sure 9, 30); ähnlich in Sure 5, 72, und diese Worte sind an CHRISTUS selbst gerichtet. Andere Bemerkungen werden über JESUS gemacht, die der Botschaft völlig widersprechen, die er seinen Schülern gab; er, der verkündet hat, daß die heilige Kirche auf Fels gebaut sein würde (MATTH. 16,18), soll gekommen sein (nach dem islamischen Schriftgelehrten AL-BAYDAWI, 13. Jahrhundert (1)), um die Kirchen zu zerstören; er, der gesagt hatte, daß jeder, der nicht an ihn glaubt, verdammt sein würde (MARK. 16, 16), soll gesagt haben, daß alle Menschen verdammt sein würden, die ihn zu einem Gott erhöben; er, der sich selbst als ›Sohn Gottes‹ bezeugte (MATTH. 16, 16/17; MARK. 14, 62), soll ein bloßer Botschafter ›Allahs‹ sein (Sure 4, 172), sich selbst korrigierend, weil die Berichte der Bibel gefälscht worden seien (so in der sogenannten Doktrin von *tahrif*)?

Trotz all dieser Widersprüche und unzweifelhaften Zeichen der Feindschaft des Islams gegenüber dem christlichen Glauben gibt es ›Experten‹, die das Podium erklimmen und nicht nur die ›Toleranz‹ des Islams unterstreichen, sondern wirklich zum Schlimmsten schreiten: Sie zögern nicht, den Islam als die aktuelle Fortsetzung der christlichen Botschaft zu erklären – versichernd, daß die christliche Botschaft nicht als ein für allemal abgeschlossen angesehen werden könne; daher müsse eine Kommission unter den Auspizien des Vatikans und islamischer Vertreter gebildet werden, um zu einem gemeinsamen Ergebnis zu kommen, dem zufolge auch vom christlichen Standpunkt MOHAMMED richtigerweise als der ›wahre‹ Prophet genannt zu werden verdient.[161]

[161] FISCHER-BARNICOL, H. A., *Die Islamische Welt und Europa. Kulturelle Verständigung als politische Herausforderung,* Stuttgart–Berlin–Köln 1991.

Von solchen Strategien sollten die Christen überrascht und ihnen die ständigen Verfolgungen ihrer Glaubensbrüder in moslemischen Ländern verschleiert werden, für die es zahlreiche Beispiele gibt.

An dieser Stelle muß der Bericht eines griechischen Autors erwähnt werden,[162] der aus der Erfahrung der schmerzlichen Geschichte seines Volkes während eines halben Jahrtausends bestätigen kann, daß der Islam immer eine totalitäre Ideologie war und bleibt, der sich nicht irgendeines Unterschiedes zwischen dem heiligen und dem säkularen Reich bewußt ist (oder schlimmer: nie zugeben würde). Seine Ideologie besteht in der Tatsache, daß das säkulare Reich nicht existieren durfte, da alles der Religion unterworfen ist. Nur blauäugige (linke) Pseudo-Idealisten unterscheiden wahrheitswidrig zwischen (angeblich friedlichen) Moslems und (fundamentalistischen) ›Islamisten‹, und sie schließen die Augen vor der Tatsache, daß sich auch sozialisierte Moslems im Fall von Konflikten in extreme politische Positionen begeben. Das Schicksal sogenannter ›Protégés‹ (*d'himmis*) in islamischen Ländern wie Ägypten oder dem Iran, z. B. die koptische oder assyrische Kirche (oder in der Türkei mit dem ersten Völkermord des 20. Jahrhunderts, bei dem 1,5 Millionen Armenier ermordet wurden), sollte genug Anschauungsunterricht sein – und die jüngsten Gewalttaten auf dem Balkan verschlimmern die Belehrung nur noch.

Auf der Grundlage der Berichte, die in der Fußnote[163] erwähnt sind, können wir mit Gewißheit sagen, daß in der ganzen Geschichte nie eine so grausame Verfolgung von Christen und anderen Minderheiten stattgefunden hat, wie sie heute in islamischen Ländern allgemein ist; der Grund ist der christliche Widerstand gegen die Einführung der *sharia*, des islamischen Gesetzes. Suren des Korans, die angeblich den Schutz der Angehörigen von ›Buchreligionen‹ garantieren, werden zurückgenommen durch sogenannte ›Aufhebungen‹, die Suspension ›milder‹ Suren durch schauerliche, wobei die Exegese meistens zugunsten der letzteren erfolgte. Es wäre daher nach dem Prinzip von der Kette und dem schwächsten Glied weise, sich an die Tatsache zu halten, daß der Islam *in toto* grundsätzlich ebenso grau-

[162] Manousakis, G. M., *Christentum und Islam auf dem Balkan, Conturen II*, S. 45–54, o.O. 1993.

[163] Hempelmann, H., »Dialog unter Ausschluß der Wahrheit? Die postmoderne Demontage des Wahrheitsbegriffs als Rahmen gegenwärtiger Dialog-Konzepte«, in: *OJC* (Anstiftung zu gemeinsamem Christenleben), Nr. 196, (2) 1996, März–April, S. 65–80.

sam wie zeitweise grausame Regime wie die Taliban in Afghanistan oder einzelne Gruppen (Fundamentalisten in Algerien) sind, denen es beliebt, nach Art von Terroristen zu agieren. Folgerichtig sollte jede Beteuerung islamischer Toleranz mit Skepsis aufgenommen werden.

Das Verhalten der liberalen Journaille in unseren Breiten hat große Ähnlichkeit mit einer späteren Variante des Mythos des Erysichton, die Hans-Christoph BINSWANGER einmal darstellte. Darin wird dem Herrn, der seinen Wald abholzt, damit er seinen Lebensunterhalt bestreiten und seine Arbeiter bezahlen kann, am Ende der Vorwurf gemacht, er habe sich »verschuldet« (denn wegen der ständig fälligen ›Zinsen‹ hat er schließlich das ganze ›Kapital‹, den Wald, aufgezehrt). Die sonst an erster Stelle stehende Kritik am ›Zins‹ als der Ursache der immer tieferen Verschuldung wird umgedreht und zielt nun auf den, der sich in Schulden gestürzt hat.

Mit anderen Worten: Die vom abendländischen Standpunkt aus sehr wohl erfolgende Kritik am Islam ist die eine Seite, die andere aber unser offenbar mangelnder Wille, dieser Gefahr nicht entsprechend zu begegnen. Diese Haltung verdient in der Tat harsche Kritik.

Jeder soll nach seiner Façon selig werden. Nur die Anerkennung dieser Tatsachen kann daher die Grundlage für gutnachbarschaftliche Beziehungen sein, die die Förderung und Entwicklung in den je eigenen Ländern nur zum Ziel haben kann. Alles andere wäre der Beginn des Chaos – und eines apokalyptischen Endes.

6.2. Die islamische Herausforderung

6.2.1. Christentum contra Islam – unversöhnliche Gegensätze?

Schon im 9. Jahrhundert definierte der islamische Rechtsgelehrte MAWERDI die den Christen und Juden als ›Schutzbefohlenen‹ auferlegte Ordnung. Diese Kodifizierung ist klassisch geworden. Er unterscheidet sechs ›notwendige‹ und sechs ›wünschenswerte‹ Verpflichtungen.

Die sechs ›notwendigen‹ Verpflichtungen:

Verbote, auf deren Übertretung die Aufhebung des islamischen Schutzes steht (das heißt die Möglichkeit, den Delinquenten hinzurichten):

1. Keine lügenhaften oder verächtlichen Bemerkungen über den Propheten MOHAMMED machen.
2. Nicht mit Respektlosigkeit oder Spott vom islamischen Kult sprechen.
3. Keine islamische Frau anrühren, weder in der Ausschweifung noch unter dem Namen der Ehe.
4. Nicht versuchen, einen Muslim von seinem Glauben abzubringen.
5. Nichts gegen Gut und Leben der Muslime unternehmen.
6. Die Feinde der Muslime nicht unterstützen und keine Spione beherbergen.

Die sechs ›wünschenswerten‹ Verpflichtungen:

1. Das Tragen markierter Kleidung (ein gelbes Zeichen für die Juden und ein blaues für die Christen) mit Gürtel.
2. Die Häuser nicht höher bauen als die der Muslime.
3. Keine Glocken läuten, keine Kreuze sichtbar anbringen, noch die heiligen Schriften und Überlieferungen über den Messias laut lesen
4. In der Öffentlichkeit keinen Wein trinken und keine Schweine sehen lassen.
5. Die Toten still begraben, ohne Wehklagen und Schreie.
6. Keine Pferde besteigen, weder edle noch gemeine, und nur auf Mauleseln und Eseln reiten.

Anmerkung am Rande: Was gäbe es wohl für ein Geschrei, wenn in diesen Punkten gleiches Recht und gleiche Pflichten für alle beteiligten Seiten gefordert würden?

Zeitsprung: Als Folge der türkischen Hoffnungen auf einen EU-Beitritt beginnt die türkische Regierung, die Einschränkungen für die Christen im östlichen Anatolien zu lockern. Seit 1915 - also seit 90 Jahren - leben die Kirchen im östlichen Anatolien in einem weitgehend rechtlosen Zustand. Nun wurde erstmals ein Besuch des syrisch-orthodoxen Patriarchen Mar Ignatios ZAKKA I. IWAS in Mardin gestattet.

Mardin galt jahrhundertelang als ›Rom des Orients‹, das nahe der Stadt gelegene Kloster Der-ul-Zafaran, das aus der Antike stammt, war der traditionelle Sitz des syrisch-orthodoxen Patriarchen. Im Frieden von Sèvres sollte Mardin 1920 wegen seiner kirchlichen Bedeutung dem französischen Mandatsgebiet Syrien zugeschlagen werden. Als diese Grenzziehung im Frieden von Lausanne 1923 zu Gunsten der Türkei revidiert wurde, schlug die Stunde des christlichen Mardin. 80 Jahre lang durfte kein syrisch-orthodoxer Patriarch Der-ul-Zafaran betreten.

Auch in anderen Teilen Anatoliens, in denen es noch Christen gibt, ist eine Lockerung zu spüren, die einen Wiederaufbau des kirchlichen Lebens ermöglichen könnte. Dies gilt insbesondere für die Armenier in den bis zum Ersten Weltkrieg russischen Provinzen Kars und Ardaban, aber auch für einzelne orthodoxe Dörfer im Gebiet von Trapezunt (Trabzon) und in Lazistan.

Die Nicht-Freiwilligkeit dieser Erleichterungen ist offensichtlich. Nur unter dem Druck des gewünschten EU-Beitritts gibt man sich etwas liberaler, um die Chancen dafür nicht zu gefährden. Aber man muß doch erinnern, daß diese Vergünstigungen erst jetzt gewährt wurden, nachdem diese einst blühenden Kulturen und christlichen Gemeinschaften fast völlig verschwunden sind.

Unabhängig vom angestrebten EU-Beitritt der Türkei bleibt die grundsätzliche Frage brisant: Wie hält es der Islam mit der Toleranz? Die Befürworter der ›Integration‹ verweisen gewöhnlich auf die islamische ›Toleranz‹, verstanden als die Verpflichtung der Angehörigen der ›Buch-Religionen‹, eine Kopf-Steuer für den ›Schutz‹, den sie genießen, zu bezahlen. Dabei wird aber oft vergessen, daß wirk-

Unter ERDOGAN wurde die Türkei zwar moderner, aber konservativer, weshalb manche Beobachter der Ansicht sind, daß die Überbetonung des Islams in der Türkei sich in den kommenden Jahren noch verstärken wird.

liche Toleranz auf Gegenseitigkeit und Gleichheit beruht. Die islamische Ansicht über Toleranz ist auch an liberalen Islam-Schulen durch die gemeinsame Überzeugung gekennzeichnet, daß ›Apostasie‹, also Abfall vom Islam, den Tod verdiene.

Es ist pikant, daß gerade linksaußen Stehende im liberalen Lager die Immigration von Muslimen nachdrücklich begrüßen. Sie bedenken nicht, was passieren würde, wenn der Islam die Herrschaft über Europa erränge, in der Tat eine schreckliche Vorstellung, die aber nichtsdestoweniger als reale Möglichkeit in Betracht gezogen werden sollte, um alle Anstrengungen zu fördern, gerade dies zu verhindern. All die Präferenzen der Linken für eine vollständige Demoralisierung des Verhaltens, z.B. initiiert durch ordinäre Kleidung, die Nichtahndung des Ehebruchs, die häufigen Scheidungen, die ausgedehnten ›Freiheiten‹ für Homosexuelle (Schwulen-›Ehen‹) und die öffentlich demonstrierte Liederlichkeit, die Legalisierung von Massenabtreibungen und Pornographie und ebenso die Werbung dafür im Fernsehen und in Zeitungen – Haltungen, die himmelschreiende Ungeheuerlichkeiten sowohl für Christen als auch für Muslime bedeuten –, würden radikal unmöglich gemacht und auf das drastischste, grausamste und inhumanste bestraft; man denke nur an die in islamischen Ländern übliche öffentliche Auspeitschung und Steinigung.

Man hat den Eindruck, daß die Förderer der ›Integration‹, die gleichzeitig jede Perversion fördern und herunterspielen, zur Selbstzerstörung bestimmt sind – in einem unbewußten und nicht bemerkten Todestrieb –, indem sie über ihr künftiges Schicksal in der Welt selbst richten und sich verurteilen und sich bereits hier als die potentiellen Höllenbewohner kennzeichnen.

Ein gutes Beispiel für die Handhabung der Toleranz (und gleichen Rechte) durch den Islam innerhalb seines Herrschaftsbereiches gibt die Lage der Frauen ab, wo das Wort des Propheten (Sure 4, 38) wie folgt lautet: »Schlage sie; die Frauen, die nur halb soviel Rechte vor Gericht haben, können nicht erben.« Alle diese Diskriminierungen werden großzügig sogar von Feministen übersehen, wenn es darum geht, die Massenzuwanderung nach Europa zu fördern.

Dennoch muß die Frage gestellt werden: Gibt es Anzeichen dafür, daß der Islam heute eine geringere Bedrohung darstellt als in früheren Jahrhunderten? Es gibt sie tatsächlich.[164] So ließe sich als Anzeichen für eine graduelle Verringerung der Gefahr deuten:

---

[164] Das Folgende nach Alfred LOCKER, Wien.

a. daß die jüngere Generation der Muslime, insbesondere die Mädchen, weil vom westlichen Lebensstil angezogen, nicht mehr die strikten Vorschriften des Islams befolgt, was sie durch die Weigerung zeigt, den *tshador* zu tragen,

b. daß die muslimischen Geistlichen, die öffentlich Homophilie verurteilten, ihre Äußerungen unter der Drohung, aus Deutschland abgeschoben zu werden, widerrufen haben; natürlich könnte dieses Verhalten ein Zeichen für *taquia*-Taktik sein, d. h. eine kurzfristige Leugnung der eigenen Überzeugung,

c. seitdem muslimische Führer wie der Präsident des Deutsch-Türkischen Forums auch gefordert haben, daß die islamischen Kinder auch einige Kenntnis der christlichen Religion haben sollten, besteht die Möglichkeit - vorausgesetzt, daß diese Kenntnisse nicht von muslimischen ›Experten‹ selbst vermittelt (und daher verzerrt) werden, sondern durch berufene christliche Lehrer -, daß aufmerksame Muslime die Überlegenheit der christlichen Religion über den Islam selbst erkennen und sich dazu bekehren.

Es ist offensichtlich, daß innerhalb der europäischen Länder und angesichts der öffentlichen Meinung und Macht der Massenmedien solch eine Bekehrung - die von Muslimen als Abfall von Gott (Apostasie - *radda*) angesehen wird - nicht mit dem Tod bestraft werden könnte, wie dies nach der *sharia* der Fall wäre. So gibt es eine gewisse Hoffnung, daß sich solche Bekehrungen häufen werden und so das Ansehen des Islams sogar unter den eigenen Anhängern dadurch schwächer wird, wenn letztere immer kritischer - und unwilliger - werden, sich von ihren religiösen Führern gängeln zu lassen. Außerdem gibt es bereits einige Beispiele dafür, daß intellektuelle frühere Muslime (Diplomaten, Offiziere), abgestoßen von politischen Ereignissen im eigenen Land, nach Europa geflohen sind und durch aufmerksames Studium der Bibel Christen geworden sind. Sie erklärten später, daß ihnen nie das vielfach und gut dokumentierte Leben Christi bewußt wurde, das jeden tief beeindrucken müsse, der die Evangelien andächtig lese, und nicht die willkürlichen, sich selbst widersprechenden Behauptungen über JESUS, wie sie der Koran ohne Zusammenhang präsentiert. Daß den Muslimen das Lesen der Bibel verboten ist, scheint eine aus Angst geborene Vorsorgemaßnahme zu sein.

Ganz unabhängig von der totalen Feindschaft des Islams gegen das Christentum, die durch keinen Dialog entschärft werden kann, ist es doch lebenswichtig für Christen, dieser aggressiven Religion

Islam bedeutet Unterwerfung aller Lebensbereiche unter die Allmacht des Korans. Abbildung: Kitab al Bulhan (*Traktate über Astrologie, Hellseherei und Wahrsagerei,* Bagdad 1399).

entgegenzutreten, und zwar auf jener Ebene, auf der der Islam wegen seiner Unfähigkeit zur kritischen Reflexion unterlegen ist. Um die Anmaßung des Islams, die höchste Ausformung der Religion und damit die letzte und endgültige ›Offenbarung‹ Gottes zu sein, zurückzuweisen, ist es daher nötig, die in Sure 112 gipfelnde oberste Doktrin mit der Philosophie des ›Einen‹ und ›Vielen‹ zu messen und in einen Disput einzutreten, der offenkundig macht, daß man in dieser Religion nicht in der Lage ist, zwischen numerisch ›eins‹ und dem ›Einen‹ als einem fundamentalen Prinzip zu unterscheiden.

Die Erfolge der abendländischen Philosophie, zusammen mit den Erkenntnissen chinesischen und indischen Denkens, offenbaren, daß solch eine Behauptung, die als die Grundlage des Islams gilt und seine höchste Erkenntnis (›Offenbarung‹) darstellt, vom ›Feststeller‹ Notiz nehmen muß, d. h. von der Person, die sie äußert. Indem man das tut, wird die dogmatische Einseitigkeit und Unlogik offenbar, indem dies demonstriert, daß ›zwei‹ (Subjekte) nötig sind, um die ›Einsheit‹ als Charakter des (vorgeblich) Ersten und der letzten Entität (also Gott) festzustellen, bestehend also aus sich selbst und dem anderen. Da nun, zu diesem Zweck, beide mitsammen verbunden sind – indem sie sich wechselseitig aufeinander beziehen –, ist eine dritte Instanz, nämlich die, welche die Verbindung der beiden darstellt, ebenfalls nötig; eine Tatsache, die zum Ergebnis führt, daß der Inhalt der Sure 112 in sich widerspruchsvoll (also unsinnig) ist. Andererseits zeigt diese Reflexion, daß die Grundfigur der Wirklichkeit die Einheit von drei (Einzelheiten) ist, was konzeptionell bereits die grundlegende These des Christentums darstellt, daß Gott der Drei-Eine Gott ist. Außerdem kann die in Sure 112 dargelegte Behauptung nur dann aufrechterhalten werden, wenn eine absolute Grenze zwischen Gott und den Menschen gezogen und eine *analogia entis*[165] verneint wird.

Natürlich hat auch der sogenannte gebildete Muslim, der sein Leben lang in einer Welt lebt, in der kritisches Denken keine Chance hat, kaum eine Möglichkeit, solch einem Argument zu folgen. Somit liegt die Hoffnung in den jungen Muslimen, die durch den Schulbesuch in europäischen Ländern und demnach durch ein gewisses Training in formalem, logischem und philosophischem Denken erhielten, schließlich so weit kommen, daß sie sich durch Einsicht und Akzeptanz der Gründe von der Naivität ihrer Eltern befreien, die immer noch unkritisch die vorerwähnte Sure rezitieren, und schließlich vom Islam abwenden, weil sie des letzteren Unangemessenheit und Mangel an kritischem Denken erkannt haben. Beispiele dafür gibt es schon.

Nun könnten sich islamische Gelehrte darauf zurückziehen, daß es keine Verbindung zwischen Gott (dem ›Einen‹) und den Menschen (›den anderen‹) gäbe. ›Allah‹ wird daher nicht ›Vater‹ genannt, er ist der absolute Herrscher, mit dem keine Kommunikation möglich ist und der strikten Gehorsam gegenüber seinen durch den Mund seines Propheten verkündeten Geboten fordert. Abgesehen von der Frage, woher die Muslime das wissen wollen, würde diese Entgegnung das große Problem verschärfen, ob nun der Mensch a. ›innerhalb‹ oder b. ›außerhalb‹ Gottes ist. Mit Bezug auf a. müßte die vollkommene Getrenntheit (von Gott) verneint werden; mit Bezug auf b. müßte Gottes ›Allumfassendheit‹ bezweifelt werden. Wie man aber die Frage auch dreht und wendet, so ist und bleibt die Behauptung der Sure 112, an die die Muslime glauben, ausgesprochen falsch; ganz abgesehen von der weiteren Tatsache, daß Schöpfung wegen eines mangelnden spirituellen Verständnisses vom Islam eindeutig zurückgewiesen wird. So kann allein von einem systemtheoretischen Stand-

---

[165] Die Analogie des Seinsbegriffes *analogia entis* besagt, daß das Seiende nicht ›ins Unendliche‹ zerfällt (GOETHE), wenn auch der Seinsbegriff in Anwendung auf Gott und ein Geschöpf nicht ganz denselben Sinn hat.

punkt die Behauptung dieser Religion leicht widerlegt werden. Bezüglich der Lehre von der heiligen Trinität könnte ein weiteres Argument vorgebracht werden durch Anerkennung des allerinnnigsten Seins-in-Gott jeder göttlichen Person (lat. *inesse*); ein drittes, daß nur in der begrenzten Wirklichkeit drei einzelne Entitäten (Zahlen) aufsummiert die Zahl drei ergeben, aber nicht in einem unendlichen Reich, in dem drei unendliche Entitäten unendlich sind und bleiben;[166] das wäre sozusagen die mathematische Zurückweisung der Anschuldigung der ›Dreigötterei‹ in 4, 172.

6.2.2. Ein Kapitel Carl Schmitt

Carl Schmitt hat sich in seiner *Politischen Theologie II* mit der »Legende von der Erledigung jeder Politischen Theologie« auseinandergesetzt. Die hier von ihm ausgebreiteten Überlegungen sind, gleich einem Seziermesser, auch für unsere Fragen im Zusammenhang mit einem möglichen EU-Beitritt der Türkei von größtem Nutzen. Dies insbesondere deshalb, weil wir im Falle der Türkei nicht recht wissen, ob sie mehr dem Bereich des Politischen oder dem des Theologischen zuzuordnen ist. Auf Parvez Manzoor, der einen Trend zur Vorherrschaft des Transzendenten über das Politische postuliert, gehen wir später ein. Andere erklären, daß der Kemalismus, d. h. die Europäisierung der Türkei und die Errichtung eines laizistischen, demokratischen Staates auf türkischem Boden, längst gescheitert sei.

Das mögen Übertreibungen sein, es mag aber auch die ungeschminkte Wahrheit sein: Allein die gern gehörte türkische Begründung, die auch in unseren Breiten häufig vorgebracht wird, wonach ohne einen Beitritt Ankaras zur EU der Modernisierungsprozeß in der Türkei scheitern müsse, läßt die Behauptung, daß die ›Verwestlichung‹ wirklich alle Bereiche des Staates und des privaten Lebens durchdrungen habe, zumindest in eigentümlichem Licht dastehen. Gegen Ende seiner längeren Ausführungen kommt Schmitt dann zu dem bedeutsamen Punkt:

»Der Satz ›Theologisch ist der politische Monotheismus erledigt‹ impliziert dann Ansprüche auf Entscheidungsbefugnisse des Theologen auch im politischen Bereich und einen Anspruch auf Autorität gegenüber der politischen Macht, ein Anspruch, der um so intensi-

---

[166] Schimmel, Annemarie, »Der Islam«, in: Heiler, Fr. (Hg.), *Die Religionen der Welt in Vergangenheit und Gegenwart*, Stuttgart 1959, S. 784–876.

ver politisch wird, je höher die theologische Autorität über der politischen Macht zu stehen beansprucht. In diesem Fall der Eröffnung eines Kompetenzkonflikts macht die theologische Seite den Charakter des Menschen als eines aus Geist und Materie, Seele und Leib zusammengesetzten Doppel-Wesens geltend, die Mischung von zwei Naturen. Das setzt im Grunde gemeinsame christlich-theologische Vorstellungen vom Wesen des Menschen voraus und eine Verschiedenheit der Verständigungsmöglichkeiten zwischen christlichen und anderen Völkern und Regierungen. Immer bleibt die Möglichkeit eines ›Konkordates‹ ein spezifisches Problem, weil jeder Konfliktpartner dem anderen ›unsaubere‹ Vermischungen von Theologie und Politik und Politik und Theologie zum Vorwurf machen kann. Der Konflikt wird dadurch nur verschärft und nur noch intensiver politisch. Bleibt dann der Theologe bei seiner theologischen Entscheidung, so hat er eine politische Frage theologisch entschieden und eine politische Kompetenz für sich in Anspruch genommen.

Die Aussagekraft des anspruchsvollen und scheinbar so überlegenen Verdikts geht nicht über eine scharfe, aber nur abstrakt-absolute Zuständigkeits- oder Unzuständigkeitserklärung hinaus. Alles übrige ist Äquivokation. Ein Konflikt ist immer ein Streit von Organisationen und Institutionen im Sinne konkreter Ordnungen, ein Streit von Instanzen und nicht von Substanzen. Die Substanzen müssen erst eine Form gefunden, sie müssen sich irgendwie formiert

Carl SCHMITT (1888–1985). »Souverän ist, wer über den Ausnahmezustand entscheidet. Alle prägnanten Begriffe der modernen Staatslehre sind säkularisierte theologische Begriffe.« Aus: *Politische Theologie*.

haben, ehe sie überhaupt als streitfähige Subjekte, als *partes belligerantes*, einander entgegentreten können.

Die Unterscheidung von Substanz und Instanz mag nach aristotelischem Hylomorphismus klingen; sie hat jedenfalls ihren praktischen Sinn und ihre theoretische Richtigkeit. Der Kompetenzkonflikt muß, wenn die beiden Konfliktpartner sich nicht über eine gegenseitige Mit-Bestimmung ›konkordieren‹, so enden, wie ihn die konfessionellen Bürgerkriege des 16. und 17. Jahrhunderts beendet haben: entweder mit einer präzisen Antwort auf das große *Quis judicabit?*[167] oder mit einer ebenso präzisen *Itio in Partes,*[168] das heißt: mit einer raumhaft klaren territorialen oder regionalen Abgrenzung, einem *Cuius regio, eius religio.*[169] In der Zwischenzeit und im Zwischenzustand der ›unsauberen Mischung‹ weisen sich die beiden Konfliktpartner unaufhörlich gegenseitig in die Schranken ihrer Fakultät und rufen einander zu: *Silete in munere alieno!*«[170]

In der *Politischen Theologie* ging es SCHMITT ja innerhalb des Bezugsrahmens des christlichen Abendlandes um die Frage der gemeinsamen christlich-theologischen Vorstellungen einer politischen Philosophie und Theologie. Um wieviel gravierender müssen die unvereinbaren Vorstellungen zwischen einander fremden Kultur- und Lebenswelten sein? Was hier mit den SCHMITTschen Betrachtungen untermauert werden sollte, ist die Tatsächlichkeit des ›ganz Anderen‹, und dieses nun im Kontext der Freund-Feind-Unterscheidung betrachtet, heißt nichts anderes, als daß »Konflikte jederzeit möglich sind«, insbesondere, wenn die räumliche Trennung und das *Cuius regio, eius religio* nicht beachtet werden.

Da wir uns nicht vorstellen können, daß die heutigen politischen Führer und ihre Ratgeber das nicht ebenfalls wissen, erhebt sich die Frage, warum sie dann trotzdem den Beitrittswunsch der Türkei – gegen die ziemlich einhellige Ablehnung der Bevölkerung – so forcieren. Aus der geopolitischen Einschätzung der amerikanischen Ziele bleibt nur eine Erklärung übrig: Die eigenen politischen Eliten sind korrupt, landesverräterisch und Lakaien des fremden US-Hegemons; sie handeln gegen die Interessen der eigenen Völker.

---

167 »Wer ist oberster Richter?«

168 »Getrennte Wege gehen«.

169 »Wer regiert, bestimmt die Religion [in seinem Land]«.

170 »In fremden Mauern schweige!« Will sagen: Man hat sich in fremde Angelegenheiten nicht einzumischen.

Ähnlich dürfte der Fall bei den türkischen Eliten liegen. Daß das Bild hier noch diffuser ist, liegt daran, daß die Türkei ein Land ist, in dem Tradition und Moderne, Agrarwirtschaft und Industrie, Laizismus und Islam, chauvinistischer Türkismus, freimaurerischer Universalismus, Demokratie und Militärdiktatur nach wie vor miteinander im Wettstreit liegen. Die derzeitige gemäßigt islamische AKP-Regierung forciert im Einklang mit den herrschenden globalistischen Bestrebungen den Beitritt, den eine mindestens ebensosehr im Volk verwurzelte nationalistische MHP als vom Westen ausgehende Zerstörung der Integrität des Landes brandmarkt. Es hängt also letztlich beinahe an zufälligen Wahlausgängen, ob die Türkei selbst in die EU drängt oder sich eher gegen sie abgrenzt.

7. Aspekte der Geopolitik

7.1. Der Jugoslawienkrieg 1999 – kein isoliertes Ereignis

In diesem Kapitel soll versucht werden, ein scheinbar ›lokales‹ Problem - nämlich angebliche Menschenrechtsverletzungen und ebenso mutmaßliche ›ethnische Säuberungen‹ - in einen größeren geopolitischen Kontext zu stellen. Fünf Jahre nach den fraglichen Ereignissen eröffnen sich zudem auch neue Perspektiven und Interpretationsansätze, was die Frage einer türkischen EU-Mitgliedschaft angeht. Welche Ereignisse und Gesichtspunkte sind dabei zu betrachten?

a.) historische - diese sind immer auch kulturell-geistige;

b.) geographische;

c.) machtpolitische und wirtschaftliche.

Und noch eine Frage muß gestellt werden; sie ist vielleicht die entscheidende: In welcher Weise betrifft uns - das deutsche Volk und Europa insgesamt - das alles?

7.1.2. *Global Governance*: die ›One World‹ als Fernziel

Zum Einstimmen auf das Folgende einige Zitate und Stellungnahmen:

a.) Otto VON BISMARCK: »Wir haben keine Feinde im Osten.«

b.) Zbigniew BRZEZINSKI:[171] »Es handelte sich um Kriegführung. Einsatz, Risiko und Interesse waren ungeheuer. Geopolitisch war es in erster Linie ein Kampf um die Kontrolle über die eurasische Landmasse, nach Möglichkeit sogar um die globale Vorherrschaft.«

c.) Zum Vertrag von Versailles; nach Zbigniew BRZEZINSKI »liegt es in der Konsequenz dieses Versailles-›Remakes‹, daß das kalt besiegte Rußland unter US-amerikanische Konkurs-Verwaltung geraten sei«.

d.) George KENNAN: Der »Zusammenbruch des Sowjetsystems [läuft] auf die bedingungslose Kapitulation [hinaus], die wir ins Auge faßten«.

---

[171] Außenpolitischer Sicherheitsberater unter US-Präsident Jimmy CARTER, gegenwärtig einer der führenden Ideologen der ›Expansionisten‹ von 1991.

Wir müssen etwas weiter ausholen. Der langjährige US-Sicherheitsberater Zbigniew Brzezinski beschreibt in seinem jüngsten Buch *Amerika, die einzige Weltmacht*, aus dem bereits zitiert wurde und auf das später nochmals näher einzugehen sein wird, völlig klar und ohne verschleiernde Rhetorik einige zentrale außenpolitische Ziele der USA. Demzufolge geht es um nichts Geringeres als um die Erhaltung der Hegemonie der USA über ihre Protektorate und tributpflichtigen Vasallen.[172] Auch die Frage des ›Wie?‹ beantwortet Brzezinski erfreulich schnörkellos. Allerdings gibt es auch einige in seinem Buch nicht ausdrücklich aufgeführte Methoden, etwa

- die Kompromittierung der ›Verbündeten‹ (= Vasallen), indem man sie in illegale und somit verbrecherische Kriege verwickelt. Das demoralisiert das nationale wie internationale Rechtsempfinden, die fast einzige Chance, sich vor Gewalt zu schützen.
- den vorgeschobenen Kriegsgrund der ›ethnischen Säuberungen‹. Wie noch zu zeigen sein wird, konstruieren die USA daraus Privilegien für die angeblich ›verfolgten‹ Ethnien – auf dem Balkan beispielsweise ganz konkret für die islamischen Albaner, die daraufhin ihrerseits ganz ungehindert und unter Aufsicht der UN-›Schutztruppen‹ das Kosovo von Serben ›säubern‹, deren uraltes Kernland dieses Gebiet immer war.

In eigentümlichem Widerspruch zu diesem Vorgehen steht allerdings der zeitgleich etwa in Bosnien-Herzegowina erzwungene Prozeß des ›*Nation-building*‹: die UN-Hochkommissare, die sich wie englische Vizekönige in den Kolonien gebärden, den Betroffenen ausdrücklich *nicht* gestatten, sich gemäß ihrem Selbstbestimmungsrecht nach Nationalität und religiösem Bekenntnis zu formieren, was der überwiegende Mehrheitswunsch aller ethnischen Gruppen dort ist. Vielmehr wird nach Kräften versucht, eine ›Integration‹ der verschiedenen Volksgruppen durchzudrücken. Das Modellhafte dieser Vorgehensweise ist nicht zu übersehen: Was hier mit Gewalt erzwungen wird, dem wird sich auch ein ›vereinigtes Europa‹ nicht entziehen können.

---

[172] ». . . ist der Geltungsbereich der heutigen Weltmacht Amerika einzigartig. . . Wie die folgende Karte zeigt, ist der gesamte (eurasische) Kontinent von amerikanischen Vasallen und tributpflichtigen Staaten übersät, von denen einige allzugern noch fester an Washington gebunden wären.« (Ebenda, S. 41)

Die schon seit Jahrzehnten forcierte Immigration von Fremden aus anderen Kulturkreisen bei uns erfuhr in den letzten Jahren nochmals zusätzlichen Nachdruck, und es liegt klar auf der Hand, worin die damit verfolgten Absichten der verantwortlichen Hintergrund-Drahtzieher bestehen: Die im letzten Jahrhundert praktisch auf der ganzen Welt noch niemals erfolgreiche, d.h. friedliche Integration von Ausländern, Wirtschaftsflüchtlingen und (Schein-)Asylanten wird vorsätzlich als soziales und ethnisches Minenfeld eingerichtet, damit bei Bedarf nach dem Muster des Kosovo- bzw. Jugoslawien-Krieges interveniert werden kann.

Diesem und keinem anderen Zweck diente auch der Kosovo-Krieg 1999, wobei die Deutschen im übrigen grundgesetzwidrig in einen Angriffskrieg involviert wurden.

Es lohnt, sich näher anzusehen, wie der Konflikt von der amerikanischen Politik eingefädelt wurde. Es unterliegt keinem Zweifel, daß sich die KOHL-Regierung aus CDU/CSU und FDP auf Befehl der USA in jeden ›*out-of-area*‹-Einsatz hätte verwickeln lassen. Man mußte allerdings auch gewärtigen, daß sich die traditionell pazifistischen Roten und Grünen, die die Opposition stellten, eine derartige Chance zum Machtwechsel kaum hätten entgehen lassen; sie hätten Millionen von Menschen zu Protesten auf die Straße gebracht. Nicht nur, daß damit jeder Kriegseinsatz gekippt worden wäre. Es hätte zudem fast zwangsläufig dazu geführt, daß sich die Linke wieder auf die eigene Nation besonnen hätte. Das durfte nicht sein, denn dies hätte in den Augen der Hintergrundmächte tatsächlich eine Gefahr für die Hegemonie über Europa bedeutet.

So wurde in völliger Geheimhaltung und unter Federführung der US-Werbeagentur Carville & Partners SCHRÖDERS Wahlkampf aus dem geheimen *War-Room* amerikanischer Manipulateure heraus organisiert. Mit einer rot-grünen Regierung konnte man die Deutschen widerstandslos in einen von der NATO geführten Angriffskrieg in Europa verwickeln. Tatsächlich war es ein US-Krieg, wie die laufenden Pressekommentare, daß die »EU nicht fähig gewesen wäre, im eigenen ›Hinterhof‹ Ordnung zu machen«, hinlänglich beweisen. Natürlich war dies nur gegen erheblichen Widerstand in der Bevölkerung möglich. Das erklärt, warum die Desinformation von NATO und CNN damals derart auf Hochtouren lief und im übrigen immer noch läuft, auch wenn sich die Schauplätze geändert haben.

7.1.3. 1739 – 1844 – 1918: Historische Weichenstellungen...

Nach dem Sieg des Prinzen EUGEN über die Türken (1718) und dem Frieden von Passarowitz wehten die Fahnen des Kaisers jenseits von Belgrad - bis Nis.[173] Es ging längerfristig um das Erbe von Byzanz, das zwischen den beiden Doppeladlern - Deutschland/Habsburg und Rußland - zur Nachfolge stand. Das Osmanische Reich befand sich bereits im Abstieg.

Glänzende Chancen taten sich im Südosten auf. Der serbische Patriarch von Ipek und der bulgarische Metropolit von Ochrida hatten den kaiserlichen Generalen gegenüber den Wunsch ausgedrückt, in der Art deutscher Fürsten zu weltlichen Herren ihrer ausgedehnten Ländereien erhoben zu werden, um als solche dem Heiligen Römischen Reich beitreten zu können. Die Aussicht war mehr als real, daß schon in absehbarer Zeit serbische und bulgarische Fürstbischöfe am Wiener Hof als Vasallen des Kaisers empfangen würden.

Doch dann, 1739, ging Belgrad verloren. In Wien wurde dieser Verlust zunächst nicht weiter tragisch genommen. Doch damit begann die Wende. Daß der Hof in Wien die Wünsche der Serben und Bulgaren nicht ernst genug nahm, lag wohl auch an Rücksichten gegenüber den Magyaren. Ein historischer Fehler, wie wir heute wissen. »Die Hoffnung der Serben, unter österreichischem Szepter ein menschenwürdiges Dasein zu führen, bot sich wieder«, heißt es in Band sieben der *Weltgeschichte* von SAMPER (erschienen 1894). Und weiter: »Hätten die Österreicher sich in Serbien behauptet, wären sie zur beherrschenden Macht auf der nördlichen Balkaninsel aufgestiegen.«

Noch schien die Chance nicht ganz vertan. Denn 50 Jahre später, 1789, im Jahre der Französischen Revolution, wurde Belgrad von dem österreichischen Feldmarschall LAUDON noch einmal zurückgewonnen. Doch Kaiser LEOPOLD II. gab es unter englischem und preußischem Druck im Frieden von Sistowa leichtfertig wieder preis. Eine weitere Chance gab es nicht mehr.

Als Österreich dann ein Jahrhundert später, im Berliner Kongreß 1878, Bosnien-Herzegowina zur Okkupation zugesprochen bekam, erkannte Preußen, das inzwischen Verbündeter war - genauer ge-

---

[173] Für das Folgende siehe auch: Heinrich JORDIS VON LOHAUSEN, »Wien und Belgrad - geopolitische Antipoden«, in: *Aula*, Nr. 4/1994.

1717: Prinz Eugen von Savoyen erobert Belgrad. Gemälde: Jan van Huchtenburgh

sagt: Moltke, der Sieger von Königgrätz, erkannte es –, daß nämlich die k.u.k. Monarchie ohne Serbien unvollständig und die Serben außer den Deutschen das wichtigste Volk für die Monarchie seien. Josef I. hatte noch 1706 und Karl VI. 1713 die Sonderrechte der serbischen Minderheiten in Syrmien und im Banat bestätigt. Den Ungarn war aber die Selbstverwaltung der Serben ein Dorn im Auge, und so hob sie Karl VI. wieder auf. Das ist deswegen besonders tragisch, weil die Serben und ihre Nachkommen bis 1914 an der Militärgrenze Herausragendes leisteten und ihre Zuverlässigkeit makellos war. Der Versuch, sich im Rahmen der Monarchie zu Vorkämpfern der ›serbischen Freiheit‹ zu machen, hätte sich gelohnt. Wofür, muß man im Rückblick fragen, waren Prinz Eugen und Laudon eigentlich ins Feld gezogen?

An dieser historischen Nahtstelle entwickeln sich jene Grundlinien der serbischen Politik, die 1844 der spätere Ministerpräsident Garašanin niederlegte und die schließlich dazu führte, daß Serbien aus jeder denkbaren Verbindung mit der österreichischen Monarchie herausbrach und unter dem Motto des Panslawismus den Russen in die Arme getrieben wurde. Dies entsprach freilich andererseits der Strategie des imperialen England,[174] die darauf abzielte, daß unter

[174] Das Garašanin zugeschriebene Konzept ging tatsächlich auf englische Diplomatie zurück, trug direkte englische Handschrift.

allen Umständen eine aus gemeinsamen Interessen gespeiste Achse auf dem Balkan, noch dazu unter deutsch-österreichischer Beteiligung (*de facto* und wegen der Größe dieser europäischen Mächte unter deren Führung) verhindert werden mußte. Nikolaus VON PRERADOVIC beschreibt diese Entwicklung ausführlich in seinem historischen Buch *Die Einkreisung* und merkt an, daß es zum Bruch TITOS mit STALIN nicht etwa wegen ideologischer Gegensätze, sondern wegen der Neuauflage des GARAŠANINschen Planes gekommen sei. GARAŠANIN selbst schrieb, daß niemand darüber reden, aber jeder diesen Plan als Grundlage seines politischen Handelns – gleichsam als Arkanum der serbischen Politik – betrachten solle.

Faktisch ist dies eine verhängnisvolle Perspektive. Würde man sie sich zueigen machen, liefe dies darauf hinaus, daß damit die Rolle der Serben als Bollwerk gegen die türkische Eroberung und gegen die Islamisierung Europas, der sie 500 Jahre – und zwar für Europa als Ganzes! – getrotzt haben, nachträglich noch als gescheitert und sinnlos verbucht würde.

Es ist bei alledem eine bittere Ironie der Geschichte, daß in jüngster Zeit ausgerechnet jene Mächte, die den aufkeimenden serbischen Nationalismus unterstützten, als er sich gegen eine kontinentale europäische Achse instrumentalisieren ließ, nun eben dieses Jugoslawien – genauer gesagt: Serbien – völlig zerstören. Diese Zusammenhänge sollten zu denken geben, und zwar nicht nur den Betroffenen, den Serben: Sie wurden und werden immer von fremden Mächten zu ihrem eigenen Schaden benutzt.

Andererseits darf man bei dieser Analyse auch nicht übersehen, daß Habsburg einen gravierenden historischen Fehler beging, als es die von Serben und Bulgaren angebotene Eingliederung ins Heilige Römische Reich nicht beim Schopf ergriff, um beiden eine gleichrangige Rolle im Rahmen der Monarchie einzuräumen.

Das ist um so mehr zu bedauern, als der jüngste Krieg um Serbien ausgerechnet die Deutschen, die als tributplichtige Vasallen der USA ebenfalls nicht Herr ihrer Entschlüsse sind, in den Krieg gegen Serbien führte, was fast zwangsläufig noch mehr unnötigen Haß schürt und jeden erwünschten Ausgleich zwischen beiden Ländern untergräbt. Hier läge aber der Schlüssel zu einer wirklichen europäischen Politik und zur Überwindung jener epochalen Krisen, von denen gegenwärtig nicht nur Rußland erschüttert wird. Es drängt sich nachgerade der Eindruck auf, als habe darin eines der Hauptziele des Krieges von 1999 bestanden: jede Selbstbesinnung und -bestimmung

Deutschlands um im weiteren jede Verständigung zwischen Deutschland und Rußland auf dem Balkan zu verhindern.

Wenn dem so ist und hier das geopolitische Fernziel unserer Gegner liegt, dann gilt es, alles daranzusetzen, diese Negativentwicklung endlich zu unterbrechen. Es kann und darf nicht sein, daß die negativen, ja schicksalhaften Entwicklungslinien der letzten beiden Jahrhunderte unter der Regie von NATO und USA in ein weiteres Jahrhundert hinein verlängert werden.

Noch einmal zurück zur Vorgeschichte des Konflikts.[175] Die beharrliche Weigerung der Magyaren, den anderen Völkern ihres Königreiches gleiches Recht zuzugestehen, bot den inneren und äußeren Feinden der Donaumonarchie alle nur wünschbaren Steilvorlagen zur Einmischung in die inneren Angelegenheiten der Monarchie. Denn nur fünf der insgesamt elf größeren Reichsvölker lebten ausschließlich innerhalb der habsburgischen Grenzen, nämlich die Kroaten, Slowenen, Slowaken, Tschechen und die Magyaren selber, die anderen sechs aber – Italiener, Deutsche, Polen, Ukrainer, Rumänen und Serben nur zum Teil, und zwar alle zum kleineren Teil. Die Mehrheit wohnte jeweils außerhalb, bei vieren davon in eigenen Nationalstaaten. Einer dieser Nationalstaaten saß sogar zusammen mit der Donaumonarchie in deren ureigenem Gebiet, dem Donaukessel, und zwar sogar mit Schwerpunkt an dessen südlicher Pforte: Serbien. Denn Donaumonarchie und Donaukessel waren alles andere als deckungsgleich. Die südliche Pforte, vom Prinzen EUGEN 1717 erobert, war längst wieder verlorengegangen – und damit »Stadt und Festung Belgerad«, wie es im berühmten Lied heißt.

Belgrad stellt, was den Verlauf der Donau abwärts betrifft, Wiens geopolitischen Gegenpol dar, den anderen Brennpunkt einer Ellipse. Zwischen beiden liegt der Donaukessel als Feld gegenseitiger Herausforderung, früher zwischen Türken, später zwischen Serben und Deutschen, zwischen abendländischem und nichtabendländischem Europa, zwischen dem Reich und dem Balkan. Die Hereinnahme der Serben in die Monarchie, die Hereinnahme der Gegenpforte und der gesamten zu ihr hin bestehenden Spannung war für das Donaureich eine Lebensfrage. Ohne jeden Zweifel war diese Gegenbasis an der unteren Donau wichtiger als etwa jenes galizische Glacis nördlich der Karpaten, und ohne Zweifel waren auch die dem Donaura-

---

[175] Das Folgende nach: Heinrich JORDIS VON LOHAUSEN, »Mitteleuropa und der Donauraum«, in: *Staatsbriefe*, Nr. 5/1990.

um zugehörigen Serben weitaus wichtiger für die Monarchie als die ihm fremden Polen und Ukrainer.

Belgrad war jener Punkt, von dem aus sich die Donaumonarchie aus den Angeln heben ließ. Es lag an ihrer weichen Unterseite, war Hauptstadt eines neugeschaffenen slawischen Staates und alsbaldigen Schutzstaates der slawischen Großmacht Rußland. Einst Speerspitze der Türken, wurde Belgrad nun zu einer neuen Speerspitze des Panslawismus und zur vorrangigen Handhabe Petersburgs gegen die Donaumonarchie, gegen das unersetzliche Mittelstück jenes Rußland von Kleinasien bis Skandinavien von den Westmeeren aussperrenden Riegels. Fiel dieses Mittelglied, brach Rußland den Donauraum und damit Mitteleuropa auf, dann ließen sich Deutschland von Süden und die türkischen Meerengen von Norden her aufrollen.

Deutsche und Serben verwahren die Schlüssel des pannonischen Kessels. Sie sind die Pförtner. Als solche wurden die stromabwärts drängenden Deutschen zu Gründern des Donaureichs, mußten umgekehrt die stromaufwärts strebenden Serben beinahe zwangsläufig zu dessen Zerstörern werden, sofern es nicht rechtzeitig gelang, sie zu einer von dessen tragenden Säulen zu machen. Die Einmischung raumfremder Mächte brachte 1918 nur Belgrad, noch nicht Petersburg den erhofften Sieg. Was Petersburg 1914 gesät, erntete Moskau erst dreißig Jahre später: die in Jalta beschlossene Aufspaltung und Entmachtung Mitteleuropas.

Die beiden Weltkriege haben erwiesen, daß Mitteleuropa, für sich allein nicht weltkrisenfest, dauerhafter Ergänzung bedarf. Sie war im Zweiten Weltkrieg nach beiden Seiten hin möglich, war zumindest 1940 in Frankreich noch denkbar und wurde 1941 einwandfrei in Rußland verfehlt. Gegen ein von Deutschland vorbehaltlos nicht als besiegt, sondern befreundet behandeltes Frankreich war eine Invasion wie die von 1944 kaum erfolgreich zu planen, noch weniger gegen ein Deutschland an der Seite eines befreiten statt unterdrückten Rußlands.

Noch nie in der uns geläufigen Geschichte wurde ein Trumpf von gleicher Tragweite so stumpfsinnig vergeben. Die Verbindung Deutschland-Rußland, eines unverblendeten Deutschlands mit einem sich selber wiedergegebenen Rußland war unüberwindlich. Nicht nur laut dem uns überlieferten Wort Dostojewskis, sondern auch nach dem Zeugnis Lenins: »Wenn die Revolution gesiegt hat, wird sie ihr Hauptquartier von Moskau nach Berlin verlegen.« Erst Stalin rückte von solchen Plänen ab und fiel in die Gedankengänge des

Panslawismus zurück. »Wenn wir Slawen zusammenhalten«, sagte er zu DJILAS, »kann kein Mensch in Europa gegen uns einen Finger rühren.«

In diesem Südostbündnis war Berlin Kopf und treibende Kraft, das Herzstück aber Österreich. Das galt schon für den 1882[176] zum Dreibund erweiterten Zweibund, aber auch für diesen allein: Österreich-Ungarn schlug dem neudeutschen Reich die Brücke zum europäischen wie vorderasiatischen Südosten. Es gewährleistete einen fortlaufenden deutschen Kultureinfluß, ein unbehindertes Weitervordringen der deutschen Sprache. Zerstörte man diese Brücke, war Deutschland auch nach dieser Richtung hin abgeschnitten, sein letzter Ausweg, eben jener Notausgang entlang der Südostachse, verriegelt. Das erklärt einigermaßen, warum man 1918 das preußisch-deutsche Reich nur gedemütigt, Österreich aber zertrümmert hat. Das geschah nicht nur den Serben und Tschechen und schon gar nicht dem rundum mißachteten Selbstbestimmungsrecht der Völker zuliebe.

Man zerschlug das eine Reich, um dem anderen seine letzte - die einzig verläßliche - Deckung zu nehmen, ihm die noch fehlende dritte Landfront aufzunötigen und jeden Versuch eines neuerlichen Ausbruchs donauabwärts schon in seinen Anfängen abzufangen. Ohne die große, deutsch geführte habsburgische Monarchie ließ sich kein Mitteleuropa mehr aufbauen. Die flüchtigen Bündnisse des Zweiten Weltkrieges konnten den Partner des ersten allesamt nicht ersetzen. Sie versagten kläglich, und die Türkei blieb diesmal fern. Man hatte 1919 sehr wohl gewußt, was man tat: Man hatte Wien zwar geschlagen, Berlin aber getroffen.

[176] Von 1882 bis 1915 wurde der österreichische Sieben-Völkerstaat zum Bindeglied dreier Nationalstaaten; des preußisch-deutschen, des ungarischen und des italienischen. Einwandfreie Mitte dieser Vier war Wien. Was sich hier schon im Zweibund und während des Ersten Weltkrieges ein letztes Mal darbot, war das nun in säkularisierter, seiner metaphysischen Bezüge entledigter Form verwirklichte heilige Reich, und zwar (mit oder ohne Italien) in bewußter Beschränkung auf die zwischen der Ostsee und dem Mittelmeer gelegenen Gebiete. Mitteleuropa als Programm; wie seinerzeit von Friedrich NAUMANN entwikkelt, war genau das: nun nicht mehr das ›römische‹ und ›heilige‹, sondern ein das preisgegebene Italien durch die Länder der Donau ersetzendes ›Reich‹.

7.1.4. . . . und ihre Fortschreibung 1999

Das Schlüsseldokument schlechthin im Vorfeld des Krieges von 1999 ist der sogenannte ›Vertrag‹ von Rambouillet.[177] Dieser neuerliche Vorortvertrag im unmittelbaren Vorfeld des Jugoslawienkrieges von 1999 hatte, in aller Kürze gesagt, drei Ziele, die dann später auch zu Kriegszielen der NATO bzw. der Vereinigten Staaten wurden:

1. Einführung eines neuen, von den Vereinigten Staaten interpretierten internationalen Rechts (*international law*), das sich von der bis dahin stets unabdingaberen Bedingung eines Sicherheitsrats-Mandates der Vereinten Nationen für den Einsatz militärischer Gewalt frei machen sollte;
2. Einsatz von NATO- (also US-befehligten) Truppen) anstelle von Friedens‹-Truppen der Vereinten Nationen;
3. Besetzung ganz Jugoslawiens, um diesen geopolitischen Schlüsselraum Europas zwischen Okzident und Orient – und damit Europa als Ganzes! – zu kontrollieren.

Der Hintergrund dieser dreifachen Zielsetzung war ein komplexes und nicht unmittelbar sichtbares Ziel. Um die Kontrolle über die

[177] Das Zeugnis Ramsey CLARKS (ehemaliger Minister einer US-Regierung und Generalstaatsanwalt der USA während der Jahre 1965–1967, Inhaber bedeutender Funktionen unter der Präsidentschaft John F. KENNEDYS und Lyndon B. JOHNSONS, Autor zahlreicher und bekannter Werke wie: *The Impact of Sanctions on Iraq, The U.S. Invasion of Panama, Metal of Dishonor – Depleted Uranium* u. a.) sagte am 31. März 1999 in Belgrad Folgendes: »Der Angriff auf Jugoslawien ist ein Akt der Aggression, und alle Grundsätze des Rechtes sind auf ihrer (jugoslawischen) Seite.« Und an anderer Stelle: »Der Vertrag von Rambouillet und Paris, den man ihnen aufzuzwingen versuchte, konnte von keiner souveränen Regierung akzeptiert werden. Amerika führt Krieg und der Kongreß hat darüber nicht abgestimmt. Es ist gegen die Verfassung der USA. Nie hatte ein Land solche Unterstützung in der Welt, wie Jugoslawien heute. Ich habe zivile Einrichtungen zerstört gesehen – Fabriken, einen Flugplatz und in Novi Sad sogar eine Schule. Der Krieg wurde von jener Seite begonnen, die ›Tomahawk‹-Raketen abfeuerte und nicht von der, die sich vor ihnen verteidigte. Die Existenz der UNO hängt davon ab, was in Serbien geschieht. Der Angriffskrieg gegen Jugoslawien muß beendet werden.« CLARK besuchte die Zeitung *Politica* in Belgrad, wo er mit Hadzi Dragan ANTIC und den Herausgebern sprach. ANTIC (A) machte CLARK (C) mit den Vorgängen von Rambouillet und Paris bekannt, mit den Täuschungen und Pressionen, vor allem von seiten der US-Vermittler, die dem bewaffneten brutalen Überfall auf die jugoslawische Föderation vorangingen.

eurasische Landmasse zu sichern, ist das Potential Europas in der US-amerikanischen Waagschale unverzichtbar. Darum mußte eine Ostorientierung Europas, d. h. vor allem Deutschlands, um jeden Preis verhindert werden. Dies wurde durch die Teilnahme Deutschlands an diesem verbrecherischen Krieg bewerkstelligt.

Fernziel der industrialisierten US-Wirtschaft sind das Potential und die Ressourcen Rußlands bzw. der ehemaligen Sowjetunion; vor allem die Öl- und Gasressourcen in und um das Kaspische Meer. Damals, vor 1999, vermutete man hier die weltweit größten Reserven außerhalb Arabiens. Diese Hoffnungen haben sich nicht erfüllt, wie Probebohrungen zeigten, was wohl der Hauptgrund für den nachlassenden Druck der USA auf Rußland in der Tschetschenien-Frage gewesen sein dürfte.

Der langjährige, schon des öfteren zitierte US-Sicherheitsberater Zbigniew BRZEZINSKI listet alle geostrategischen Angelpunkte und -gebiete auf dem Globus auf. Zu ihnen gehören der Kaukasus, Tschetschenien, Dagestan usw., wo überall – unter amerikanischer Regie – ›Befreiungskämpfe‹ ausbrechen. Für eine direkte Intervention unter dem Vorwand, dem ›Völkermord‹ ein Ende setzen zu müssen, war das praktizierte und, wie man hoffte, von der ›internationalen Gemeinschaft‹ akzeptierte ›Modell Kosovo‹ vorgesehen. Das perfide Strickmuster ist klar: Der nächste Schritt besteht darin, auch in Kerneuropa multi-ethnische Konflikte wie auf dem Balkan zu züchten. Wie solche Konflikte dann bereinigt werden können, war ja im Kosovo eben erst erprobt worden.

Zur Gänze ging diese Strategie allerdings noch nicht auf. Denn erstens stieß der Krieg in ganz Europa auf ungeahnte Ablehnung bei der Bevölkerung, und zweitens gelang es den USA nicht, ihr ›neues Völkerrecht‹ durchzusetzen. Zähneknirschend mußte Washington zusehen, wie die Vereinten Nationen involviert wurden. Demzufolge gibt es ein UN-Sicherheitsrats-Mandat für den Kosovo, die dort eingesetzten Truppen sind formalrechtlich UN-Truppen, wenngleich es faktisch die ehemaligen NATO-Krieger sind. Auch die Besetzung ganz (Rest-)Jugoslawiens konnte nicht im Handstreich erreicht werden, die KFOR ist ausschließlich auf das Kosovo begrenzt.

Möglicherweise bewahrte diese Konstellation Rußland und die GUS bislang vor einer längst geplanten US-Intervention im Kaukasus. Und sicherlich ist sie der Anstoß für die russische Regierung, im eigenen engeren Einflußgebiet endlich vollendete Tatsachen zu schaffen – in erster Linie: die russische Oberherrschaft über die Kaukasusländer wiederherzustellen – bevor die USA unter irgendeinem beliebigen Vorwand eingreifen können.

Im Grunde findet in Tschetschenien eine ähnliche Entwicklung wie in Serbien statt: Der ethnische Konflikt mit den Tschetschenen gedeiht dank amerikanischer Logistik und Unterstützung prächtig. So erfuhr die überraschte Weltöffentlichkeit eher am Rande, daß in der ehemaligen Sowjetrepublik Georgien schon seit Jahren US-Truppen und -Berater eingesetzt sind. Die georgische Armee wurde vollständig von amerikanischen Offizieren ausgebildet. Und natürlich werden auch, wie schon gegen die Sowjets in Afghanistan, wiederum ›islamische Freiheitskämpfer‹ instrumentalisiert. Daß der von Experten für möglich gehaltene ›heiße‹ und größere Krieg gegen Rußland nicht ausbrach, dürfte im wesentlichen damit zusammenhängen, daß die kaspischen Ölvorräte wie gesagt bei weitem nicht so umfangreich sind, wie zunächst angenommen.

Was die Türkei betrifft, so sieht BRZEZINSKI sie als einen europäischen, nach Westen blickenden Staat an, auch wenn er dies sozusagen als Wunsch der Modernisten etikettiert.[178] Andererseits übersieht er nicht den Blick der Türken in Richtung Osten und Süden, auf die bis vor kurzem noch der UdSSR eingegliederten Turkvölker, eignet sich diese Perspektive doch ebenfalls hervorragend zur Instrumentierung. Mit der angeblich ›europäischen‹ Türkei wird ja bereits seit längerem versucht, die EU zur Aufnahme Ankaras zu nötigen. Damit träfe man mehrere Fliegen auf einen Streich: die Kontrolle des Bosporus – also den Zugang Rußlands zum Mittelmeer – durch einen zuverlässigen Satelliten (das ist genauso viel wert wie durch die USA selbst), die multi-ethnische Unterwanderung Europas und damit seine langfristige innere, soziale und kulturelle Destabilisierung; das ist gleichzeitig die einfachste Möglichkeit, den Protektoratsstatus Westeuropas abzusichern. Zu guter Letzt läßt sich auch die Türkei selbst in einem dauerhaften Zustand der inneren Zerrissenheit halten. Denn daß sie eben kein europäisches Land ist, bedarf keines weiteren Beweises. Damit läßt sich auch dieser zuverlässige Trabant der USA jederzeit über einen steuerbaren Konflikt zwischen Islamisten und Modernisten im Zaum halten.

Es gibt aber noch weitere Spieler im ›Great Game‹ des Zbigniew BRZEZINSKI. Um wen handelt es sich?

---

[178] Dieses Konzept der ›westlichen‹ Alternative (= Lakai der USA) wird auch bewußt dem ›islamischen Gottesstaat‹ – Synonym für Iran – entgegengesetzt.

Um China zum Beispiel. Seine Rolle ist – noch – begrenzt und die Ziele nicht offensichtlich. Am Interesse Washingtons an der ganzen Region kann es allerdings keinen Zweifel geben – auch daran nicht, daß die USA alles daran setzen werden, sich einen von Moskau unkontrollierten und unkontrollierbaren Zugang zu ihr offenzuhalten. In diesem Punkt schluckt BRZEZINSKI im übrigen ›Kreide‹, auch wenn er das »starke Interesse der fernen USA an geopolitischem Pluralismus im post-sowjetischen Eurasien« betont. Doch dann rutscht es ihm doch heraus: »Als ein zunehmend wichtiger, wenn auch nicht direkt eingreifender Mitspieler, der nicht allein an der Förderung der Bodenschätze in der Region interessiert ist, sondern auch verhindern will, daß Rußland diesen geopolitischen Raum allein beherrscht, halten sie sich drohend im Hintergrund bereit.« Reine Friedensliebe also, wie die ›Wacht am Rhein‹. Diesmal geben die ›Menschenrechte‹ das ideologische Schutzmäntelchen ab.

BRZEZINSKI weiter: »Neben seinen geopolitischen Zielen in Eurasien vertritt Amerika auch eigenes wachsendes ökonomisches Interesse, wie auch das Europas und des Fernen Osten.« Über so viel Altruismus, neben den eigenen sogar die Interessen des Fernen Ostens – Chinas – zu vertreten, kann man nur staunen, hat man sich doch bis heute noch nicht ganz daran gewöhnt, daß ja auch die europäischen Interessen von Amerika mitvertreten werden... Weiter: »In diesem Hexenkessel geopolitischer Macht... geht es um den Zugang zur Region... Alle Bahntransporte, Erdgas- und Erdölpipelines und sogar der Flugverkehr wurden über das Zentrum geleitet..., daß wer den Zugang zur Region unter Kontrolle oder unter seiner Herrschaft hat, aller Wahrscheinlichkeit nach auch den geopolitischen und ökonomischen Gewinn einheimst.« Ersterer sichert die (Vor-)Macht.

Noch sitzt Rußland hier fest. Die Sorge ist, daß es Investitionen ver- oder behindern könnte und auch die Bodenschätze lieber ungenutzt ließe, als sie anderen zu gönnen. Hier unterstellt Washington »imperiales Besitzdenken« (das den USA selbst natürlich ganz fern liegt) und behauptet, daß sich das nur mit der Zeit und unter äußerem Druck ändern werde – frei nach der WILSON-Doktrin: Wer uns die Türen nicht öffnet, dem treten wir sie ein. Natürlich liegt BRZEZINSKI mit seiner Einschätzung schon richtig, daß die Möglichkeiten Rußlands, die nötigen Investitionen zur Erschließung aufzubringen, kaum für den Appetit des US-Raubtier-Kapitalismus ausreichend sind. Andererseits wurde in der Vergangenheit der Ausbau der eurasischen Wirtschaftsbeziehungen – etwa der Ausbau der Erdgas-Pipeline von Sibirien nach Mitteleuropa – von Washington immer schon als ›*bad business*‹ betrachtet. Aber all die Jahre hindurch, auch während des Kalten Krieges, gab es nie auch nur die geringste Störung oder den Versuch politischer Erpressung von seiten Moskaus – etwas, was die USA bekanntlich ständig als Mittel der Politik praktizieren.

Ausführlich kommentiert Brzezinski in diesem Zusammenhang die verschiedenen Optionen beim Bau von Pipelines. »Ermutigt durch die Türkei und die USA, hat Aserbaidschan nicht nur die Forderung... nach Militärbasen [Rußlands] zurückgewiesen, sondern sich auch dem Ansinnen Moskaus widersetzt, daß alles Öl von Baku zu einem russischen Schwarzmeerhafen geleitet werden soll.« Eine Pipeline durch den Iran (durch US-Firmen finanziert) mußte wegen des US-Handelsembargos gegen den Iran aufgegeben werden. Unter großem medialen Getöse wurde hingegen 1995 eine Bahnverbindung zwischen Turkmenistan und Iran eröffnet. Auf diesem Weg könnten Europa und Zentralasien unter gänzlicher Umgehung Rußlands Handel treiben, wurde süffisant bemerkt. »Diese Wiedereröffnung der alten Seidenstraße hatte etwas Symbolträchtiges, da Rußland nun nicht in der Lage ist, Europa von Asien zu trennen«, liest man bei Brzezinski.

Ein paar Jahre später sind dazu neue Anmerkungen angebracht. Gerade diese Projekte, die Transsibirische und andere Eisenbahnvorhaben, verbinden die wichtigsten Volkswirtschaften Asiens – China, Japan, Indien, Korea, Iran – mit und über Rußland. Das Triumphgeheul aus Washington läuft mithin auf glatte Desinformation hinaus, jedenfalls, was die wahren Absichten der USA betrifft. Diese hatten nicht nur eine ähnliche Bahnverbindung zwischen der Türkei und dem Iran als ›*bad business*‹, als ›schlechtes Geschäft‹, abqualifiziert – ohne ihre Fertigstellung verhindern zu können –, sondern auch im Kongreß Gesetze zur Ver- und Behinderung der Wiedereröffnung der alten Seidenstraße verabschiedet.[179]

[179] »US-Gesetz gegen die Seidenstraße«, in: *Neue Solidarität*, 21. 7. 1999. Die Gegner der neuen Seidenstraße im US-Kongreß sind nach wie vor aktiv. Am 30. Juni 1999 stimmte der Senat für das reguläre Gesetz über die Finanzierung von Auslandsoperationen. Senator Sam Brownback (Republikaner aus Kansas) beantragte einen Anhang zu dem Gesetz, der ausdrücklich Gegenmaßnahmen gegen die Landbrücke fordert. Schon vor zwei Jahren hatte Brownback ein noch schärfer formuliertes ›Gesetz zur Seidenstraßen-Strategie‹ (Silk Road Strategy Act) bean-

Indirekt erfährt man in diesem Zusammenhang auch etwas über offenbare Erfolge der amerikanischen Diplomatie. Die 1993 gegründete Zentralasiatische Wirtschaftsunion habe Substanz bekommen. Selbst der kasachische Präsident Nursultan NASARBAJEW, zuerst Verfechter einer neuen Eurasischen Union (sozusagen der Option des russischen ›Nahen Auslands‹), bekehrte sich schon nach wenigen Jahren zur zentralasiatischen Zusammenarbeit. Fast triumphierend klingt es, wenn BRZEZINSKI schreibt: »Mit einiger Verblüffung dürfte der Kreml die Erklärung von Kasachstans N. NARSABAJEW und Georgiens E. SCHEWARDNADSE im September 1996 vernommen haben, sie würden, wenn ›unsere Unabhängigkeit bedroht ist‹, aus der GUS austreten.« An diesem Beispiel läßt sich gut dokumentieren, wie die ›Zeit‹ (in Wirklichkeit aber eher die US-Diplomatie) und 1,2 Milliarden Dollar, die türkische Geschäftsleute zusätzlich zu 300 Millionen Dollar an türkischen Krediten in Kasachstan investiert haben, für die ›Unabhängigkeit von Rußland‹ arbeiten.

Sein Wohlverhalten hat dem georgischen Staatspräsidenten Eduard SCHEWARDNADSE im übrigen auch nichts genützt. Er wurde bekanntlich durch einen jüngeren, in den USA ausgebildeten Nobody ersetzt. Wahrscheinlich kennt dieser die neuesten Spielregeln besser als der ehemalige Außenminister der UdSSR.

Und noch einmal BRZEZINSKI: »Amerikas primäres Interesse muß folglich sein, mit dafür zu sorgen, daß keine einzelne Macht Kontrolle über dieses Gebiet erlangt und daß die Weltgemeinschaft ungehinderten finanziellen und wirtschaftlichen Zugang zu ihr hat. Geopolitischer Pluralismus wird dann zu einer dauerhaften Realität werden, wenn ein Netz von Pipeline- und Transportrouten die Region direkt mit den großen Wirtschaftsknotenpunkten der Welt verbindet, über das Mittelmeer und das Arabische Meer ebenso wie über den Landweg...

---

tragt. Es ist eine bewußte Maßnahme gegen den Ausbau der Eurasischen Landbrücke als gigantisches Wirtschaftsaufbau- und Infrastrukturprojekt. BROWNBACKS Gesetz soll im Interesse britischer und multinationaler Konzerne die Kontrolle der USA über die Gebiete im Bereich der Eurasischen Landbrücke absichern und dort eine maßgebliche Einflußnahme Rußlands, Chinas und des Iran verhindern. Die betreffende Region umfaßt Armenien, Aserbaidschan, Georgien, Kasachstan, Kirgistan, Tadschikistan, Turkmenistan und Usbekistan. Der ursprüngliche Entwurf vor zwei Jahren hätte sogar die Grundlage für US-Militärinterventionen im Südkaukasus und in Zentralasien geschaffen, für den Fall, daß dort der ›Aufbau von Demokratie, die Politik der freien Marktwirtschaft oder die Menschenrechte‹ gefährdet seien.

Somit kann das Bemühen Rußlands, allein über den Zugang zu bestimmen, nicht hingenommen werden, da es der regionalen Stabilität abträglich ist.«

Im Klartext muß das natürlich heißten: »weil es den Interessen der USA abträglich, ja diametral entgegengesetzt ist«. Darin liegt implizite eine Drohung der USA, das ganze Gebiet so lange zu destabilisieren, bis sich schließlich der ›richtige‹ Zustand einstellt, nämlich die hegemoniale Herrschaft der USA.

Brzezinski erwähnt hier gemeinsame Interessen mit der Türkei, dem Iran und China. Aber das gilt natürlich nur so lange, wie die USA sozusagen draußen sitzen und ihre Vorherrschaft noch nicht gesichert ist. Es ist auffällig, daß dabei abermals die Bedeutung der Türkei für die Zukunft der Kaukasus-Republiken hervorgehoben wird: »Wenn sie ihren Kurs auf Europa beibehält und wenn Europa ihr die Türen nicht zuschlägt, werden die Kaukasusstaaten vermutlich in den Einflußbereich Europas streben, eine Aussicht, die sie glühend herbeisehnen.« Aber warum eigentlich? Oder loben uns die USA diese Option vor allem deshalb, weil sie der amerikanischen Politik zupaß käme? Was diesen ›glühenden‹ Wunsch freilich beflügeln dürfte, sind sicher nicht zuletzt die unglaublichen Märchen vom Schlaraffenland namens Deutschland, wo einem die gebratenen Tauben nur so ins Maul fliegen. Die Mär von den deutschen Sozialsystemen hat sich längst bis nach Zentralasien herumgesprochen.

Bleibt noch das Problem Iran. »Eine prowestliche Orientierung würde die Stabilisierung und Konsolidierung der Region erleichtern, daher ist es für Amerika strategisch wünschenswert, eine solche Wendung im Verhalten des Irans zu fördern.« Anders ausgedrückt: Man organisiert den nächsten Umsturz. Vorerst freilich werden dem Iran böse Absichten und finstere Pläne unterstellt.

7.1.5. Der größere Kontext: Globalisierung und Weltbürgerkrieg

Was geht das alles Deutschland an? Die Antwort liegt auf der Hand: Wir sind der Vorherrschaft der USA unterworfen und damit nicht Herr über unser eigenes Schicksal. Zudem führen die in den vergangenen 15 bis 20 Jahren sichtbar gewordenen Auswirkungen der Globalisierung vor unseren Augen dazu, daß die souveränen Nationalstaaten abgeschafft werden. Gleichzeitig und infolge einer weltweit entgrenzten Wirtschaft werden die Menschen versklavt und in

Armut und Elend gestürzt. Die gezielte und systematische Entfremdung von der eigenen Kultur, Sprache, Sitte und Religion zerstört im Zusammenwirken mit der Überfremdung aus anderen Kulturkreisen die europäischen Völker und macht sie für immer zur Dispositionsmasse fremder Mächte.

Einher geht diese Entwurzelung mit der Zerstörung des Rechts und der Gerechtigkeit überhaupt. Sie führt den Planeten einem Zustand des permanenten Weltbürgerkrieges entgegen. Dieser ist, wie der große Rechtsdenker Carl SCHMITT schon seinerzeit prophezeite, ein absoluter und totaler, es gibt keine Unterscheidung mehr zwischen Krieg und Frieden, und der ›Feind‹ ist ein absoluter, dessen Vertilgung als Akt der Humanität hingestellt wird. An uns Deutschen wurde das in der Vergangenheit bereits praktiziert. Doch die gleichen verhängnisvollen Mechanismen sind bis zum heutigen Tage weltweit am Werk.

Es gibt an der Situation nichts herumzudeuteln: Wir sind heute nicht mehr Herr unseres Geschicks, sondern stehen unter der Knute der Sieger und Umerzieher und sind unfähig zu jedweder Gegenwehr. Rußland erlebt das gleiche Schicksal. Vor den Augen der Welt wird es geplündert und mit US- und IWF-›Hilfe‹ von einer Oligarchie von Kleptokraten ins Chaos gestürzt, wobei die Phrasen von der ›Liberalisierung‹ und ›Privatisierung‹ lediglich der Ablenkung dienen. In unseren Tagen vollzieht sich vor unseren Augen der gleiche Prozeß in den osteuropäischen Staaten, die im Zuge ihres EU-Beitritts in die Schuldknechtschaft des Internationalen Währungsfonds geraten.

Die *amity lines* – die ›Freundschaftslinien‹ der westlichen Welt – wurden von der verbliebenen Weltmacht USA bis vor die Tore Moskaus verschoben. Jeder Punkt des Globus liegt nun innerhalb der vielbeschworenen ›westlichen Hemisphäre‹ und muß mit jederzeitiger amerikanischer Einmischung rechnen. Das letzte europäische Land, das sich nicht der ›Neuen Weltordnung‹ Washingtons unterworfen hatte, war Serbien. Das war ein handfester Kriegsgrund: Leviathane und Despoten können, wie Ernst JÜNGER schrieb, nicht »ruhig schlafen«, solange sie wissen, daß es noch letzte ›Waldgänger‹ gibt, die sich nicht unterworfen haben.

Es ist im übrigen bis heute in unseren Breiten nicht bekannt geworden, mit welcher Botschaft die NATO ihren ›Vermittler‹, den finnischen Präsidenten M. AHTISAARI, nach Belgrad sandte. Es war nicht mehr und nicht weniger als die Drohung, man werde Belgrad mit

Atomwaffen dem Erdboden gleich machen,[180] sollte es den ›Friedensvorschlag‹ der EU nicht anzunehmen. Der westlichen Öffentichkeit wurde diese massenmörderische ›Option‹ verschwiegen. Allerdings berichtete der britische *Sunday Telegraph* bereits am 2. Mai 1999 darüber, sogar mit Titel auf der ersten Seite: »NATO must go nuclear!«

Es liegt auf der Hand, daß wir unsere geopolitische und historische Lage selbst und nach unseren eigenen Prämissen beurteilen müssen und uns nicht für die uns schädlichen Ziele eines raumfremden Hegemons einspannen lassen dürfen. Zur Wiedererringung unserer Selbstbestimmung müssen wir wieder frei werden – frei von der Bevormundung durch die USA und ihre Statthalter in Gestalt delegitimierter, hoch- und landesverräterischer einheimischer Politiker. Denn unsere europäische Zivilisation und Kultur ist von Recht und Ordnung, aber auch von den Rohstoffen und Beziehungen im und zum Osten abhängig.

Die Gegenseite bedient sich bei ihrem Spiel geradezu perfider Schachzüge. So wurde im Vorfeld des geplanten Bodenkrieges der NATO gegen Serbien unterschwellig die angebliche ›Erbfeindschaft‹ mit dem serbischen Volk wieder aufgewärmt. Vierzehn Tage vor dem mutmaßlichen Beginn des Bodenkrieges, der bereits geplant war, strahlte das Fernsehen eine Sendung über die Vertreibung der Deutschen aus Jugoslawien aus. Alte Ressentiments sollten – und sollen! – der Öffentlichkeit den Blick für jene künftigen Blickrichtungen und politisch-wirtschaftlichen Beziehungen vernebeln, die uns allein die selbstbestimmte Zukunft sichern können.

Man darf die uns in der Vergangenheit angetanen Greuel gewiß nicht übersehen. Viel wichtiger ist aber, daß sie heute mit manipulativer Absicht instrumentalisiert werden (wobei besonders widerwärtig ist, daß auch sogenannte ›Nationale‹ prompt apportieren, weil sie das Spiel nicht durchschauen). Natürlich geht es den Medien bei solchen Kampagnen niemals um Gerechtigkeit für entrechtete Deutsche. Wir sollen nur auf Konfrontationskurs Serbien gegenüber gehalten werden, damit jeder Ausgleich auf dem Balkan und insbesondere mit Rußland unmöglich wird. Dabei ist die ›Erbfeindschaft‹ mit Serbien ein Märchen. Sie ist eine historische außerordentlich junge Erfahrung und sitzt deshalb auch nicht sonderlich tief. Wenn nur bestimmte Medien sie nicht ständig und zu durchschaubaren Zwekken aufwärmen würden.

---

[180] Die Belgrader Zeitung *Nedelni Telegraf*, 9. 6. 1999.

7.1.6. Zwischenbilanz

Im Vorangehenden sollten mehrere Erkenntnisse herausgearbeitet werden. Erstens: Wenn im politischen Geschehen offenkundige Ursachen und Gründe viel schwerwiegendere Auswirkungen haben, als dies nach Lage der Dinge der Fall sein dürfte, dann tut man meist gut daran, hinter den sichtbaren weitere, verborgene Ursachen anzunehmen. Diese sollten mit Blick auf die Geschehnisse auf dem Balkan wenigstens angedeutet werden, wobei den Ausführungen eines Zbigniew BRZEZINSKI zur ›multikulturellen Gesellschaft‹ – vor allem in Verbindung mit schon bestehenden und künftigen Krisenherden – besondere Bedeutung zukommt.

Zweitens: Um unserer Zukunft willen müssen wir dahin gelangen, unsere Lage und unsere Interessen nach unseren eigenen Maßstäben zu beurteilen. Die landläufig gewordene Pseudo-Moral ist in der Politik der denkbar schlechteste Maßstab, und, schlimmer noch, sie ist ein Kriegsmittel, das nicht nur gegen das deutsche Volk mit Erfolg eingesetzt wurde und immer noch wird. Begriffshülsen wie ›Toleranz‹, ›Menschlichkeit‹, ›Humanität‹, ›Demokratie‹ und erst recht ›Freiheit‹ dürfen nicht nach ihrem Klang, sondern nach ihrer Realität und ihren tatsächlichen Äußerungen beurteilt werden. Sobald uns dies klar ist, führt auch an einer dritten Erkenntnis kein Weg vorbei: daß nämlich unsere nationalen Interessen, ja unsere Zukunft in einem Ausgleich mit dem Osten – dem Balkan ebenso wie Rußland – liegen. Der Materialismus und Nihilismus der USA, überhaupt die ganze sogenannte ›westliche Wertegemeinschaft‹ bilden demgegenüber nichts anderes als den Vorraum der ewigen Finsternis.

7.2. Bruchlinien im ›Krieg der Kulturen‹: zur Herrschaft des Politischen

An dieser Stelle verdient eine Analyse des Werkes Carl SCHMITTS Beachtung.[181]

Die Rezeptionsgeschichte des SCHMITTschen Werks in der islamischen Welt ist nicht sehr umfangreich. Um so aufschlußreicher liest sich die Betrachtung aus der Feder von S. Parvez MANZOOR (*Carl Schmitt And The Nemesis of Liberation*). MANZOORS Schlußfolgerungen

[181] S. Parvez MANZOOR, *Carl Schmitt and the Nemesis of Liberalism*. Mitgeteilt von SYN.IIQ@skyndet.be am 9. 8. 2004 per E-mail..

sind erstaunlich: Er sieht die Welt sich in Richtung einer Vorherrschaft des Transzendenten anstelle des Politischen entwickeln; das heißt, ein Dauerzustand von begrenzter, aber wirklich tödlicher Konflikthaftigkeit stellt sich ein. Wer an das Politische glaubt, also an das Handeln in der irdischen Welt, wird zugeben müssen, daß begrenzte Konflikte niemals verschwinden oder durch etwas anderes ersetzt werden können. Vor diesem Hintergrund ist die Vision MANZOORS, obwohl Moslem, völlig gleichartig mit dem verhängnisvollen Universalismus eines WILSON, ROOSEVELT, CLINTON oder BUSH und ihrem heuchlerischen Gerede vom ›ewigen Frieden‹, der nur mittels amerikanischer Militär- und Wirtschaftsinterventionen hergestellt werden könne, die freilich dazu alle auf das eigene Land bezogenen Volkswirtschaften plattmachen müssen. Der einzige Unterschied ist, daß MANZOOR den amerikanischen Imperialismus durch einen islamischen ersetzt. Aber die Rezeption des SCHMITTschen Werkes bringt dieses auch wieder in die wirkliche Welt des Politischen zurück und vertreibt die traurigen Nebelschwaden eines ideologischen Unsinns, der seit langem über die ganze Welt verbreitet wurde, um die Manöver des US-Kolonialismus/Imperialismus zu verbergen. Schon dafür verdient MANZOOR Beachtung.

Eine der zentralen Denkfiguren im Kontext des ›Begriffs des Politischen‹ ist bei SCHMITT das Gegensatzpaar ›Freund–Feind‹. Es kommt vor allem in der Auseinandersetzung mit dem Liberalismus zum Tragen. Der Unterschied zwischen Freund und Feind ist gekennzeichnet durch den der äußersten Einheit und Trennung, der Vereinigung und Auflösung. Er kann theoretisch und praktisch bestehen, ohne gleichzeitig allen moralischen, ästhetischen, wirtschaftlichen und anderen Unterschieden Rechnung tragen zu müssen. Der politische Feind muß keineswegs moralisch böse oder im ästhetischen Sinn häßlich sein; er muß nicht als wirtschaftlicher Mitbewerber auftreten, und es mag sogar vorteilhaft sein, mit ihm Geschäfte zu machen. Aber er ist nichtsdestoweniger der Andere, der Fremde, und es ist für seine Natur hinreichend, daß er in einer sehr intensiven, existentiellen Weise anders und fremd ist, so daß im Extremfall Konflikte mit ihm immer möglich sind. Diese können weder durch eine zuvor bestimmte Norm noch durch das Urteil eines am Streit nicht interessierten und daher neutralen, unbeteiligten Dritten entschieden werden.

An dieser Freund-Feind-Feststellung nimmt MANZOOR Anstoß. Vielleicht auch deshalb, weil diese Differenzierung so entlarvend ist:

Sie stellt etwas Gegebenes dar, ohne nach Moral oder Recht usw. zu fragen. Und damit ist sie ein Faktum, um das wir nicht herum kommen. MANZOOR meint: »Weit weniger harmlos als irgendein hermeneutischer Zusammenstoß zwischen SCHMITT und der *fuqaha* der Vergangenheit ist SCHMITTS ›Geist‹, der die Muslime hier und jetzt in islamophoben Szenarien wie dem ›Kampf der Kulturen‹ heimsucht. Denn es kann keinen Zweifel geben, daß diese barbarische Theorie, ein Wunschdenken, wenn nicht gar eine sich selbst erfüllende Prophezeiung, nichts anderes ist als die Wiedergeburt der unseligen SCHMITTschen ›Freund-Feind‹-Unterscheidung ist, die nach ihm der Kern der politischen Existenz ist. Von den wenigen muslimischen Antworten auf diese Herausforderung, d. h. der absichtlichen, ständigen und boshaften Pflege des Bildes und des Diskurses, der den Islam als den ›Feind‹ hinstellt, verdient jenes von Ahmet DAVUTOGLU, *Civilizational Transformation and the Muslim World*, die Beachtung der Wissenschaft, nicht zuletzt wegen geistiger Offenheit und seines Optimismus. In einer panoramahaften, kulturübergreifenden Vision untersucht DAVUTOGLU die Meilensteine der ›universalen‹ Geschichte und entdeckt in unserer Zeit den Hauch der Krise, das Momentum der ›ontologischen Unsicherheit‹, die epistemologische Relativität, ›ethnisch-materielle und ökologisch-ökonomische Ungleichgewichte‹ usw.

Obwohl DAVUTOGLU auch die neue, globale Zivilisation entstehen sieht, nimmt er die historischen Feindseligkeiten und perversen politischen Interessen des Westens übel, die den Islam hindern, eine sinnvolle und legitime Rolle in diesem Transformationsprozeß zu spielen. Die gegenwärtige Weltordnung, schmäht er, enthält eine eingefleischte und ihr geistesverwandte Form des Anti-Islamismus. Er beendet seine belegten Reflexionen – die ebenso strategisch wie philosophisch sind –, indem er die Muslime ermahnt, zivilisatorische Visionen und Strategien zu entwickeln, um ihren gerechten Anteil an der Zukunft der Humanität wiederzuerlangen. All das macht DAVUTOGLUS eher bündigen Feststellungen in doppelter Hinsicht – für den Islam – bedeutungsvoll und – geistig – lohnend...

Für Muslime, die sich am ›empfangenden‹ Ende der zivilisatorischen Polemik finden, ist die Lektion, die sie von Carl SCHMITT lernen können, genau jene von der politischen Weltordnung, der Doppelzüngigkeit ihrer Institutionen und der Scheinheiligkeit ihrer moralisierenden Kreuzzügler. Universalismus ist die Maske, die das wahre Gesicht der Hegemonie verbirgt, und Macht ist das Recht der Auserwählten. Carl SCHMITTS Gedanken sind eine authentische Darstellung der westlichen Selbst-Reflexion, sie eröffnen einen geistigen Raum, der uns den Luxus gestattet, mit Gegen-Polemiken zu antworten. Nichtsdestotrotz sind wir der Polemik als auch dieser Politik überdrüssig. Denn der letzte Wert, für den der Islam steht, ist nicht politischer Natur, sondern trans-politisch; das schließliche Ziel der islamischen Mission ist nicht die Vertilgung oder Unterwerfung seiner Feinde, nicht die Errichtung eines Universalstaates, nicht die Aufrechterhaltung der globalen Ordnung des Terrors und der wirtschaftlichen Ausbeutung, sondern die Einheit der Menschen in Frieden in einer Stätte der Humanität. Islam bedeutet die Souveränität/Herrschaft des Transzendenten und nicht des Politischen.«

Nun hat MANZOOR anscheinend nicht erkannt, daß SCHMITT alles andere als ein Apologet des US-Imperialismus und Universalismus war. Die geistige Höhe der SCHMITTschen Freund-Feind-Unterscheidung ist ziemlich weit entfernt von HUNTINGTONS *Clash of Civilizations* oder gar den Primitiv-Exegesen in Gestalt der neuen US-Doktrinen, wie sie etwa von Michael LEDEEN, Thomas P. M. BARNETT, Robert MAGINNIS, Charles KRAUTHAMMER und anderen formuliert werden. Allesamt sind sie nur Apologeten des US-Imperialismus, akademische Schmiere-Steher und mediale Hiwis für die künftige *target-identification*. Aber indem MANZOOR Carl SCHMITT überhaupt beim Namen nennt, liefert er eines der entscheidendsten Argumente dafür, warum eine Türkei vor allem anderen nicht als EU-Mitglied in Frage kommt: Sie ist ›ganz anders‹.

Damit ist keinesfalls ein Werturteil verbunden. Die Türkei mag sein, wie sie ist – traditional als Abbild oder Abglanz des früheren Osmanischen Reiches, islamisch oder kemalistisch, agrarisch oder industriell. Sie mag eine Symbiose aus alledem sein, ein Sultanat mit einem Kalifat, eine Demokratie oder eine latente Militär-Diktatur. Sie mag, nach einem Wort des preußischen Königs, »nach ihrer Façon selig werden«. Solange die Türkei dabei auf ihrem angestammten Territorium verbleibt und die im zwischenstaatlichen Verkehr üblichen Regeln einhält, geht es uns nichts an, nach welchem Gesetz sie leben will – und wir können über alle Dinge, die uns gemeinsam berühren, völkerrechtlich gültige Verträge abschließen: über den Handel, über den Transfer von Öl und anderen Rohstoffen, über Sicherheitsfragen usw. Die Bedingung ist *die Begrenzung der eigenen Machtausdehnung auf das angestammte Territorium.*

3,5 Millionen Muslime in Deutschland hingegen, die sich auch noch einer reichlich unverschämten Rhetorik befleißigen, deren Geburtenrate die – leider ganz unzureichende – der Deutschen so stark übersteigt, daß man ausrechnen kann, wann die Deutschen nur noch Minderheit im eigenen Land sein werden, müssen nachgerade zu existentiellen Konflikten führen. Die politischen und geistigen Führer müßten das eigentlich einsehen. Und wir sind auch überzeugt, daß sie dies sogar sehr gut verstehen, auch wenn MANZOOR die Freund-Feind-Unterscheidung SCHMITTS negativ interpretiert. Wir wissen nun, daß die SCHMITTschen Analysen durchaus auch in der islamischen Welt bekannt sind – daß bei der Gewährung der sehr liberalen Rechte an Muslime in Europa dies nicht auf Gegenseitigkeit beruht. Die Gegenseite, in diesem Fall die türkische, weiß mithin recht genau, warum sie es in ihrem Land so hält, wie wir es für unseres eigentlich fordern müßten.

7.3. Exkurs: Sprache und Geopolitik

Der Sprachforscher Alexander COMAN hat in einem beeindruckenden Werk[182] die Sprachgeschichte der Rumänen, Kumanen und Osmanen von den Anfängen im zweiten Jahrhundert, insbesondere aber vom neunten bis zum 20. Jahrhundert untersucht. Diese sprachwissenschaftliche Methode erlaubt es, von einer im allgemeinen sehr wenig bekannten Seite Aufschlüsse über die Einflüsse fremder Völker und Reiche zu gewinnen. Für eine ›strategisch-geopolitische‹ Betrachtung des Einflusses der Türkei auf Europa – vor dem Hintergrund des geplanten Beitritts – ist es daher nicht uninteressant, wie im Laufe der Geschichte dieser Einfluß wächst und wirkt und wie er von den ihm ausgesetzten Völkern verarbeitet wird. Nicht minder interessant ist es, zur Kenntnis zu nehmen, woher gerade der türkische Einfluß kam und welche riesigen asiatischen Völkermassen der türkischen Sprachgruppe und damit einer turkstämmigen Ethnie angehören.

Als gegen Ende des dritten Jahrhunderts unserer Zeitrechnung die römische Provinz Dakien unter dem Druck der andrängenden Germanen aufgegeben wurde, rückten in den nun ungeschützten Raum nach dem Abzug der Goten-Gepiden und nach dem Durchzug der Hunnen, Awaren und Wolgabolgaren die Slawen und Ungarn nach, gefolgt von den zentralasiatischen Türkvölkern der Pet-

[182] A. COMAN, *Rumänen, Kumanen, Osmanen. Zur Geschichte und Sprachgeschichte Südosteuropas vom IX.–XX. Jhd.*, o.O. 1998.

schenegen (etwa um 900–1122), Kumanen (etwa um 1050–1300) und Tataren (etwa um 1220–1500).

Coman ließ es offen, wie und welche fremdstämmigen Wörter in die heutige rumänische Sprache Eingang fanden. Er vertritt die Auffassung, daß es sich bei den zahlreichen slawischen Wörtern um eine direkte Übernahme durch das Volk selbst gehandelt haben mag oder – was plausibler scheint – um eine spätere, kirchen-kultsprachlich oder verwaltungssprachlich bedingte Übernahme handelte, die durch glagolitisch-christliche Mönche oder durch slawische (glagolitische) Schreiber der Fürsten- und Bojarenhöfe im 13. bis 19. Jahrhundert in das Rumänische hineingetragen wurde. Aus dem Ungarischen sind nur einige wenige Wörter eingedrungen. Die Anzahl dieser Wörter ist verschwindend gering und völlig bedeutungslos, während die Anzahl der türkischen Lehnwörter aus dem arabischen und persischen Sprachschatz etwa der Größenordnung entspricht, die das moderne Rumänisch im 19. und 20. Jahrhundert aus dem Französischen entlehnt hat.

»Mit dem. . . türkischen Einfluß auf das Rumänische liegen die Dinge nicht so einfach: Petschenegen, Kumanen, Kiptschaktataren, Krimtataren sprachen auch Türksprachen, sogenannte ›nord-türkische Sprachen‹ (wegen des Einwanderungsweges nördlich des Schwarzen Meeres), deren Ursprachschatz dem der Osmanen, also der über Anatolien auf den Balkan einströmenden Völker, gleich oder ähnlich war. Darum ist es nur sehr schwer möglich, ein Lehnwort aus Türksprachen im Rumänischen, dem späteren osmanischen oder den früheren, petschenegischen, kumanischen oder tatarischen Einflüssen beizuordnen (15. bis 19. Jahrhundert osmanisch, 10. bis 16. Jahrhundert die anderen).«[183]

In den rumänischen, bis 1981 erforschten und vor 1600 verfaßten Urkunden, Briefen, Texten usw. erscheinen nach Coman keine türkischen Wörter, das heißt, eine frühere Übernahme (also im 10. bis 13. Jahrhundert, direkt aus dem Petschenegischen, Kumanischen oder den Tatarensprachen) ist damit nur sehr schwer nachweisbar. Der eigentliche Sprachübergang dürfte somit erst im 14. bis 19. Jahrhundert durch Übernahme aus dem Osmanisch-Türkischen, also während der türkischen Oberherrschaft, stattgefunden haben.

[183] Ebenda, S. 17.

7.3.1. Die Entwicklung im 11. bis 19. Jahrhundert

Die Geschichte der Völker Südosteuropas ist im 14. bis 19. Jahrhundert weitgehend durch die militärische Übermacht des Osmanischen Reiches bestimmt. Die Überschreitung der Meerengen erfolgte 1354, 1389 wurde auf dem Amselfeld (Kossovo Polje) das Knesat (Fürstentum) der Serben zerschlagen. 1396 wurde bei Nikopolis an der Donau die vereinigte Streitmacht der Christen völlig aufgerieben, nur der Einfall der Mongolen des TIMUR LENK (»Lahmendes Eisen«) zwang die Türken zur Umkehr nach Anatolien.

Die anschließende Vernichtung der türkischen Streitmacht bei Angora 1402, mit Gefangennahme des Sultans (Beyazid YILDIRIM ›Blitz‹), gewährte den Europäern eine Frist bis zum Fall Konstantinopels 1453. Das war nun auch das formelle Ende des Oströmischen Reiches, das zwar längst kein Machtfaktor mehr gewesen war, dessen Einfluß aber auf die der Ostkirche angehörenden Völker Südosteuropas in ihrer kulturellen Entwicklung prägend gewesen war.

Schreiben und Lesen war Privileg der Kirchendiener. Die Priester und Mönche hatten ihre geistige Heimat in Byzanz. Viele, vor allem die höheren Ränge, waren dort ausgebildet worden. Die slawischen Sprachen der Serben, Bulgaren, die slawisch-griechisch-lateinisch-thrakische Sprache der Albanier und Mazedonier, schließlich das im Mittelalter unter kirchlich-slawischem Einfluß geratene Romanische der Rumänen verloren mit dem Fall Konstantinopels und dem Herabsinken des dortigen Patriarchats zur Bedeutungslosigkeit den Bezug zum griechisch-byzantinischen Kulturkreis. Erst die im 18. Jahrhundert von der Pforte als Statthalter in den Fürstentümern der Moldau und der Walachei eingesetzten Vertrauensleute griechischer Abstammung aus dem von Griechen bewohnten Vorort Konstantinopels, dem Phanar (›Fanarioten‹), brachten erneut einen gewissen Einfluß des Neugriechischen auf das Rumänische; wobei jedoch nicht mehr feststellbar sein dürfte, ob diese neugriechischen Lehnwörter direkt in das Rumänische eingeflossen sind oder aber auf dem Umweg über das Türkische, das sie bereits übernommen hatte, in die rumänische Sprache Eingang fanden. Um so stärker aber brachte die türkische Verwaltung dieser Fürstentümer türkische Elemente in die rumänische Sprache.

Teils turko-osmanischen, teils arabischen oder persischen Ursprungs haben sich mehr türkische Wörter im Rumänischen erhalten, als man annehmen würde. Dabei waren die rumänischen

Fürstentümer niemals Paschalyk, also türkische Provinz unter der Statthalterschaft eines Paschas (wie zum Beispiel Ofen-Budapest nach Mohacs 1526 oder Belgrad). Anders als Serben, Albaner und Ungarn, deren Fürsten oder Könige sich nicht freiwillig den ›Ungläubigen‹ unterwerfen wollten und dies mit dem Tod auf dem Schlachtfeld und dem völligen Verlust staatlicher und völkischer Unabhängigkeit bezahlen mußten, hatten die Fürsten Munteniens (der Walachei) und der Moldau sich und ihr Herrschaftsgebiet den Türken *inchinat*, das heißt etwa ›vor ihnen das Knie gebeugt‹, ›ihnen ihr Land geweiht‹. Dies erst, nachdem sie in fast ununterbrochenen Abwehrkämpfen (etwa zwischen 1420 und 1500), das ganze 15. Jahrhundert hindurch, unter schweren und blutigen Verlusten versucht hatten, ohne Unterstützung der Christenheit des Abendlandes sich ihre eigene Herrschaft, Freiheit und Unabhängigkeit zu bewahren und obendrein immer wieder von Tataren aus dem Osten, Ungarn aus dem Westen und Norden und Polen aus dem Norden überfallen wurden.

Die Einsicht schließlich, daß sie ihre Siege jedesmal nur gegen kleine türkische Plünderverbände errungen hatten und daß der ›Großtürke‹ eines Tages, solcher Dinge überdrüssig, selbst mit seiner gesamten Heeresmacht aufbrechen würde, um reinen Tisch zu machen, und daß es dann keine Rettung mehr geben würde, ein neues Amselfeld (1389) oder Nikopolis (1396) mithin unvermeidbar wäre, führte zu diesem letztlich weisen Entschluß.

Dies betraf jedoch nur die Fürstentümer östlich und südöstlich des Karpatenbogens, nämlich Muntenien (erstmals 1393) und die Moldau (in Etappen, zwischen 1456 und 1513–38). Siebenbürgen, seit Arpad 896 unter ungarischer Krone, gelang es nach Mohacs, sich vom Schicksal Ungarns abzutrennen und – zwar auch tributpflichtig, jedoch halb selbständig – den türkischen Einfluß kleinzuhalten.

Diesen Umständen ist es zu verdanken, daß viele Ausdrücke türkischen Ursprungs in der rumänischen Umgangssprache, vor allem der ländlichen Bevölkerung, nördlich und westlich des Karpatenbogens (in Siebenbürgen also) kaum oder gar nicht bekannt sind, während sie in Muntenien und in der Moldau noch weitläufig sind und oft gebraucht werden.

Zu bemerken ist auch, daß Siebenbürgen bereits kurz nach dem türkischen Desaster bei Wien 1683 und den anschließenden Feldzügen und Friedensschlüssen zwischen Reich und Pforte (1699, 1718, 1739, Karlowitz, Passarowitz, Belgrad) sowie Ungarn, das Banat und

Siebenbürgen (1691/1699) türkenfrei wurden, während Moldau und die Walachei erst nach dem russisch-türkischen Krieg 1877/78 ihre Unabhängigkeit wiedererlangten. Der türkische Einfluß war also in Siebenbürgen von geringerer Stärke und kam früher zum Erliegen: in Siebenbürgen vor rund 300 Jahren, im rumänischen Altreich (Muntenien und Moldau) erst vor etwa 100 Jahren.

Dies führte dazu, daß Begriffe und Bezeichnungen in der Umgangssprache mit dem Tod derjenigen, die diese Begriffe noch kannten, in Vergessenheit gerieten: in Siebenbürgen früher, im rumänischen Altreich später. Viele dieser Wörter sind nur noch Literaten bekannt, in modernen Taschenwörterbüchern (meist mit 10 000 bis 12 000 Stichwörtern) werden sie nicht mehr aufgeführt.[184]

Coman stellt mit Bezug auf die (türkische) Schreibweise in Neschid-sülüz fest, daß trotz des über Jahrhunderte hinweg dauernden Kontaktes zwischen Türken und Rumänen dieser Einfluß ziemlich gering geblieben ist. Neben dem antagonistischen Gegensatz der beiden Religionen und der tiefen Verbundenheit jedes der Völker zu der eigenen war es die Schwierigkeit der Schrift, des Schreibens, Lesens und Verstehens, die die Zahl der Kundigen auf kleine Kreise beschränkte: eine ganz andere Entwicklung also als etwa im Elsaß (Französisieren der deutschen Bevölkerung) oder in England (nach 1066, Hastings, Französisch-Normannisch, in den angelsächsischen Sprachschatz eindringend), in Frankreich (das romanische Element die gallische Ursprache ersetzend, später das Fränkische ausschaltend) oder im rumänischen Sprachraum, wo das Latein der Eroberer das Thrakische der Daker fast spurlos versinken läßt.

Ähnlich der rumänischen war die Entwicklung auf der iberischen Halbinsel, wo der Hinweis auf die schwierige Schrift der arabischen Eroberer einer der Gründe gewesen sein kann, daß das heutige Spanisch und Portugiesisch ebenfalls nur einen verschwindend kleinen arabischen Wortschatz beibehalten haben, trotz der fast acht Jahrhunderte dauernden maurischen Herrschaft.

Aus alledem ist zu schließen, daß sich die türkische Kultur – Religion, Sprache, Schrift, Tradition – als so fundamental anders als die eigentliche europäische Kultur darstellt, daß noch nach Jahrhunderten mit dem Wegfall des äußeren Drucks die ganze türkische Kulturtünche weitgehend wieder abfiel. Es ist auch bemerkenswert, daß in jenen Gebieten, die sich einer unmittelbaren türkischen Herrschaft

[184] Geringfügig gekürzt nach: Coman, aaO., S. 20.

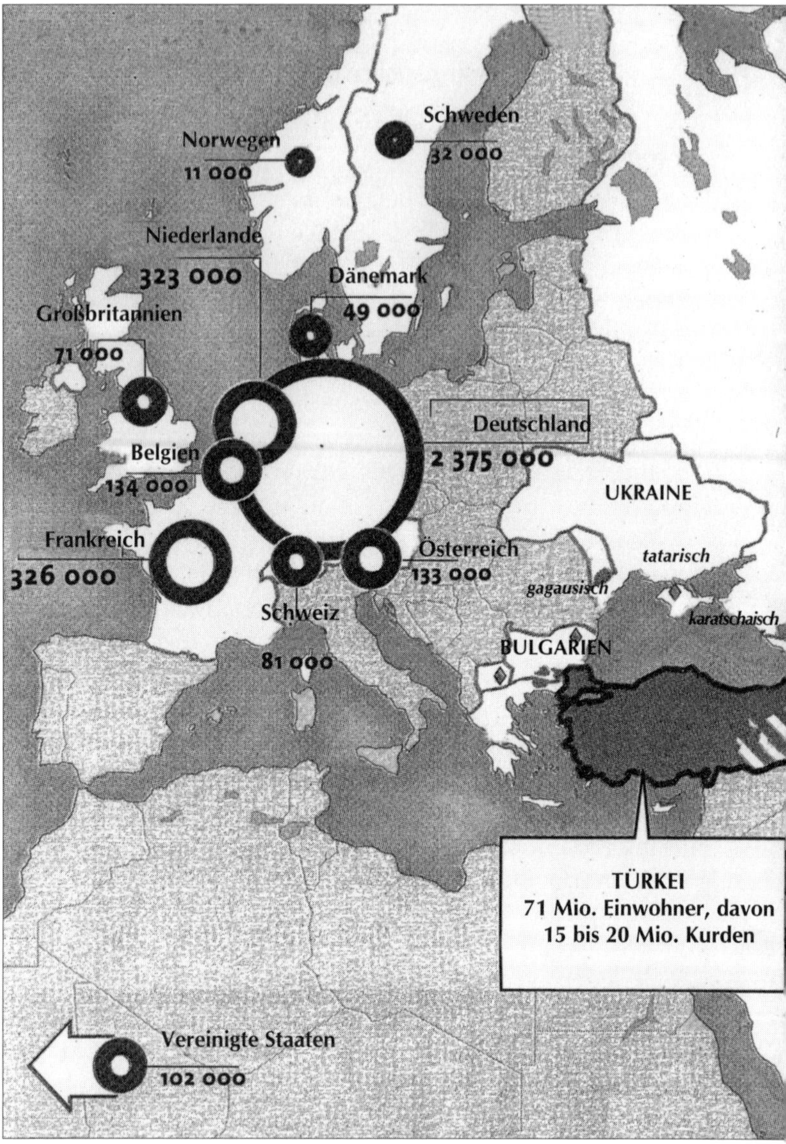

Zahl der Auslandstürken

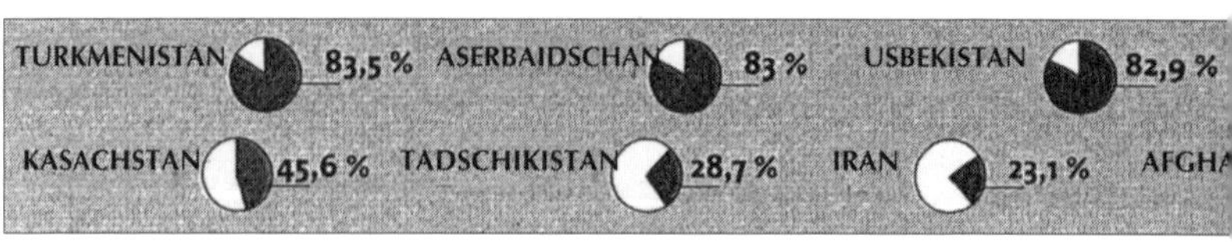

Anteil der türkischen Ethnien an der Gesamtbevölkerung

(Überarbeitete) Karte aus: *Le Monde. Dossiers & Documents, Nr. 338, Januar 2205*

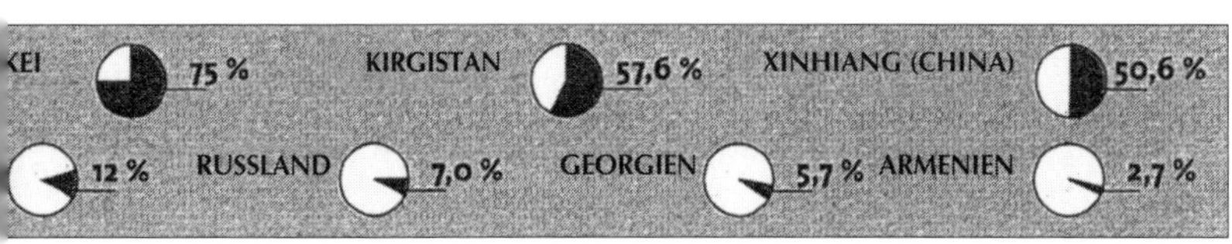

entziehen konnten (z. B. Siebenbürgen), die Durchdringung fast nicht stattfand und umgekehrt die nicht-freiwillige Unterwerfung (z. B. der Serben) zu einer gewaltsamen führte, bei der die Führungsschichten und die angestammte Kultur praktisch ausgelöscht wurden. Unter dem Strich sind die ›praktischen‹ Ergebnisse ganz andere, als heute vor dem Hintergrund der angeblichen ›Toleranz‹ des Islams eigentlich zu erwarten wäre. Aber selbst dort, wo die Religion – wie in der kemalistischen Türkei – keine Rolle spielt (was zu bezweifeln steht!), sind die chauvinistischen Praktiken heute keine anderen, als sie es seit alters her offenbar waren.

Anhand beinahe jeder beliebigen Karte aus dem Geschichtsatlas ist ersichtlich, wie sich das Osmanische Reich im Laufe der Zeit – bis zur Zweiten Türkenbelagerung Wiens – ausgebreitet hatte: immer mit seinem überlegenen Militär, nie in Form einer Ausbreitung der überlegenen Kultur, die andere Völker freiwillig angenommen hätten. Siehe Karte, Seite 106.

Was immer man daraus sonst noch erkennen mag – eines ist augenfällig: Die Türken waren, wie dies beiläufig Jakob BURCKHARDT erwähnte, die große Gefahr für Europa, das es immer militärisch bedrohte. Die nach der heldenhaften Verteidigung Wiens im Jahre 1683 einsetzende Zurückdrängung bis zu dem Punkt, als von der Türkei als dem ›kranken Mann am Bosporus‹ gesprochen wurde, zog sich noch über Jahrhunderte hin. Aber einer Schwächeperiode mag wieder eine der Stärke folgen; heute wohl weniger militärisch, dafür aber – bezogen auf Europa – demographisch.

Den Karten zur Verbreitung der Turksprachen ist auch zu entnehmen, daß zur Familie der türkischsprechenden Völker weit mehr als nur die Türken selbst zählen. Auch haben diese Völkerschaften ihre Siedlungsgebiete bis weit nach Asien hinein. Nach Europa kamen sie auf ganz unterschiedlichen Wegen, unter anderem auch nördlich des Schwarzen Meeres, wovon heute noch westtürkische Dialekte im Gebiet um Kasan/Ufa zeugen: Karaimisch, Karatschaisch, Krimtatarisch, Kasantatarisch, Baschkirisch, Balkar, Kumyk und im Norden Sibiriens: Altaisch, Abakan, Shoren, Jakutisch, Dolgan, Tuvinisch, Karagasisch. Aus alledem wird ersichtlich, daß es sich um Asiaten handelt, die mit der abendländischen Kultur reichlich wenig zu tun haben, die aber mit den Türken zusammen indirekt mit vor der Türe Europas stehen.

7.3.2. Der pan-turanische Traum

Es muß an dieser Stelle die Ideologie der Grauen Wölfe und des Pan-Turanismus noch einmal in Erinnerung gerufen werden. Solche Vorstellungen von einer Zusammenfassung aller turksprachigen Völker sind auch heute virulent. Daraus ergeben sich folgende geopolitische Konsequenzen:

1. Die ›einzige Weltmacht‹ USA fördert turanische Ziele und Ideen unter dem – scheinbar edlen – Vorwand der Selbstbestimmung der Völker – jedoch nur so lange, wie sich diese Völker, die bis zum Zerfall des sowjetischen Imperiums Teilstaaten der UdSSR waren, immer weiter in eine Konfliktstellung Rußland gegenüber manipulieren lassen. Man erkennt diese Strategie unter anderem am konsequenten Aufbau von Truppenlagern, Militärflugplätzen usw. in diesen Ländern. Daß langfristig natürlich niemals daran gedacht ist, eine Regionalmacht turksprachiger Völker entstehen zu lassen, ist bei alledem völlig klar. Der hier schon öfters zitierte langjährige US-Sicherheitsberater Brzezinski hat dies auch ausdrücklich durchblicken lassen.

2. Diese Strategie hat zur Folge, daß US-Stützpunkte am südöstlichen Rand des russischen Reiches – seiner ›weichen Grenze‹ – errichtet werden, die die erkennbare Einkreisung Rußlands und auch den Aufmarsch gegen China vorbereiten bzw. vollenden.

3. Die mögliche Bedrohung und/oder Destabilisierung Rußlands ist eine Folge, die aber nicht im Interesse Europas liegen kann, da Rußland der augenblicklich einzige mit Atomwaffen geschützte Gegenspieler der USA ist und damit als letzte Hürde der amerikanischen Weltdiktatur im Wege steht.

4. Trotz der – auf lange Sicht – im Widerspruch zur US-Strategie stehenden Entwicklung einer pantürkischen Zusammenarbeit kann diese dennoch einen gewissen Erfolg zeitigen, weil diese Völker damit die Überzeugung gewinnen müssen, sich dem bisherigen Einfluß Moskaus und gleichzeitig dem sich abzeichnenden neuen Einfluß der USA entziehen zu können. In jedem Fall würde eine solche politische Zusammenarbeit, auch unterhalb einer förmlichen Föderation, das Potential der Türkei erheblich stärken und Europa über den türkischen Hebel Einflüssen aussetzen, die es sprengen können. Man denke nur an die französischen Kolonien, die über ihre Verbindung zu Frankreich ganz unbemerkt aus zahlreichen EU-Töpfen mitalimentiert werden. Zwar verfügen sie jeweils über ›eigene‹ Währungen, aber über die Stützung durch Frankreich, das Mitglied der EURO-Zone ist, sind diese Länder so gut wie selbst EU-Mitglieder.

5. Allein die geographische Ausdehnung und die Menschenzahl der in Rede stehenden Turkvölker würden eine Störung des geopolitischen Gleichgewichts darstellen, die Europa nicht verträgt.

6. Völker mit einer vergleichsweise einfachen Kultur, jedenfalls gemessen an der abendländisch-europäischen, sind meist ›kämpferischer‹. Bei Auseinandersetzungen um den Lebensraum und die zum Leben nötigen Ressourcen zählen keine gelehrten und philosophischen Konzepte, ›demokratische Spielregeln‹ usw., sondern Vitalität und kraftvoller Kampfeswille. Mit unseren ›feinen Manieren‹ werden wir bestenfalls ›zweiter Sieger‹ sein – wenn wir sie erst einmal hereinlassen. Hinter den Türken stehen nicht nur die Menschen Anatoliens, sondern halb Zentralasiens. Nur Verrückte öffnen dem Ansturm auch noch freiwillig die Tore.

7.4. Carl Schmitt und die neue Weltkarte des Pentagon

In einem *Gespräch über die Macht* sagt Carl Schmitt: »Vom Menschen her gesehen bleibt die Verbindung von Schutz und Gehorsam die einzige Erklärung der Macht. Wer nicht die Macht hat, einen zu schützen, hat nicht das Recht, Gehorsam von ihm zu verlangen. Und umgekehrt: Wer Schutz sucht und ihn annimmt, hat nicht das Recht, den Gehorsam zu verweigern.« Zuvor war die Begründung der Macht, als von der Natur oder Gott kommend, damit abgetan worden, daß wir heute die Natur beherrschen und mit Nietzsche oder vierzig Jahre früher mit Proudhon sagen: »Gott ist tot« bzw. »Wer Gott sagt, will betrügen«. Macht scheint daher vom Menschen abgeleitet zu sein.

An solche Denkfiguren fühlt man sich erinnert, wenn man sich die Begründung vor Augen hält, die Jörg Haider schon Ende 1999 zugunsten eines türkischen EU-Beitritts vorbrachte, man könne die Türkei nicht vor der Türe stehen lassen, wo sie doch seit Jahrzehnten die Südost-Flanke Europas beschützt habe.

Hier ist vieles widersprüchlich: Wie kann ein Beschützter – also Machtloser – dem Schützenden – offensichtlich oder doch nur angeblich einem Mächtigen – den Eintritt verwehren? Die andere Konsequenz (oder ist es ein Widerspruch?) wäre: Wenn uns die Türkei tatsächlich beschützte, wären wir nach der obigen Kausalkette ihr dann Gehorsam schuldig? Für Jörg HAIDER mag das so sein, sachlich unrichtig bleibt es dennoch: Die Macht der Türkei steht auf tönernen Beinen, weil eben militärische ohne wirtschaftliche Macht und anerkannte Legitimität in Wirklichkeit keine ist.

Wie auch immer: Die Argumente gegen einen türkischen EU-Beitritt sind allemal die zwingenderen. Europäische Nationen wollen nun einmal nicht nach türkischer Façon selig werden. Und was den ›Schutz‹ durch die Türkei betrifft, könnte er ganz schnell mitten hinein in pan-turanische Abenteuer irgendwo in Innerasien führen oder, was nicht weniger problematisch wäre, in weitere Raubkriege der USA.

Wie akut diese Gefahr ist, beweisen die immer ungeschminkteren Aussagen prominenter Amerikaner. Eines der jüngsten Beispiele dafür bietet ein Beitrag von Thomas P. M. BARNETT über »Die neue Weltkarte des Pentagon«.[185] BARNETT stellt darin ganz unumwunden die Frage: »Wo soll die nächste Runde von Auswärtsspielen des US-Militärs stattfinden?« Die Antwort ist noch ordinärer als die sattsam bekannten Hetz- und Haßtiraden aus den verschiedenen US-Think-Tanks; selbst auf eine moralisch-rechtliche Verbrämung wird inzwischen verzichtet. BARNETT teilt die Welt in das *functioning core* und die ›Lücke‹ ein, die Globalisierungs-Gewinner und die anderen. Er weist auf diese »Regionen, die unter repressiven Regimen leiden, mit verbreiteter Armut und Krankheit, routinemäßigem Massenmord und – am allerwichtigsten – mit chronischen Konflikten, in denen die kommende Generation globaler Terroristen herangezogen wird«, gleichsam mit dem Zeigestock.

BARNETT bezeichnet diese Teile der Welt als nichtintegrierbare ›Lücke‹ (*Non-Integrating Gap*). Als Wissenschaftler am War College weiß er, was das bedeutet: »Wo also soll die nächste Runde von Auswärtsspielen des US-Militärs stattfinden? Das Muster, das sich nach dem Ende des Kalten Krieges herausgeschält hat, legt eine einfache Antwort nahe: in der Lücke.« Und weiter: »Ich unterstütze den

[185] Gefunden unter: http://www.uni-kassel.de/fb10/frieden/regionen/USA/barnett.html. Thomas P. M. BARNETT ist Professor am U.S. Naval War College und seit September 2001 Berater von US-Verteidigungsminister RUMSFELD. Der Artikel erschien im amerikanischen Original zuerst in der Zeitschrift *Esquire* (März 2003). Die Monatszeitschrift *Blätter für deutsche und internationale Politik* übersetzte den Beitrag und veröffentlichte ihn in der Ausgabe vom Mai 2003 (S. 554–564). Eine gekürzte Fassung dokumentierte die *Frankfurter Rundschau* am 25. 6. 2003.

Krieg in Irak nicht einfach deshalb, weil Saddam ein stalinistischer Mörder ist... Der wahre Grund besteht darin, daß das aus diesem Krieg erwachsende langfristige militärische Engagement Amerika letztlich dazu zwingen wird, sich mit der ›Lücke‹ insgesamt als einem strategisch bedrohlichen Umfeld auseinanderzusetzen. Den meisten Ländern fällt es durchaus nicht leicht, sich an den im Werden begriffenen globalen Regelsatz der Demokratie, der Transparenz und des freien Handels anzupassen, was die meisten Amerikaner nur schwer verstehen können.«

Weil das so ist, haben die Amerikaner das »Recht«, zu tun, was ihnen beliebt. »Welche Teile der Welt funktionieren derzeit?... Wenn wir die militärischen Reaktionen der Vereinigten Staaten seit dem Ende des Kalten Krieges auf einer Karte einzeichnen, dann konzentrieren sie sich ganz überwiegend auf Weltgegenden, die nicht zum wachsenden Globalisierungs-Kern zählen – nämlich die karibischen Inseln, fast ganz Afrika, den Balkan, den Kaukasus, Zentralasien, den Nahen Osten und große Teile Südwestasiens. Das sind praktisch die verbleibenden zwei Milliarden... Ziehen wir eine Linie um die Mehrzahl dieser militärischen Einsatzorte, haben wir im Grunde genommen die nichtintegrierbare Lücke kartographiert. Bei diesem simplen Verfahren finden sich manche in der falschen Umgebung wieder: das in der Lücke isolierte Israel.«

Weiter heißt es: »Der fortgesetzte Erfolg Amerikas bei der Abschreckung eines globalen Krieges und bei der Überwindung zwischenstaatlicher Kriege erlaubt es uns, uns mit den viel schwierigeren subnationalen Konflikten und den gefährlichen transnationalen Akteuren zu befassen, die wie Pilze aus dem Boden schießen. Ich weiß, daß die meisten Amerikaner das nicht hören wollen, aber genau dort liegen die wirklichen Schlachtfelder des Krieges gegen den Terrorismus. Würden geschützte Wohnbezirke und Mietpolizisten ausreichen, wäre der 11. September niemals passiert.«

An Ausführungen wie diesen ist anschaulich zu studieren, wie die kanonisierte Lüge um den 11. September inzwischen Grundlage der US-Politik geworden ist. Aber wie gesagt: In der Wissenschaft gilt (wie natürlich auch hier), daß man nicht jede Einzelheit eines wissenschaftlichen Lehrgebäudes als falsch beweisen muß, wenn eine – oder auch mehrere – der tragenden Säulen einer solchen Theorie längst als falsch erwiesen wurden, also ihre Fundamente weggebrochen sind. Mit ihnen fällt das ganze Lehrgebäude in sich zusammen. Seitdem sich die Beweise dafür häufen, daß ›9-11‹ ein amerikanischer *inside job* war (für den nicht der Portier oder die Wach- und Schließgesellschaft verantwortlich gemacht werden kann, sondern ausschließlich die Spitze des US-Establishments), ist auch klar, was diese Theorie von *functional core* und *non integrated gap* tatsächlich ist: die Ideologie von Straßenräubern und Mordgesellen, die sie der Welt als ›Weiterentwicklung des *international law*‹ anzudrehen versuchen. Auf solchen Grundlagen freilich ist die neue Weltkarte des Mr. BARNETT nur logisch.

7.5. Der israelische Faktor

Was in den aufgeführten amerikanischen Selbstzeugnissen über die künftigen imperialen ›Auswärtsspiele‹ gesagt wurde, gilt *mutatis mutandis* natürlich auch für die Türkei. Sie ist, bisher noch kaum erwähnt, einer der wichtigsten Verbündeten Israels.

Was die ganze Welt seit Gründung des Staates Israel im Nahen Osten und Palästina erlebt, kann nur als ›Alptraum‹ bezeichnet werden. Inzwischen sind es nicht bloß die angeblichen oder wirklichen ›Antisemiten‹, die die ununterbrochenen Menschenrechtsverletzungen, die fortlaufende Nichtbeachtung der UN-Resolutionen, den fortgesetzten Genozid an den Palästinensern mit Abscheu kritisieren, sondern auch prominente Juden, orthodoxe Rabbiner und israelische Staatsmänner, die dies – ohne Gefahr, mit der Antisemitismus-Keule erschlagen zu werden – in überdeutlicher Weise tun.

Angesichts dieses Befundes ist die Frage erlaubt, wie lange die türkisch-israelische Waffenbruderschaft Bestand haben kann und wie lange es Israel – von dem BARNETT meint, daß es in einer ›falschen Geographie‹, nämlich zu nahe bei den *non-integrated gaps*, liege – möglicherweise überhaupt noch gibt.

Wieweit die Türkei diese Kriegskoalition im Inneren vertreten und verkraften kann, entzieht sich unserem Urteil. Grundlage dieses Bündnisses kann offenbar nur der kemalistische Laizismus sein. Aber es ist schwer vorstellbar, daß jene islamischen Gruppen und Parteien, die sich in den letzten zehn bis zwanzig Jahren immer stärker ins Rampenlicht vorgearbeitet haben, es mittragen. So ist nicht nur aus Gründen des Völkerrechts die Beteiligung der Türkei an den israelischen Unterdrückungsmaßnahmen eine schwere Hypothek, sondern sie muß auch zu einer innenpolitischen Belastung und zu erheblichen Unwägbarkeiten für die Beziehungen innerhalb der gesamten islamischen Welt führen.

Die Lage ist bis heute so explosiv und im Grunde unkontrollierbar, daß sie von der Türkei im Falle eines EU-Beitritts sozusagen unmittelbar im Marschgepäck auch in die Europäische Union hineingetragen würde. Mit Sicherheit ist dies das letzte, was sich die europäischen Völker wünschen. Man befände sich schnurstracks am Rande eines unerträglichen Bürgerkriegs-, ja Völkermord-Szenarios, mit dem die europäische Rechtstradition nichts, aber auch gar nichts gemein hat.

7.6. Das Zeugnis des Jacob Burckhardt

In den Zeiten der Spaßgesellschaft, die von den Medien nur noch mit den allerprimitivsten ›Unterhaltungs‹-Spektakeln zugedröhnt wird und wo sich sich auch komplexe politische Zusammenhänge nur noch als *one issue*-Themen[186] vermitteln lassen, ist es nicht verwunderlich, daß die vielfältigen historischen Bezüge und Querverbindungen der großen Weltereignisse nicht mehr gesehen werden. Dem muß entgegengewirkt werden, wo immer sich die Möglichkeit dazu bietet. Zum Türkei-Thema die Stimme eines längst verstorbenen Gewährsmannes, dessen Zeugnis heute weitgehend unbekannt ist, zu vernehmen, ist deshalb nicht ohne Brisanz. Es handelt sich um den großen Schweizer Historiker Jacob BURCKHARDT, der sich seinerzeit – im Zusammenhang mit einer recht kritischen Einschätzung Rußlands – geradezu prophetisch über die Türkei äußerte.

Nun war die ›Türkei‹ zu BURCKHARDTS Lebzeiten zwar das Osmanische Reich, und nicht die Türkische Republik nach der Revolution ATATÜRKS. Aber erstens ändern sich Volkscharakter, Kultur, Religion usw. nicht innerhalb kurzer Zeiträume, sondern bleiben Konstanten; und zweitens ist es – siehe die vorangegangenen Kapitel dieses Buches – nicht schwer nachzuweisen, daß die Umwandlung in eine ›moderne‹ Türkei keineswegs gelungen ist. Was das Urteil BURCKHARDTS noch wertvoller macht, ist der Umstand, daß es zu einer Zeit abgegeben wurde, als es keinerlei Bestrebungen gab, die Türkei politisch in eine europäische Staatengemeinschaft zu ›integrieren‹.

Noch wichtiger ist, daß dieses Urteil in einem Nebensatz auch Rußland mit umfaßt. Rußland war BURCKHARDT unheimlich; die Tür-

---

[186] Die Medien ›machen‹ ein Ereignis. Hinter dem tritt alles zurück, sei es der ›Krieg gegen den Terror‹, ›Fußballweltmeisterschaft‹, ›Olympische Spiele‹ oder was auch immer. Dabei sind die gemachten Ereignisse meist virtuelle, und die wirklichen – politischen – werden damit zugedeckt.

kei scheint hier sozusagen nur zufällig auf - aber um so authentischer der Reflex. BURCKHARDT schreibt also: »Wer sind sie, diese Russen? Asiaten, Tataren? Es wäre noch gut, wenn sie es wären, dann wäre die Sache wenigstens klar; aber nein, das ist es eben, sie sind es nicht, wir müssen gestehen, daß sie es nicht sind. Und doch sind sie uns so unähnlich.«[187]

Jacob BURCKHARDT

Zu der Zeit, da auch DOSTOJEWSKIJ seine ungemein visionären Gedanken zur ›Orientfrage‹ niederschrieb (siehe Anhang dieses Buches), gab es mindestens zwei Europäer, die Rußland in seinem Wesen oder Unwesen erkannten. Beide waren Kulturhistoriker, der eine ein Balte, Viktor HEHN, der ebenso wie DOSTOJEWSKI in Petersburg lebte, der andere ein Schweizer, eben Jacob BURCKHARDT.

Letzterer wirkte zwar fern von Rußland, glaubte es aber zu durchschauen und stellte das Erkannte mit einer Prägnanz dar, die dem Rußlandkenner zur Zeit des viel späteren Kalten Krieges als phänomenal erscheinen mußte. Er brauchte nicht die Zu- und Überspitzung im Bolschewismus abzuwarten, um festzustellen, was für eine Bewandtnis es mit dem Riesenreich habe. Sein Urteil blieb freilich in seinen Papieren begraben und wurde erst 1929 im siebten Band der Gesamtausgabe mit den übrigen *Historischen Fragmenten* veröffentlicht. Auf anderthalb Seiten spricht BURCKHARDT dort auch aus, wie die ›Türkengefahr‹ sich zu einer aus dem Osten - dem Russischen Reich - kommenden verwandelt hatte:

»Die romanischen und germanischen Nationen des Okzidents hatten bis jetzt im Osten als Gegensatz und Erbfeind die Türken neben sich gehabt, als rein zerstörendes Element, das nur im Kriegswesen der jeweiligen Höhe sich anschloß,[188] sonst aber seine exklusive mohammedanisch-tatarische Kultur beibehielt und auf die des Abendlandes herabsah. Die Einwirkung der Türken auf Europa fand nur durch Eroberung und äußere Gewalt statt.

[187] Fjodor DOSTOJEWSKI, *Tagebuch eines Schriftstellers*, Bd. 2, S. 429/130.
[188] Sich im Kriegswesen der damaligen europäischen ›Höhe‹ anzuschließen war das einzige Anliegen PETERS I., gleichviel, welchen Dunst man um diese historische Tatsache gewoben habe.

Nun erhebt sich ein Staat im Osten, der sich der europäischen Kultur anzuschließen scheint, aber um Europa mit allen Mitteln zu beherrschen! Er nützt fremde Intelligenz, schließt aber fremde Ideen aus. . .

In den Mitteln der Herrschaft ist das Zarentum völlig unbefangen und zu Dingen befähigt, welche der Okzident samt allem Cäsarismus nicht mehr übers Herz bringt. Dabei ist ein offenes Ziel: Herrschaft über das Erbe der osmanischen Türkei, während vielleicht im stillen nicht so sehr Konstantinopel im Auge behalten wird als Pest und Eger.«[189]

BURCKHARDT spricht hier in aller Beiläufigkeit eine Ansicht aus, die zu seiner Zeit von ganz Europa geteilt wurde. Der Umstand, daß man dies heute aus Gründen der Political Correctness nicht mehr sagen darf, ändert nichts daran, daß es die Menschen nach wie vor so empfinden. Das Sprechverbot ist etwa genau so kindisch wie etwa die Verbannung des Mohren im *Struwwelpeter*.

7.7. Rußlands Sicht der Türkei

Noch ein Partner im großen eurasischen Mächtepoker ist zu berücksichtigen: Rußland.[190] Wie könnten sich die Beziehungen zwischen Rußland und der Türkei entwickeln, wenn letztere eine größere Rolle im Nahen Osten spielte? Gäbe es Spannungen, wenn die Türkei noch stärker als bisher mit den USA kooperierte?

Es könnte Spannungen geben, denn die Türkei hat eine doppelte Identität, ein Potential, regionale Strategien zu entwickeln, und sie ist in der Lage und hat die Möglichkeit, sich sowohl nach Europa als auch nach Eurasien zu wenden. Auf diese Weise könnte die Türkei eine positive Rolle unabhängig vom Atlantikpakt spielen, aber falls sie zum Werkzeug der USA in der Nahost-Politik würde, dann würde die Türkei Gefahr laufen, weder mit Europa noch mit Rußland tragfähige Beziehungen zu haben. Amerika plant, die Türken nicht nur gegen die arabisch-muslimische Welt der Nahost-Länder zu instrumentalisieren, sondern auch gegen Europa. Eine pro-amerikanische Türkei kann aber die Probleme der Region nicht lösen, weder ideo-

---

[189] Diesen geradezu stupenden Satz hat Jacob BURCKHARDT, als wäre er selber über seine Kühnheit erschrocken, nachträglich durchgestrichen.

[190] Für das Folgende siehe auch: Aleksandr DUGIN, *Eurasia and Europe should Cooperate against America*, http://www.nationalvanguard.org/story.php?id=3596

logisch noch strategisch. Darüber hinaus würde dies die Beziehungen zu Rußland, Europa und den islamischen Ländern belasten. Da die Türkei eine aktive Rolle zu spielen hat, muß sie ihre Beziehungen in einem eurasischen Sinn gestalten. Solange sie dem Weg der allgemeinen Nahost-Politik folgt, den die USA vorgeben, wird die Türkei nur als ein zweites Israel betrachtet werden. Von der Türkei werden mehr intellektuelle und kulturelle Anstrengungen erwartet.

Die USA sind auf dem Gipfel ihrer Macht, daher können Europa und Rußland der amerikanischen Politik nichts entgegensetzen, wie dies auch die Türkei nicht kann. Im Augenblick bleibt nichts anderes übrig, als die meisten US-Projekte zu akzeptieren. Deswegen hat PUTIN nichts gegen die US-Basen in Zentralasien unternommen. Man muß sehen, daß die Türkei ebenfalls teilweise die amerikanischen Vorschläge akzeptiert hat – eine Entscheidung aus realpolitischer Sicht. Aber es ist klar, daß die Türkei nicht nur aus dieser Regierung besteht. Die Janusköpfigkeit dieses Landes mit seiner komplexen sozialen Struktur und der Macht der Armee, den politischen Parteien und religiösen Neigungen, die jeder leicht wahrnehmen kann, alles das ist hinreichend bekannt. Die türkische Öffentlichkeit protestierte gegen den NATO Gipfel und nahm eine Haltung wie die der Eurasier ein. Daher konnte auch die türkische Regierung diese (US-)Politik nicht so direkt akzeptieren, wie dies PUTIN tat. Darum sollte man die pragmatischen Schritte der Regierung auch so verstehen.

Die russische Haltung wiederum, in der Türkei einen Feind zu sehen, hat sich nach dem Zweiten Weltkrieg gewandelt. Die Türkei war der Verbündete der USA in der bipolaren Welt, und nun hat die Türkei viel mehr Alternativen. In der Tat sind die Türkei und Rußland in einer Art Dreieck sowohl eurasischer, westlicher als auch östlicher Länder eingespannt. Darum bemühen sich auch Rußland und die Türkei, sich als regionale Partner zu sehen. Rußland hat seine Sicht geändert, seit auch die Türkei die eurasische Perspektive erkannt hat. Man muß annehmen, daß Ahmet DAVUTOGLU (Mitglied der Vereinigung unabhängiger Industrieller und Geschäftsleute – *Independent Industrialists and Businessmen Association*) sich des eurasischen Potentials bewußt ist. Es gibt einige Gruppen, die die eurasische Vision in der Türkei studieren.

Bisher hatte Rußland immer die griechische Seite in der Zypernfrage unterstützt. Aber inzwischen hat sich die Lage verändert. Der Stellenwert der Unabhängigkeit der türkischen Zyprer ist erkannt worden. Die Türkei und andere Länder haben erkannt, daß ihre Identität vom Sturm der Globalisierung in einer unipolaren Welt bedroht wäre, in der Amerika die einzige Führungsmacht wäre. Dasselbe gilt für Rußland. In einem solchen Fall wäre es nur normal, wenn beide Länder eine neue Allianz anstrebten, die nichts mit Kolonialismus und Expansionismus zu tun hat, sondern eine Kooperation der erwachenden Demokratie ist, die nach spezifischen Lösungen in einer multipolaren Welt sucht.

Die Lagebeurteilung bei der akademischen und politischen Elite Rußlands ist – anders als bei uns – eine ganz eindeutige: Neoliberale Experimente werden weitestgehend abgelehnt. Im Frühjahr 2001 wurde auf einer Tagung im Kreml offen über die »Zeit nach dem Dollar« (als Reserve-Währung) gesprochen, was seither auch in der öffentlichen Diskussion über die Dollar-Krise seinen Niederschlag fand. Inzwischen wurde der Gold-Tscherwonez als gesetzliches Zahlungsmittel eingeführt und die Ausfuhr von Gold verboten, man hat die Goldreserven massiv aufgestockt, und die Sberbank kauft seit langem schon – ganz unauffällig – Gold auf. Die sich hierin abzeichnende Absicht ist klar: Abkopplung vom Dollar, der ja wegen der durch die neoliberalen Exzesse verursachten Hyperinflation in den letzten Jahren zur faktischen Währung in Rußland geworden ist.[191]

Bezeichnend ist, daß die *Nowaja Iswestija,* die sich im Besitz des mit Doppel-Paß ins Ausland geflüchteten Oligarchen BERESOWSKI befindet, eine wüste Kampagne lostrat: PUTIN plane eine Rückkehr zum Devisenregime wie in Zeiten der Sowjetunion und er wolle den Bürgern statt des Dollars staatliche ›Schuldscheine‹ andrehen. Dieser gegen PUTIN gerichtete Angriff ging allerdings nach hinten los, die Menschen trennten sich vom Dollar, wo sie nur konnten. Das zeigt aber, welche und wessen Interessen hier Pate standen.

7.8. Der ›islamische Bogen‹

Die islamische Welt verfügt heute über ein Menschen- und Länderpotential, das es nahelegt, eine globale Rolle zu spielen. Alle Vorbedingungen dazu sind gegeben. Die islamische Welt wird heute von den Ölmagnaten des Nahen Ostens finanziell unterstützt, ihr demographisches Potential gegenüber den sterbenden Europäern wird jeden

[191] Das deckt sich genau mit den Vorschlägen, die der Verfasser anläßlich des Symposiums der Akademie der Wissenschaften in Moskau vom 14. bis 16. Juni 2001 vorgetragen hat.

Der Islam ist im Aufwind – möglicherweise auf dem Weg zur Weltmacht. Begünstigt wird die Entwicklung nicht zuletzt durch die kräftige finanzielle Unterstützung radikaler islamischer Vereinigungen in aller Welt – durch reiche erdölexportierende Emirate. Oben: Koran-Schule in Deutschland; unten: Erdölraffinerie in Saudi-Arabien. Beide Fotos: *Der Spiegel*.

Tag größer. Trotz aller Widersprüche zwischen den Fundamentalisten mit ihrer antiwestlichen Weltanschauung und dem sogenannten ›demokratischen Islam‹ in der Türkei werden beide Lager in Zukunft viel mehr an einem gemeinsamen Strang ziehen, wenn es darum geht, einen ›islamischen Bogen‹ vom Adriatischen Meer bis zur Chinesischen Mauer zu etablieren[192] – ein Projekt des früheren bosnischen Präsidenten Alia IZETBEGOVIC.

Wenn man in Europa endlich zur Kenntnis nimmt, wie nahe vor Wien der Islam heute schon steht, wird Westeuropa seine übereilte Solidarität mit den Bosniern vielleicht noch bedauern. Das Streben der Türkei nach einer historischen Revanche liegt ohnehin auf der Hand. Die Grauen Wölfe haben bereits Landkarten drucken lassen, auf denen die Krim, alles kaukasische Gebiet mit Georgien und Ar-

[192] NAROCNICKAJA ist es nicht entgangen, daß es immer noch die latente Idee des Turanismus gibt.

menien, alle Balkanländer als türkisch gezeigt werden,[193] weitere Pfeile weisen nach Tatarstan und an die Wolga. Es ist heute glatter Selbstmord, die atlantische Praxis eines Osmanischen Reiches noch zusätzlich zu forcieren. Die alte angelsächsische Strategie, immer die Türkei und den Islam gegen Rußland und die Balkan-Slawen zu instrumentalisieren, wird zwangsläufig dramatische Folgen für das christliche Europa haben.[194]

7.8.1. Die Türkei im Ölpoker – nur ein Bauer im Spiel?

Die türkische Frage ist auch eine Ölfrage. Denn die Türkei liegt geopolitisch überaus vorteilhaft in regionaler Nähe zu den Öllagerstätten am Kaspischen Meer. Allerdings auch wieder nicht nahe genug, denn dazwischen liegt noch der Kaukasus, ein ethnisch-politisches Spannungsgebiet, das jedes ökonomische Kalkül in Öldingen rasch *ad*

[193] Heute ist festzustellen: Das Bestreben Georgiens, in die NATO aufgenommen zu werden, kann Georgien von der Türkei abhängig machen. Diese Ansicht vertrat der Vizepräsident der Akademie für geopolitische Probleme, Generaloberst Leonid IWASCHOW, gegenüber *RIA Nowosti*: »Die Türkei hat jahrhundertealte Interessen im Kaukasus und im Schwarzmeergebiet. Im Rahmen der NATO ist die Türkei für die Region zuständig. In letzter Zeit tut Ankara viel, um die türkische Militärpräsenz in Georgien zu verstärken. So wurde der Militärflughafen Wasiani den NATO-Standards angepaßt«, fuhr der General fort. Ankara brauche ein stabiles Georgien, aber unter dem türkischen Einfluß. Dabei ist IWASCHOW nicht der Meinung, daß die Türkei an einer starken und den NATO-Standards gerechten georgischen Armee interessiert ist, was von Präsident Michail SAAKASCHWILI angestrebt wird. Der General schließt nicht aus, daß der vorrangige Einfluß der Türkei in Georgien künftig durch die Stationierung von Militärstützpunkten in der transkaukasischen Republik gestärkt wird. Weiteres siehe: http://russlandonline.ru/rupol0010/morenews.php?iditem=1421

[194] Diese Strategie wurde auch von französischen Königen immer wieder gegen das Reich praktiziert, vornehmlich mit der sogenannten Kapitulation. Verträgen, die zwischen den europäischen Mächten und außereuropäischen Staaten abgeschlossen wurden, durch welche die Europäer von Recht und Gerichtsbarkeit des Aufenthaltsstaates ausgenommen und statt dessen einer Konsulargerichtsbarkeit unterstellt wurden. Derartige Kapitulationen, die zuerst im Mittelalter zwischen den italienischen Städten und islamischen Ländern zustande kamen, waren ursprünglich Ausdruck des dem älteren Recht eigentümlichen Personalitätsprinzips (zum Unterschied vom neuzeitlichen Territorialitätsprinzip). Besonders einflußreich war der Vertrag des französischen Königs FRANZ I. mit Sultan SULEIMAN II.

absurdum führen kann. Und wenn das politische Risiko als zu hoch angesehen wird, kann das ehrgeizige türkisch-kaspische Ölgeschäft sogar vollständig scheitern. Bei Pipelines ist dies in besonderem Maße ein Problem, da sie langlebig sind und somit gegebenenfalls über lange Zeiträume hinweg politischen Unbilden ausgesetzt sein können.

Politisches Risiko setzt die Schwelle höher, die übersprungen werden muß, ehe investiert wird, und verlangt gleichzeitig einen höheren Profit, um die Unsicherheiten zu kompensieren. Die Risiko-Prämie für das kaspische Pipelineprojekt beträgt sechs bis acht Prozent. Sie kann die Mindest-Durchleitungsgebühren, die für einen Investor noch annehmbar sind, verdoppeln, womit sich ein derartiges Projekt an oder unter der Grenze der nötigen Margen bewegt. Die CLINTON-Regierung, die für das kaspische Ölvorhaben bereits kräftig die Werbetrommel rührte, hat offensichtlich diese Überlegungen nicht angestellt, als sie seinerzeit einen eigenen Energie-Korridor mit verschiedenen Leitungen plante:

1. Die Baku-Ceyhan-Pipeline. Sie soll als alternative Exportroute für kaspische Produzenten dienen und sie von ihrer Abhängigkeit vom Iran und von Rußland befreien. Es handelt sich um eine Leitung mit großem Durchmesser bei einem Durchsatz von 800 000 – 1 Million Faß pro Tag, mit Startpunkt in Baku (Aserbaidschan) und dem Ende im bereits fertiggestellten Terminal in Ceyhan am Mittelmeer. Die Vorteile sind groß: Umgehung des Flaschenhalses am Bosporus, außerdem ein hervorragender Tiefseehafen, der zusätzliche Mengen und Tanker verkraften kann. Ein Export über Ceyhan wäre auch wirtschaftlicher, weil hier viel größere Tanker als durch die türkische Meerenge fahren und befüllt werden können.

Das Problem des Baku-Ceyhan-Projekts liegt am anderen Ende; hier gibt es ein *missing link*. Die Leitung schließt nicht an die großen, künftig erwarteten Fördermengen des Kaspischen Beckens an. Diese müssen, wenn überhaupt, vom Tengiz-Gebiet, einem *offshore*-Kashagan-Feld, kommen, das gerade erschlossen wird. Aber die Baku-Ceyhan Leitung startet in Baku.

Die wesentlichen neuen Ölquellen befinden sich aber 800 Kilometer weiter in Richtung des anderen Ufers des Kaspischen Meeres. Auch wenn diese Leitung gebaut würde, so bleibt offen, wie sie das Öl vom Nordosten der Kaspis herbeibefördern soll. Eine Verbindung ist unumgänglich. Ohne ausreichend große Mengen gibt es keine

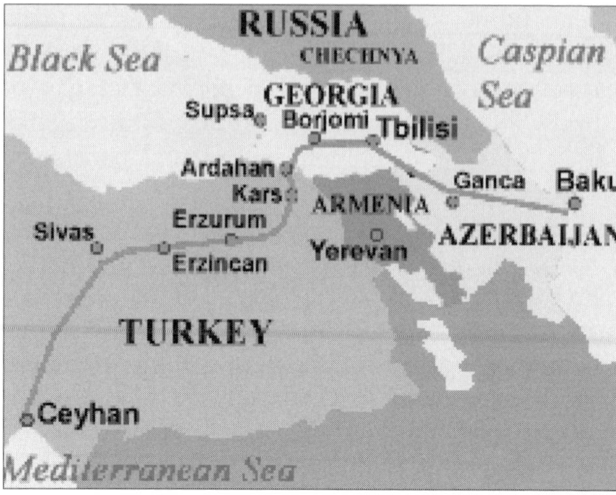

Das Baku-Ceyan-Projekt. Unten: Öl-Pipelines vom Kaspischen Meer zum Mittelmeer aus: BRZEZINSKI, *Amerika, die einzige Weltmacht.*

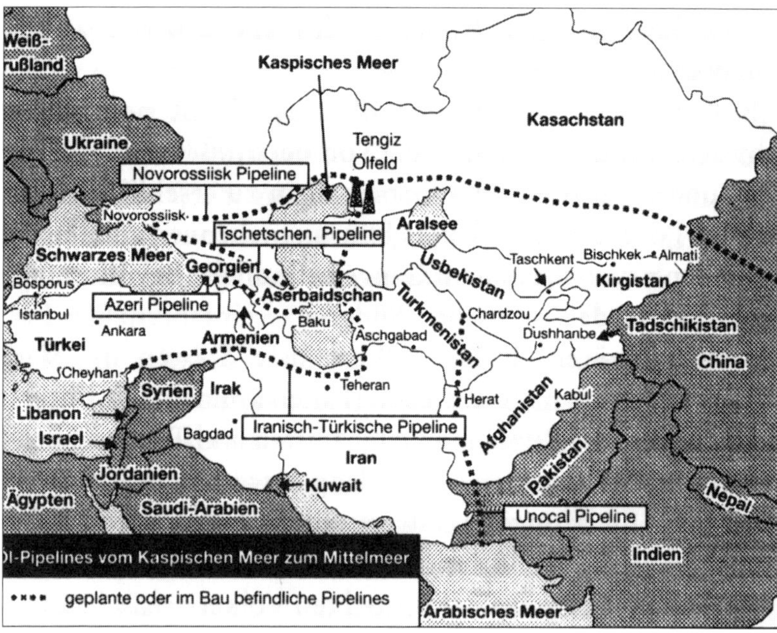

überzeugenden Aussichten auf Öl, um die Leitung überhaupt zu füllen. Nur wenn die Türkei den Bosporus schließen würde, könnte die Pipeline ein ›Outlet‹ für die Produktion aus Aserbaidschan sein, aber eine Umleitung über die Ukraine könnte diese ziemlich geringen Mengen sofort wieder abziehen und die Option hinfällig machen. Mit einem Wort, das Baku-Ceyhan-Projekt ist ein *Outlet ohne Inlet*.

Diese Leitung kommt aber auch nicht über das Kriterium der sogenannten ›inkrementalen Optionen‹ hinweg. Das heißt, zusätzliche Ölmengen des transkaspischen Gebietes können von konkurrierenden Projekten übernommen werden, die sich des überzeugenden Vorteils erfreuen, daß sie *sofort* gebaut werden können. Jedes einzelne Projekt kann kurzfristig verwirklicht und in kleinen Schritten erweitert werden, falls weiterer Bedarf für zu vermarktendes Öl aufträte.

2. *Swap*-Exporte über den Iran. Der Iran kann nach Belieben eine solche Rolle übernehmen. Das allein könnte das Baku-Ceyhan-Projekt umbringen. Über den Iran gibt es zwei schnelle und billige Routen, die Öl vom Kaspischen Meer zu den Weltmärkten leiten können. Diese Routen sind indirekte; Öl wird ›durch Ersatz‹ exportiert. Das Verfahren ist einfach und leicht durchführbar: Kaspisches Öl wird im Norden des Iran importiert und von den iranischen Raffinerien für den eigenen Markt verarbeitet; im Namen der kaspischen Produzenten werden vergleichbare Mengen iranischen Öls an deren Käufer geliefert, das als *swap*-Öl über die Insel Kharg, Irans nicht ausgelastetes Öl-Export-Terminal am Golf, verschifft wird.

Die erste *swap*-Route betrifft eine bestehende, aber nicht genutzte Gasleitung, die vom Iran nach Baku führt. Diese Leitung könnte umgerüstet und ihre Förderrichtung umgedreht werden, womit 200 000 bis 250 000 Faß täglich in die Raffinerien in Täbriz und Teheran gepumpt werden könnten. Die Kosten – ohne iranische Zölle – liegen bei weniger als ein Dollar pro Faß.

Die zweite mögliche Iran-Verbindung betrifft eine bereits vorgeschlagene Erweiterung einer bestehenden Route. Das Öl kann mit Tankern von Kasachstan, Turkmenistan oder den *Offshore*-Bohrinseln in Aserbaidschan zum Hafen Neka in Mazanderan gebracht werden. Eine kleine Pipeline, die erst vor kurzem ›umgedreht‹ wurde, verbindet Neka mit der Raffinerie in Teheran.

3. Die Phantom-Pipeline: Turkmenistan-Türkei. Diese Pipeline gibt es nur in der US-Politik – als Gas-Pipeline, die angeblich Turkmenistan mit der Türkei verbindet. Obwohl in diesem Fall zunächst sogar die USA dagegen waren, scheinen sie nun dazu ›verpflichtet‹ zu sein und sich auf die Existenz dieser Phantom-Leitung stützen zu müssen. Das wurde nötig, um den Verbündeten Türkei vor möglichen Sanktionen unter ILSA zu bewahren. Wenn diese Verbindung nämlich existierte, kann argumentiert werden, daß die Türkei gar kein Gas vom Iran kaufe, sondern in Wirklichkeit turkmenisches Gas, das mittels eines physischen *Swap* in die Türkei gelange.

Die Behauptung hat also kosmetischen Charakter. In Wahrheit gibt es keine nutzbare Verbindung zwischen Turkmenistan auf der einen Seite des Iran und der Türkei auf der anderen.

Ein Jahrzehnt schon unterstützt Washington die türkische und aserbaidschanische Regierung, um den Export russischen Öls aus dem Kaspischen Becken den Russen aus der Hand zu nehmen. Eine der jüngsten Gegenmaßnahmen Rußlands bestand in einer Allianz mit russischen und iranischen Ölfirmen und der Öffnung der kürzesten, billigsten und lukrativsten aller Transportrouten, nämlich von der Kaspis nach Süden in den Iran.

Die Rentabilibät dieser Südroute markiert den jüngsten Mißerfolg der BUSH-Regierung bei ihrem Versuch, die Geographie des Kaukasus-Gebiets auf ihrer antirussischen Karte neu zu zeichnen. Aber die Ölexporteure und Reeder der Kaspis läßt Präsident George W. BUSHS Räsonnieren völlig ungerührt.

Das erste Öl aus Aserbaidschans jüngstem *Off-shore*-Feld wurde nordwestwärts durch das russische Pipelinesystem an den Hafen von Novorossijsk am Schwarzen Meer gepumpt, zusammen mit Erdöl von der Küste Kasachstans. Aber es gab immer wieder Ärger mit den Aseris wegen der Mengen und Durchleitungsgebühren, was zu häufigen Unterbrechungen des Ölflusses führte. Aserbaidschanisches Öl, das über Georgien zum Hafen von Supsa gepumpt werden muß, ist ein vergleichsweise kostspieliges Tröpfeln.

Parallel dazu verschärfte die Türkei die Einschränkungen für Tankerdurchfahrten aus dem Schwarzen Meer durch die Dardanellen ständig. Die jüngsten Bestimmungen verboten sehr langen Tankern mit großen Kapazitäten – also gerade jenen, die für die Eigner der Schiffskapazitäten am preisgünstigsten sind –, die Meerenge bei Nacht zu passieren. Diese Verzögerung bringt zusätzliche Transportkosten, womit der teure Flaschenhals die Transportkosten durch das Schwarze Meer sowohl für die Verbündeten der USA als auch für Rußland vervielfachte.

Als die neuen kaspische Ölfelder zu fördern begannen und die Mengen des geförderten Öls die Transportkapazitäten des russischen Pipelinesystems überschritten, war es amerikanische Strategie, sehr auf eine Umleitung dieser Exporte zu drängen, insbesondere auf dem Landweg durch die Türkei. Die dafür in Betracht gezogene Pipeline-Route ist nach ihrem Beginn- und Endpunkt als das erwähnte Baku-Ceyhan-Projekt bekannt. Die Route führt über Tiflis in Georgien, gelegentlich wird auch vom ›BTC-Projekt‹ gesprochen.

Die russische Regierung hat diese Pipeline stets als Teil einer größeren Strategie der USA verstanden, Moskau von allen früher bestehenden Verbindungen zu den ehemaligen Sowjetstaaten im Kaukasus abzutrennen, während die USA gleichzeitig danach strebten, eine neue wirtschaftliche Infrastruktur aufzubauen, die die Kaukasusländer für immer von weiteren Annäherungen an Rußland abhalten sollte. Diese Bemühungen erwiesen sich jedoch inzwischen als teurer Bumerang.

Die russische staatseigene Pipeline-Betreiberfirma Transneft fand einen türkischen Partner, mit dem sie den Bau einer ziemlich preiswerten kurzen Pipeline vorschlägt, um sowohl die Meeresstraße als auch die Ceyhan-Pipeline zu vermeiden, womit alle Pläne durchkreuzt würden, die auf den Engpaß am Bosporus als Hebel zur Durchsetzung der Ceyhan-Route setzen. Der Vorstandsvorsitzende von Transneft, Semjon WAINSCHTOK, machte den Bosporus-Umgehungsplan bekannt, das Unternehmen beabsichtige, zusammen mit dem türkischen Bauunternehmen Anadolu eine 193 Kilometer lange Pipeline auf dem Gebiet der Türkei zu errichten. Er erwähnte, daß russische Firmen allein im Jahr zuvor 62 Millionen Tonnen Öl durch die Meerenge transportiert hätten, das sind 30 Prozent des russischen Ölexportes. Verglichen mit den Kosten des Ceyhan-Projektes in Höhe von über fünf Milliarden US-Dollar, würde die Umgehung bei einer geschätzten Durchleitungskapazität von 50 bis 60 Millionen Tonnen jährlich nur rund 900 000 Dollar kosten.

Diese Kapazität entspricht etwa der mit Tankern durch die Meerenge am Bosporus verschifften Menge. WAINSCHTOK bestätigte auch, daß zwei wesentliche Ölförderer, die von der British Petroleum kontrollierte Tatneft und die Tyumen Oil Company, inzwischen Garantien abgegeben hätten, die Umleitungs-Pipeline mit Rohöl zu versorgen. Das war ein weiterer Schlag für das Ceyhan-Projekt, dessen Unterstützer einräumen mußten, daß ihnen Garantien für einen ausreichenden Öl-Durchsatz fehlten, um die ungeheuren Kosten dieser Pipeline wirtschaftlich zu rechtfertigen. Nach ergänzenden Berichten aus Moskau könnte der Pipeline-Beginn bei Kiyikei am Schwarzen Meer liegen, der Endpunkt beim Verladeterminal in Ibrikhaba am Ägäischen Meer.

Während der jährlichen NATO-Tagung im Juni 2004 in Istanbul brachte die russische Regierung eine Beschwerde gegen die neuen Sicherheitsmaßnahmen der Türkei für Durchfahrten durch den Bosporus vor, die den 68 Jahre alten Völkerrechtsvertrag verletzten, der nach wie vor für die NATO-Staaten und Rußland Gültigkeit besitze. In einer ungewöhnlich scharfen Note beschuldigte das Verkehrsministerium in Moskau die türkische Regierung, daß die Behinderung des Tankerverkehrs durch den Bosporus die Verträge von Montreux verletze. Der Montreux-Vertrag war einer der letzten einer Reihe internationaler Verträge des vorigen Jahrhunderts, die den Bosporus zur internationalen Wasserstraße erklärten und der Türkei untersagten, einseitige, die Schiffsdurchfahrt behindernde Maßnahmen zu ergreifen.

7.8.2. Rußland sitzt am längeren Hebel

Es gibt noch einen weiteren Aspekt im russisch-türkisch-amerikanischen Ölpoker. Eine ukrainische Pipeline, die kaspisches Öl in den Hafen von Odessa am Schwarzen Meer bringen sollte, von wo aus es dann westwärts nach Brody und von hier weiter nach Polen und anderen mitteleuropäischen Staaten gepumpt werden sollte, stand fast ein Jahr lang unbenutzt. Obwohl die US-Regierung sehr darauf drängte, konnten auch die großen US-Ölfirmen im Kaspischen Bekken die wirtschaftlichen Nachteile dieser Route nicht auffangen. Auch die US-Marionetten in der polnischen Regierung konnten ihre Kollegen mit ihren Forderungen nicht dazu bringen, das antirussische und teurere Öl, das über diese Pipeline fließen würde, zu kaufen.

Die russische Regierung hatte gemeinsam mit russischen Ölexporteuren der ukrainischen Regierung einen Vorschlag unterbreitet, die Pipeline-Richtung für den Öltransport umzukehren und russisches Öl südwärts nach Odessa zu pumpen, um es dort auf Tankern zu verschiffen. Anfangs wiesen die Ukrainer dieses Angebot zurück. Als sich aber die Verschiffungen aus Odessa verringerten und sich die fehlende Wirtschaftlichkeit der nach Brody gehenden Transporte immer stärker bemerkbar machte, kam der Handel über das russische Ölangebot doch noch zustande. Die Pipeline-Durchleitungen wurden ›umgedreht‹.

Der Zank in Kiew über das Für und Wider dieser alternativen Ölrouten schädigte ausgerechnet einen anderen Verbündeten der USA in dieser Region außerordentlich. Gegen Ende des Jahres 2003 stimmte das ukrainische Parlament dagegen, das Adria-Pipeline-Projekt umzukehren. Dieses Projekt hatte das Ziel, russisches Erdöl an den Tiefseehafen Omishalj in Kroatien an der Adria zu liefern. Das ukrainische Veto war die Retourkutsche der antirussischen Öl-Lobby in Kiew für den Mißerfolg des Odessa–Brody-Projektes. Die Ironie liegt aber darin, daß das Omishalj-Projekt erstmals im Jahre 2002 vorgeschlagen wurde und Rußland, Weißrußland, die Ukraine, die Slowakei, Ungarn und Kroatien diesem Transport- und Verlademodus des russischen Erdöls auf die großen Tanker der BUSH-Freunde, die auch die texanischen Raffinerien besitzen, selbst zugestimmt hatten.

Der Omishalj-Plan sah eine jährliche Anfangskapazität von fünf Millionen Tonnen vor, mit der Option, diese Menge auf 15 Millionen steigern zu können. Die ukrainischen Abgeordneten rechtfertigten ihre Ablehnung damit, daß dieser Plan das endgültige Aus für die vorgeschlagene Odessa-Brody-Pipeline wäre, sollte die Druzhba-Leitung im Westen der Ukraine ausgelastet werden. Das stimme, sagte Adam LANDES, ein Moskauer Öl-Analyst. »Nur, die Odessa-Brody-Leitung ist nichtsdestotrotz dem Untergang geweiht. Sie bietet potentiellen kaspischen Öl-Skippern oder den Käufern des Rohöls keine wirtschaftlichen Vorteile, weswegen die Pipeline nun schon seit zwei Jahren – seit ihrer Fertigstellung – ungenutzt dasteht. Je länger die Ukraine braucht, diese offensichtlichen Tatsachen anzuerkennen, desto länger wird diese mißglückte Pipeline vor sich hin dämmern.« Die Kroaten haben sich inzwischen ebenfalls den Realitäten des Ölmarktes gebeugt, und Omishalj wird demnächst mit der regulären Verladung der russischen Ölfracht beginnen.

Bis zur Wahl Präsident PUTINS im Jahre 2000 wurde die russische Ölpolitik von einer korrupten Allianz russischer Produzenten und der US-Regierung diktiert. PUTINS Kampagne gegen Yukos hat dem ein Ende bereitet. Aber sogar in der Ära JELZIN war es offizielle russische Politik, die Baku-Ceyhan-Pipeline aus strategischen Gründen *nicht* anzugreifen. Es war eher russische Taktik, auf Zeit zu spielen und zu warten, bis sich die Wirtschaftlichkeit des Öltransportes von selbst gegen die US-Pläne wenden würde. Solange die Rohölpreise niedrig blieben, wirkte die Zeit auf eine Verzögerung des Baku-Ceyhan-Projektes hin. Der US-Überfall auf den Irak bedrohte den Pipeline-Plan dann ebenfalls, weil er eine Flut irakischen Öls auf den Märkten in Aussicht stellte, die die Preise drücken würde.

Inzwischen steht fest, daß BUSH das in Aussicht gestellte irakische Öl nicht liefern kann. Moskau startete nun weitere Gegenmaßnahmen, um die Oberhand zu behalten. Eine neue Exportroute für russisches Öl führt südwärts mittels Tankern durch das Kaspische Meer in den Iran. Russische Ölproduzenten und Skipper erwarten, daß die vom russischen Kaspis-Hafen Astrachan aus in den Iran beförderte Menge an Rohöl und Ölprodukten sich verdoppeln werde. Die Zukunft muß zeigen, ob diese Prognosen realistisch sind.

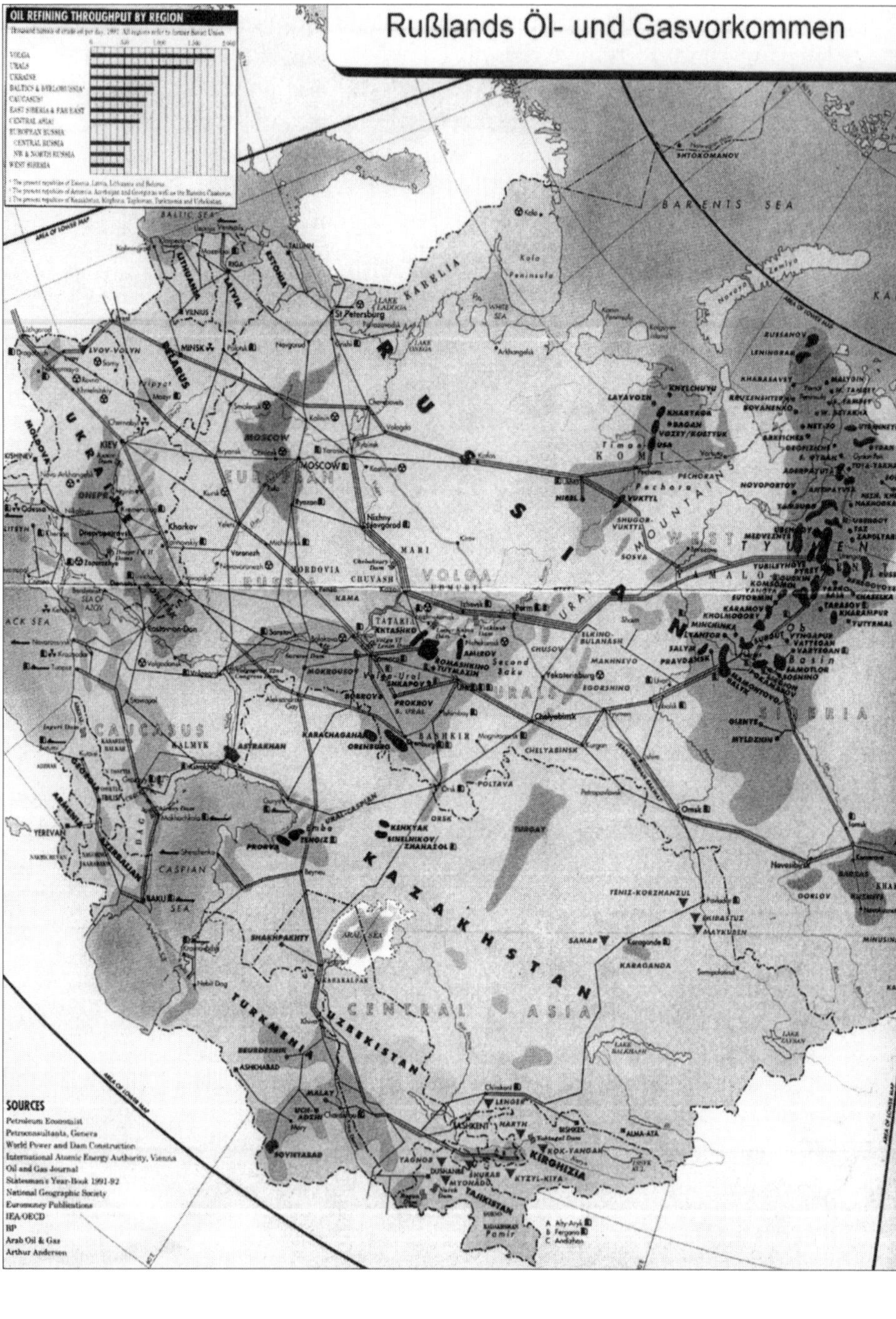
Rußlands Öl- und Gasvorkommen
OIL REFINING THROUGHPUT BY REGION
BARENTS SEA
BALTIC SEA
CASPIAN SEA
ARAL SEA
RUSSIA
EUROPEAN RUSSIA
UKRAINE
BELARUS
LITHUANIA
LATVIA
ESTONIA
MOLDOVA
KAZAKHSTAN
CENTRAL ASIA
TURKMENIA
UZBEKISTAN
KIRGHIZIA
TAJIKISTAN
ARMENIA
AZERBAIJAN
GEORGIA
WEST SIBERIA
VOLGA
URAL MOUNTAINS
MOSCOW
St Petersburg
Kiev
Minsk
Riga
Tallinn
Kharkov
Astrakhan
Orenburg
Chelyabinsk
Ekaterinburg
Omsk
Novosibirsk
Karaganda
Tashkent
Alma-Ata
Baku
Yerevan
SOURCES
Petroleum Economist
Petroconsultants, Geneva
World Power and Dam Construction
International Atomic Energy Authority, Vienna
Oil and Gas Journal
Statesman's Year-Book 1991-92
National Geographic Society
Euromoney Publications
IEA/OECD
BP
Arab Oil & Gas
Arthur Andersen

Nachwort

Randnotizen zur Lösung des Problems

Ein politischer Beobachter meinte vor kurzem, daß die Kirchen zu jenen ›Landesverrätern‹ gehörten, die zu ihrem eigenen Schaden die Einwanderung von Moslems förderten. Leider spricht einiges für diese Annahme. Was könnten die Ursachen dafür sein – jedenfalls, was die evangelische Kirche angeht? Sie ist heute völlig der *political correctness* verfallen und ›diesseitig‹ geworden.

Was die katholische Kirche betrifft, so scheint es, daß die Revolution des Zweiten Vatikanischen Konzils sie ihrer alten Tradition entfremdete. Es fällt schwer, nicht zu glauben, daß hier die freimaurerischen Mächte ans Ruder gekommen seien, die nun die Kirche von innen her zerstören bzw. für ihre globalistischen Zwecke instrumentieren und daher die äußere Struktur der Institution bestehen lassen, aber ihr Wirken in den neuen Dienst – der ›Neuen Weltordnung‹ – stellen. Das ›Welt-Ethos‹ eines Tübinger Theologen, das die Unterschiede der Religionen bis zur Unkenntlichkeit verwischt, mag dafür Symptom sein. Das ist auch die These von Malachi MARTIN,[195] die dieser in seinem fast 1000seitigen Buch *Der letzte Papst* formuliert. Man hat das Gefühl, daß der ›ökumenische Dialog‹ über eine ›Protestantisierung‹ zu einer Re-Judaisierung, der Aufhebung des Neuen zugunsten des Alten Testaments, führt. Der Dialog selbst aber ist dabei ein Verschleierungsmittel, um diese Tendenz nicht von Anfang an gleich für alle sichtbar werden zu lassen, bedeutet sie doch nichts anderes als die faktische Aufhebung des Neuen Testaments, der Essenz des Christentums, und die priesterliche Exegese der christlichen Religion wieder Talmud und Thora zu unterstellen. Zieht der Sanhedrin in den Vatikan ein?

Die ursprüngliche Kirche hatte nämlich sehr wohl die Ansicht vertreten, daß die Völker ›Gedanken Gottes‹ seien, was nichts anderes heißt, als daß sie in ihrer Identität zu erhalten und schützen sind.

Was den Islam in unseren Ländern betrifft, so spricht vieles dafür, sich nicht auf eine frontale und vordergründige Feindschaft einzulassen. Denn

---

[195] Jesuit, Berater Papst JOHANNES' XXIII. und Professor an der Jesuiten-Universität in Rom. Später aus dem Orden ausgetreten, aber – angeblich – wieder eingetreten (was wir nicht nachprüfen können). Vor kurzem – etwas überraschend – verstorben.

1. Nicht ›der Islam‹ breitet sich als missionarische Religion aus eigenem Antrieb bei uns aus, sondern er kommt mit den Immigranten zu uns. Diese Immigrationsströme haben aber einerseits ökonomische Gründe - mangelnde Lebensgrundlagen in den Heimatländern, die dort einen ständigen Druck erzeugen - und, wie in bezug auf die US-Politik schon gesagt wurde, machtpolitische Hintergründe des amerikanischen Hegemons.

2. Die USA zwingen uns einen Erweiterungsprozeß der EU auf, der dieses Europa als nur scheinbar konsolidierte Einheit von innen her schwächt, wenn damit nicht ohnedies bereits der Keim des Untergangs eingepflanzt wurde. Mit den dann immer leicht zu schürenden religiösen, sozialen und ethnischen Konflikten schafft man dieselbe Lage wie im früheren Jugoslawien - und dieselben Scheingründe, um dann jederzeit eingreifen zu können, wenn sich die Konflikte bürgerkriegsähnlich aufschaukeln (das heißt, wenn sie in Wirklichkeit von außen aufgeschaukelt wurden, um die tributpflichtigen Trabanten nötigenfalls auch mit militärischer Drohung und Intervention bei der Stange zu halten).

3. Eine sogenannte ›Integrationspolitik‹ ist mit allem Nachdruck abzulehnen, denn diese ist es ja, mit der wir uns ethnisch und kulturell selbst entwurzeln und auslöschen würden.

4. Aber selbst eine - tatsächlich gar nicht funktionierende - forcierte Integration wäre gleichwohl Hauptursache dafür, daß die Immigranten fern der eigenen Heimat entwurzelt und proletarisiert würden. Weil eine Übernahme der europäisch-abendländischen bzw. deutschen Kultur in Wirklichkeit aber gar nicht zu erwarten ist und auch nicht in Betracht kommt - die Massen sind Ungebildete und bilden überwiegend eine soziale Unterschicht -, so wird auch hier über kurz oder lang ein explosiver Zustand entstehen, sobald Arbeitsplatz, Wohnung, Transferleistungen usw. stocken, was bei rezessiver Wirtschaftslage oder aus dem Gleichgewicht geratendem Sozialklima bald ins Haus stehen könnte. Eine somit auf Generationen angelegte Bürgerkriegslage ist nur zu deutlich sichtbar.

5. Die daraus zu ziehende Folgerung kann nur in einer Bekämpfung der Ursachen bestehen: nämlich der Immigration einerseits und der Förderung des nationalen Aufbaus in den Herkunftsländern andererseits. Die Ablehnung der Immigration ist kein Akt der Feindschaft oder der Diskriminierung fremder Völker und Kulturen, ganz im Gegenteil: Man müßte - und sollte - diese Fragen mit den politischen und geistigen Führern in den betroffenen Ländern sehr wohl kooperativ besprechen können, wie dies in früheren Zeiten durchaus der Fall war und wegen einer nichtkolonialen Vergangenheit im deutschen Fall auch heute geradezu logisch wäre. Die verantwortlichen Führer der in Rede stehenden Ethnien können schließlich ebenfalls nicht wünschen, daß ein ständiger menschlicher Aderlaß ihr Land aushöhlt und schwächt. Das bedeutet: Der Widerstand ist nicht gegen die Religion oder die Völker gerichtet, sondern gegen die politischen Drahtzieher mit ihren verborgenen Absichten der Destabilisierung Europas. Der scheinbare Sachzwang der Transferleistungen der Auslandstürken in Milliardenhöhe (und somit der nötige Ausgleich des Handelsbilanzdefizits) ist langfristig keine Lösung für die nicht ausreichende wirtschaftliche Entwicklung, die durch die IWF-Auflagen zunehmend verschlechtert wird.

6. Die schon im Lande befindlichen Immigranten sind nur dann als potentielles Problem beherrschbar, wenn sie nicht integriert sind, also in ihren eigenen Sitten und Bräuchen weiter leben können, sie in ihrer Religion einen inneren Halt finden und so selbst sich als ethnisch-kulturelle Gruppe nicht mit dem Gastland vermischen wollen. Ihre eigene Identität und der Wille, diese zu bewahren, ist unser stärkster Verbündeter, die für uns tödliche Vermischung durch ›Integration‹ ist mit allen Mitteln zu vermeiden. Dazu müssen wir aber den Immigranten erlauben, ihre Kirchen (Moscheen) zu bauen, denn nur diese erhalten die Tradition und ihre eigene Sittlichkeit aufrecht. Es ist auch völlig undenkbar, Menschen in großer Zahl – was immer die Gründe dafür gewesen sein mögen – ins Land zu lassen, ihnen aber die Ausübung ihrer Religion und Bräuche untersagen zu wollen. Sie müßten uns dann ja geradezu hassen, anstatt für die Erleichterung ihres materiellen Schicksals dankbar zu sein und so zu Verbündeten zu werden. Wir fordern im Gegenzug selbstverständlich die genaue Beachtung unserer Gesetze, wie sich das für den Fremden ganz natürlich geziemt.

7. Nur wenn die einzelnen Völker und Kulturen als solche noch unterscheidbar sind und bleiben, haben wir eine Chance, bei geänderten politischen und wirtschaftlichen Verhältnissen bei den noch nicht hier verwurzelten Immigranten den Wunsch nach Rückkehr in die Heimat und ihre angestammte Kultur wachzuhalten und sie – nötigenfalls – wieder in ihre Heimat zurückzuschicken. Nur dann ist unser geschwächtes und schwächer werdendes Volk noch geschützt, hat es eine letzte Atempause, sollte es sich noch einmal besinnen und eigene Kinder aufziehen, sich seiner Kultur und historischen Aufgabe erinnern.

8. Diese Lage besteht derzeit nicht. Denn wir sind aufgrund zweier verlorener Kriege und einer fortgesetzten psychologischen Kriegführung (Umerziehung) wehrlos gemacht worden. Wenn wir sogar noch die Integration fördern und beschleunigen, ist selbst diese Atempause nicht mehr möglich, und die Vermischung löscht unser Volk als Volk aus.

9. Aus diesem Grund sollte man dafür sein, alles zu tun, was es den heutigen Immigranten erleichtert, sich selbst als eine deutlich abgegrenzte, sich ihrer ethnischen und kulturellen Wurzeln bewußte Minderheit zu erhalten. Ihr eigener Stolz und das Beharrungsvermögen, sich als Volk und Kultur erhalten zu wollen, soll die von uns gegenwärtig nicht mehr aufrichtbare oder selbst zu verteidigende Barriere schaffen, die uns – hoffentlich – jene Pause gewährt, die uns vielleicht nochmals vor dem Schlimmsten, dem Austritt aus der Geschichte, bewahrt.

10. Die sichtbaren Unterschiede unter den Kulturen wirken natürlich auch auf unsere Volksgenossen. Sie schärfen ihr Bewußtsein des Andersseins und den Beharrungswillen, wenn die Grenzen sichtbar überschritten worden sind. Integration vernebelt dies und macht die Gefahr, die unserem Volk droht, für die Masse nicht erkennbar. Die sichtbaren Unterschiede in den Gebräuchen, der Kleidung, dem Verhalten, der Religion (mit ungleich strengeren Forderungen, als sie in unserer libertären Spaßgesellschaft gelten!) lassen die eigenen – leider oft unwissenden und ignoranten – Mitbürger ihre eigene Herkunft und Kultur erkennen, ohne daß man unserer Kultur eigentlich widerstrebende ›Judensterne‹ oder ›Paßgesetze‹ schaffen müßte. (Diese gehören übrigens zu den sechs ›wünschenswerten‹ Verpflichtungen des islamischen Rechtsgelehrten MAWERDI, siehe oben, Kapotel 6. Er zählt sie als Bestandteile jener Rechtsordnung auf, in der Juden und Christen der Status von ›Schutzbefohlenen‹ in einer islamischen Umgebung zukommt.)

11. Wir dürfen als sicher annehmen, daß unsere Todfeinde genau dieselben Überlegungen anstellen und daher alles tun, eine auf dieser Lagebeurteilung fußende Gegenstrategie zu durchkreuzen. Das wird schon allein daran deutlich, wie sie die ›Integration‹ mit allen Mitteln fördern und sogar das Abdriften ihrer angestammten Wähler, die ja ein gutes Gespür dafür haben, was sich damit für sie zum Negativen verändert, in Kauf nehmen. Die ganze Widersprüchlichkeit ihrer Kampagnen zeigt, was die wahre Absicht ist. Integration heißt ja in letzter Konsequenz: Nivellierung und Auslöschung all dessen, was uns als ethnisch-kulturelle Gruppen/Völker voneinander unterscheidet und unsere (und deren) Identität ausmacht. Damit würde der Begriff der ›Ausländerfeindlichkeit‹ – wenn sie einmal integriert sind – folglich substanzlos: Immigranten wären ja keine ›Ausländer‹ mehr und ununterscheidbar. Solange sie das aber nicht sind, ist die Integration die schärfste Negation ihrer eigenen Identität und somit die extremste Form der Ausländerfeindlichkeit, weil ihnen damit das Existenzrecht als ethnisch-kulturelle Minderheit überhaupt abgesprochen wird.

12. Indem wir aber gerade dies nicht tun, stehen wir tatsächlich auf einem ethischen Standpunkt. Dieser zählt in der heutigen Politik zwar nichts, aber wir nehmen diesen ethischen Standpunkt auch in bezug auf heute vorgegebene Scheinwerte ein, also sogar innerhalb der Argumentationsmuster der liberalen Gesellschaft mit ihrer phraseologischen Propaganda: Wir bekennen uns zum Selbstbestimmungsrecht der Völker und sind gegen jegliche Art von Genozid, der ja gemäß UN-Definition auch darin besteht, ethnische Minderheiten durch faktischen Entzug ihrer kulturellen und geistigen Identität aufzulösen, das heißt, sie als solche auszulöschen.

Weil wir gegen die Integration sind, leisten wir objektiv zur Erhaltung der Identität beider Völker einen wirklichen Beitrag, wir sind moralisch und ›taktisch‹ (also auch nach herrschender Phraseologie) im Recht und nicht angreifbar, und wenn wir uns diesen Standpunkt auch ehrlichen Herzens zueigen machen, entziehen wir den immer von außen angezettelten Kampagnen wegen ethnischer Gegensätze zum Zweck der Entzweiung der Völker für immer den Boden.

Zusammenfassung

Man soll ›den Islam‹ keinesfalls in der diffamierenden Art der US-Regierung angreifen oder zum ›Feind‹ machen (was nicht heißt, eine kritische Auseinandersetzung mit seinen Lehren und der zugrunde liegenden Philosophie zu scheuen!). Man muß den Islam vielmehr aus Achtung vor über einer Milliarde Menschen, die ihre religiösen Lehren ernst nehmen (im Unterschied zu uns im weitgehend atheistisch gewordenen Europa), und auch aus politischer Klugheit. Wir zögen andernfalls womöglich den kürzeren, weil unsere eigene – christliche – Religion, nämlich deren Vertreter, vielfach pflichtvergessen und häretisch geworden sind. Wir müssen auch am politisch-ökonomischen Hebel ansetzen:

1. Aufbau dieser Länder durch politische und wirtschaftliche Zusammenarbeit;
2. strenge Einwanderungsgesetze;
3. keine EU-Mitgliedschaft der Türkei.

Das hätte auch den Vorteil einer eigenständigen Politik, die die früheren guten Beziehungen zu den arabischen Ländern wiederherstellte. Eine derartige Kooperation mit der islamischen Welt wäre für alle viel vorteilhafter als eine erpreßte und unseren Interessen gänzlich zuwiderlaufende amoralische Zusammenarbeit mit den USA, die uns nur in deren Kriegsabenteuer verwickeln. Die einen haben Öl oder sind für dessen Abtransport bedeutsam, worauf die Industrienation Deutschland (und ganz Europa) wie die Luft zum Atmen angewiesen ist, die anderen haben nichts, ihre Politiker und Militärs haben den Völkermord *de facto* zum Mittel der Politik gemacht. Und im Ökonomischen dient die Globalisierung mit ständig neuen Erpressungen der Plünderung der Welt.[196]

Die Gründe, die für die hier vorgetragene Sichtweise sprechen, sind ideeller/religiöser, politischer und wirtschaftlicher Art. Der Pöbel versteht sie natürlich nicht, und die Gegner, die uns ja gerade das Überleben als Volk nicht mehr gestatten wollen, werden gerade eine Politik, die auf diesen Einsichten aufbaut, mit allen Mitteln hintertreiben. Es ist deshalb wenig sinnvoll, die hier ausgesprochenen Einsichten lautstark zu plakatieren; sie müßten vielmehr als echte Arkana einer nationalen Politik behandelt werden: Jeder Verantwortliche muß darum wissen und jederzeit danach handeln, aber nicht darüber öffentlich reden.

---

[196] Siehe den Artikel von Karl Bassler, »Der Marshallplan-Schwindel«, im Internet unter: Deutschland in Geschichte und Gegenwart, http://www.vho.org/D/DGG/index.html#.

Anhang

1. Die Islamische Charta[197] und eine Erwiderung

»Grundsatzerklärung des Zentralrats der Muslime in Deutschland (ZMD) zur Beziehung der Muslime zum Staat und zur Gesellschaft.

Vorwort

Der Islam ist keine neue Erscheinung in Deutschland, vor allem ist er keine vorübergehende Erscheinung. Mehr als 3,2 Millionen[198] Muslime leben in Deutschland; viele von ihnen schon in der dritten und vierten Generation. Die meisten Muslime identifizieren sich mit der deutschen Gesellschaft und werden für immer in Deutschland bleiben. Nicht nur für die 500 000 Muslime, die einen deutschen Paß tragen, ist Deutschland Heimat geworden. Alle Muslime fühlen sich nicht als Gäste in einem ›Gastland‹, sondern als Bürgerinnen und Bürger Deutschlands.

Als große Minderheit in diesem Land haben die Muslime die Pflicht, sich in diese Gesellschaft zu integrieren, sich zu öffnen und über ihre Glaubensbekenntnisse und -praxis mit der Gesellschaft in Dialog zu treten. Die Mehrheitsgesellschaft hat Anrecht darauf zu erfahren, wie die Muslime zu den Fundamenten dieses Rechtsstaates, zu seinem Grundgesetz, zu Demokratie, Pluralismus und Menschenrechten stehen.

Obwohl die Muslime diese Themen des öfteren behandelten, blieben sie der Mehrheitsgesellschaft eine umfassende, klar formulierte

[197] Zentralrat der Muslime in Deutschland e.V.

[198] Man beachte die muslimischen Angaben: Sie weichen gegenüber den offiziellen Zahlen der deutschen Behörden um über eine Million ab.

und verbindliche Antwort schuldig. Dieses Defizit wurde nicht zuletzt durch die Debatte nach dem 11. September deutlich.

Durch diese Islamische Charta, die der Zentralrat der Muslime in Deutschland (ZMD) in seiner Vertreterversammlung am 3. Februar 2002 einstimmig verabschiedete, möchte er seine klare Position zu diesen Grundgedanken artikulieren und einen Beitrag zur Versachlichung der gesellschaftlich-politischen Debatte leisten.

Dr. Nadeem Elyas, Vorsitzender. Berlin, 20. Februar 2002

Islamische Charta

Grundsatzerklärung des Zentralrats der Muslime in Deutschland (ZMD) zur Beziehung der Muslime zum Staat und zur Gesellschaft.

1. ›Islam‹ bedeutet gleichzeitig ›Friede‹ und ›Hingabe‹. Der Islam sieht sich als Religion, in welcher der Mensch seinen Frieden mit sich und der Welt durch freiwillige Hingabe an Gott findet. Im historischen Sinne ist der Islam neben Judentum und Christentum eine der drei im Nahen Osten entstandenen monotheistischen Weltreligionen und hat als Fortsetzung der göttlichen Offenbarungsreihe mit diesen viel gemein.

2. Die Muslime glauben an Gott, den sie wie arabische Christen ›Allah‹ nennen. Er, der Gott Abrahams und aller Propheten, der Eine und Einzige, außerhalb von Zeit und Raum aus Sich Selbst existierende, über jede Definition erhabene, transzendente und immanente, gerechte und barmherzige Gott, hat in Seiner Allmacht die Welt erschaffen und wird sie bis zum Jüngsten Tag, dem Tag des Gerichts, erhalten.

3. Die Muslime glauben, daß sich Gott über Propheten wiederholt geoffenbart hat, zuletzt im 7. Jahrhundert westlicher Zeitrechnung gegenüber Muhammad, dem ›Siegel der Propheten‹. Diese Offenbarung findet sich als unverfälschtes Wort Gottes im Koran (*Qur´an*), welcher von Muhammad erläutert wurde. Seine Aussagen und Verhaltensweisen sind in der sogenannten *Sunna* überliefert. Beide zusammen bilden die Grundlage des islamischen Glaubens, des islamischen Rechts und der islamischen Lebensweise.

4. Die Muslime verehren sämtliche Muhammad vorausgegangenen Propheten, darunter Moses und Jesus. Sie glauben, daß der Koran die ursprüngliche Wahrheit, den reinen Monotheismus nicht nur Abrahams, sondern aller Gesandten Gottes wiederhergestellt und bestätigt hat.

5. Die Muslime glauben, daß der Mensch, soweit er freien Willen besitzt, für sein Verhalten allein verantwortlich ist und dafür am Jüngsten Tag Rechenschaft ablegen muß.

6. Der Muslim und die Muslima sehen es als ihre Lebensaufgabe, Gott zu erkennen, Ihm zu dienen und Seinen Geboten zu folgen. Dies dient auch der Erlangung von Gleichheit, Freiheit, Gerechtigkeit, Geschwisterlichkeit und Wohlstand.

7. Hauptpflichten der Muslime sind die fünf Säulen des Islam: das Glaubensbekenntnis, das täglich fünfmalige Gebet, das Fasten im Monat Ramadan, die Pflichtabgabe (*zakat*) und die Pilgerfahrt nach Mekka.

8. Der Islam ist weder eine weltverneinende noch eine rein diesseits-bezogene Lehre, sondern ein Mittelweg zwischen beidem. Als auf Gott ausgerichtet ist der Muslim und die Muslima zwar theozentrisch; doch gesucht wird das Beste beider Welten. Daher ist der Islam Glaube, Ethik, soziale Ordnung und Lebensweise zugleich. Wo auch immer, sind Muslime dazu aufgerufen, im täglichen Leben aktiv dem Gemeinwohl zu dienen und mit Glaubensbrüdern und -schwestern in aller Welt solidarisch zu sein.

9. Dem Islam geht es nicht um Abschaffung von Reichtum, sondern um Beseitigung von Armut. Er schützt das der Gemeinschaft und auch der Umwelt verpflichtete Privateigentum und fördert unternehmerische Initiative und Verantwortung.

10. Muslime dürfen sich in jedem beliebigen Land aufhalten, solange sie ihren religiösen Hauptpflichten nachkommen können. Das islamische Recht verpflichtet Muslime in der Diaspora, sich grundsätzlich an die lokale Rechtsordnung zu halten. In diesem Sinne gelten Visumserteilung, Aufenthaltsgenehmigung und Einbürgerung als Verträge, die von der muslimischen Minderheit einzuhalten sind.

11. Ob deutsche Staatsbürger oder nicht, bejahen die im Zentralrat vertretenen Muslime daher die vom Grundgesetz garantierte gewaltenteilige, rechtsstaatliche und demokratische Grundordnung der Bundesrepublik Deutschland, einschließlich des Parteienpluralismus, des aktiven und passiven Wahlrechts der Frau sowie der Religionsfreiheit. Daher akzeptieren sie auch das Recht, die Religion zu wechseln, eine andere oder gar keine Religion zu haben. Der Koran untersagt jede Gewaltausübung und jeden Zwang in Angelegenheiten des Glaubens.

12. Wir zielen nicht auf Herstellung eines klerikalen ›Gottesstaates‹ ab. Vielmehr begrüßen wir das System der Bundesrepublik Deutschland, in dem Staat und Religion harmonisch aufeinander bezogen sind.

13. Zwischen den im Koran verankerten, von Gott gewährten Individualrechten und dem Kernbestand der westlichen Menschenrechtserklärung besteht kein Widerspruch. Der beabsichtigte Schutz des Individuums vor dem Mißbrauch staatlicher Gewalt wird auch von uns unterstützt. Das Islamische Recht gebietet, Gleiches gleich zu behandeln, und erlaubt, Ungleiches ungleich zu behandeln. Das Gebot des islamischen Rechts, die jeweilige lokale Rechtsordnung anzuerkennen, schließt die Anerkennung des deutschen Ehe-, Erb- und Prozeßrechts ein.

14. Die europäische Kultur ist vom klassisch griechisch-römischen sowie jüdisch-christlich-islamischen Erbe und der Aufklärung geprägt. Sie ist ganz wesentlich von der islamischen Philosophie und Zivilisation beeinflußt. Auch im heutigen Übergang von der Moderne zur Postmoderne wollen Muslime einen entscheidenden Beitrag zur Bewältigung von Krisen leisten. Dazu zählen u.a. die Bejahung des vom Koran anerkannten religiösen Pluralismus, die Ablehnung jeder Form von Rassismus und Chauvinismus sowie die gesunde Lebensweise einer Gemeinschaft, die jede Art von Süchtigkeit ablehnt.

15. Der Koran fordert den Menschen immer wieder dazu auf, von seiner Vernunft und Beobachtungsgabe Gebrauch zu machen. In diesem Sinne ist die islamische Lehre aufklärerisch und blieb von ernsthaften Konflikten zwischen Religion und Naturwissenschaft verschont. Im Einklang damit fördern wir ein zeitgenössisches Verständnis der islamischen Quellen, welches dem Hintergrund der neuzeitlichen Lebensproblematik und der Herausbildung einer eigenen muslimischen Identität in Europa Rechnung trägt.

16. Der Zentralrat befaßt sich hauptsächlich mit Angelegenheiten des Islam und der Muslime im deutschen Raum sowie mit Angelegenheiten der deutschen Gesellschaft. Ohne die Verbindungen mit der Islamischen Welt zu vernachlässigen, soll Deutschland für die hiesige muslimische Bevölkerung nicht nur Lebensmittelpunkt, sondern auch Mittelpunkt ihres Interesses und ihrer Aktivität sein.

17. Eine seiner wichtigsten Aufgaben sieht der Zentralrat darin, eine Vertrauensbasis zu schaffen, die ein konstruktives Zusammenleben der Muslime mit der Mehrheitsgesellschaft und allen anderen Minderheiten ermöglicht. Dazu gehören der Abbau von Vorurteilen durch Aufklärung und Transparenz ebenso wie Öffnung und Dialog.

18. Der Zentralrat fühlt sich der gesamten Gesellschaft verpflichtet und ist bemüht, in Zusammenarbeit mit allen anderen gesellschaftlichen Gruppierungen einen wesentlichen Beitrag zu Toleranz und Ethik, sowie zum Umwelt und Tierschutz zu leisten. Er verurteilt Menschenrechtsverletzungen überall in der Welt und bietet sich hier als Partner im Kampf gegen Diskriminierung, Fremdenfeindlichkeit, Rassismus, Sexismus und Gewalt an.

19. Der Zentralrat setzt sich für die Integration der muslimischen Bevölkerung in die Gesellschaft ein, unter Bewahrung ihrer islamischen Identität, und unterstützt alle Bemühungen, die in Richtung Sprachförderung und Einbürgerung gehen.

20. Darüber hinaus sieht der Zentralrat seine Aufgabe darin, den in Deutschland lebenden Muslimen in Kooperation mit allen anderen islamischen Institutionen eine würdige muslimische Lebensweise im Rahmen des Grundgesetzes und des geltenden Rechts zu ermöglichen. Dazu gehören u. a.:

- Einführung eines deutschsprachigen islamischen Religionsunterrichts,
- Einrichtung von Lehrstühlen zur akademischen Ausbildung islamischer Religionslehrer und Vorbeter (Imame),
- Genehmigung des Baus innerstädtischer Moscheen,
- Erlaubnis des lautsprechverstärkten Gebetsrufs, Respektierung islamischer Bekleidungsvorschriften in Schulen und Behörden,
- Beteiligung von Muslimen an den Aufsichtsgremien der Medien,
- Vollzug des Urteils des Bundesverfassungsgerichts zum Schächten,
- Beschäftigung muslimischer Militärbetreuer,
- Muslimische Betreuung in medizinischen und sozialen Einrichtungen,
- Staatlicher Schutz der beiden islamischen Feiertage,
- Einrichtung muslimischer Friedhöfe und Grabfelder.

21. Der Zentralrat ist parteipolitisch neutral. Die wahlberechtigten Muslime werden für diejenigen Kandidaten stimmen, welche sich für ihre Rechte und Ziele am stärksten einsetzen und für den Islam das größte Verständnis zeigen.

Innerislamischer Kommentar zur Islamischen Charta

Die Erklärung des Zentralrats ist in islamischen Kreisen nicht unumstritten. Man könnte daraus schließen, daß auch ›der‹ Islam keine monolithische Kultur darstellt, wie dies oft plakativ behauptet wird, und daß es neben ›Orthodoxen‹ auch ›Aufgeklärte‹ gibt – wie überall auf der Welt. Man könnte sogar argwöhnen, daß Verlautbarungen wie diejenige des Zentralrats die Kreide ist, die der Wolf gefressen hat, um sich bei den sieben Geißlein einzuschleichen. Vielleicht trifft alles gleichermaßen zu.

Da gibt es beispielsweise einen ›aufgeklärten‹ Bassam Tibi, der recht umtriebig in Richtung eines freimaurerischen ›Weltethos‹ und einer Welteinheits-›Kultur‹ unterwegs ist. Und es gibt die von den Jungtürken Ende des 19. Jahrhunderts begonnene, unter Kemal Atatürk vollendete türkische ›Reform‹, die man freilich auch in der Weise sehen könnte, daß sie der Türkei im Grunde Geschichte und Tradition raubte, nämlich durch die lateinische Schrift und die betont laizistische Staatsorganisation.

Die ›Charta‹ des Zentralrats ist von einer der zahlreichen islamischen Organisationen unterzeichnet, der Kommentar ist zwar anonym (eine Gruppe von Muslimen), aber nichtsdestoweniger eine ›authentische‹ Interpretation, die freilich gerade das Motiv vom Kreide fressenden Wolf zu bestätigen scheint.

Manche der darin ausgesprochenen Schlüsse sind natürlich in sich konsequent und logisch. Und wären ›wir‹ ebenso konsequent, so wäre von vornherein klar, daß die ›Demokratie‹, diese Mißgeburt der Französischen Revolution, überall auf der Welt als Urgrund des Verderbens anzusehen ist und angesehen wird, und ganz ausdrücklich von den orthodoxen Muslimen. Nicht minder aber auch in China, das deswegen immer von den USA kritisiert wird:[199] Hier hält man die Einheit des Reiches für das wichtigste politische Ziel.

Aber auch in den USA selbst sind die politischen Theoretiker – HUNTINGTON etwa – der Ansicht, daß die Demokratie dem Machterhalt der (fortschrittlichen) USA schade und daß sie in (zurückgebliebenen) Staaten den ›Aufholprozeß‹ behindere. Rein praktisch haben die Vereinigten Staaten seit dem 11. September 2001 mit dem *Homeland-Defense*-Ministerium und dem *Total Awareness Information System* (TIAS) die Demokratie ohnedies faktisch fast völlig abgeschafft.[200] In Deutschland – ein europäischer Sonderfall – haben wir, was Carlo SCHMID bei den Beratungen des Parlamentarischen Rates über das Grundgesetz 1949 ausführte, die ›Modalität der Fremdherrschaft‹, also weder Demokratie noch politische Freiheit. Und über die Europäische Gemeinschaft sagt man, daß sie die BRESCHNEW-Doktrin in den ehemaligen Ländern des Warschauer-Paktes durch die Doktrin von Brüssel ersetzt habe, die ebenfalls nicht als Demokratie zu interpretieren ist.

---

[199] Etwa James A. DORN (Vizepräsident für akademische Angelegenheiten des CATO-Institutes und Professor an der Towson Universität, Herausgeber verschiedener Zeitschriften) in einer der ›aufgeklärten liberalen Internationale‹ verpflichteten Publikation: *China's Spontaneous Order.* China hat es freilich bisher mit seiner traditionalen (= hierarchischen) Gesellschaft sowohl in der Monarchie als auch in der ebenfalls hierarchischen ›Volksdemokratie‹ während mehr als zwei Jahrtausenden fertiggebracht, seine Identität und seinen Bestand (Einheit) zu bewahren und ein Volk mit heute 1,3 Milliarden Menschen zu ernähren. Der ›demokratische‹ Liberalismus mit seiner ›Freien Marktwirtschaft‹ hat diese Bewährung noch nicht vorzuweisen.

[200] Beim XI. Kongreß Mut zur Ethik im September 2003 in Feldkirch führte der frühere republikanische Abgeordnete Bob BARR aus: »Wenn ich heute [2003] den Zustand der Demokratie und Freiheit in den USA auf einer 10teiligen Skala angeben sollte und 1 wäre die Note für die vollkommene Demokratie und 10 jene für die totale Diktatur, so würde ich den Wert mit 8+ angeben. Vor einem Jahr wäre meine Einschätzung bei etwa 6 gelegen.«

Diese grundsätzlichen Überlegungen sind in der Bundesrepublik freilich noch nicht allzu weitverbreitet.

Mit unserem scheinheiligen Bekenntnis zur Demokratie, die es in Wahrheit nicht gibt (weswegen die islamische Kritik durchaus berechtigt ist), werden wir in Wirklichkeit wehrlos gemacht. Jene Politiker, die den Willen der Menschen der verschiedensten europäischen Völker ignorieren, die weit davon entfernt sind, islamische Kultur, Religion und Türken in Millionenstärke als Dauerzustand auf deutschem Boden sehen zu wollen, schwatzen ständig von der ›Demokratie‹. In ihrem Namen werden Kriege geführt und tausend andere Verbrechen begangen, sozusagen als hinnehmbare Opfer für den ewigen Frieden, den die ›Demokratie‹ garantieren soll. Da ist es natürlich ein Ärgernis, wenn authentische, nämlich orthodoxe Muslime die Auffassung vertreten, daß sie die Demokratie grundsätzlich und geradezu wegen des Widerspruchs zu ihren religiösen Geboten ablehnen.

Im Grunde liegt hier eines unserer gravierendsten Probleme im Abendland: Weil wir unseren eigenen, den christlichen Glauben weitgehend verloren haben und atheistisch geworden sind, sind wir zu Differenzierungen, wie sie Muslime in bezug auf unsere heutige Gesellschaftsordnung anstellen, nicht mehr fähig. Das mag dem areligiösen, ›aufgeklärten‹ Zeitgenossen bedeutungslos erscheinen, ist für ihn doch Religion das »Opium des Volkes« (MARX) bzw. sind wir dem »Aberglauben«, der »selbstverschuldeten Unmündigkeit« doch endlich entkommen (KANT). Man übersieht dabei natürlich, daß, gleich ob religiös oder nicht, über diese philosophisch überhöhten Gedanken gleichwohl die geistige und materielle Landnahme vorangetragen wird. Anders ausgedrückt: Die heilige Kuh ›Demokratie‹ mit ihrem Liberalismus schwächt unser Immunsystem. Und den christlichen Glauben, der bis dato die zahlreichen Türkenbelagerungen nicht nur geistig, sondern auch materiell-militärisch abzuschlagen erlaubte, haben wir weitgehend verloren.

Es ist auch interessant, was ein türkischer Intellektueller[201] im Juli 2004 in einem Interview dazu sagte.

Frage: »Im Zuge der Irak-Invasion wird wieder viel von der Demokratisierung des Vorderen Orients gesprochen. Es gibt eine lebhafte Auseinandersetzung, ob der Islam mit dem demokratischen Prozeß kompatibel ist. Wie wird diese Debatte in der Türkei gesehen?«

---

[201] Prof. Dr. Ilter TURAN (63), zur Zeit Professor an der privaten Bilgi Universität in Istanbul im Fachbereich Internationale Beziehungen. Während seiner langen akademischen Laufbahn lehrte TURAN auch an der Istanbul-Universität (von 1998–2001 Präsident) und der Koç Universität. An der Istanbul-Universität leitete er auch das Center for the Study of the Balkans and the Middle East. Aus einem Interview vom 12.7. 2004.

Antwort: »Demokratie und die demokratische Leistungsfähigkeit haben sich stetig verbessert, und deshalb scheint das Argument, daß Religion und Demokratie kompatibel seien, überzeugend. Doch könnte man auch sagen, da alle Religionen die Wahrheit verkünden und diese nicht verhandelbar ist, daß vielleicht keine Religion im literarischen Sinne mit der Demokratie kompatibel ist. Wenn wir Gesellschaften untersuchen, die ein Demokratie-Defizit haben, z. B. Länder mit mehrheitlich muslimischer Bevölkerung, sehen wir, daß es eine Reihe von Charakteristiken gibt, die mit der Religion einhergehen, aber nicht unbedingt auf sie zurückzuführen sind, sondern z.B. aus dem stammesmäßigen Gesellschaftsaufbau stammen. So würde ein Angehöriger eines bestimmten Stammes auch bei Unzufriedenheit mit der Politik nicht für ein Mitglied aus einem anderen Stamm stimmen. Darüber hinaus fehlt oft ein Konsens über die nationale Gesellschaft, Demokratie setzt aber die Akzeptanz eines Ganzen voraus, innerhalb dessen Politiker im Wettkampf stehen. Diese Akzeptanz, aber auch die Massengesellschaft existieren in vielen Fällen nicht. Es gibt Elemente, die Menschen als politisch relevant betrachten, wie die Stammeszugehörigkeit und die Konfession, die aber nichts mit demokratischem Wettbewerb zu tun haben, weil diese Unterschiede nicht verhandelbar sind. Aber dies kommt nicht eigentlich aus der Religion. Wenn man die Formen untersucht, die der Islam in verschiedenen Gesellschaften eingenommen hat, stellt man fest, daß es keine Standard-Version oder Interpretation gibt, sondern daß einige Formen mehr und andere weniger demokratie-kompatibel sind.

Frage: Die EU als christlicher Club ist immer noch eine Variante, die von denjenigen befürwortet wird, die die Türkei aus rein religiösen Gründen aus der EU raushalten wollen. Wie sehen Sie das?

Antwort: Die EU als ›christlichen Club‹ zu bezeichnen, ist nicht sehr zutreffend, aber es gibt die Debatte in einigen Kreisen, ob die EU eine christliche Gemeinschaft ist. Heutzutage ist es nicht übermäßig klug, sich in religiösen Begriffen zu äußern, man spricht dann lieber von Tradition und Kultur. Das ist eine interessante Eigendefinition, die die Widersprüche zwischen der christlichen und der muslimischen Welt stark übertreibt und die Unterschiede innerhalb der Christen stark herunterspielt. Einer genaueren Betrachtung hält das Religionsargument nicht stand. Angesichts der großen Unterschiede zwischen Katholiken, Protestanten und Orthodoxen sollte man es mit der christlichen Einheit nicht allzu sehr übertreiben.«

In diesem Zusammenhang lohnt es sich, gleich noch eine islamische Stellungnahme zur vorhin zitierten Charta des ZMD zur Kenntnis zu nehmen:[202]

---

[202] 20. 2. 2002.

»Dies ist eine Stellungnahme zur Grundsatzerklärung des Zentralrats der Muslime in Deutschland (ZMD) zur Beziehung der Muslime zum Staat und zur Gesellschaft sowie ein Appell an die Muslime und diejenigen, die der Wahrheit auf der Spur sind.

Wir sehen uns durch unsere Pflicht als Muslime in Deutschland gezwungen, auf die ›Islamische Charta‹ einzugehen, da sie sich das Attribut ›islamisch‹ zuschreibt und somit den Anspruch erhebt, in der Öffentlichkeit für die Muslime zu gelten. Jede Erklärung im Namen des Islams, muß sich auf islamische Quellen (*Qur'an* und *Sunna*) stützen!

Die Verfasser der Charta stützen sich in ihren Ausführungen in den wesentlichen Punkten nicht auf islamische Quellen, vielmehr wird versucht, einen Mittelweg zwischen dem Islam und der hiesigen politischen Weltanschauung zu finden.

Der Islam, der eine streng und kompromißlos monotheistische Religion ist, gründet auf dem Gedanken des *Tauhid*, welcher die Einheit und Einzigkeit Allahs in Seinen Eigenschaften bezeichnet. Allah ist für den Islam ein Absolutum, welcher nicht durch Zeit und Raum begrenzt und unvergleichlich ist. Im *Qur'an* heißt es dazu: ›Sprich: Er ist Allah, ein Einziger, Allah, der Absolute (Ewige Unabhängige, von Dem alles abhängt). Er zeugt nicht und ist nicht gezeugt worden, und nichts ist Ihm gleich.‹[2]

Im Islam hat nur Allah die höchste Befehlsgewalt über das Leben des Menschen. Diese Tatsache ist logisch zwingend, weil Ihm der Mensch gehört. Alles, was wir besitzen, haben wir Ihm zu verdanken. Dies teilte Allah den Menschen in der ersten Offenbarung durch MUHAMMED, Allahs Segen und Friede auf ihm, mit:[203] ›Lies im Namen deines Herrn, Der erschuf. Er erschuf den Menschen aus einem Blutklumpen. Lies; denn dein Herr ist Allgütig, Der mit dem Stift lehrt, lehrt den Menschen, was er nicht wußte.‹[3]

Er teilt seine Einzigartigkeit, seine Macht und Autorität mit niemandem. Er ist der sich selbst Genügende. Im Universum und in der Natur herrschen Seine Gesetze. Diese ›Naturgesetze‹ stellen seinen Willen dar. Dadurch herrscht eine Harmonie im Universum. Diese Harmonie wird es auch unter Menschen geben, wenn Seine Gesetze das öffentliche und politische Leben bestimmen.

Das Schöpferverständnis im Westen ist auf die Wünsche und Interessen der Menschen zugeschnitten. Der Mensch möchte an einen Gott glauben, der ihm nicht vorschreibt, wie er zu leben hat. Es ist jedoch eine Torheit, die Herrschaft nicht Allah, sondern seinen Geschöpfen zuzusprechen. Dies stellt eine unendliche Undankbarkeit und Ungerechtigkeit gegenüber dem Schöpfer dar. So heißt es im *Qur'an*: ›Und

---

[203] Siehe dazu die Ausführungen Alfred LOCKERS.

da sagte LUQMAN zu seinem Sohn, indem er ihn ermahnte: O mein Sohn, setze Allah keine Götter zur Seite; denn Schirk[4] ist wahrlich ein gewaltiges Unrecht.‹[5]

Liest man die Prophetengeschichten im *Qur'an*, dann sieht man, daß sie immer mit den damaligen politischen Machthabern in offene Konfrontationen geraten sind, weil sie keine Souveränität außer Allahs akzeptiert und dafür gearbeitet haben. Es waren immer die Machthaber, die sich ihnen entgegengestellt und das Volk gegen sie gehetzt haben.

Wir legen großen Wert auf Definitionen und Terminologien, um Konzepte zu unterscheiden und reale Bedeutungen von Begriffen exakt festzulegen, nur so ist ein präzises Verstehen und Begreifen der Ideen gewährleistet. Im Gegensatz hierzu ist die ›Islamische Charta‹ durch unpräzise Formulierungen geprägt, was nicht die Charakteristik einer Grundsatzerklärung, sondern vielmehr einer populistischen Propaganda ist.

Muslime sind kein Teil der hiesigen oder irgendeiner anderen Gesellschaft, sie stellen vielmehr eine eigene und einzige Umma (Gemeinde, Gemeinschaft) dar, so formulierte der Gesandte Allahs in der ›Verfassung von Medina‹ es folgendermaßen: ›Dies ist eine Urkunde von MUHAMMED, dem Gesandten Allahs, über die Beziehungen zwischen den gläubigen Muslimen von Quraish und Yathrib (Medina), jenen, die ihnen folgen, sich ihnen angeschlossen haben und zusammen mit ihnen kämpfen. Sie sind eine Gemeinde in Unterscheidung zu den anderen Menschen.‹[6]

So wie wir uns von der Parole ›Wir sind Teil der Gesellschaft!‹ distanzieren, nehmen wir auch Abstand von der als Muß dargestellten Integration einer Minderheit in die Gesellschaft. Der Begriff der ›Minderheitenintegration‹, aber auch andere Begriffe, auf die wir im folgenden noch eingehen werden, haben keine Geltung in der islamischen Terminologie. Muslime müssen dem Trend der Klarstellung ihrer Position durch Begriffe, die der islamischen Begriffswelt fremd sind, entgegenwirken und sich aus dem Islam heraus definieren, nur so sind sie vor falschem Gedankengut geschützt.

Weder im historischen noch im religiösen Sinne ist der Islam eine Fortsetzung einer anderen Religion. Er existiert vielmehr seit Anbeginn der Menschheitsgeschichte und wurde durch Allahs letzte Offenbarung auf seine endgültig höchste Stufe gehoben. Der Islam ist also die einzige[7] ewiggültige Botschaft, die Allah durch Seine Gesandten an die Menschen übermittelt hat.[8] Sie alle forderten die Menschen auf, sich dem Einen Gott zu ergeben, und überbrachten ihnen ein und dieselbe grundlegende Glaubenslehre.

In derselben Weise, wie die Wesensverschiedenheit des Islams zu allen anderen Religionen in der ›Islamischen Charta‹ verschwiegen wird, werden in den weiteren Punkten der Charta Bekenntnisse wie Demokratie, Menschenrechte, Pluralismus und Integration abgegeben, ohne auf ihr Wesen und ihre im Westen spezifische Bedeutung einzugehen.

Der ›Zentralrat der Muslime in Deutschland e.V.‹ verziert seine Grundsatzerklärung mit den obigen Begriffen, um so Sanktionen vom Staat aus dem Wege zu gehen. Dies ist nicht die Sprache der Muslime. Sie sind erpicht, trotz härtester Sanktionen und Folter, eine präzise und eindeutige Sprache zu sprechen und die Wahrheit nicht mit einer Lüge, sei ihre Absicht auch reinen Herzens, zu vertauschen. Dieses vorbildliche Verhalten legten die Auswanderer nach Abessinien vor dem Negus an den Tag, dies in einer Situation, in der das Wort das Leben der Auswanderer aufs Spiel setzte. Da sie die Sanktionen Allahs fürchteten, sagten sie zueinander: ›Wir werden sagen, was Allah sagte und was unser Prophet verkündet hat, mag kommen was will.‹[9]

In einer Demokratie[10] wird ›die Willensbildung der Gemeinschaft oder des Staates vom Willen des gesamten Volkes abgeleitet‹[11]. Die Demokratie als ›Herrschaftsform, in der die ausgeübte Macht ideell auf das Volk als höchsten Gewaltträger zurückgeführt wird‹[12] und dessen wesentliches Grundelement die Volkssouveränität ist, steht damit im diametralen Widerspruch zu den Aussagen des *Qur'an*, in denen es eindeutig heißt: ›Und wer nicht nach dem richtet, was Allah herabgesandt hat – das sind die Ungläubigen.‹[13] und ›Die Gesetzgebung gebührt niemandem außer Allah!‹[14].

Auch der Versuch, die *Ayat* bezüglich der Konsultation (*Schura*) als Legitimation für die Demokratie zu benutzen, hinkt auf allen Ebenen, da das Prinzip der *Schura* sowie das Staatsoberhaupt unter dem Gesetz Allahs stehen. Im Islam ist Allah die höchste Befehlsgewalt. Seine Autorität ist uneingeschränkt und nicht an irgendwelche Bedingungen geknüpft. In Demokratien dagegen verkörpert das Volk die höchste Gewalt. Dies ist das Resultat eines jahrhundertelangen Kampfes zwischen der Kirche und den Monarchen auf der einen und den Vordenkern und Revolutionären der Französischen Revolution auf der anderen Seite.

Eine Lebensordnung bzw. eine Religion kann nur durch seine Kernaussagen richtig verstanden werden. Die verkürzten Schlüsse, welche eine Vereinbarkeit der Demokratie mit dem Islam behaupten, sind entweder Ausdruck von reinem Pragmatismus oder von Minderwertigkeitskomplexen getragene Wünsche, die versuchen, mit der Mehrheitsmeinung konform zu gehen. Mit der Wahrheit haben diese Behauptungen aber nicht das Geringste zu tun!

Demokratien sind ein großes Hindernis für den Menschen, der seine Menschlichkeit zu finden versucht. Als Folge der Aufklärung betrachtet sich der Mensch in seinem intellektuell beschränkten und beeinflußbaren Wesen als befähigt und berechtigt, der normative Maßstab zu sein und somit selbst darüber zu entscheiden, was richtig oder falsch, gut oder schlecht, belohnens- oder bestrafenswert ist. Diese Betrachtungsweise ist mit der Aussage des *Qur'an* unvereinbar, in der es heißt: ›Der Monat Ramadan ist es, in dem der *Qur'an* als Rechtleitung für die Menschen herabgesandt worden ist und als klarer Beweis der Rechtleitung und der Unterscheidung[15].‹[16]

Der Mensch kann nicht leben, ohne bestimmte Wert- und Normvorstellungen zu akzeptieren. Es geht somit darum, wem oder was der Mensch sich ergibt. Soll der Mensch seinen eigenen Wünschen und Trieben (also seinem Ego), den Wünschen der Mehrheit oder Allah, seinem wahren Herrn, die Göttlichkeit und somit die höchste Befehlsgewalt zusprechen? Die richtige Antwort auf diese Frage wird dem Menschen seinen Weg öffnen. Im *Qur'an* heißt es dazu: ›Hast du den gesehen, der seine persönlichen Wünsche und Neigungen zu seinem Gott macht? Könntest du wohl sein Wächter sein?‹[17] Das Leben kann nur dann bedeutungsvoll werden, wenn man sich dem ergibt, der das Leben gegeben hat, und nur so wird der Mensch Befriedigung erlangen.

Die Erlaubnis für verschiedene Meinungen und Ideen, welche sich auf *Qur'an* und *Sunna* berufen oder nicht gegen dieselben verstoßen, hat mit der Idee der Demokratie oder des Pluralismus nichts gemein. Die Benutzung von Begriffen ist Muslimen also nur dann erlaubt, wenn ihre Bedeutungen und Konzepte mit dem Islam vereinbar und ihre Eindeutigkeit gesichert ist.[204]

Muslime lehnen die Demokratie und die mit ihr eng verbundenen Begriffe Pluralismus und Menschenrechte ab, nicht weil es sich hier um Fachbegriffe nicht-arabischen Ursprungs handelt. Vielmehr basiert die Ablehnung darauf, daß ihre Bedeutung samt ihrer Konzepte dem Islam widerspricht. Menschen denken mittels Begriffen. Begriffe

---

[204] Hier wird klar, daß auch die Muslime das verstanden haben, was Antonio Gramsci als Strategie der marxistischen Ideologie für richtig und zweckmäßig hielt: Erst wenn die Begriffe und Vorstellungen des Feindes mit den neuen, eigenen Inhalten umgeprägt sind, ist der Sieg gelungen und dauerhaft. Konsequent verbieten Muslime, in Begriffen und Wertvorstellungen einer ihnen fremden Gesellschaft/Kultur zu denken und zu argumentieren. Die Konsequenz ist ihnen nicht abzusprechen, nur bei uns hapert es mit der Freund-Feind-Unterscheidung. ›Feind‹ bedeutet hier die grundlegende Andersheit, die – wenn sie in unserem Land und unserem Volk sich breit macht – uns existentiell bedroht. Diese Feindschaft ist also viel fundamentaler als etwa ein wirtschaftlich motivierter Raubkrieg, etwa der jüngste Irak-Krieg ums Öl. Hier werden ›nur‹ wichtige Ressourcen weggenommen, im anderen Fall ist der Weiterbestand als Volk in Frage gestellt.

und Wörter sind nicht passiv und neutral. Sie besitzen an sich eine verändernde Kraft. In dem Augenblick, wo sie verwendet werden, beeinflussen sie die Gedanken und verändern diese. Jemand, der anfängt, mit den Begriffen der Demokratie zu denken, macht den ersten Schritt, um ein Teil dieser Welt zu werden. Je öfter diese Begriffe verwendet werden, um so mehr wird der Grundgedanke hinter diesen Begriffen verinnerlicht, und man erlebt einen Bewußtseinswandel. Wenn wir wirkliche Muslime bleiben wollen, dann müssen wir mit islamischen Begriffen denken und sprechen.

Der Islam ist eine vollkommene Religion, und somit braucht er keinen Import von Begriffen. Ferner hat kein Mensch das Recht, Begriffe, die sich in der Welt etabliert haben und deren Hauptbedeutung klar ist, willkürlich zu gebrauchen. Dies gilt für demokratische ebenso wie für islamische Begriffe. Keinem ist es gestattet, Demokratie oder Islam so zu definieren, wie es ihm paßt. Jeder Mensch weiß, was diese Begriffe im Kern aussagen. Details oder Nebensächlichkeiten in den Vordergrund zu stellen und das Wesen dieser Begriffe zu verbergen ist keine gerechte Handlungsweise. Begriffschaos kann nur denen dienen, die die Unwahrheit vertreten.

Das Vorhandensein von ›Ähnlichkeiten‹ mit den eben erwähnten Begriffen, welche sich jedoch auf Nebensächlichkeiten beschränken, ändert nichts an der grundlegenden Ablehnung derselben. So ist die Durchführung von freien Wahlen lediglich die Methode, mit der die Demokratie als Regierungssystem durchgeführt wird. Entsprechend dazu können Muslime in einem islamischen Staatssystem das Staatsoberhaupt durch Wahlen bestimmen.

Eine Veränderung der Gesellschaft ist im Islam nur auf der Basis von Überzeugungen und beispielhaftem Vorleben möglich und nicht mit materieller Gewalt.[205]

Die ›Islamische Charta‹ des ZMD stellt eine Konzession dar, welche die Säkularisierung der Religion zur Folge hat. Der Islam wird dadurch verändert, da man auf die Hauptdimension des *Tauhid* (Alleinige und uneingeschränkte Autorität Allahs in ausnahmslos allen Lebensbereichen des Menschen) verzichtet bzw. dieser Anspruch nicht mehr erhoben wird. Allah warnt uns vor diesen Zugeständnissen in mehreren *Ayat*[18]: ›Und sie hätten dich beinahe in schwere Bedrängnis um dessentwillen gebracht, was Wir dir offenbarten, damit du etwas anderes über Uns erdichten mögest; und dann hätten sie dich gewiß zu ihrem Freund erklärt. Hätten Wir dich aber nicht gefestigt, dann hättest du dich ihnen ein wenig zugeneigt. Doch dann hätten Wir dich das Doppelte im Leben kosten lassen und das Doppelte im Tode; und du hättest keinen Helfer Uns gegenüber gefunden.‹[19]

---

[205] Das entspricht nicht den historischen Erfahrungen.

Die Sura *Al-Kafirun* wurde offenbart, als die Quraish dem Gesandten Allahs mehrmals Konzessionen unterbreitet haben. Demnach haben sie ihm die Beendigung der Unterdrückung der Muslime, politische Macht etc. angeboten. Im Gegenzug dazu verlangten sie vom Gesandten Allahs, Abstriche von der Botschaft Allahs zu machen, indem er die Herrschaft Allahs auf Erden relativiert. Auf diese Kompromisse antwortete der Gesandte Allahs endgültig mit der erwähnten Sura: ›Sprich: O ihr Ungläubigen! Ich diene nicht dem, dem ihr dient, und ihr dient nicht Dem, Dem ich diene. Und ich werde nicht Diener dessen sein, dem ihr dient, und ihr dient nicht Dem, Dem ich diene. Euch eure Religion, und mir meine Religion!‹[20] Seinem Onkel, welcher als Vermittler zwischen ihm und den Quraish fungierte, sagte er den bekannten Ausspruch: ›Mein Oheim, bei Allah! Selbst wenn sie mir die Sonne in meine rechte und den Mond in meine linke Hand legen würden, um mich davon abzubringen – bevor Allah dem Islam nicht zum Sieg verholfen hat oder ich für ihn gestorben bin, werde ich nicht davon ablassen.‹[21]

Konzessionen einzugehen, bedeutet auf ein Recht oder einen erhobenen Anspruch zu verzichten. Jedes Wesen kann auf seine Rechte verzichten, doch niemand kann für andere auf Ihre Rechte verzichten. Der Islam gehört Allah, es ist nicht das Besitztum der Muslime. Daher ist es eine Anmaßung, in Seinem Namen auf Seine Souveränitäts- und Herrschaftsrechte zu verzichten. Nur Er kann auf diese Rechte verzichten. Wir haben nicht das Recht, auf Seine Rechte zu verzichten. Deswegen ist es nicht erlaubt, Kompromisse mit dem *Kufr*[22]-System einzugehen. Der Islam ist unvereinbar mit der Demokratie und auch mit allen anderen Ideologien und Religionen.[206]

---

[206] In unseren abendländischen Vorstellungen gibt es nicht nur ›den Einzelnen‹ (es ist erst eine irrige Idee der Französischen Revolution, unter ›*liberté*‹ die angeblich aussschließlich individuelle Freiheit zu verstehen), sondern das in eine Gemeinschaft eingebettete Individuum. Die Völker – als natürliche Gemeinschaft – sind demnach auch im religiösen, christlichen Sinne ›Gedanken Gottes‹ und besitzen eine eigene, unverwechselbare Individualität, mithin auch unveräußerliche Rechte. Da der einzelne Mensch ohne Gemeinschaft nicht leben kann, setzt diese auch den Rahmen und die Grenze der persönlichen Freiheit, Person und Volk (als Gemeinschaft) sind jeweils aufeinander bezogen, sie sind nicht identisch, aber eines ist nicht ohne das andere zu denken. Was hier über den ›Verzicht auf Rechte des Einzelnen‹ gesagt wird, gilt in gleicher Weise für Völker. Im Abendland leben diese ›nach ihrer Façon‹ und ihrer eben wesentlich christlich geprägten Kultur. Es ist daher ebenfalls nicht das ›Recht‹ weitgehend nicht legitimierter Politiker, auf diese unseren Rechte in unserem Kulturkreis und seit jeher bewohnten Gebieten zu verzichten.

Die Machthaber werden mit solchen Konzessionen nicht zufrieden sein und so lange mehr verlangen, bis die Muslime am Ende sich selbst nicht mehr erkennen. Hiervor warnt uns Allah: ›Mit dir werden weder die Juden noch die Christen zufrieden sein, bis du ihrem Bekenntnis gefolgt bist. Sprich: Die Rechtleitung Allahs ist doch die wahre Rechtleitung. Und wenn du ihrem Ansinnen folgst, nachdem zu dir das Wissen gekommen ist, so wirst du vor Allah weder Freund noch Helfer haben.‹ [23] Wer einmal auf seine grundlegenden Positionen verzichtet, wird auch ein weiteres Mal das gleiche Verhalten zeigen, solange die Kräfteverhältnisse ungleich bleiben wie in diesem Fall. Die einzige Möglichkeit, seine Identität zu wahren und seine Religion zu verkünden, ist, geistigen und moralischen Widerstand zu leisten.[207]

Für uns Muslime sind der *Qur'an* und die *Sunna* der Maßstab des Denkens und des Handelns. Aus diesen beiden Quellen geht eindeutig hervor, daß Konzessionen mit den *Kuffar*[208] keine islamische Methode in der ideellen Auseinandersetzung ist. Die Dialoge der Propheten mit den Machthabern und ihre Verkündungsmethoden waren in dieser Hinsicht eindeutig und offen. Sie gingen in Angelegenheiten der Lebensordnung des Islams keine Kompromisse ein, auch wenn sie und jene, die ihnen folgten, Folterungen und Unterdrückungen ausgesetzt waren. Anstatt diesem vorbildlichen Verhalten – welches verbindlich für einen Muslim ist – nachzueifern, meidet der ZMD eine gedankliche Konfrontation mit den Ideen der *Kuffar*.

Es stellt sich die Frage, welchen Stellenwert die Wahrheit und die Wahrhaftigkeit im Leben jener, die diese ›Islamische Charta‹ unterzeichnet haben, hat. Sind dies nicht die zentralen Begriffe des Islams? Was ist der Grund für das an den Tag gelegte pragmatische und opportunistische Verhalten dieser Menschen? Diese Menschen sollten den Gesandten Allahs als Vorbild nehmen, der seine Gegner in politischen Auseinandersetzungen nicht belogen hat? Die macchiavellistische Methode, die in der kapitalistischen Welt zum politischen Alltag gehört, hat im Islam keinen Platz. Der Zweck heiligt nicht die Mittel!

Die islamischen Tugenden Wahrhaftigkeit und Ehrlichkeit bedeuten, offen das auszusprechen, was man über die Gesellschaft, das po-

207 Damit haben die Muslime grundsätzlich recht – wenn sie dies auf ihre Länder und Staaten anwenden. In unseren Ländern sind sie aber nur zeitweilige Gäste, und es ist ihre Pflicht, sich unseren Gesetzen und Gepflogenheiten unterzuordnen. Ihre Identität können sie wahren – in ihrem Land, bei einem vorübergehenden Aufenthalt bei uns ist sie nicht gefährdet, ein dauernder steht ihnen aber grundsätzlich nicht zu.

208 Kuffar – Kaffir – Kaffer: ›Ungläubiger‹; eine bei uns verpönte Bezeichnung – als ›Kaffer‹ –, weil sie im Laufe der Zeit eine wertende, herabsetzende Bedeutung bekommen hat.

litische System etc. denkt oder fühlt. Dies war ein Grund für den Erfolg des Gesandten Allahs, denn er stach durch seine Moral, unter anderem durch seine Vertrauenswürdigkeit – weshalb man ihm den Titel ›*Al-Amin*/ der Vertrauenswürdige‹ gab – hervor.

Natürlich sind manche Menschen für die Wahrheit nicht empfänglich und werden all jenen aufrichtigen Muslimen versuchen, Furcht einzuflößen. Doch ist es allein Allah, dem jede Furcht gebührt. So sagt Er nämlich im *Qur'an*: ›O ihr, die ihr glaubt, fürchtet Allah; und eine jede Seele schaue nach dem, was sie für morgen vorausschickt. Und fürchtet Allah; wahrlich, Allah ist dessen wohl kundig, was ihr tut.‹ [24] Wenn wir den Anspruch erheben, Muslime zu sein, dann müssen wir die Sanktionen Allahs mehr fürchten als die der Menschen. Das Wohlwollen des Staates zu erlangen, um somit seinen Repressalien zu entgehen, ist für einen Muslim entwürdigend.

Damit der Islam als der einzig begehbare Weg[209] gesehen wird, müssen wir es in Kauf nehmen, der Gefahr ausgesetzt zu sein, mit Unterdrückung, Folter und sozialem Embargo konfrontiert zu werden [25], wie der Gesandte Allahs und die Sahaba [26]. Allah warnt uns davor, durch Verheimlichung der Wahrheit den weltlichen Qualen aus dem Wege zu gehen; so hat der Erhabene bestimmt: ›Und glaubt an das, was Ich als Bestätigung dessen herabgesandt habe, was bei euch ist, und seid nicht die ersten, die dies verleugnen! Und tauscht Meine Zeichen nicht ein gegen einen geringen Preis, und Mir allein gegenüber sollt ihr ehrfürchtig sein.‹ [27] Den uns im *Qur'an* mitgeteilten Fehlern, welchen die Kinder Israels unterlagen [28], gilt es nicht zu wiederholen: ›Und als Allah den Bund mit denen schloß, welchen die Schrift gegeben wurde, (und sprach:) Wahrlich, tut sie den Menschen kund und verbergt sie nicht –, da warfen sie sie über ihre Schulter und verkauften sie für einen winzigen Preis. Und schlimm ist das, was sie (dafür) erkaufen!‹ [29]

Wenn wir im Besitz der Wahrheit sind – und dies ist wahrlich der Islam –, so bleibt uns nichts anderes übrig, als ihn unverändert und in aller Klarheit an die Menschen weiterzutragen. Dies geht aus der nachfolgenden *Ayat* klar hervor: ›Und mischt nicht Wahrheit mit Unrecht durcheinander! Und verschweigt nicht die Wahrheit, wo ihr (sie) doch kennt.‹ [30]

---

[209] Dieser Absolutheitsanspruch ist weltweit nicht durchzusetzen; er trifft auf die je eigenen Kulturen, die auch ihre – u.U. ähnlich gelagerten – Ansprüche ebenfalls nur innerhalb ›ihres‹ Geltungsbereiches durchsetzen können. Das Völkerrecht hat mit dem Konzept der Souveränität der Staaten/Völker dem Rechnung getragen. Selbst in eigentlich globalistischen Abhandlungen wie HUNTINGTONS *Clash of Civilisations*(dt.: *Kampf der Kulturen*) werden einige klar abgrenzbare Kulturen als feststehende Tatsachen festgestellt.

Die Menschheit und speziell die Menschen in diesem Land brauchen den Islam, denn er ist der einzige Weg zu ihrer Glückseligkeit. Es ist eine Realität, daß sehr viele Menschen hier von der Scheinwelt des kapitalistischen Systems maßlos geblendet sind, und zwar so stark, daß sie die gravierenden Systemfehler allein nicht mehr wahrnehmen können. Mangels Erkenntnis einer brauchbaren Alternative werden die Probleme einfach verdrängt. Hier haben wir Muslime die Pflicht einzuhaken, um den Menschen klarzumachen, daß es Möglichkeiten gibt, diese Probleme zu beseitigen. Jeder kennt die Geschichte ›Des Kaisers neue Kleider‹. Es war ›die Stimme der Unschuld‹, die die Unterwerfung unter der Meinung der anderen entlarvt hat.

Wir sind gegenüber diesen Menschen verpflichtet, die Wahrheit so zu verkünden, wie sie ist, offen und ehrlich, ohne es zu verbiegen. Der Islam kann nur eine Alternative für diese Gesellschaft sein, wenn er offen und ehrlich verkündet wird. Denn wie sollen die Menschen dies erkennen, wenn wir es durch unsere pragmatischen Beweggründe entstellen und seine Hauptaussagen verheimlichen.

Anstatt sich seiner von Allah gegebenen Stärke bewußt zu werden, suchen Muslime ihr Heil bei anderen. Dies, obwohl erst der Islam sie zu ehrwürdigen Persönlichkeiten gemacht hat. Die Muslime müssen den Grund für ihre Stärke endlich begreifen. Die Überlegenheit des Islams gegenüber allen anderen Religionen und Lebensordnungen ist auf die Überlegenheit seiner Gedanken gegründet.[210] Der Islam ist eine unumstößliche Erkenntnis, die jeder Mensch nachvollziehen kann, solange er nicht durch Hochmut oder ähnliche Faktoren beeinflußt wird. Diese Einflußfaktoren gilt es zu erkennen und zu überwinden: zum einen das blinde Befolgen der Machthaber und einflußreicher Personen [31] und zum anderen das Festhalten an persönlichen Wünschen und Trieben [32].

Die Beweise und Argumente, welche der Islam für seine Richtigkeit vorlegt, beruhen auf reinem Verstand und sind somit überzeugend. Der Verstand ist eine von Allah gegebene Fähigkeit, richtiges von falschem Wissen zu unterscheiden. Offenbarung und Verstand sind wie das Licht und das Auge. Das eine ist ohne das andere bedeutungslos. Alleine aus diesem Grunde scheut sich die kapitalistische Welt[211] vor einer gedanklichen Konfrontation mit dem Islam, da sie genau weiß, daß ihre heuchlerische und marode Kultur dem Islam nicht standhalten kann.

---

210 Das sind hypertrophe Ansprüche, die mit der bloßen Behauptung weder ›bewiesen‹ noch einsichtig gemacht werden.

211 Europa ist nicht primär eine ›kapitalistische Welt‹, selbst wenn es heute manchmal so erscheinen mag, sondern seine Kultur beruht auf einer vielfachen Wurzel, die in Wahrheit dem Kapitalismus entgegengesetzt ist.

Es ist unsere islamische Pflicht, diejenigen zu warnen, die diese ›Islamische Charta‹ herausgebracht haben, denn Allah sagt im *Qur'an*: ›Und allen wird dein Herr sicher ihre Taten vergelten. Er ist gut über das unterrichtet, was sie tun. Handle du darum aufrichtig, wie dir befohlen worden ist – und die (sollen aufrichtig handeln,) die sich mit dir bekehrt haben. Und seid nicht aufsässig; wahrlich, Er ist dessen ansichtig, was ihr tut. Und neigt euch nicht zu den Ungerechten, damit euch das Feuer nicht erfasse. Und ihr werdet keine Beschützer außer Allah haben, noch wird euch geholfen werden.‹ [33]

Anstatt den *Kuffar* Kompromisse in den Fundamenten des Islams zu unterbreiten, täten diese Muslime gut daran, Allahs Anweisungen zu befolgen, denn Er legt uns auf: ›Und sprich zu denen, die nicht glauben: Handelt eurem Standpunkt gemäß, auch wir handeln (unserem Standpunkt gemäß). Und wartet nur, auch wir warten. Und Allahs ist das Verborgene in den Himmeln und auf der Erde, zu Ihm werden alle Angelegenheiten zurückgebracht werden. So bete Ihn an und vertraue auf Ihn; und dein Herr ist nicht achtlos eures Tuns.‹ [34]

Kein Mensch hat das Recht, mit dem Islam so umzugehen, wie es ihm gefällt. Wer Angst hat, die Wahrheit zu verkünden, der sollte wenigstens schweigen können!

Was jene *Kuffar* betrifft, die dem Islam feindlich gegenüberstehen, so werden sie ihre Aufgaben, nämlich die Bekämpfung des Guten, weiterhin nachgehen, egal, ob wir mit ihnen faule Kompromisse eingehen oder nicht.

Es ist die Pflicht eines jeden Muslim, solchen Erklärungen gegenüber harte Kritik zu üben und sich dagegenzustellen, wo es nur geht. Und das werden wir als Verfasser dieses Textes immer tun, so Allah will: ›Und seid nicht verzagt und traurig; ihr werdet siegen, wenn ihr gläubig seid.‹ [35]

›Und sei nicht betrübt über ihre Rede. Alle Erhabenheit gebührt Allah allein. Er ist der Allhörende, der Allwissende.‹ [36]

›O Prophet, Allah soll dir vollauf genügen und denen, die dir folgen unter den Gläubigen.‹ [37]

Aller Lob und Preis gebührt Allah. Frieden und Segen seien auf dem Gesandten Allahs und denen, die ihm aufrichtig folgen.

Eine Gruppe von Muslimen
10. Juni 2002

[1] Nachzulesen unter: www.islam.de
[2] Sura Al-Ihlas (112), Ayat 1–4
[3] Sura Al-'Alaq (96), Ayat 1–5
[4] *Schirk* (›Beigesellung‹) bedeutet, etwas anderem außer Allah zu dienen, im Gegensatz zum offenbarten Willen Allahs zu leben und sich dabei von anderen Vorstellungen leiten zu lassen.

[5] Sura Luqman (31), Aya 13
[6] Ibn Ishak, *Das Leben des Propheten*, Kapitel: Die Hidjra des Propheten
[7] Sura Al-'Imran (3), Aya 85: ›Und wer eine andere Religion als den Islam begehrt, nimmer soll sie von ihm angenommen werden, und im Jenseits wird er unter den Verlierern sein.‹
[8] Sura Al-'Imran (3), Aya 84: ›Sprich: Wir glauben an Allah und an das, was auf uns herabgesandt worden ist und was herabgesandt worden ist auf Abraham und Ismael und Isaak und Jakob und die Stämme (Israels) und was gegeben worden ist Moses und Jesus und den Propheten von ihrem Herrn; wir machen keinen Unterschied zwischen ihnen, und Ihm sind wir ergeben.‹ Sura An-Nisa (4), Ayat 163–164: ›Wahrlich, Wir haben dir offenbart, wie Wir Noah und den Propheten nach ihm offenbart haben. Und Wir offenbarten Abraham, Ismael, Isaak, Jakob, den Stämmen (Israels), Jesus, Hiob, Jonas, Aaron und Salomo; und Wir haben David einen Zabur gegeben. Es sind Gesandte, von denen Wir dir bereits berichtet haben, und Gesandte, von denen Wir dir nicht berichtet haben – und Allah hat mit Moses wirklich gesprochen.‹
[9] Ibn Ishak, *Das Leben des Propheten*, Kapitel: Eine Delegation nach Abessinien
[10] von griechisch *demos*: das Volk, und *kratein*: herrschen, also ›Volksherrschaft‹
[11] Brockhaus, *Neue Enzyklopädie*, »Demokratie in der Gesellschaft«
[12] *Herder-Lexikon*, »Politik, Demokratie«
[13] Sura Al-Ma'ida (5), Aya 44
[14] Sura Yusuf (12), Aya 40
[15] arabisch *Al-furqan*: normativer Maßstab, Entscheidungskriterium
[16] Sura Al-Baqara (2), Aya 185
[17] Sura Al-Furqan (25), Aya 43
[18] Siehe hierzu auch Sura Al-Qalam (68), Ayat 8–9: ›Darum richte dich nicht nach den Wünschen der Leugner. Sie wünschen, daß du dich (ihnen gegenüber) entgegenkommend verhältst, dann würden (auch) sie sich (dir gegenüber) entgegenkommend verhalten.‹ Und Sura Al-Higr (15), Ayat 94–96: ›So tue kund, was dir befohlen wurde, und wende dich von den Götzendienern ab. Wir werden dir sicherlich gegen die Spötter genügen, die einen anderen Gott neben Allah setzen, doch bald werden sie es wissen.‹
[19] Sura Al-Isra' (17), Ayat 73–75
[20] Sura Al-Kafirun (109), Ayat 1–6
[21] Ibn Ishak, *Das Leben des Propheten*, Kapitel: Muhammed tritt als Prophet auf.
[22] *Kufr* bedeutet das komplette Zudecken und Verhüllen, Bedecken, Verschleiern und Verbergen, die Verleugnung und die Undankbarkeit gegenüber den Gaben und Wohltaten Allahs, die Lossagung und die Aberkennung; kurzum Kufr steht als Bezeichnung für alles Nicht-Islamische.
[23] Sura Al-Baqara (2), Aya 120
[24] Sura Al-Hasr (59), Aya 18
[25] Sura Al-Baqara (2), Ayat 155–156: ›Und gewiß werden Wir euch prüfen durch etwas Angst, Hunger und Minderung an Besitz, Menschenleben und Früchten. Doch verkünde den Geduldigen eine frohe Botschaft, die,

wenn sie ein Unglück trifft, sagen: Wir gehören Allah, und zu Ihm kehren wir zurück.‹

[26] Gefährten; Bezeichnung für die Muslime, die mit dem Propheten lebten bzw. ihm persönlich begegneten.

[27] Sura Al-Baqara (2), Aya 41

[28] Sura Al-Baqara (2), Aya 174: ›Diejenigen, die verbergen, was Allah von dem Buch herabgesandt hat, und es um einen geringen Preis verkaufen, diese verzehren in ihren Bäuchen nichts als Feuer. Und Allah wird zu ihnen am Tage der Auferstehung weder sprechen, noch wird Er sie läutern; und ihnen wird eine schmerzliche Strafe zuteil sein.‹

[29] Sura Al-'Imran (3), Aya 187

[30] Sura Al-Baqara (2), Aya 42

[31] Sura Al-Ahzab (33), Ayat 66–68: ›An dem Tage, da ihre Gesichter im Feuer gewendet werden, da werden sie sagen: O wenn wir doch Allah gehorcht hätten; und hätten wir (doch auch) dem Gesandten gehorcht! Und sie werden sagen: Unser Herr, wir gehorchten unseren Herrschern und unseren Großen, und sie führten uns irre (und) vom Weg ab. Unser Herr, gib ihnen die zweifache Strafe und verfluche sie mit einem gewaltigen Fluch.‹

[32] Sura An-Nagm (53), Aya 23: ›Wahrlich, es sind nur die Namen, die ihr und eure Väter euch ausgedacht habt, für die Allah keinerlei Ermächtigung herabgesandt hat. Sie folgen ihren Vermutungen und persönlichen Neigungen, obwohl doch die Weisung ihres Herrn zu ihnen kam.‹

[33] Sura Hud (11), Ayat 111–113

[34] Sura Hud (11), Ayat 121–123

[35] Sura Al-'Imran (3), Aya 139

[36] Sura Yunus (10), Aya 65

[37] Sura Al-Anfal (8), Aya 6«

2. Islamische Verbände in Deutschland

1. Ahl-al-Bayt Alevitische Religionsgemeinschaften
2. A.K.E. e.V.
3. Bund Moslemischer Pfadfinder Deutschlands
4. Bundesverband für Islamische Tätigkeiten
5. Bündnis der islamischen Gemeinden in Norddeutschland e.V.
6. Dachverband der Türkisch-Islamischen Vereine in Deutschland e. V.
7. Der islamische Bund in Hamburg e. V.
8. Deutsch-Afrikanische Transfer-Agency e.V.
9. Deutsche Muslim-Liga e.V. (DML)
10. Deutsche Muslim-Liga Bonn e.V. (DML Bonn)
11. Deutsch-Somalischer Verein e.V.
12. Ehsan Hilfsorganisation e.V.
13. EuroNur – Jamaat'un Nur Europa

14. Gemeinschaft der Ahl-al-Bayt Verein Deutschland e.V
15. Gesamtverband der türkischen Gemeinden und Vereine in Düsseldorf e.V.
16. Haus des Islam e.V. (HDI)
17. IGMG-Jugendverband
18. Islam-Info e.V.
19. Islamisch-Pädagogisches Institut e.V.
20. Islamische Akademie Deutschland e.V.
21. Islamische Arbeitsgemeinschaft für Sozial- und Erziehungsberufe e.V. (IASE)
22. Islamische Föderation Bremen e.V.
23. Islamische Föderation Hessen e.V.
24. Islamische Föderation in Baden-Württemberg e.V.
25. Islamische Föderation in Bayern e.V.
26. Islamische Föderation in Berlin e.V.
27. Islamische Föderation Niedersachsen e.V.
28. Islamische Gemeinschaft in Deutschland (IGD)
29. Islamische Gemeinschaft in Hamburg e.V. (IGH)
30. Islamische Gemeinschaft Jama'at un-Nur in Deutschland e.V.
31. Islamische Gemeinschaft Milli Görüs e.V. (IGMG)
32. Islamische Glaubensgemeinschaft Baden-Württemberg e.V.
33. Islamische Religionsgemeinschaft Bayern e.V.
34. Islamische Religionsgemeinschaft Hessen e.V. (IRH)
35. Islamische Religionsgemeinschaft Schleswig-Holstein e.V.
36. Islamischer Frauenverband für Bildung und Erziehung in Deutschland e.V. (IFBED)
37. Islamischer Rat der Ahlulbayt Gemeinschaften in Deutschland e.V. (IRAB)
38. Islamisches Informations-Kulturzentrum e.V.
39. Islamisches Zentrum Aachen e.V. (IZA)
40. Islamisches Zentrum Hamburg e.V. (IZH)
41. Islamisches Zentrum München e.V. (IZM)
42. Islamologisches Institut in Deutschland e.V.
43. Islamrat für Bayern e.V.
44. Islamrat für die Bundesrepublik Deutschland e.V.
45. Islamrat für Rheinland-Pfalz e. V.
46. Moslemisches Sozialwerk in Europa e.V.
47. Muslimische Studentenvereinigung in Deutschland e.V. (MSV)
48. Muslimischer Frauenverein Frauen Ahlulbayt Deutschland e.V. (FADAK)
49. Muslimischer Sozialbund e.V.
50. Ostturkestanischer (Uigurischer) Nationalkongreß e.V.
51. Schura Hamburg – Rat der islamischen Gemeinschaften in Hamburg e.V.

52. Schura Niedersachsen – Landesverband der Muslime in Niedersachsen e.V.
53. Union der in Europäischen Ländern Arbeitenden Muslime e.V. (UELAM)
54. Union der Islamisch-Albanischen Zentren in Deutschland e.V. (UIAZD)
55. Union der Türkisch-Islamischen Kulturvereine in Europa e.V. (ATIB)
56. Union Marokkanischer Imame
57. Union Muslimischer Studenten-Organisationen in Europa e.V. (UMSO)
58. Verband der Islamischen Kulturzentren in Deutschland e.V. (VIKZ)
59. Verband Islamischer Jugendzentren e.V.
60. Verein für neue Deutsche Muslime - Haqqani Trust e.V.
61. Vereinigung Islamischer Gemeinden der Bosniaken in Deutschland e.V. (VI GB)
62. Weimar Institut e.V.
63. Zentralrat der Muslime in Baden-Württemberg e.V.
64. Zentralrat der Muslime in Deutschland e.V. (ZMD)

3. Die Sozialversicherungsabkommen der Bundesrepublik Deutschland mit der Türkei

Abgeordneter Martin HOHMANN (CDU/CSU):[212] »Wie viele Familienangehörige in Deutschland Krankenversicherter haben nach Kenntnis der Bundesregierung in der Türkei als Leistungsempfänger nach dem deutsch-türkischen Sozialversicherungsabkommen Leistungen von deutschen Krankenkassen erstattet bekommen, und wie hoch waren die jährlichen deutschen Erstattungsleistungen in den letzten vier Jahren?«

Antwort des Parlamentarischen Staatssekretärs Franz THÖNNES vom 8. Januar 2003:

»In der Türkei lebende Familienangehörige von in Deutschland krankenversicherten türkischen Arbeitnehmern, die nicht ihrerseits erwerbstätig sind, erhalten nach dem deutsch-türkischen Sozialversicherungsabkommen vom 30. April 1964 im Krankheitsfall Leistungen der türkischen Krankenversicherung (sog. Sachleistungsaushilfe). Eine solche Regelung entspricht der allgemeinen Praxis sowohl des zwischenstaatlichen Sozialversicherungsrechts (hier die bilatera-

[212] Fragestunde des Bundestages (Drs 15/337).

len Sozialversicherungsabkommen) als auch des überstaatlichen Sozialversicherungsrechts (EU-Regelungen über Soziale Sicherheit - VO (EWG) Nr. 1408/71). Diese Regelung hat ihren Grund darin, daß die Beiträge eines Versicherten nicht nur der Abdeckung seines eigenen Krankenversicherungsschutzes dienen, sondern zusätzlich auch der Abdeckung des Schutzes seiner nicht erwerbstätigen Familienangehörigen.

Die der türkischen Krankenversicherung hierdurch entstandenen Kosten werden von der deutschen Krankenversicherung erstattet. Um den Verwaltungsaufwand gering zu halten, erfolgt die Erstattung der Kosten im Wege von kalenderjährlich zu vereinbarenden Monatspauschbeträgen je Familie. Diese Monatspauschbeträge basieren auf den Durchschnittskosten in der Türkei geschützter Personen nach türkischem Recht und berücksichtigen die durchschnittliche Zahl der in der Türkei wohnenden Familienangehörigen.

Der Bundesregierung liegen keine Zahlen darüber vor, wie viele Familienangehörige in der Türkei von bei deutschen Krankenkassen versicherten Arbeitnehmern Leistungen der türkischen Krankenversicherung erhalten haben, deren Kosten von den deutschen Krankenkassen zu erstatten sind.

Nach Mitteilung der auf deutscher Seite für den Bereich der Krankenversicherung zuständigen Verbindungsstelle, der Deutschen Verbindungsstelle Krankenversicherung-Ausland in Bonn, wurden durch die deutsche Krankenversicherung im Durchschnitt für das Jahr 1998 für ca. 35 450 Familien und für 1999 für ca. 33 630 Familien pauschale Kostenerstattungen gegenüber der türkischen Krankenversicherung vorgenommen.

Der Wortlaut der einschlägigen Regelungen der Sozialversicherungsabkommen:

Deutsch-türkisches Sozialversicherungsabkommen

›Artikel 15a

. . .

(2) (...) Soweit den Pauschalbeträgen Durchschnittsbeträge zugrunde liegen, die unter Einbeziehung der Ausgaben des Trägers des Aufenthaltsortes für anspruchsberechtigte Angehörige ermittelt sind, richtet sich der Kreis der zu berücksichtigenden Angehörigen abweichend von Artikel 15 Absatz 2 des Abkommens nach den für den Träger des Aufenthaltsortes geltenden Rechtsvorschriften. . .

Kommentar:

(55) Der Kreis der anspruchsberechtigten Angehörigen richtet sich nach türkischen Rechtsvorschriften. . .

(56) Zum Kreis der nach türkischen Rechtsvorschriften anspruchsberechtigten Familienangehörigen gehören:

- die Ehefrau,
- der nicht erwerbsfähige Ehemann über 55 Jahre,
- die ehelichen, für ehelich erklärten und adoptierten sowie die Kinder, für die die Vaterschaft anerkannt wurde,
- im allgemeinen bis zum 18. Lebensjahr (Töchter ohne eigenen Leistungsanspruch oder Anspruch gegenüber einer anderen Person auch über das 18. Lebensjahr hinaus)
- bei Schulausbildung bis zum 20. Lebensjahr
- bei Hochschulausbildung bis zum 25. Lebensjahr
- bei Gebrechlichkeit ohne Altersbeschränkung die Eltern des unterhaltspflichtig Versicherten (Voraussetzung ist eine Vorversicherungszeit von 120 Tagen).‹«

Bewertung: Im Gegensatz zu Deutschen wird bei obengenannten ›Mitversicherten‹ der Familienbegriff anders definiert. Während bei Deutschen nur Ehegatten und Kinder zur Versichertenfamilie gezählt werden, sind bei Ausländern aus der Türkei (und dem Balkan) auch noch die Eltern mitversichert, gegebenenfalls auch die Zweitfrauen samt Kindern im Heimatland. Die dadurch entstehenden Kosten gehen in die Millionen. Hinzu kommen erhebliche Mißbräuche der Chipkarte (Krankenversicherungskarte) durch ausländische ›Gesundheitstouristen‹, die mit den Karten von Angehörigen und Freunden ausgestattet werden und erheblichen Schaden verursachen - nach Schätzungen namhafter Hausärzte in der Höhe des aktuellen Defizits aller Krankenkassen.

Der Bund muß Milliarden zuschießen. Gleichzeitig warnte der Präsident des Bundesrechnungshofes den Bundesfinanzminister vor weiteren Neuverschuldungen: Der Bund könne sich »unwirtschaftliche Verhaltensweisen und unsinnige Ausgaben«, die offensichtlich vorkamen, weniger denn je leisten. Die Schuldenlast sei inzwischen »so groß geworden, daß es kaum noch zu verantworten ist, sie zu vergrößern«.[213]

Das Gesundheitswesen steht trotz dauernder ›Reformen‹ vor dem Bankrott. Immer neue Kommissionen werden eingesetzt, um das Schlimmste zu verhüten und mit ihren Vorschlägen die größten Löcher für einige Zeit zu stopfen. Eine grundsätzliche Reform ist aber nicht in Sicht, weil man in Berlin nicht den Mut aufbringt, an den entscheidenden Stellen einzugreifen und offensichtliche Mißstände abzustellen.

---

[213] *FAZ*, 10. 7. 2003.

Jetzt rächt sich, daß jahrzehntelang keine volkserhaltende Bevölkerungspolitik betrieben wurde, daß man keine durchgreifenden Maßnahmen zur Verhinderung des wachsenden Geburtenmangels in Angriff nahm, daß man immer mehr Ausländer einwandern ließ, die im Endeffekt das deutsche Sozialwesen ungeheuer belasten. Lange Zeit wurden diese Themen tabuisiert, und im ›Konsens der Demokraten‹ galt unter den Bundestagsparteien die stillschweigende Übereinkunft, an diese Fragen bloß nicht zu rühren, damit keine Unruhe an der ›Integrationsfront‹ entstehe.

Nach Einführung der ›Praxisgebühren‹ Anfang des Jahres 2004 wollte ein Versicherter gern wissen, ob dann diese Familienangehörigen nichtdeutscher Versicherter, also die Ehefrau, die Geschwister, Oma und Opa auch jeweils 10 Euro ›Praxisgebühr‹ pro Quartal beim türkischen Arzt zu zahlen haben, die dann mit der (deutschen) Krankenkasse verrechnet werden.

Die Antwort der Krankenkasse[214] ist aufschlußreich

»Türkei -Zuzahlungen - email vom 1. 12. 2003 13:27.

Guten Tag, Frau xxxx,

für die in der Türkei wohnenden Familienangehörigen der versicherten deutscher Krankenkassen richtet sich der Umfang und die Art und Weise des Anspruchs auf sogenannte Sachleistungen (ärztliche Behandlung usw.) nach den auch für Versicherte türkischer Trä ger der sozialen Sicherheit. Ob und welche Zuzahlungen daher von diesen Familienangehörigen in der Türkei zu zahlen sind, beurteilt sich nach türkischem Recht.

Freundliche Grüße«

---

[214] Dieter SCHÄFER im AOK-Bundesverband.

4. Gehören die Türken nach Europa?[215]

Gorbatschows Chef-Berater Prof. Daschitschew im Gespräch mit Dr. Gerhard Frey

Der einstige Gorbatschow-Berater Professor Dr. Wjatscheslaw DASCHITSCHEW ist seiner Zeit stets voraus. Er sprach sich als erste prominente Persönlichkeit in der Sowjetunion für eine deutsche Wiedervereinigung aus. Der führende Außenpolitik-Experte und Historiker, der der Russischen Akademie der Wissenschaften angehört, war es auch, der mit den sowjetischen Lügen um den HITLER-STALIN-Pakt aufräumte. Im Gespräch mit dem Herausgeber der *National-Zeitung*, Dr. Gerhard FREY, in München warnte er unter anderem davor, die Türkei in die Europäische Union aufzunehmen: »Rußland ist dagegen.« Der Türkei könne »die Rolle eines Trojanischen Pferdes zukommen«.

FREY: Herr Professor DASCHITSCHEW, viele Deutsche hat es seinerzeit sehr berührt, wie Sie sich als außenpolitischer Berater des Kreml ab 1987 offen für die deutsche Einheit aussprachen. Für uns bleibt dieses Wunder immer auch mit GORBATSCHOW und Ihnen verbunden.

DASCHITSCHEW: Ich bin stolz, daß ich zur deutschen Wiedervereinigung einen Beitrag leisten konnte. Diese Nation im Herzen Europas zu spalten, war ein Verbrechen. Die Spaltung des deutschen Volkes war zunächst die Folge des Kalten Krieges. Dann aber wurde sie zu einer der wichtigsten Ursachen der Spannungen. Deshalb bin ich schon Ende der siebziger Jahre zu dem Ergebnis gekommen, daß der Kalte Krieg nicht beendet werden kann, ohne Deutschland wiederzuvereinigen.

FREY: Damit waren Sie den meisten deutschen Politikern weit voraus. Bei der Wiedervereinigung bestätigte sich einmal mehr: Wenn Russen und Deutsche harmonisch miteinander waren, war das für unsere Völker immer segensreich. Standen wir gegeneinander, hat sich das stets sehr schlecht, ja katastrophal ausgewirkt.

DASCHITSCHEW: GORBATSCHOW hat in seinem Buch *Wie es war* von den »bösen Kräften« geschrieben, die Deutschland und Rußland zusammenstoßen ließen. Ich bin der Meinung, daß ganz Europa infolge der drei Weltkriege - einschließlich des Kalten Krieges, der auch ein Weltkrieg war - das 20. Jahrhundert verloren hat. Wir dürfen nicht zulassen, daß es zu einem neuen Krieg kommt. Jetzt müssen wir, Deutsche und Russen, kreativ handeln.

---

[215] Quelle:
http://www.dsz-verlag.de/Artikel_03/NZ40/NZ40_1.html; 20.4.2004

FREY: Daher bin ich ganz entschieden für eine sehr weitgehende Annäherung zwischen der Europäischen Union und Rußland.

DASCHITSCHEW: Rußland gehörte immer zu Europa. Während des Kalten Krieges hat Amerika alles getan, um Rußland von Europa zu trennen. Und die Osterweiterung der NATO dient demselben Ziel. Die Devise der NATO, »die Amerikaner drinnen, die Russen draußen und die Deutschen unten zu halten«, bleibt bis heute gültig.

FREY: Wenn aber Rußland und Europa zusammenstehen und ihr Potential vereinigen, wären wir unüberwindbar.

DASCHITSCHEW: Stimmt. Auch die amerikanische Führung begreift das. Ihr Konzept ist es, zu verhindern, daß eine neue Macht entsteht, die ihrem Streben nach Weltherrschaft hinderlich ist.

FREY: Das haben Sie in Ihrem Buch *Moskaus Griff nach der Weltmacht* insbesondere anhand der Ziele des früheren US-Präsidentenberaters BRZEZINSKI beschrieben. Er verlangte schon 1997, daß die USA die einzig dominierende Großmacht in Eurasien sein müßten. Man wird von dieser Seite alles tun, damit die EU und Rußland nicht zusammenkommen.

DASCHITSCHEW: Ich glaube aber, daß die Ära des Euroatlantismus zu Ende geht und das Zeitalter der Europäisierung Europas beginnt. Wie muß man die Haltung Deutschlands und Frankreichs zum Irak-Krieg einstufen? Das war die Rebellion der Europäer gegen die unilaterale Politik der USA, die die Interessen der europäischen Nationen nicht achtet.

FREY: Rußland hat sich an dieser ›Rebellion‹ ja auch beteiligt.

DASCHITSCHEW: Ich habe vor kurzem einen Artikel über die Notwendigkeit einer internationalen Konvention zum Verbot der hegemonialen Politik geschrieben, unter der wir im 20. Jahrhundert so sehr gelitten haben. Mich wundert, daß nach den tragischen Erfahrungen der Weltkriege noch kein derartiges Abkommen geschlossen worden ist. Diese Konvention muß im Rahmen der UNO erörtert und angenommen werden. Vielleicht weigern sich die USA, sie zu unterschreiben. Aber sie wird einen riesigen moralischen Wert haben und ein Hindernis für die Entfesselung neuer Kriege darstellen.

Wie auch in dem Buch *Die CIA und der 11. September* des von mir hochgeschätzten Andreas VON BÜLOW dokumentiert ist, sehen sich die USA in einem neuen Weltkrieg gegen 60 Schurkenstaaten. Meine Auffassung ist, daß wir uns zur Zeit in einer politischen Vorkriegskrise befinden. Viele Merkmale deuten darauf hin. Der Kalte Krieg mündete nicht in einem allgemeinen Krieg, weil damals das Gleichgewicht des nuklearen Schreckens existierte. Es bestand Übereinstimmung zwischen beiden Supermächten, keine Handlungen zu unternehmen, die zu einem nuklearen Krieg führen könnten. Jetzt aber hat die amerikanische Politik dazu geführt, daß alle Länder Atomwaffen besitzen wollen. In diesem Fall handeln die Amerikaner gegen ihre eigenen Interessen.

Frey: Das wäre nicht das erste Mal.

Daschitschew: Jetzt kann anders als im Kalten Krieg ein allgemeiner Krieg entstehen. Wenn zum Beispiel im Nahen Osten Massenvernichtungswaffen zum Einsatz kommen, werden die Nachbarländer nicht beiseite stehen, oder sie werden hineingezogen. Daraus kann ein allgemeiner nuklearer Krieg werden. Oder stellen Sie sich vor, wie sich Rußland verhalten wird, wenn die USA den Iran angreifen. Es wird natürlich den Iran mit Flugabwehrraketen vom Typ S-300 und mit anderen modernen Waffen beliefern. Dann kann es zu sehr ernsten Spannungen zwischen Rußland und den USA kommen.

Frey: Man kann im Grunde auch nicht erwarten, daß Staaten ohne hinreichende Rüstung abwarten, bis sie abgemetzelt werden. Wenn die USA und Israel bis an die Zähne bewaffnet sind, müssen potentielle Gegner zwangsläufig schauen, wie sie überleben können. Die entscheidende Frage ist dann: Inwieweit ist Bush kalkulierbar, inwieweit agiert er noch vernunftgemäß und im Interesse seines Landes.

Daschitschew: Ich glaube, er ist schwer kalkulierbar. Und die Frage, die alle bewegt, ist jetzt: Wer wird der nächste sein?[216] Syrien oder Iran oder Kuba oder Nord-Korea. Wenn die USA nicht zur Besinnung kommen, ist der Weltfrieden bedroht. Das ist die Gefahr der Gegenwart.

Frey: Meinen Sie, daß Bush in der Lage ist, aus dem Bild, das sich ihm im Irak bietet, vernünftige Konsequenzen zu ziehen?

Daschitschew: Ich glaube, das war ein Schock für die Amerikaner. Den Krieg haben sie gewonnen, aber den Frieden noch nicht. Und ich bezweifle, daß sie den Frieden im Irak und überhaupt im Nahen Osten gewinnen werden. Meiner Meinung nach muß Bush aus dieser Sieg-Niederlage Schlußfolgerungen ziehen.

Frey: Und das kann er auch?

Daschitschew: Bedenken Sie die sehr starke Opposition gegen seine Politik in den USA. Wenn Bush auf seine hegemoniale Politik verzichtet, dann können wir wirklich mit den friedlichen Dividenden rechnen, auf die nach dem Ende des Kalten Krieges alle hofften. Doch die USA waren Anstifter einer neuen Hochrüstung in der ganzen Welt.

---

[216] Diese Frage hat Thomas Barnett ja inzwischen beantwortet.

FREY: Uns liegt sehr an einem starken Rußland. Wir haben die Sorge, daß Kräfte in den USA darauf hinarbeiten, das heutige Rußland weiter zu schwächen.

DASCHITSCHEW: Die meisten Russen und die meisten Politiker haben begriffen, was die amerikanische Rußlandpolitik eigentlich bedeutet. Emmanuel TODD hat in seinem Buch *Weltmacht USA – Ein Nachruf* übrigens nicht umsonst geschrieben, daß der Tschetschenien-Krieg vor allem als eine Konfrontation zwischen Rußland und den USA zu betrachten ist. Ich glaube, er hat Recht.

FREY: Ein schwerwiegender Einschnitt für Sie und für uns wäre es, wenn die Türkei zur EU stieße. Die Türkei ist sozusagen der Flugzeugträger der USA und ein wichtiger Militärpartner Israels. Zudem würden weitere Millionen Türken nach Mitteleuropa kommen, wenn im Verhältnis zur Türkei die EU-Freizügigkeit gelten würde. Nach einer Aufnahme der Türkei in die EU hätten wir ein anderes Europa. Wie steht denn Rußland zu der Frage?

DASCHITSCHEW: Rußland ist gegen eine Eingliederung der Türkei in die EU. Am meisten sind natürlich die USA dafür: Vielleicht wollen sie der Türkei die Rolle eines Trojanischen Pferdes zukommen lassen.

FREY: Russen und Deutsche ähneln sich sehr. Beide sind aus dem christlichen Abendland hervorgegangen. Die Türkei, bei allem Respekt vor ihrer Kultur, ist eben völlig anders.

DASCHITSCHEW: BRZEZINSKI hat geschrieben: Wir dürfen nicht zulassen, daß die EU zu einer Weltmacht wird. Die Türkei kann das verhindern. Was Rußland angeht, so sind die meisten russischen Politiker für einen Anschluß Rußlands an die EU. Natürlich kann man das nicht von heute auf morgen tun. Rußland muß dafür reif werden. Politische, wirtschaftliche und rechtliche Strukturen müssen geschaffen werden. Das Ziel der USA war es, in Rußland allgemeine Armut zu schaffen. Das haben sie mit Hilfe von JELZIN und seiner Clique erreicht. PUTIN begreift, daß die Politik die Kunst des Möglichen ist. Mit der Mannschaft von JELZIN zu regieren erwies sich für ihn als sehr kompliziert. Doch PUTIN orientiert sich nach Europa, während JELZIN sich ganz den USA zuwandte. Oswald SPENGLER sagte einen Untergang Europas voraus, aber wenn Rußland sich mit Europa vereinigt, dann gibt es keine Macht auf der Welt, die uns bedrohen kann.

5. Fjodor Dostojewski: Die Orientfrage[217]

»Die Orientfrage! – Wer von uns hat in diesem Monat nicht recht ungewöhnliche Empfindungen durchlebt, und wie viel wurde in den Zeitungen darüber geredet! Welch eine Verwirrung in manchen Köpfen, welch ein Zynismus in manchen Urteilen, welch ein gutes, ehrliches Zittern in manchen Herzen, welch ein Geschrei bei manchen Juden!

Fürst Milan von Serbien und Fürst Nikolaus von Montenegro sind, auf Gott und ihr Recht bauend, gegen den Sultan aufgetreten, und wenn diese Zeilen gelesen werden, wird schon vielleicht irgendein bedeutender Zusammenstoß oder sogar eine entscheidende Schlacht stattgefunden haben. Die Sache wird jetzt einen schnellen Verlauf nehmen. Die Unentschlossenheit und Langsamkeit der Großmächte, der diplomatische Seitensprung Englands, das sich geweigert hat, die Beschlüsse der Berliner Konferenzen anzuerkennen, und die plötzlich darauf erfolgte Revolution zu Konstantinopel und das Aufflammen des muselmännischen Fanatismus, schließlich die entsetzliche Abschlachtung von sechzigtausend friedlichen Bulgaren, Greisen, Frauen und Kindern, durch die Baschi-Bosuk[218] und die Tscherkessen – das alles brachte den Krieg auf einmal zum Ausbruch.

Die Slawen haben viele Hoffnungen. Sie verfügen, wenn man alle Kräfte zusammenzählt, über fast hundertfünfzigtausend Kämpfer, von denen mehr als drei Viertel anständige reguläre Truppen sind. Das wichtigste ist aber die Stimmung: Sie ziehen in den Krieg, vom Glauben an ihr Recht und ihren Sieg erfüllt, während bei den Türken trotz dem Fanatismus eine große Anarchie und Verwirrung herrscht. Es wird gar kein Wunder sein, wenn diese Verwirrung sich gleich nach den ersten Zusammenstößen in eine panische Angst verwandelt. Man darf wohl schon jetzt prophezeien, daß, wenn keine Einmischung Europas erfolgt, die Slawen ganz sicher siegen werden.

Die Nichteinmischung Europas ist anscheinend beschlossene Sache; aber man kann schwerlich behaupten, daß die europäische Politik im gegebenen Augenblick irgendwie fest und endgültig wäre. Angesichts der großen, sich plötzlich erhebenden Frage haben sich, scheint es, alle vorgenommen, zu warten und ihre Entschlüsse hinauszuschieben. Es heißt aber, das Bündnis der drei Großmächte dauere fort, es fänden auch noch persönliche Zusammenkünfte der drei Monarchen statt, so daß die Nichteinmischung in den Kampf der Slawen von die-

---

[217] Harry Harvest (Hg.), *Dostojewskij und Europa – aus dem Tagebuch eines Schriftstellers,* Zürich o.J., S. 141–146.

[218] Baschi-Bosuk – irreguläre türkische Truppen, die keinen Sold erhalten und demzufolge vom Raub leben.

ser Seite vorläufig gesichert ist. England, das sich isoliert hat, sucht Bundesgenossen; ob es welche finden wird, ist noch eine Frage. Wenn es welche findet, so anscheinend doch nicht in Frankreich. Mit einem Worte, ganz Europa wird dem Kampfe der Christen mit dem Sultan zuschauen, ohne sich einzumischen, aber - nur vorläufig - bis zur Teilung der Erbschaft. Wird aber diese Erbschaft überhaupt möglich sein? Wird es eine Erbschaft geben?

Wenn Gott den Slawen einen Erfolg verleiht, bis zu welcher Grenze wird ihnen Europa diesen Erfolg gönnen? Wird es ihnen erlauben, den kranken Mann[219] endgültig aus dem Bette zu werfen? Das letztere kann man schwerlich annehmen. Wird man sich nicht vielmehr, nach einem neuen und feierlichen Konsilium, entschließen, ihn wieder zu kurieren?

So können die Bemühungen der Slawen, selbst im Falle eines sehr großen Erfolges, nur durch ziemlich schwache Palliativmittel entlohnt werden. Serbien zog in den Krieg, indem es auf seine Kraft baute, aber es weiß natürlich, daß sein endgültiges Schicksal völlig von Rußland abhängt; es weiß, daß nur Rußland es im Falle eines großen Mißerfolges vor dem Untergang bewahren wird, und daß auch nur Rußland im Falle eines großen Erfolges ihm durch seinen großen Einfluß helfen wird, das mögliche Maximum des Gewinns zu behalten. Es weiß das und baut auf Rußland; es weiß aber auch, daß ganz Europa Rußland mit heimlichem Mißtrauen ansieht, und daß die Lage Rußlands besorgniserregend ist. Mit einem Worte, alles liegt in der Zukunft; aber wie wird Rußland immerhin handeln?

Ist das eine Frage? Das darf und kann für keinen Russen eine Frage sein. Rußland wird ehrlich handeln, das ist die ganze Antwort auf diese Frage. Mag in England der erste Minister die Wahrheit vor dem Parlament aus Politik entstellen und ihm offiziell mitteilen, die Ausrottung der sechzigtausend Bulgaren sei nicht von den Baschi-Bosuk und den Türken, sondern von slawischen Einwanderern besorgt worden, und mag das ganze Parlament ihm aus Politik glauben und diese Lüge gutheißen; in Rußland kann und darf nichts dergleichen der Fall sein.

Manche werden sagen: kann denn Rußland in jedem Falle gegen seine eigenen Interessen handeln? Worin liegt aber das Interesse für Rußland? Rußlands Interesse liegt darin, im Notfalle sogar gegen seine eigenen Interessen handeln und zweifellos Opfer bringen zu müssen, nur um die Gerechtigkeit nicht zu verletzen.

Rußland kann doch nicht der großen Idee untreu werden, die es als Vermächtnis von einer Reihe von Jahrhunderten empfing und der es

---

[219] »Der kranke Mann am Bosporus« - die Türkei, verpersönlicht im Sultan, Ausspruch NIKOLAUS' I.

bisher unbeirrt folgte. Diese Idee besteht unter anderem auch in der Vereinigung der Slawen; diese Vereinigung ist aber keine Vergewaltigung und keine Eroberung, sondern ein Dienst an der Allmenschlichkeit.

Wann und wie oft hat Rußland in der Politik nur seiner direkten Vorteile wegen gehandelt? Hat es nicht vielmehr während seiner ganzen Petersburger Geschichtsperiode meistens fremden Interessen gedient mit einer Uneigennützigkeit, die Europa in Erstaunen setzen würde, wenn Europa uns klar sähe und nicht mit Mißtrauen, Haß und Argwohn betrachtete.

An die Uneigennützigkeit wird in Europa überhaupt kein Mensch und in keinem Falle glauben, nicht nur nicht an die russische Uneigennützigkeit; viel eher wird man an einen Schwindel und eine Dummheit glauben. Wir brauchen uns aber vor ihren Urteilen nicht zu fürchten: in dieser selbstlosen Uneigennützigkeit Rußlands liegt seine ganze Kraft, sozusagen seine ganze Individualität und die ganze Zukunft der russischen Sendung.

Es ist nur schade, daß diese Kraft oft recht falsch angewendet wurde.«

Die Orientfrage und Konstantinopel[220]

»Was ist eigentlich die Orientfrage?

Die Orientfrage ist im Grunde genommen die Entscheidung der Schicksale der Orthodoxie. Die Schicksale der Orthodoxie sind mit der Bestimmung Rußlands verknüpft. Was sind das nun für Schicksale der Orthodoxie?

Vom Osten wird das neue Wort an die Welt dem nahenden Sozialismus entgegentönen, und dieses Wort wird vielleicht die europäische Menschheit wieder retten.

Das ist die Bestimmung des Ostens, und darin liegt für Rußland die Orientfrage.« (Aus: F. Dostojewski, aaO., Bd. IV, S. 251)

»Wenn Rußland jetzt Konstantinopel besetzt, so doch nur deshalb, weil zu unsern Aufgaben und unserer Bestimmung außer der slawischen auch noch eine andere Frage gehört, die für uns die größte und entscheidendste ist, nämlich die Orientfrage, welche nur in Konstantinopel gelöst werden kann.« (Aus: ebd., S. 248)

»Konstantinopel muß uns gehören, von uns Russen den Türken weggenommen werden und für alle Ewigkeit unser bleiben.« (Aus: ebd., S. 248)

[220] Ebenda, S. 141.

6. Die Expansion der Türkei auf dem Balkan am Beispiel Bulgariens 1945–2004[221]

Der staatliche Nationalismus der kemalistischen Türkei und Bulgarien

Nach der Befreiung Bulgariens von der fünf Jahrhunderte währenden osmanischen Herrschaft als Folge des bulgarischen Volksaufstands von 1876 und des russisch-türkischen Krieges von 1877/78 sowie des Berliner Kongresses von 1878 verblieben im ehemaligen Donau-Vilayet noch eine halbe Million Moslems, zu denen nach der Vereinigung mit Ostrumelien (dem heutigen Südbulgarien) 1885 und Westthrazien 1912 weitere Moslems kamen. In dem von der Entente diktierten Friedensvertrag von Neuilly von 1919, der im Sinne des politischen Nationskonzepts alle im Lande geborenen Staatsbürger als »Bulgaren« betrachtete, wurde ein umfangreicher Schutz der sprachlichen und religiösen Minderheiten festgelegt.[222]

Die Auflösung des Osmanischen Reiches und die Gründung der Türkischen Republik durch Kemal Atatürk, die im Lausanner Vertrag von 1923 anerkannt wurde, änderte grundsätzlich die Beziehung zwischen den beiden Staaten. Im bulgarisch-türkischen Abkommen von 1925 erklärte sich die moderne Türkei als Anwalt der Moslems in Bulgarien. Die kemalistische Staatsideologie schuf zum erstenmal eine nationale türkische Identität, die es vorher (aufgrund des Milletsystems des Osmanischen Reiches, das nur Religionsgemeinschaften kannte) nicht gegeben hatte. Die Kemalisten versuchten nun, der moslemischen Minderheit in Bulgarien ein türkisches nationales Bewußtsein zu geben, das sie niemals gehabt hatten.[223]

Die moderne Türkei übernahm nun aufgrund des Minderheitenschutzes des Friedensvertrages von Neuilly die Organisation des türkischen Schulwesens in Bulgarien, indem sie für die Errichtung der

---

[221] Beitrag von Peter Bachmaier; Leiter des Inst. für Ost- und Südosteuropa, Expositur St. Pölten. (Die Zitatnachweise in den Fußnoten wurden von GR reduziert und auf deren erstmalige Erwähnung beschränkt.)

[222] Kemal H. Karpat (Hg.), *The Turks of Bulgaria: The history, culture and political fate of a minority,* Istanbul 1990.

[223] Bill N. Simsir (Hg.), *The Turks of Bulgaria in international fora documents,* Bd.1, Ankara 1985, S. 167, zit. von Sabine Riedel, »Bildungswesen und Minderheitenrechte der türkischsprachigen Bevölkerung Bulgariens«, in: Peter Bachmaier (Hg.), *Nationalstaat oder multikulturelle Gesellschaft? Die Minderheitenpolitik in Mittel-, Ost- und Südosteuropa im Bereich des Bildungswesens,* Frankfurt a.M. 2003, S. 185 (= St. Pöltner Osteuropa-Studien, Nr. 1).

Schulen, die Bezahlung der Lehrer und die Herausgabe der Lehrbücher sorgte. In den Lehrbüchern wurde die osmanisch-türkische Sprache durch das völlig verschiedene moderne Türkisch ersetzt. Die Entwicklung des Bildungswesens begünstigte die Herausgabe von Zeitungen, die von zwei auf siebenundsechzig im Jahre 1934 stiegen.[224]

Gleichzeitig begann der moderne türkische Staat, geheimdienstliche Organe in Bulgarien einzusetzen, die bereits vom Osmanischen Reich und von der jungtürkischen Regierung aufgebaut worden waren, deren Ideen, Methoden und Mittel aber in den zwanziger Jahren an die neue Situation angepaßt wurden. Die geheimdienstliche Erfahrung wurde vor allem vom britischen Geheimdienst übernommen.[225]

Das kommunistische Regime und die nationale Frage

Die Machtübernahme der ›Vaterländischen Front‹, nämlich der prokommunistischen Regierung, mit Hilfe der Roten Armee am 9. September 1944 wurde von den Moslems zunächst mit Erleichterung aufgenommen, hatte doch die neue Regierung schon am 17. September 1944 die Gleichberechtigung aller nationalen Minderheiten erklärt.[226] Bereits 1950 erreichten die türkischen Grundschulen wieder eine Zahl von 1199. Der Anstieg der Schüler in den sogenannten Progymnasien machte den Ausbau der geistlichen Lehranstalt in Šumen zu einer weltlichen Mittelschule notwendig.

Im Verhältnis des kommunistischen Regimes gegenüber der moslemischen Bevölkerung nach September 1944 gab es jedoch von Anfang an eine gewisse Zweideutigkeit: Auf der einen Seite wurde das Recht auf nationale, ethnische und religiöse ›Selbstbestimmung‹ der Volksgruppen demonstriert, weil man von der Ideologie ausging, daß die ›klassenlose Gesellschaft‹ zwangsläufig zur Lösung der nationalen Frage führen würde. Auf der anderen Seite aber war sich die bulgarische Regierung über die Gefährlichkeit der türkischen nationalistischen Propaganda unter der moslemischen Bevölkerung Bulgariens im klaren. Diese Zweideutigkeit führte zu Schwankungen in der bulgarischen Politik gegenüber dem Minderheiten- und Aussiedlungsproblem bereits in den ersten Nachkriegsjahren.

Bezeichnend ist in diesem Zusammenhang der Standpunkt des Führers der bulgarischen Kommunisten Georgi Dimitrov im Februar

---

[224] Simsir, *The Turks of Bulgaria*, aaO., S.163, zit. von Riedel, »Bildungswesen«, aaO., S. 187.

[225] Dimitar Stojanov, *Zaplachata: velikodarzavnijat nacionalizm i razuznavaneto na Turcija protiv Blgarija* [Die Bedrohung: Der staatliche Nationalismus und die Spionage der Türkei gegen Bulgarien], Sofia 1997, S. 8.

1945 nach seiner Rückkehr aus Moskau: »Den nationalen Minderheiten - volle Rechte, aber gegenüber den Türken muß man vorsichtig sein. Sie sollen gleichberechtigt sein, dieselben politischen und staatsbürgerlichen Rechte wie die Bulgaren haben, ihre eigene Sprache lernen, Lehrbücher und Moscheen haben. Aber sie sollen keine besondere türkische nationale Bewegung bilden, denn sonst werden sie Bedingungen für eine türkische Agentur im Lande schaffen. Wir wollen die Türkei aus Europa hinausdrängen, wir wollen, daß sie nach Asien geht. Die türkischen Nationalisten anerkennen wir nicht, die bulgarische Sprache muß in den türkischen Schulen obligatorisch sein.«

Der bulgarische Staat rechnete damit, daß durch die Erhöhung des Kulturniveaus die bulgarischen Türken aktiv am gesellschaftlich-wirtschaftlichen Leben teilnehmen würden, und legte deshalb großen Wert auf den Ausbau des Bildungswesens. Im Jahre 1974 erreichte die Zahl der türkischsprachigen Lehrer 5000 Personen, davon 1827 im Kreis Kardzali, 891 im Kreis Razgrad, 537 im Kreis Šumen und 478 im Kreis Trgovište. Zur selben Zeit studierten 760 Stundenten an den Lehrerbildungsanstalten dieser Kreise. Im Jahre 1986 hatten 4,4 % der türkischsprachigen Bürger im Land Hochschulbildung, 19,2 % mittlere Bildung und 24,6 % eine nicht abgeschlossene mittlere Bildung. Der Anteil der Analphabeten fiel besonders als Ergebnis der Ende der vierziger und Anfang der fünfziger Jahre durchgeführten Kampagne gegen den Analphabetismus im Jahre 1986 auf 19,1 % gegenüber 81 % im Jahre 1944. Damit fiel ein ernsthaftes Hindernis für die Integration der türkischsprachigen Bevölkerung weg.

Am wichtigsten waren in dieser Hinsicht die Beschlüsse des Politbüros des ZK der BKP vom April 1951. Diese legten den Beginn der wirtschaftlichen, sozialen und kulturellen Entwicklung der türkischsprachigen Bevölkerung. Der Umstand, daß diese Bevölkerung gleichzeitig darauf orientiert wurde, sich als ›türkische‹ Volksgruppe getrennt von der bulgarischen Gesellschaft zu entwickeln, führte jedoch bald zu negativen Ergebnissen, die für den Staat beunruhigend waren.

Die stärkste hemmende Wirkung zeigte die Einführung des Türkischen als Unterrichtssprache und als wichtigstes Kommunikationsmittel in den gemischtsprachigen Gebieten. Die Schüler lernten alle Gegenstände in türkischer, und nicht in bulgarischer Sprache, obwohl diese obligatorisch war, aber es wurde ihr nur wenig Aufmerksamkeit gewidmet. Die in diesen Schulen erfaßten Kinder und Jugendlichen sprachen untereinander und mit den Lehrern ausschließlich Türkisch und erlernten die bulgarische Sprache nicht.

---

[226] Peter BACHMAIER, *Bulgariens Weg zur neuen Schule: Die Bildungs- und Wissenschaftspolitik der Vaterländischen Front 1944–1948,* Österreichisches Ost- und Südosteuropainstitut, Wien 1981, S. 392. Zit. von RIEDEL, aaO., S. 190.

Die Lehrer erzogen die Schüler, wie in den Berichten der Inspektoren betont wurde, im Geist des türkischen Nationalismus, indem sie sich auf das Studium des Korans, der osmanischen und türkischen Geschichte und Literatur konzentrierten. Es wurde deshalb anfangs eine Lösung darin gesucht, türkische Abteilungen an einigen Fakultäten der Hochschulen, vor allem zur Ausbildung der Lehrer, zu eröffnen. Die Studenten an diesen Hochschulen bildeten jedoch bald ein eigenes kulturelles Milieu und sonderten sich von den übrigen Studenten ab.

Die bulgarische Staats- und Parteiführung, die seit 1956 (endgültig seit 1962) vom nationalen Flügel unter Todor Zivkov beherrscht wurde, kam deshalb zum Ergebnis, daß das ›ethnische Herangehen‹ korrigiert werden müsse. Es wurde durch die Vorstellung ersetzt, daß »der Aufbau des Sozialismus das gemeinsame Werk aller Werktätigen« sei, mit anderen Worten: Die Konzeption der getrennten Entwicklung der Volksgruppen und der besonderen Förderung der bulgarischen Türken wurde aufgegeben.

Im Bildungswesen traten mit dem Schuljahr 1958/59 große Veränderungen ein, als die türkischen Schulen mit den bulgarischen vereinigt wurden. Der Unterricht wurde von nun an an allen Schulen, Gymnasien, Lehrerbildungsanstalten und Hochschulen auf Bulgarisch und nach den bulgarischen Programmen gehalten. Türkisch wurde von allen Kindern und Jugendlichen, die das wünschten, fakultativ gelernt. Dadurch erhielten die bulgarischen Türken dieselben Möglichkeiten, eine Ausbildung zu erwerben und einen Beruf in einem Betrieb auszuüben. Die Rolle des türkischen Nationalismus im kulturellen Leben verringerte sich.[227]

Der Beschluß des Politbüros des ZK der BKP vom 28. Juni (21. Juli) 1958, vom Plenum des ZK vom 2.–4. Oktober 1958 unter der Überschrift: »Thesen des ZK der BKP zur Arbeit unter der türkischen Bevölkerung angenommen« spielte eine wichtige Rolle in der Fortführung der Kulturrevolution unter der türkischen Bevölkerung. Für die türkische Jugend eröffneten sich dadurch neue Perspektiven für die Teilnahme an allen Zweigen des wirtschaftlichen, gesellschaftlichen und kulturellen Lebens.

Die Emigration bulgarischer Türken in den fünfziger Jahren

Im Jahre 1950 kam es zu einem Abkommen zwischen Bulgarien und der Türkei, in dem bulgarischen Türken, die das wünschten – aus nationalistischen Gründen oder weil sie dem Kommunismus entkom-

[227] Die Verbesserung der Arbeit an den türkischen Schulen, 20. 9. 1958, CDA, f. 1-B, op. 6, a.e. 3713, l. 97.

men wollten - die Auswanderung in die Türkei erlaubt wurde. Im Januar 1950 nahm der Ministerrat Bulgariens eine Verordnung an, die die Auswanderung ermöglichte, und in der Folge wanderten bis 1951, als die Grenze wieder geschlossen wurde, etwa 155 000 bulgarische Türken in die Türkei aus.

Die Frage der Auswanderung kam jedoch in den sechziger Jahren neuerlich auf die Tagesordnung. In einer Sitzung des Politbüros des ZK der BKP am 29. Oktober 1964 machte Außenminister Ivan Bašev Vorschläge in dieser Richtung. In der Diskussion wurde dieses Problem zum erstenmal mit der Entwicklung der krisenhaften Situation um Zypern in Verbindung gebracht, und es wurden Befürchtungen über mögliche Forderungen nach Autonomie geäußert.

Während eines offiziellen Besuches des bulgarischen Parteichefs Todor Zivkov in der Türkei auf Einladung des türkischen Ministerpräsidenten Süleyman Demirel wurde am 22. März 1968 ein spezielles Abkommen zur Auswanderung bulgarischer Staatsbürger türkischer Abstammung unterzeichnet. . . Nach dem militärischen Staatsstreich in der Türkei vom März 1971 stellte die bulgarische Regierung eine »Stagnation« in den bulgarisch-türkischen Beziehungen fest.

Nach der Massenauswanderung bulgarischer Staatsbürger türkischer Abstammung in den Jahren 1950/51 gab es bis zum Jahre 1968 keine Auswanderung in die Türkei. Die Auswanderung wurde von der bulgarischen Seite gestoppt. Im Jahre 1968 wurde ein neues Abkommen über Auswanderung unterzeichnet, dem zufolge zwischen 1. 1. 1969 und 1. 9. 1977 rund 50 000 bulgarische Staatsbürger türkischer Abstammung in die Türkei auswanderten. Im Zeitraum 1878–1977 - also innerhalb von hundert Jahren - sind insgesamt etwa 700 000 bulgarische Staatsbürger türkischer Abstammung in die Türkei emigriert. In der Periode von 1944 bis 1977 wanderten 210 000 Personen in die Türkei aus. Trotzdem stieg die absolute Zahl der bulgarischen Bevölkerung türkischer Abstammung in dieser Periode weiterhin an, was zu einer weiteren Erhöhung ihres prozentuellen Anteils an der Bevölkerung des Landes führte.[228]

Die neue außenpolitische Strategie der Türkei

Nach dem Zweiten Weltkrieg entwickelte die Türkei ihre außenpolitische Strategie in Übereinstimmung mit der Strategie der westlichen Welt, deren Ziel der Sieg der westlichen ›Demokratie‹ über den Kommunismus war. Innerhalb dieses allgemeinen Rahmens drückte sich

---

[228] Statistische Daten und Analyse der Auswanderung in der Periode nach 1944 und einige demographische Tendenzen, Ministerium für Auswärtige Angelegenheiten, Neues Archiv, Eingangsnummer II, 4. 10. 1977, l. 1.

die türkische außenpolitische Strategie im Streben nach der Errichtung einer türkischen Großmacht aus.

Die zweite Richtung in der türkischen nationalistischen Tätigkeit war die entwickelte Auffassung der ›Auslandstürken‹. In Wirklichkeit war das keine neue Doktrin. Nach dem Sieg der nationalen Befreiungsbewegung grenzten sich die Kemalisten vom Pantürkismus der Jungtürkischen Partei ab, weil sie ihn für illusorisch und unrealistisch hielten. Als aber die Grundlagen des gegenwärtigen türkischen Nationalismus gelegt wurden, stellte sich bei seiner weiteren Entwicklung neuerlich die Frage nach den Beziehungen zu der türkischsprachigen Bevölkerung und den Volksgruppen, die außerhalb der Staatsgrenzen der Türkei leben. Der Pantürkismus als Doktrin war kompromittiert und nicht mehr effektiv, deshalb wurde in den sechziger Jahren die Konzeption von den ›Auslandstürken‹ geschaffen, die bis heute verfolgt wird. Zur Verdeckung in der fraglichen Bestimmung werden alle Türken, die zeitweilig oder ständig im Ausland leben, einbezogen. Diese sind jedoch mit Sicherheit unter dem Einfluß der Türkei. Es bleibt die Aufgabe für jene 200 Millionen ›Türken‹, die ihre nationalen Staaten geschaffen haben oder als Volksgruppen in den Nachbarländern oder entfernteren Ländern leben.

Die Doktrin von den Auslandstürken entstand in den sechziger Jahren. Ihre Autoren teilten die sogenannten Auslandstürken in zwei große Gruppen ein: die ›turksprachigen Völker‹ und die ›Türken‹ in den Ländern, die einst zum Osmanischen Reich gehörten.

Die Doktrin von den Auslandstürken bedeutete eine Wiederbelebung des Turanismus, der als expansionistische Ideologie zur politischen Strategie erhoben wurde. Im Jahre 1969 nahm die Große Nationalversammlung der Türkei das »Programm für psychologische Verteidigung« an, das darauf angelegt ist, die protürkischen Stimmungen unter den sogenannten Auslandstürken zu nähren und zu schüren. Für die Verwirklichung dieses Programms wurden offizielle und inoffizielle Staatsorgane und verschiedene Spezialinstitutionen geschaffen.

Die größte Beunruhigung für den türkischen Nationalismus trat in den Jahren 1970 bis 1972 im Zusammenhang mit der nächsten Etappe des Wiedergeburtsprozesses ein. Damals änderten etwa 150 000 bulgarische Mohammedaner ihre arabisch-türkischen Namen in bulgarische. Die Umbenennung fand kurzfristig statt, und die Maßnahme verlief insgesamt gut organisiert und ruhig.

Inzwischen aktivierte in der Türkei das Institut für türkische Kultur in Ankara seine Arbeit. Dieses Institut stellte sich die Aufgabe, einen Kampf für die Bewahrung und Entwicklung der türkischen Sprache und der türkischen Kultur unter den Minderheiten im Ausland zu führen; es arbeitete eine bestimmte Geschichtsauffassung aus, bestimmte die Richtung ihres Kampfes für Autonomie und Selbständigkeit und führte eine breite Propaganda gegen Bulgarien auf pantürkischer Grundlage. Das Institut gab die Zeitschrift *Türk kültürü* heraus, in der Aufsätze mit antibulgarischer Ausrichtung veröffentlicht wurden, und erhob die Forderung nach Autonomie für die türkische Bevölkerung in Bulgarien.[229]

Mit ihrer antibulgarischen Politik und Tätigkeit nahm die Türkei aktiv Einfluß auf die bulgarischen Türken und die Nachkommen der islamisierten Bulgaren. Sie bemühte sich, sie dem bulgarischen Volk zu entfremden. Die Organe der bulgarischen Staatssicherheit führten insbesondere seit einer Beratung über das türkische Problem Ende 1973 einen aktiven und offensiven Kampf gegen den Einfluß des türkischen Geheimdienstes. Es wurde ein Plan zur Neutralisierung der Tätigkeit der »Vereinigung für die Kultur und die Solidarität mit den Türken in den Rhodopen- und Donauregionen« ausgearbeitet.[230]

Nach 1964 wurde auch der Geheimdienst der Türkei (MIT) reorganisiert. Die Verbesserung der Beziehungen zwischen beiden Ländern machte es möglich. Deren wohl deutlichster Ausdruck war das Abkommen für die Auswanderung bulgarischer Türken, die 1969 begann und 1978 beendet wurde. Eine Weisung von 1968 der ›Hauptverwaltung für den psychologischen Krieg‹ des Geheimdienstes für die Arbeit unter der türkischsprachigen Bevölkerung in fremden Territorien drückt am deutlichsten die Hauptrichtungen dieser Tätigkeit aus.[231]

Auf Initiative des MIT wurden das ›Institut für die Erforschung der türkischen Kultur‹ (1961), die ›Vereinigung für die Kultur und Solidarität mit den Rhodopen- und Donautürken‹ (1970), das ›Institut für die Erforschung Südosteuropas‹ (1970) und die ›Gesellschaft zur Verteidigung und Unterstützung der Balkantürken‹ (1985) gegründet.

Besonders aktiv wurden die nationalistischen Gruppen in Bulgarien nach der Okkupation Zyperns durch die Türkei im Jahre 1974. Die Besetzung rief eine Begeisterung unter den Nationalisten hervor, die in diesem Ereignis den Weg zur Erreichung ihres Zieles sahen, die Errichtung einer autonomen Republik auf dem Territorium Bulgariens.

Im Jahre 1978 wurde ein Beschluß über die Gründung eines ›Instituts für strategische Studien‹ gefaßt, ein Oberster Kulturrat wurde

---

[229] Bericht über die Arbeit der 3. Abteilung der 6. Hauptverwaltung der Staatssicherheit im Jahre 1973, 30.12.1973, AMVR, f. 22, op. 1, a.e. 15, l. 7.

[230] Plan der Staatssicherheit über die Neutralisierung der türkischen Propaganda unter den bulgarischen Türken, 1979, AMVR, f. 2, op. 1, a.e. 1166, l. 20.

[231] Bonco Asenov, *Vrazroditelniat proces i Darzavna sigurnost* [Der Wiedergeburtsprozeß und die Staatssicherheit], Sofija 1996, S. 53.

geschaffen, der türkische Rundfunk, das Fernsehen und die Nachrichtenagentur wurden umorganisiert, ein Sonderinstitut für die Probleme der türkischen Kultur wurde ins Leben gerufen, das ideologische Diversion auf wissenschaftlicher Grundlage betrieb.

Die bulgaromohammedanische Frage

Am 5. April 1962 faßte das Politbüro einen Beschluß, dem zufolge es nicht zweckmäßig sei, daß die Kinder der Zigeuner, Tataren und Bulgaren mit mohammedanischem Glauben Türkisch lernten. Das Ministerium für Volksbildung ergriff daraufhin Maßnahmen für die Beseitigung der Bedingungen, die zur Türkisierung dieser Kinder führten.[232]

Im Februar 1969 wurde eine Verordnung des ZK der BKP »Über die weitere Verbesserung der Arbeit unter der türkischen Bevölkerung und ihrer vollständigen Eingliederung in das bulgarische Volk im Kampf für den Sozialismus und Kommunismus« beschlossen, die im Juli 1970 durch einen weiteren Beschluß »Über die weitere Verbesserung der Arbeit für die nationale Bewußtwerdung und patriotische Erziehung der Bulgaren mit mohammedanischen Glauben« ergänzt wurde.[233]

Am Institut für bulgarische Geschichte der Bulgarischen Akademie der Wissenschaften wurde eine Sektion für das Studium der Vergangenheit der Bulgaren mit mohammedanischem Glauben gegründet. Von der Abteilung ›Propaganda und Agitation‹ des ZK der BKP wurde eine Kommission geschaffen, die die Probleme untersuchte und Maßnahmen für das nationale Bewußtsein und die kommunistische Erziehung der Bulgaren mit mohammedanischem Glauben ausarbeitete.

Eine weitere Zäsur in der Nationalitätenpolitik fand im Februar 1974 statt, als die Parteispitze den Beschluß faßte, den fakultativen muttersprachlichen Unterricht ganz einzustellen. Das widersprach allerdings der damals gültigen Verfassung vom 18. Mai 1971, die »Privilegien und Benachteiligung infolge der Zugehörigkeit zu einer bestimmten Nationalität, Herkunft, Religion oder Rasse« verbot (Art. 35) und der nichtbulgarischsprachigen Bevölkerung muttersprachlichen Unterricht zusicherte (Art. 45, Verfassung 1971).

Am 23. November1970 führten die Organe des Innenministeriums mit Genehmigung der Staatsanwaltschaft eine Aktion zur Festnahme und Aussiedlung von sieben Personen im Dorf Krastava, Kreis Pazardzik, durch. An der Aktion beteiligten sich 25 Fahrzeuge und eine

[232] Beschluß des Politbüros des ZK der BKP »Über die Türkisierung der Zigeuner, Tataren und Pomaken«, 5. 4. 1962, CDA, f 1-B, op. 6, a.e. 4749, l. 9.

[233] Berichtsnotiz von Ivan Aleksandrov an das Sekretariat des ZK der BKP, 6. 7. 1971, CDA, f. 1, op. 6, a.e. 5454, l. 1.

große Gruppe von Milizionären, deren Aufgabe war, das Dorf zu umstellen und die Festnahmen durchzuführen. Diese Aktion stieß auf den vorher organisierten Widerstand der ganzen Bevölkerung. Das Signal für den Widerstand war die Explosion von selbständig hergestellten Bomben. Schnell wurden die Nachbardörfer verständigt, um Hilfe gegen die Miliz zu schicken. Etwa 1000 Personen, bewaffnet mit Beilen und Stecken, ließen die Miliz nicht in das Dorf und beschimpften sie. Die Lage wurde ernst, und die Versuche des Sekretärs des Kreiskomitees den Beschluß des Sekretariats des ZK der BKP von 7. Juli 1970 zu erklären, blieben erfolglos. Bei dieser Lage zog sich die Miliz aus dem Dorf zurück, das sie den reaktionären Elementen überließen. Diese unterbrachen das Telefon und stellten Posten auf, die die Zufahrtswege kontrollierten. Diese verbreiten das Gerücht, daß das in der Nähe aufgestellte Militär neuerlich versuchen werde, die Umbenennung zwangsweise durchzuführen.[234]

Der Zwischenfall im Dorf Krastava führt zu folgenden Schlüssen:

1. Die fortgesetzte Vernachlässigung der Arbeit für die patriotische Erziehung der Bulgaromohammedaner wird von den turkophilen Elementen zur Aufrechterhaltung der nationalen Vorurteile ausgenutzt. Nach dem Beschluß des Sekretariats des ZK der BKP vom 17. Juli 1970 beschlossen diese Elemente, eine Reaktion ähnlich jener von 1964 zu organisieren, und veranlaßten die Partei, von ihren Absichten Abstand zu nehmen. Dafür warteten sie auf einen geeigneten Anlaß.

2. Gleichzeitig mit der Vernachlässigung der Arbeit wurde auch die Ausbildung der Partei- und Staatskader vernachlässigt, die mit richtigen Methoden und Mitteln arbeiten sollten. Für viele von ihnen bedeutet der Beschluß des Sekretariats des ZK von 17. Juli 1970 eine Rückkehr zu den Maßnahmen von 1964, die auf eine Namensänderung und eine Änderung der Kleidung der Bulgaromohammedaner hinausliefen.

3. Die Organe des Innenministeriums haben offensichtlich einen taktischen Fehler gemacht. Sie haben keine psychologische und politische Vorbereitung durchgeführt und mit ihren Aktionen hervorgerufen, daß sich die ganze Bevölkerung um die reaktionären Elemente scharrte.

4. Es stellt sich die Frage über die Rolle der Hodschas und Moscheenvorstände. Es ist notwendig, daß das Komitee für Religionsangelegenheiten in nächster Zeit entsprechende Änderungen im Statut der Moscheen und der Methode der Auswahl und der Bezahlung der Hodschas vorschlägt, in Hinsicht darauf, daß diese Einrichtung nicht nur loyal, sondern entschieden patriotisch ist.

---

[234] Bericht von Stojno Baranov an das ZK der BKP über den Widerstand im Kreis Pazardzik, 1. 12. 19170, CDA, f. 1, op. 6, a.e. 5457, l. 2.

Die Existenz mohammedanischer Elemente in den bulgarischen Gebieten war das Ergebnis der fünfhundertjährigen Islamisierungs- und Türkisierungspolitik gegenüber der bulgarischen Bevölkerung. Davon zeugen viele historische Quellen aus dem Mittelalter und der neueren Zeit. Die Tatsache, daß die osmanischen Eroberer gegenüber den unterjochten Balkanvölkern eine systematische, konsequente und bewußte Politik der Assimilation und des Genozids betrieben, wird von der Wissenschaft nicht bestritten.

Die ethnische Zusammensetzung der bulgarischen Gebiete in den Jahren vor der Befreiung Bulgariens vom türkischen Joch bis heute veränderte sich ständig oder genauer gesagt: Das Territorium des bulgarischen Volkes und der bulgarischen Nation verringerte sich unaufhörlich.[235]

Die Verminderung des nationalen Gebietes setzt sich bis heute fort, und zwar sowohl auf ethnisch-bulgarischem Gebiet als auch außerhalb der Grenzen Bulgariens (in Vardar-Mazedonien).

Auf dem bulgarischen staatlichen Gebiet fand in den Kreisen Kradzali und Smoljan und teilweise auch in den Kreisen Blagoevgrad, Pazardzik, Plovdiv und anderen eine Entwicklung statt, die an die in Vardar-Mazedonien erinnert.

In einem 1970 im Auftrag der bulgarischen Staats- und Parteiführung erstellten Gutachten über die Lage der bulgarischen Mohammedaner hieß es: »Die bulgarische Bevölkerung mit mohammedanischem Glauben stellt in den Kreisen Kardzali, Smoljan und den anderen Kreisen ein vorbereitetes Terrain für eine schrittweise, aber sichere Durchdringung und Erweiterung des türkischen nationalen Bewußtseins, der türkischen Sprache und des türkischen Einflusses (Gebräuche, Sitten, Eigennamen usw.) dar, wenn wir keine raschen und ernsthaften Maßnahmen für ihr bulgarisches Bewußtsein und ihre bulgarische nationale Wiedergeburt ergreifen.«

Die Geburtenrate im Kreis Kardzali, dessen Bevölkerung zu drei Vierteln türkisch war, betrug damals 31,8 pro Tausend jährlich, das heißt, sie war dreimal so hoch wie in Sofia, wo sie 10 pro Tausend war.

»Wenn wir die Gründe für die Ausbreitung des türkischen Einflusses bei uns sehen wollen«, heißt es in dem Gutachten weiter, »müssen wir vor allem den Liberalismus, den sorglosen Umgang unserer lokalen und zentralen Organe gegenüber den türkischen Nationalisten erwähnen, die verdeckt, aber mit fanatischer Beharrlichkeit arbeiten, geschickt geführt von inneren und äußeren Zentren. An zweiter Stelle muß man die oberflächliche, formale und schablonenhafte Beziehung einiger lokaler und zentraler Organe hinsichtlich unserer Arbeit für

---

[235] Ivan Aleksandrov, »Anmerkungen zu unserer Arbeit unter den Bulgaromohammedanern«, CDA, f. 1, op. 6, a.e. 5455, l. 1.

die nationale Bewußtwerdung der Bulgaromohammedaner erwähnen, die häufig nicht zu einer Klärung der Frage führt, daß sie ein untrennbarer Bestandteil der bulgarischen Nation sind... Wir müssen schöne, kurze, wohlklingende und sogar poetische, slawische und slawisch-bulgarische Namen verwenden, die für die Zeit vor der Eroberung Bulgariens durch die Türken und die Unterwerfung der bulgarischen Kirche unter das griechische Patriarchat von Konstantinopel charakteristisch sind...

Auf diese Weise kann etwas wie ein neues Zypern in Bulgarien und auf dem Balkan entstehen. Gerade deshalb behauptet die türkische Propaganda, daß in Bulgarien fast dreimal so viele Türken als tatsächlich leben, und diese Behauptungen werden gern von der jugoslawischen Presse mit nationalistischer Zielsetzung aufgegriffen...

Nach einer breiten Aufklärungsarbeit unter der türkischen Bevölkerung gegen die Auswanderung soll allen, die es wünschen, erlaubt werden, ohne Einschränkungen in die Türkei auszuwandern. Aber nach dieser breiten politischen Aufklärungsarbeit sollen jene, die auf eigenen Wunsch ausgewandert sind, unter keinen Umständen wieder in Bulgarien aufgenommen werden.«

Um den tatarischen Geist zu wecken und die Türkisierung der Tataren zu verhindern, fand im Jahre 1972 in der Stadt Tolbuchin [Dobric], einer tatarisch geprägten Stadt Nordostbulgariens, eine Versammlung statt, in der Maßnahmen zur Schaffung tatarischer und gemischter bulgarisch-tatarischer künstlerischer Kollektive, ohne die Teilnahme von Türken, beschlossen wurden.

Um bessere Ergebnisse im Kampf gegen den Einfluß der mohammedanischen Religion und die antibulgarische Tätigkeit der moslemischen Geistlichen zu erzielen, ergriffen Parteiorgane, gesellschaftliche Organisationen wie auch staatliche Organe Maßnahmen für eine strenge Kontrolle der Tätigkeit der Hodschas. Es wurde nicht zugelassen, daß die Religion für politische Zwecke ausgenützt wurde.

In den Lehrerbildungsanstalten wurden türkische und bulgaromohammedanische Jugendliche nur noch aufgenommen, wenn sie aus der Arbeiterschaft kamen, eine Neigung zum Studium zeigten, aktiv im Komsomol mitarbeiteten und wenn sich ihre Eltern bereits »Aufbau des Sozialismus« beteiligten und keine nationalistischen Einstellungen zeigten.

Das Ministerium für Volksbildung ergriff Maßnahmen, um in Dörfern mit türkischer Bevölkerung nur gutausgebildete Bulgaren als Lehrer zu entsenden. Die bulgarischen Lehrerinnen wurden aus diesen Dörfern abgezogen und zur Arbeit in bulgarischen Dörfern eingesetzt. Die Lehrer türkischer Abstammung wurden zur Arbeit in Dörfer mit bulgarischer Bevölkerung (aber nicht in Dörfer mit Bulgaromohammedanern) entsandt. Ausnahmen wurden nur bei Lehrern gemacht, die Türkisch unterrichteten. Der Unterricht in türkischer Sprache sollte kein Monopol der türkischen Lehrer bleiben, und es wurden auch bulgarische Lehrer für diesen Unterricht ausgebildet.

Um besser auf die patriotische Erziehung der Jugend einzuwirken, wurden in Dörfern mit türkischer und tatarischer Bevölkerung Museen, Denkmäler und Gedenktafeln, die mit den Befreiungskämpfen des bulgarischen Volkes verbunden waren, errichtet.

Die Abteilungen ›Propaganda und Agitation‹ und ›Wissenschaft und Bildung‹ des ZK der BKP entwickelten gemeinsam mit dem Ministerium für Volksbildung und dem ›Komitee für Kultur und Kunst‹ ein Sonderprogramm für die Erziehung von rund 500 Kindern und Jugendlichen türkischer Abstammung in Internatsschulen, wo sie zu Vorkämpfern für die Eingliederung der türkischen Bevölkerung in das bulgarische Volk werden sollten.

Die Zypernkrise und das Aussiedlungsproblem in den bulgarisch-türkischen Beziehungen

Auf einer geschlossenen Sitzung des türkischen Parlaments sprach der Verteidigungsminister Achmed TOPALOGLU im November 1967 über den »mächtigen Aufschwung der Ausrüstung der türkischen Streitkräfte mit modernen Waffen« durch die USA und die anderen Verbündeten der NATO.[236]

Im April 1968, unmittelbar nach der Unterzeichnung des bulgarisch-türkischen Abkommens zur Regelung der Aussiedlungsfrage, erneuerten bulgarienfeindliche Kreise in der Türkei ihre Angriffe gegen Bulgarien. Dadurch versuchten gewisse Kreise in der Türkei, die Normalisierung der Beziehungen zwischen den beiden Nachbarländern zu behindern, dem sich anbahnenden Entspannungsprozeß entgegenzuwirken und die politischen Beziehungen zwischen Bulgarien und der Türkei zu verschlechtern.

Die Haltung Bulgariens zum Aussiedlungsproblem wurde auch in den Gesprächen mit dem türkischen Staatschef, General Kenan EVREN, während seines Besuches in Bulgarien vom 24. bis 27. Februar 1982 eindeutig formuliert.

Die *Londoner Times* schrieb im August 1974: »Die Griechen sind sicher, daß der Staatsstreich gegen MAKARIOS mit Washington abgestimmt wurde, und von dort kommt man leicht zu dem Schluß, daß die türkische Invasion ebenso dort vorausgesehen und geplant wurde. Der wahre Wert der NATO für die Griechen ist die Garantie gegen eine

[236] Jordan BAEV, *Voennopoliticeskite konflikti sled Vtorata svetovna vojna i Balgarija* [Militärisch-politische Konflikte nach dem Zweiten Weltkrieg und Bulgarien], Sofia 1995, S. 148.

sowjetische Aggression. Aber derzeit gibt es keine ernsthafte Gefahr eines direkten sowjetischen Angriffs auf Griechenland.«[237]

Die bulgarische Regierung änderte auf Grund der neuen Situation ihre politische Linie in dieser Frage. Die Okkupation von fast 40 Prozent des Territoriums von Zypern im Juli 1974 – begleitet von dem gleichzeitigen gewaltsamen Sturz von Erzbischof Makarios – und die zunehmende Präsenz türkischer militärischer Einheiten auf der Insel führten zur gewaltsamen Verwirklichung des bizonalen Projekts und zur Vertreibung der Zyperngriechen vom besetzten Territorium. Das sind die Faktoren, die die bulgarische Position zur Zypernkrise ausmachen und Befürchtungen für die Wiederholung des Zypernszenarios in anderen Teilen des Balkans hervorrufen. Die Beunruhigung verstärkt sich infolge der Aktivierung des islamischen Fundamentalismus und der nationalistischen Erscheinungen in der Türkei.

Die einseitige Ausrufung der sogenannten Türkischen Republik Nordzypern am 15. November1983 (vom Sicherheitsrat der Vereinten Nationen in den Resolutionen Nr. 541/1983 und Nr. 550/1984 kategorisch abgelehnt) und die Annahme einer ›Verfassung‹, in der der föderale Staat nicht mehr erwähnt, sondern verkündet wurde, daß »die Zyperntürken ein unteilbarer Teil der großen türkischen Nation sind«, gaben neuen Grund zur Beunruhigung hinsichtlich der weiteren strategischen Pläne der Türkei, und die Ausweglosigkeit der Zypernkrise vertiefte sich.

Versucht man die veränderte Politik der bulgarischen Führung gegenüber der moslemischen Bevölkerung in Bulgarien in den siebziger und achtziger Jahren zu analysieren, so spielte die Zypernkrise als außenpolitischer Faktor zweifellos eine wichtige Rolle.

Im Beschluß des Politbüros vom Sommer 1971 wurden die Absichten der türkischen Seite wie folgt beschrieben: »Wenn vor einigen Jahrzehnten die Politik der türkischen Regierung zur Sammlung aller Türken aus den früheren Besitzungen im Mutterland gerichtet war, um von dort die Unversehrtheit des Staates zu verteidigen, so ist heute die Politik eine andere – die Türken im Ausland sollen dort bleiben, wo sie sind, ihre Nationalität, Sprache, Religion und Bräuche behalten, indem sie zu einem geeigneten Moment vom türkischen Staat für seine Ziele benützt werden. Auf diese Weise kann etwas wie ein neues Zypern in Bulgarien und auf dem Balkan geschaffen werden.«

In den achtziger Jahren war eine starke Aktivierung der islamisch-fundamentalistischen Kräfte in der Türkei zu beobachten. Die pantürkistische Doktrin verwandelte sich in die herrschende politische Linie der Regierung Turgut Özal. Außer den extremistischen Losungen der Partei der nationalen Rettung zeigten die Analysen, daß es

[237] *Times*, 23. 8. 1974, zit. von Baev, ebenda, S. 153.

bereits um die offizielle staatliche Politik mit klaren strategischen Zielen ging – der Ausnutzung der ›türkischen Minderheiten‹ in den Nachbarländern für die Sicherung der vollen Hegemonie in der Region. Die skizzierten Parameter in der Balkanpolitik der Türkei und die ständige Wiederholung immer derselben Streitfragen in den Beziehungen mit Bulgarien riefen eine große Beunruhigung hervor und motivierten die Ausarbeitung einer entschiedeneren und härteren bulgarischen Position.

Die Geschichtswissenschaft kann noch immer kein vollständiges Bild der politisch-psychologischen Voraussetzungen und der Ursachen für den sogenannten ›Wiedergeburtsprozeß‹ zeichnen, der die Konfrontation der Volksgruppen und die Massenemigration aus Bulgarien in die Türkei Ende der achtziger Jahre hervorrief. Es gab einige grundlegende innen- und außenpolitische Gründe für die massenhafte Namensänderung der türkischen Bevölkerung in Bulgarien im Dezember 1984 und Januar 1985. Unter den hauptsächlichen außenpolitischen Faktoren waren die Proklamation der sogenannten Türkischen Republik Nordzypern von Rauf Denkta im November 1983 sowie die fortgesetzten Unruhen der moslemischen Bevölkerung in Kosovo zur selben Zeit und die Aktivierung der Propagandathesen von den Auslandstürken, die ein Teil der offiziellen pantürkistischen Doktrin sind.

Die türkische und amerikanische Kampagne gegen Bulgarien in den achtziger Jahren

Im Jahre 1973 wurde eine neue Fernsehstation in Usunköprü bei Adrianopel errichtet, von der aus der Rundfunksender *Stimme der Türkei* Sendungen in bulgarischer Sprache wie »Die Türkei heute«, »Türkische Presseschau«, »Album der Türkei«, »Begegnung mit der Türkei« u. a. ausstrahlte, die auf bulgarischem Gebiet empfangen werden konnten. Im März 1983 begann *Die Stimme der Türkei*, eigens für die bulgarischen Türken Sendungen in türkischer Sprache auszustrahlen, die im Jahre 1986 bereits 18 Stunden pro Tag ausmachten.

Dieser Sender wie auch die türkische Presse und die westlichen Rundfunksender *Die Stimme Amerikas, Radio Freies Europa, Deutsche Welle* und *BBC* beteiligten sich an der Kampagne gegen Bulgarien im Sinne der psychologischen Kriegführung und beschuldigten das Land, ein ›terroristischer Staat‹ Staat zu sein, der das Attentat auf den Papst organisiert habe, die türkische und moslemische Minderheit unterdrücke, die Menschenrechte verletzte und durch den Waffenhandel terroristische Aktivitäten auf der ganzen Welt fördere.

Türkische Sonderdienste führten in Bulgarien eine Untergrundtätigkeit auf breiter Front durch, um einen bewaffneten Widerstand der bulgarischen Moslems – durch terroristische Akte, öffentliche Proteste, Demonstrationen usw. – hervorzurufen. Diese Untergrundtätigkeit wurde von Amerikanern angeregt, geleitet und finanziert.[238] Im Jahre 1982 wurde eine Sonderabteilung des Generalstabs der türkischen Armee zur Durchführung dieser Diversionstätigkeit geschaffen.

An dieser Untergrundtätigkeit beteiligten sich auch die ›Grauen Wölfe‹ mit ihren Gruppen in Westeuropa sowie die Moslembrüder, die mit Unterstützung des MIT auch unter den türkischen Emigranten aus Bulgarien arbeiteten.

Die Beziehungen der USA gegenüber dem ›Reich des Bösen‹ bekamen eine neue politische Ausrichtung durch die Rede Präsidenten Ronald REAGANS im Juli 1982 vor dem britischen Parlament, in der er den Kommunismus als »außerhalb des Gesetzes stehend« erklärte. Diese Rede und die folgenden Ergänzungen von Außenminister SHULTZ und anderen führenden Vertretern der US-Regierung wurden das Programm für verdeckte Operationen gegen den Ostblock.

In der Zeit von 1982 bis 1984 wurden einige Versuche für terroristische Aktionen festgestellt, von denen die Bombenattentate in Varna und am Bahnhof Plovdiv am 30. August 1984 bekannt wurden.

Der ›Wiedergeburtsprozeß‹

Im November 1984 entschloß sich die bulgarische Führung unerwartet zu einer radikalen Maßnahme: die Namen der bulgarischen Türken – etwa 800 000 Personen oder 8,5 Prozent der Bevölkerung – wurden praktisch *uno actu*, d. h. in einer einzigen, nur wenige Wochen dauernden Aktion, von den Behörden bulgarisiert. Die davon betroffenen Menschen vor allem in den Dörfern und Kleinstädten im Nordosten und Süden Bulgariens, die davon völlig überrascht waren, leisteten keinen Widerstand.

Diese Maßnahme wurde von einer Kampagne begleitet, die man offiziell als ›Wiedergeburtsprozeß‹ (*vazroditelen proces*) bezeichnete: Es wurde die Theorie verkündet, daß die bulgarischen Türken in Wirklichkeit kein Teil der türkischen Nation, sondern Nachkommen türkisierter und islamisierter Bulgaren seien. Am 18. Februar 1985 gab das Politbüro der Kommunistischen Partei eine Entscheidung bekannt, mit der das Konzept der einheitlichen bulgarischen Nation betont wurde: »In der Entscheidung des Politbüros wird hervorgehoben, daß in den Jahrhunderten des kulturlosen osmanischen Jochs das Schrifttum der beiden Brüder [CYRILL und METHOD] und die von ihnen geschaffene altbulgarische Kultur eine belebende Flamme dar-

[238] Bericht des Staatssicherheitsdienstes (DS) an den Innenminister vom 12. 11. 1983 (streng geheim), AMVR, f. 1-B, op. 12, a.e. 639, S. 198.

stellten, die eine unschätzbare Rolle für den Erhalt unserer Nation spielte.«[239]

Kulturelle Werte, deren Wurzeln bis ins Mittelalter zurückreichen, sollten fortan zum unverwechselbaren Kennzeichen der bulgarischen Nation werden. So hieß es in dieser Erklärung des Politbüros weiter: »So ist das bulgarische Volk das erste unter den slawischen Völkern, welches ein reiches Schrifttum in der eigenen Volkssprache hervorgebracht hat.«

In seinem Referat auf dem Plenum des ZK der BKP am 8. und 9. November 1984 analysierte Todor Zivkov die negativen Veränderungen in der internationalen politischen Lage der letzten Jahre. Die Kriegspartei in den USA und den NATO-Staaten verstärke ihre Versuche - wie er ausführte -, das militärisch-politische Gleichgewicht in der Welt zu stören und eine militärische Übermacht über die UdSSR und die Länder des Warschauer Pakts zu erreichen.

Die Regierung der USA stelle sich das politische Ziel, im Rahmen des von Reagan verkündeten ›Projekts Demokratie‹ eine Opposition im Inneren des Ostblocks zu organisieren, um Veränderungen hervorzurufen und den Kapitalismus zu restaurieren. Das wirtschaftliche und wissenschaftlich-technische Embargo gegen den Ostblock solle dessen wirtschaftliche Macht schwächen und den USA die Überlegenheit in der Rüstung sichern. In den Sonderorganen der USA seien allein 500 Mitarbeiter nur damit beschäftigt, dieses Embargo zu kontrollieren.

»Die uns vorliegenden Informationen zeugen davon - wie Zivkov weiter erklärte -, daß sich der von den USA ausgeübte Druck auf ihre Verbündeten in der NATO, auf Japan und die neutralen und blockfreien Staaten, auf die Agentur COCOM, die EWG und die anderen internationalen Organisationen verstärkt und daß sie gezwungen werden, sich aktiv an der antibulgarischen Kampagne und an den Maßnahmen gegen unser Land zu beteiligen.«

Beim Generalstab der türkischen Armee wurde eine spezielle Organisation geschaffen, die sich den »Schutz der türkischen ethnischen Gruppen außerhalb der Grenzen der Türkei« zum Ziel setzte.

Der Beschluß zur Namensänderung

Der Beschluß zur Namensänderung wurde von Todor Zivkov und dem Politbüro im November 1984 gefaßt, wie Kostadin Cakarov später berichtete. Die Initiative kam jedoch vom damaligen Ersten Sekretär des Kreiskomitees der BKP in Kardzali und dem Abgeordneten dieses Gebietes Georgi Atanasov, Sekretär des ZK der BKP. Das Politbüro stimmte, nachdem die Mitglieder anfangs geschwankt und Zwei-

[239] *Rabotnicesko delo*, 18. 2. 1985, zit. von Riedel, aaO., S. 15.

fel an der Verwirklichung des Vorschlags geäußert hatten, darin überein, in dieser Frage »bis zum Ende zu gehen«. Zu diesem Zweck wurde im ZK der BKP ein Stab für die Durchführung der Aktion gebildet, mit Todor ZIVKOV an der Spitze, an dem Milko BALEV, Georgi ATANASOV, Penco KUBADINSKI, Dimitar STOJANOV, Petar MLADENOV und Stojan MICHAJLOV beteiligt waren.[240]

Todor ZIVKOV selbst stellte im Jahre 1989 in einer Rede vor der Parteiakademie die Ursachen auf folgende Weise dar: »Die Frage stand so: Entweder wir lösen dieses Problem vernünftig, ruhig, ohne auf Provokationen zu reagieren, indem wir die internationalen Realitäten studieren, oder wir werden morgen ein zweites Zypern oder etwas noch Schlimmeres als Zypern sein. Es geht um Bulgarien. Ich spreche mit vollem Ernst und Verantwortung. Wir wissen sehr gut, welches die Pläne jener sind, die dort die Leitung haben.«[241]

Todor ZIVKOV wurde sich bereits zu Beginn der siebziger Jahre darüber klar, daß er die Massenauswanderung der bulgarischen Türken nicht durchführen konnte. Das geht sichtbar aus der Ansprache Todor ZIVKOVS am 3. Juli 1970 auf dem Treffen des Sekretariats der BKP mit dem Redaktionskollegium der türkischen Zeitung *Yeni isik* und den Aktivisten der Bevölkerung mit türkischer Abstammung hervor. Damals behauptete er unmißverständlich, daß die Massenauswanderung praktisch unmöglich sei, weil die Türkei sie nicht wolle.[242]

Die bulgarische Regierung unternahm unter der Führung Todor ZIVKOVS außerordentliche Maßnahmen zur Verbesserung der wirtschaftlichen Lage der bulgarischen Türken, zur Erhöhung ihres Lebensstandards, zur Überwindung ihrer kulturellen Rückständigkeit und zum Aufbau der Intelligenz aus ihren Reihen. In die Mittelschulen und Universitäten wurden Kinder aus dieser Bevölkerung mit Privilegien aufgenommen, die die Kinder der übrigen Bulgaren nicht genossen.

Es gab in der Frage der bulgarischen Moslems und der bulgarischen Türken zwei Richtungen in der Führung der BKP: eine gemäßigte, die auf eine langsame Evolution der Minderheit, aber auf ihre weitere, wenn auch eingeschränkte Existenz setzte, und eine radikale, die praktisch für die Auflösung der Volksgruppe, allerdings bei gleichzeitiger Förderung ihrer sozialökonomischen Entwicklung, und für eine Neutralisierung der türkischen Propaganda eintrat.

---

[240] Kostadin CAKAROV, *Vtorija etaz* [Das zweite Stockwerk], Sofija 1990, S. 189. Der Historiker Stajko TRIFONOV bringt eine davon leicht, aber nicht grundsätzlich abweichende Version, indem er behauptet, daß der Beschluß von vier Politbüromitgliedern: Todor ZIVKOV, Milko BALEV, Dimitar STOJANOV und Georgi ATANASOV gefaßt worden sei, siehe *Pogled*, Nr. 20, 20. 5. 1991.

[241] CAKAROV, *Vtorija etaz*, S. 190 f.

[242] Todor ZIVKOV, *Izbrani sacinenija* [Ausgewählte Werke], Sofia 1976, Bd. 18, S. 104. Zit. von ASENOV, aaO., S. 79.

In den siebziger und achtziger Jahren gewann die radikale Richtung ein Übergewicht, weil die aktive Minderheitenpolitik der Regierung in den fünfziger Jahren gescheitert war und auch das darauffolgende gemäßigte Vorgehen in den sechziger Jahren keine Erfolge hatte, ferner, weil die Anfang der siebziger Jahre durchgeführte Namensänderung der bulgarischen Moslems erfolgreich war und schließlich, weil die türkische Invasion auf Zypern die Gefährlichkeit des türkischen Nationalismus zeigte.

Am 19. Juni 1984 nahm das Politbüro eine Konzeption für die Arbeit mit den bulgarischen Türken an, die von Milko BALEV, Stojan MICHJALOV und Ilco DIMITROV ausgearbeitet worden war, aber im wesentlichen ›gemäßigt‹ war: Sie enthielt nämlich noch keine Namensänderung und lehnte das Motiv der ›bulgarischen Abstammung‹ ab.

Nach sechs Monaten gab Todor ZIVKOV jedoch seine Zustimmung zur massenhaften Namensänderung der bulgarischen Türken. Er änderte seine Meinung, weil der Druck der lokalen Behörden von Kradzali stärker wurde und die Türkei ihre Propaganda gegen Bulgarien verstärkte. Hinzu kam, daß die Verhandlungen mit der Türkei über die Auswanderung der bulgarischen Türken erfolglos blieben, weil die Türkei sie nicht aufnehmen wollte. Die Türkei forderte statt dessen das Recht, sich um die »türkische nationale Minderheit« zu kümmern, und mischte sich verstärkt in die inneren Angelegenheiten Bulgariens ein. Schließlich erkannte ZIVKOV, daß seine Auffassung von der Annäherung der Volksgruppen und ihre Verschmelzung zu einer »einheitlichen sozialistischen Nation« eine Schimäre war und daß seine Linie auf diesem Gebiet gescheitert war. Alles das führte dazu, daß er seine ›gemäßigte‹ Linie aufgab und die ›radikale‹ unterstützte.

Am 18. Januar 1985 sandte das ZK der BKP an alle höheren Parteifunktionäre im Lande ein Material mit dem Titel »Die Stärkung der Einheit der bulgarischen sozialistischen Nation und ihrer ethnischen Homogenität«. Darin wird dokumentarisch festgestellt, daß die bulgarischen Türken Nachkommen der islamisierten Bulgaren seien. Es wurde mitgeteilt, daß am 14. Januar 1985 die Namen von 310 000 Personen der Kreise Kradzali, Chaskovo, Pazardzik, Silistra, Stara Zagora, Burgas und Blagoevgrad ›wiederhergestellt‹ worden seien. Das Ziel dieser Namensänderung wurde bestimmt, »daß wir diese Bevölkerung endgültig und unumkehrbar vom Turzismus trennen«. Im Dokument wird dieser Akt als Fortsetzung des »Wiedergeburtsprozesses« gesehen, der in den siebziger Jahren mit dem Ziel der »Stärkung des bulgarischen Nationalbewußtseins« begonnen habe.[243]

[243] Orlin ZAGOROV, *Vazroditelnijat proces* [Der Wiedergeburtsprozeß], *teza – antiteza, otricanije na otricanijeto* [These – Antithese, Negation der Negation], Sofia 1993, S. 28 f.

Die Namensänderung wurde nicht zuletzt nach dem Muster eines Gesetzes durchgeführt, das in der Türkei im Jahre 1933 beschlossen wurde und dem zufolge die Familiennamen und die Vornamen der Kinder der nichttürkischen Bevölkerung, die türkische Staatsangehörige waren, das heißt unter anderen der Juden, Griechen, Bulgaren, Armenier, Franzosen, Italiener, die in den Grenzen der Türkei lebten. Das Gesetz wurde, wie berichtet wurde, durchgeführt, ohne auf Widerstand zu stoßen.[244]

Die Verteidigung der Einheit der bulgarischen Nation und der Kampf gegen den nationalen Nihilismus

Das ›türkische Problem‹ wurde in der Folge zu einer der Hauptfragen des Regimes, die es bis zu seinem Ende ständig beschäftigte und die auch wesentlich, durch die Einmischung des Auslands, zu seiner Destabilisierung und letztlich zu seinem Zusammenbruch beitrug.

In einer Sitzung des Politbüros über die türkische Frage im Januar 1988 wurde beklagt, daß Bulgarien auf internationalen Konferenzen außer von der Sowjetunion von keinem anderen Verbündeten des Warschauer Pakts in diesem Punkt unterstützt würde. Innenminister Dimitar STOJANOV berichtete, daß der türkische Ministerpräsident Turgut ÖZAL im August 1987 Drohungen gegen Bulgarien richtete, indem er eine Lösung der Frage der bulgarischen Moslems nach dem Beispiel Zyperns ankündigte. Er berichtete ferner, daß die Programme des türkischen Fernsehens mit fünf Kanälen an der Schwarzmeerküste und in den Grenzregionen empfangen werden könnten.[245]

Im April 1989 unternahm das Regime noch einmal einen Versuch, durch einen Beschluß des Politbüros »Über die weitere Einheit der bulgarischen sozialistischen Nation« die patriotischen Tendenzen in der Bevölkerung zu verstärken und die Lage zu stabilisieren. Der Beschluß forderte von den Massenmedien, wissenschaftlichen Instituten und Künstlerverbänden einen aktiven Kampf gegen die Erscheinungen des »nationalen Nihilismus und Pseudohumanismus«.[246]

»Das Ministerium für Kultur, Wissenschaft und Bildung soll«, wie es in dem Beschluß heißt, »ein Programm für die Schule in diesen Gebieten [d.h. der bulgarischen Türken] als kulturelles Zentrum, als ständiger und aktiver Faktor für die patriotische und internationale

[244] Schreiben von Ivan M. CETRAFILOV aus Smoljan an das ZK der BKP zuhanden Boris VELEV, 10. 7. 1970, CDA, f. 1, op. 6, a.e. 5456, l. 1.

[245] Sitzung des Politbüros des ZK der BKP 12. 1. 1988 über die türkische Frage, f. 1B, op. 68, a. e. 3363, S. 20.

[246] Beschluß des Politbüros des ZK der BKP vom 11. 4. 1989 »Über die weitere Einheit der bulgarischen sozialistischen Nation«, CDA, f. 1B, op. 68, a. e. 3634, S. 8.

Erziehung sowie für die berufliche Ausbildung der heranwachsenden Generation ausarbeiten. Ein besonderes Augenmerk soll dem Lernen der bulgarischen Sprache, der Bereicherung der Sprachkultur, der Vertiefung des Studiums der nationalen Geschichte und Geographie, der Formung des Nationalbewußtseins und der Liebe zu den geistigen Werten der bulgarischen Nation gewidmet werden. Die Aneignung der bulgarischen Lieder und Tänze soll ihre ständige Aufgabe sein. Es sollen entsprechende Änderungen in den Lehrbüchern, Lehrplänen und im Erziehungsprozeß gemacht werden, um die Ausbildung der Lehrer zu verbessern.

Es sollen Initiativen der bulgarisch-orthodoxen Kirche und des moslemischen Glaubensbekenntnisses in Bulgarien zum Schutz der nationalen Würde der Gläubigen, für die patriotische Erziehung des Volkes und die Verteidigung der Interessen der bulgarischen Nation und für die Neutralisierung der antibulgarischen Propaganda unterstützt werden.

Die Vaterländische Front hat eine besondere Aufgabe für die Hebung der Rolle der Familie in der patriotischen Erziehung. Die unzertrennliche Verbindung im Erziehungsprozeß zwischen Familie, Schule und Öffentlichkeit als entscheidende Bedingung für die persönlichen und staatsbürgerlichen Tugenden und Eigenschaften der Jugendlichen und für die Erreichung der gestellten Ziele für die Einheit der bulgarischen Nation muß hervorgehoben werden.«

In der Diskussion auf der Sitzung des Politbüros wies Petar DJULGEROV auf den nationalen Nihilismus der Jugend hin, der durch die Öffnung des Landes und durch internationale Entwicklungen sowie Konferenzen mit ihren Resolutionen gefördert werde. Griša FILIPOV forderte, den nationalen Aspekt bei der Umgestaltung der Gesellschaft stärker zu berücksichtigen, da der sich vor allem unter der Intelligenz verbreitende Kosmopolitismus einem Volksverrat gleichkomme...

Die ›große Exkursion‹ im Mai 1989

Im Mai 1989 wurde in Paris eine internationale Konferenz über die Erfüllung des Abkommens von Helsinki in bezug auf die Menschenrechte veranstaltet. Eines dieser Abkommen berührte das Recht der Bürger der europäischen Länder für freie Reisen ins Ausland. Die Türkei beschuldigte auf der Konferenz Bulgarien, die Rechte der türkischsprachigen Bevölkerung zu verletzen.

Die Ursache für die verstärkte Nervosität des kommunistischen Regimes waren die Aktivitäten von Dissidenten und Bewegungen zur Verteidigung der Menschenrechte sowie die zunehmende internationale Isolierung Bulgariens, darunter auch unter den Verbündeten des Warschauer Pakts.

Zwischen dem 22. und dem 27. Mai 1989, unmittelbar vor und während der Pariser Konferenz, wurden in Bulgarien, und zwar in den Gebieten mit gemischter Bevölkerung, Kundgebungen, Protestveranstaltungen und Hungerstreiks von bulgarischen Türken organisiert, die das Recht der Auswanderung in die Türkei forderten.

Bereits einige Tage zuvor, am 10. Mai 1989, hatte das bulgarische Parlament ein neues Gesetz über Auslandspässe beschlossen, das jedem bulgarischen Staatsbürger das Recht gab, ins Ausland zu reisen. In seiner Radio- und Fernsehansprache vom 20. Mai 1989 rief Todor ZIVKOV die Türkei auf, ihre Grenzen für bulgarische Staatsbürger, die sie zeitweilig besuchen oder ständig dort leben wollten, zu öffnen.[247]

Mit Hilfe der USA und anderer Verbündeter versuchte die Türkei, internationale Organisationen mit antibulgarischen Beschlüssen und Entschließungen zu engagieren. Eine Kontaktgruppe der Mitgliedländer der islamischen Konferenz, eine Delegation amerikanischer Kongreßabgeordneter, der UN-Sonderberichtserstatter für Menschenrechte und religiöse Toleranz, Dr. RIBEIRO, der sich mit der Lage der Rechte und Freiheiten der bulgarischen Moslems bekannt machen wollte, besuchten das Land.

Die Massenbewegung der bulgarischen Türken, die zur Massenauswanderung und schließlich auch zum Sturz des Regimes führte, war natürlich vorbereitet und organisiert, und nach 1989 nahmen einige führende Oppositionelle für sich in Anspruch, die Urheber gewesen zu sein.[248]

In dem Material, das Konstantin TRENCEV, Führer der unabhängigen Gewerkschaft ›Podkrepa‹ [Unterstürzung], in der Zeitung *Monitor* veröffentlichte, heißt es: »Wir zündeten die Bombe der großen Explosion im Jahre 1989.« Er behauptete, daß die unabhängige Bewegung für Menschenrechte und die Gewerkschaft ›Podkrepa‹ beschlossen hatten, »das Problem der Verletzung der Menschenrechte der türkischen ethnischen Minderheit in Bulgarien« vor die Konferenz der KSZE in Paris zu bringen.[249]

Einige von diesen, die Brüder RUNTOVI, waren bulgarische Mohammedaner, die bis zu einem gewissen Grad türkisiert waren und sich als fanatische protürkische Nationalisten äußerten. Sie erörterten die Frage, was man tun können, um die Aufmerksamkeit der Pariser Friedenkonferenz für die Probleme der türkischsprachigen Bevölkerung in Bulgarien zu erregen.

---

[247] Gesetz über Änderung und Ergänzung des Gesetzes über Auslandspässe vom 10. 5. 1989, in: BAEV, aaO., S. 221.

[248] Veselin BOZKOV, *Zaplachata ostava: Zapiski na kontrarazuznava po turska linija* [Die Bedrohung bleibt: Aufzeichnungen eines Mitarbeiters der Spionageabwehr gegen die Türkei], Sofija 2002, S. 111.

[249] Konstantin TRENCEV, in: *Monitor*, 21. 5. 1999.

Einige bulgarische Moslems beschlossen, ein ›moslemisches Streikkomitee‹ zu bilden, das Hungerstreiks durchführte und dadurch das Interesse von *Radio Freies Europa, BBC,* der *Stimme Amerikas,* sowie von türkischen Rundfunkstationen erregte, um damit die Weltöffentlichkeit auf die Verletzung der Rechte der türkischsprachigen Bevölkerung aufmerksam zu machen. Eine besondere Rolle spielte Radio *Freies Europa* mit den bulgarischen Sendungen von Vladimir Kostov und Rumjana Uzunova sowie der bulgarische Emigrant in Frankreich Petr Bojadziev, der für einen der Organisatoren dieser Demonstrationen und Aufstände gehalten wurde.

Aber auch Achmed Dogan, der Führer der türkischen Partei ›Bewegung für Rechte und Freiheiten‹ [*Dvizenie za prava i svobodi,* DPS], nahm für sich in Anspruch, den Aufstand ausgelöst zu haben: »Die ganze Sache begann als Idee in Pazardzik. Am 19. oder 20. 1. 1989, als ich den Text des Wiener Dokuments für Menschenrechte gelesen hatte, begannen wir mit der konkreten organisatorischen Arbeit und im Zusammenhang mit der Konferenz über die menschliche Dimension in Paris am 30. Mai. Das war ein sehr wichtiges Datum. Wir mußten am 25. Mai mit Streiks im ganzen Land beginnen, damit man von uns in Europa erfahren würde, damit wir Lärm machen und die bulgarische Delegation in Paris scheitert. Wir erreichten unser Ziel. . . Ich bin überzeugt, daß es den 10. November 1989 nicht ohne den Mai 1989 gegeben hättee.«[250]

Während der Maidemonstrationen und Unruhen kam es zu einer solchen Verschärfung der Situation, daß die reale Gefahr eines ethnischen Konfliktes zwischen der türkischsprachigen Bevölkerung und den Bulgaren entstand. Auf einer Konferenz aus Anlaß des 10. Jahrestages der Maiereignisse sagte Achmed Dogan: »Vor zehn Jahren war Bulgarien an der Schwelle des Bürgerkriegs.«[251]

Diese Behauptungen ehemaliger Dissidenten, die den Ruhm für den Sturz des Regimes für sich in Anspruch nehmen wollen, sind nicht unbedingt falsch, dennoch muß man nach der Aussage ehemaliger Mitarbeiter der bulgarischen Staatssicherheit den türkischen Geheimdienst als den eigentlichen Organisator des Aufstandes annehmen, der bereits seit langem im Untergrund tätig war und als einziger in der Lage war, eine so große Bewegung zu planen, die nötigen Mittel bereitzustellen, zu leiten und durchzuführen.

Im Mai 1989 verließen, nachdem die bulgarischen Behörden die Grenzen geöffnet und die notwendigen Pässe und Dokumente ausgestellt hatten, etwa 350 000 bulgarische Türken das Land, um sich in

[250] Achmed Dogan, in: *Monitor,* 21. 5. 1999, und in: *Duma,* 13. 6. 1999.

[251] Bozkov, *Zaplachata,* aaO., S. 130. Zit. von *Nova Zora,* Nr. 23, 11. 6. 2002, S. 11.

der Türkei niederzulassen. Die Türkei sperrte jedoch bald die Grenze und weigerte sich, noch mehr Menschen aus Bulgarien aufzunehmen. Von den Emigranten kehrten jedoch etwa 170 000 Personen im Herbst 1989, noch vor dem Sturz des kommunistischen Regimes, wieder nach Bulgarien zurück, offenbar aus Enttäuschung über die Lebensbedingungen in der Türkei. Sie erhielten in der Regel ihre alten Arbeitsplätze und Wohnungen wieder zurück, akzeptierten aber die Namensänderungen.

Auf Initiative des Emirs von Kuwait wurde am 30. Oktober 1989 ein bulgarisch-türkisches Treffen auf höchster Ebene durchgeführt. Wegen der ›Erkrankung‹ des bulgarischen Außenministers (wie heute bekannt ist, war der Grund der Konflikt zwischen ZIVKOV und MLADENOV und vor allem der Brief des letzteren vom 24. Oktober 1989) war die bulgarische Seite auf dem Treffen in Kuwait vom stellvertretenden Ministerpräsidenten Georgi JORDANOV vertreten. Auf dieser Konferenz wurde die Frage mit der Emigration der bulgarischen Türken vorläufig geregelt.

Nach dem Sturz Todor ZIVKOVS wurde auf der Sitzung des ZK der BKP im Dezember 1989 die Namensänderung der bulgarischen Türken zurückgenommen, und der neue Parteichef Petar MLADENOV warnte davor, »die Fahne des Superpatriotismus zu entrollen«, weil dieser bereits zweimal in der Geschichte Bulgariens zu einer nationalen Katastrophe geführt hätte.[252]

Vilajet Bulgarien 1989–2004

Im Jahre 1990 gründete der Führer der bulgarischen Türken, Achmed DOGAN, die Partei DPS (›Bewegung für Rechte und Freiheiten‹) auf ethnischer Grundlage. Eine solche Partei zu gründen, war nach der Verfassung verboten, und so erhielt sie vom Obersten Gerichtshof zunächst keine Erlaubnis, wurde aber später aus politischen Gründen dennoch zugelassen.

Sie errichtete faktisch ein Einparteienregime in den türkischen Bezirken, wo die Wähler gewöhnlich - so wie seinerzeit in den vierziger Jahren für die Kandidaten der Vaterländischen Front - für die DPS stimmen. In fast allen Gemeinden dieser Gebiete liegt die Macht in den Händen der türkischen Partei.[253]

Bereits Anfang der neunziger Jahre erhob Achmed DOGAN die Losung: »Über den Bosporus nach Europa«. Die öffentliche Meinung brachte ihn dazu, mit seinen Worten vorsichtiger zu sein, aber deshalb ist er nicht weniger konsequent in seinen Taten.

---

[252] Rede von Petar MLADENOV vor dem ZK der BKP, Dezember 1989, AMVR, F 1, op. 12, a.e. 941, S. 85.

[253] Ilco DIMITROV, *Nova Zora* 9 (9. 11. 1999), Nr. 40, S. 1.

Im Jahre 1999 waren drei Abgeordnete der DPS offizielle Gäste bei der Feier des 25. Jahrestages der Gründung der Republik Nordzypern, die nur von Ankara anerkannt wird. Einer der Führer der DPS drohte direkt mit der Gründung einer bewaffneten Macht, ähnlich der UÇK im Kosovo, und mit der Anwendung der Taktik der kosovarischen Aufständischen.

Am 18. Februar 1999 beschloß das bulgarische Parlament das Gesetz zur Ratifizierung der Rahmenkonvention zum Schutz nationaler Minderheiten des Europarats, die die Regierung bereits am 9. Oktober 1997 unterschrieben hatte. Daß zwischen Unterzeichnung und Inkrafttreten dieser Konvention am 1. September 1999 fast zwei Jahre vergingen, lag an der strittigen Frage, welche Bedeutung diese Vereinbarung für die nationale Integrität Bulgariens haben könnte. Um Interpretationsspielräume auszuschließen, hieß es deshalb in einem Zusatz: »Die territoriale Integrität der Republik Bulgarien ist unantastbar.«[254]

Doch kaum ein Jahr nach der Ratifizierung der Rahmenkonvention zum Minderheitenschutz wurden Stimmen laut, die den zitierten Artikel 2 der Verfassung kritisieren und mehr als den vereinbarten Minderheitenschutz forderten. So beklagte die ›Bewegung für Rechte und Freiheiten‹ (*Dvizenie za prava i svobodi*, DPS) als Partei der türkischsprachigen Minderheit, daß Minderheiten in der Verfassung keine Erwähnung fänden, und schlug zu Beginn des Jahres 2000 eine Verfassungsänderung vor, die Bulgarien bereits in Artikel 1 als einen multiethnischen bzw. multinationalen Staat definiert. Dem entsprechend solle der Minderheit auch ein eigenes türkisches Bildungswesen zur Verfügung stehen.

Auf der 4. Nationalen Konferenz der DPS am 29. und 30. Januar 2000, auf der Vertreter der Türken aus fast allen Ländern Südosteuropas sowie der ›Grauen Wölfe‹ teilnahmen und der Präsident der Türkei Süleiman DEMIREL seinem ›Bruder‹ Achmed DOGAN in einem Telegramm neue Erfolge im Kampf für die Rechte der Türken wünschte, war die Hauptlosung: »Die DPS – die Brücke für die Eurointegration Bulgariens«. Der Führer der bulgarischen Türken forderte die Umwandlung Bulgariens in einen multiethnischen, bilingualen Staat und die Teilnahme der Türken an der Macht auf allen Ebenen nach dem Quotenprinzip. Der Abgeordnete der DPS, Ajruš HADZI, warnte gar vor einem neuen Kosovokonflikt, »wenn die Regierung nicht auf die Stimme der Minderheit hört«.[255]

---

[254] *Darzaven vestnik*, 26. 2. 1999, S. 3. Zit. von RIEDEL, Sabine, »Bildungswesen und Minderheitenrechte der türkischsprachigen Bevölkerung Bulgariens«, aaO., S. 1.

[255] Gavril PAUNOV, *Nova Zora*, Nr. 6, 8. 2. 2000, S. 3.

Auf der 5. Nationalen Konferenz der DPS am 15. und 16. Februar 2003 stellte sich die Bewegung bereits als Teil der seit 2001 bestehenden Koalitionsregierung dar, die von Simeon von Sachsen-Coburg-Gotha angeführt wird. Ihr Ziel ist die endgültige Verwandlung Bulgariens in ein rumelisches Vilajet durch Kontrolle über den bulgarischen Staat und die ökonomische Durchdringen mit Hilfe türkischer Firmen.[256]

In Bulgarien sind aber heute nicht nur politische Kräfte aktiv, die, wie die DPS, auf der Linie der türkischen Regierung agieren und sich EU- und USA-freundlich geben, sondern auch islamische Fundamentalisten, die sowohl unter den bulgarischen Türken als auch unter den bulgarischen Moslems (Pomaken) sowie den moslemischen Zigeunern agitieren und insbesondere Einfluß auf die moslemische Geistlichkeit nehmen. Diese Aktivität wird durch internationale Stiftungen und Vereinigungen sowie durch Handelsfirmen getarnt, die den moslemischen Gemeinden finanzielle Mittel für den Bau von Moscheen, die Restaurierung von Kulturdenkmälern oder für Stipendien für das Studium in einem islamischen Land anbieten.[257]

Die Absolventen wahabitischer und anderer moslemischer Hochschulen kehren nach Bulgarien zurück und arbeiten für die Re-Islamisierung der bulgarischen Moslems und ihre Abschließung von der übrigen Gesellschaft. Die Moslembrüder und die Organisation ›Kalifat‹, die in Deutschland verboten ist, verbinden Unterstützung durch Nahrung und Kleidung mit islamistischer Propaganda. Bestimmte Kreise arbeiten mit ausländischer finanzieller Unterstützung daran, in Bulgarien moslemische Wirtschaftsbetriebe und Banken aufzubauen. Das Hauptmuftiamt in Sofia und die Partei DPS verurteilen offiziell den radikalen Islamismus. Es ist aber auch eine Tatsache, daß dieser von einigen Aktivisten der unteren Ebene, die am leichtesten manipuliert werden können, verbreitet wird.

Nach der letzten Volkszählung von 1975 lebt die bulgarische Bevölkerung türkischer Abstammung vor allem in folgenden Kreisen: In Kradzali leben 27,8 % der gesamten bulgarischen Bevölkerung türkischer Abstammung im Lande, Razgrad 14,2 %, Šumen12,1 %, Trgovište 8,1 %, Tolbuchin 5,5 %, Burgas 5,9 %, Silistra 5,6 % und andere. In den aufgezählten sieben Kreisen leben mehr als 80 % der Bulgaren türkischer Abstammung in Bulgarien.

Wie die Daten zeigen, wurden bei der allgemeinen Volkszählung im Jahre 1946 in Bulgarien 675 500 Türken gezählt, während 1956 ihre

[256] Teodor Boev, »Die DPS bereits sich vor, Bulgarien zu regieren«, in: *Nova Zora*, Nr. 8, 25. 2. 2003, S. 3.

[257] Zornica Ilieva, »Balgarija v sjankata na Bin Laden – fundamentalistkata propaganda u nas« [Bulgarien im Schatten Bin Ladens – die fundamentalistische Propaganda bei uns], in: *Isljamska zaplacha ili zaplacha za isljama?, Nacionalen konservativen forum*, Sofija 2003, S. 70.

Zahl 656 025 Personen erreichte. Als Ergebnis des höheren natürlichen Wachstums, erhöhte sich die Zahl bulgarischer Staatsbürger türkischer Abstammung unaufhörlich und erreichte 1974 bereits 880 633 Personen oder 10,1 % der Gesamtbevölkerung des Landes. In den Jahre 1965 und 1975 verringerte sich die Anzahl der bulgarischen Staatsbürger türkischer Abstammung jeweils um 10 446 und 148 777 hauptsächlich wegen der Eintragung eines großen Teiles von ihnen als Bevölkerung bulgarischer Abstammung. Auf diese Weise wurde die Zahl der bulgarischen Bürger türkischer Abstammung im Jahre 1976 auf 744 590 Personen zurückgeführt. Eine gewisse Verringerung in den letzten Jahren ist auch auf die Aussiedlung von 40 651 Personen im Zeitraum 1969–1975 zurückzuführen. [*povlijano*][258]

Prognose über den Zuwachs der bulgarischen Bevölkerung türkischer Abstammung – ihre absolute Zahl und ihr Anteil in Prozent bis zum Jahre 2000

In den letzten Jahren scheint sich der Zuwachs sowohl der gesamten bulgarischen Bevölkerung als auch der Bevölkerung mit türkischer Abstammung die Tendenz zu verlangsamen. Das Tempo der Verringerung wie auch die absolute Größe des Zuwachses pro Tausend Personen unterscheidet sich jedoch wesentlich. Die absolute Größe des Zuwachses der bulgarischen Bevölkerung türkischer Abstammung ist dreimal so hoch wie der der übrigen bulgarischen Bevölkerung.

Die Analyse der Daten über den natürlichen Zuwachs der bulgarischen Türken im Zeitraum 1965–1974 zeigt klar die aufgezeigte Tendenz ihrer Verringerung. Von 21,9 pro Tausend im Jahre 1965 fiel der Zuwachs auf 17,7 pro Tausend im Jahre 1974. Diese Tendenz ist im gesamten Jahrzehnt stabil mit einer gewissen Abweichung in einzelnen Jahren. Bei der Prognose des Zuwachses nehmen wir an, daß sich diese Tendenz bis zum Jahre 2000 erhalten wird, und zwar um so mehr, als sie bereits vor 1965 bestanden hat, das heißt, sie ist für eine größere Zeitperiode kennzeichnend.

Die Daten zeigen außerdem, daß in der Periode 1976–2000 der Anteil der bulgarischen Türken von 8,4 % auf 10,2 % am Ende des Jahrhunderts steigen wird. Dieses Ergebnis ist auf den höheren Zuwachs der bulgarischen Türken im Vergleich mit jenem der übrigen bulgarischen Bevölkerung zurückzuführen. Trotz der Tendenz zur Verringerung dieses Zuwachses bleibt er ziemlich hoch und führt zu einer be-

[258] Ministerium für Auswärtige Angelegenheiten, Neues Archiv, vch. Nr. II, 1975 (4. 10. 1977), *Information über die zahlenmäßige Stärke und die Entwicklung der türkischen Bevölkerung in Bulgarien in der Periode 1944–1976. Statistische Daten und Analyse*, aaO., l. 7.

deutenden Erhöhung des prozentuellen Anteils der Bevölkerung türkischer Abstammung in Bulgarien.[259]

Wenn man als Ziel die Erhaltung des prozentuellen Anteils dieser Bevölkerung auf einem beständigen Niveau annimmt, ist es offensichtlich notwendig, u.a. das Kontingent der bulgarischen Türken in Bulgarien absolut zu verringern. Die absolute Verringerung des Kontingents der bulgarischen Türken kann durch Aussiedlung erreicht werden. Bei einer solchen Fragestellung wurden Berechnungen gemacht, in denen ein prozentueller Anteil von 8,6 % dieser Bevölkerung gegenüber der übrigen Bevölkerung angenommen wird. Um ein solches Verhältnis zu erreichen, wird es notwendig sein, jährlich bulgarische Türken bis 1990 im Ausmaß von 8500 bis 8900 Personen jährlich und bis zum Jahre 2000 ungefähr dieselbe Zahl (oder etwa 170 Personen wöchentlich) auszusiedeln.

Anmerkung: Bei den Berechnungen werden nicht die Möglichkeiten zur Durchführung von Maßnahmen der Assimilation dieser Bevölkerung berücksichtigt.[260]

---

[259] Naselenijeto na NR Balgaria za perioda 1969–1990 g [Die Bevölkerung der VR Bulgarien in der Periode 1969–1990], Sofia 1969, S. 7. Tabelle 1. zit. von *Statistische Daten und Analyse,* aaO., l. 11.

[260] *Statistische Daten und Analyse,* aaO., l. 12.

7. Richard Coudenhove-Kalergis »Praktischer Idealismus«

und *andere* Zitate[261] im Zusammenhang mit der »eurasisch-negroiden Zukunftsrasse«

Wer glaubt, die politischen Entwicklungen passierten einfach so, das ›Politische‹, die ›Geschichte‹ sei dafür verantwortlich, irrt gewaltig. Die geistigen Grundlagen sind lange zuvor gelegt worden. Meist zu Zeiten, wo man dies bestenfalls für politische Utopie, *science fiction* oder als schaurig-schöne Unterhaltungsromane (wie *1984* oder *Schöne neue Welt*), hielt, tauchen diese Ideen auf, und weil sie nicht als todernst gemeintes Programm verstanden werden, finden sie kaum Widerstand. Tatsächlich wird an ihrer Implementierung im Verborgenen mit allergrößter Energie und Entschlossenheit gearbeitet. Um dem Leser eine Vorstellung davon zu geben, zitieren wir wichtige, kaum bekannte Aussagen einiger Drahtzieher und kommentieren sie im Anschluß.

Graf Coudenhove-Kalergi, Gründer der Paneuropa-Union und verheiratet mit einer Jüdin, formulierte im Auftrag der Großlogen den anspruchsvollen Plan im Jahre 1925 wie folgt:

> »Die Folge ist, daß Mischlinge vielfach Charakterlosigkeit, Hemmungslosigkeit, Willensschwäche, Unbeständigkeit, Pietätlosigkeit und Treulosigkeit mit Objektivität, Vielseitigkeit, geistiger Regsamkeit, Freiheit von Vorurteilen und Weite des Horizontes verbinden... Der Mensch der fernen Zukunft wird Mischling sein... *Die eurasisch-negroide Zukunftsrasse*«.

Allerdings schloß der Vordenker der Rassenvermischung die Juden von jeglicher Vermischung aus, verlieh ihnen vielmehr den Status einer »Führernation«, da sie als Unvermischte eine »Adelsrasse« frei von »willensschwachen und geistesarmen Elementen« bildeten:

> »So ging schließlich aus all diesen Verfolgungen eine kleine Gemeinschaft hervor, gestählt durch ein heldenmütig ertragenes Martyrium für die Idee und geläutert von allen willensschwachen und geistesarmen Elementen. Statt das Judentum zu vernichten, hat es Europa wider Willen durch jenen künstlichen Ausleseprozeß veredelt und zu einer Führernation der Zukunft erzogen. Kein Wunder

[261] Zitiert mit freundlicher Genehmigung nach Gerd Honsik, »Der Juden III. Reich« – 28 Thesen Coudenhove-Kalergis; Bright-Rainbow-Verlag, Apto. De Correos 2032, Las Chapas, 29600 Marbella, Spanien. 2003. ISBN 84-922725-4-6.

also, daß dieses Volk, dem Ghetto-Kerker entsprungen, sich zu einem geistigen Adel Europas entwickelt. So hat eine gütige Vorsehung Europa in dem Augenblick, als der Feudaladel verfiel, durch die Judenemanzipation eine neue Adelsrasse von Geistes Gnaden geschenkt.« (COUDENHOVE-KALERGI, *Praktischer Idealismus*, Wien–Leipzig 1925, S. 20, 23 u. 50)

Graf COUDENHOVE-KALERGI will den Untermenschen: Durch Rassenvermischung hofft der ›geistige‹ Gründervater der EU einen Menschentyp zu schaffen, der *willensschwach* und *charakterlos* ist. Ein moderner Doktor FRANKENSTEIN wurde so auf das Abendland losgelassen. Und wir erkennen, daß sich hinter dem angeblichen *europäischen Antirassismus* wüste Rassisten, Völkermörder von Anbeginn verbergen.

»Die Folge ist, daß Mischlinge vielfach Charakterlosigkeit, Hemmungslosigkeit, Willensschwäche, Unbeständigkeit, Pietätlosigkeit und Treulosigkeit mit Objektivität, Vielseitigkeit, geistiger Regsamkeit, Freiheit von Vorurteilen und Weite des Horizonts verbinden.« (S. 21)

»Der Mensch der Zukunft wird ein Mischling sein. . . [5.23] Die eurasisch-negroide Zukunftsrasse, äußerlich der altägyptischen ähnlich, wird die Vielfalt der Völker durch eine Vielfalt der Persönlichkeiten ersetzen.

Denn nach den Vererbungsgesetzen wächst mit der Verschiedenheit der Vorfahren die Verschiedenheit, mit der Einförmigkeit der Vorfahren die Einförmigkeit der Nachkommen. In Inzuchtfamilien gleicht ein Kind dem anderen: denn alle repräsentieren den einen gemeinsamen Familientypus. . .

Inzucht schafft charakteristische Typen – Kreuzung schafft originelle Persönlichkeiten.« (S. 22 f.)

Aus COUDENHOVE-KALERGIS Aussagen kann geschlossen werden, daß es innerhalb der Judenheit ein überliefertes Wissen über die Rassen gab – und gibt, das die Vorstellungen des Nationalsozialismus bei weitem übertrifft. Obwohl dieses Thema – dieses Wissen KALERGIS – nach wie vor tabu ist, wird es heute von (Teilen) der Wissenschaft bestätigt: BAKER, EIBL-EIBESFELDT, GADAMER/VOGLER, KNUSSMANN, LORENZ, MAYR.

»Die Vision eines größeren Europas, eines wahren Paneuropas – von Wladiwostok nach San Francisco – ist das Vermächtnis der alten Paneuropabewegung an die junge Generation.« (*Paneuropa 1922 bis 1966*, S. 103)

Entsetzt mochten die Völker Europas nach der Jahrtausendwende den Beschluß der Politiker vernommen haben, außereuropäische Staaten aus fremden Kulturräumen der Europäischen Union anzugliedern.

Sie konnten noch nicht ahnen, daß das ›multikulturelle Europa‹ nur der erste Schritt hin zur geplanten Diktatur im Weltstaat – ›*global governance*‹ – sein soll.

> »Nur CHURCHILL hielt auch während des Kriegs an der Paneuropaidee fest... Die Paneuropabewegung verdankt ihren Erfolg hauptsächlich der tätigen Mitwirkung der beiden einflußreichsten Zeitungen New Yorks, der *New York Times* und des *New York Herald Tribune*.« (*Paneuropa 1922 bis 1966*, S. 73.)

Man redet heute immer von ›Europa‹, meint aber die ›Brüssler Doktrin‹, die EU, die, wie man sieht, durch Fremdbestimmung entstand und nichtig ist.

> »... das Judentum ist der Schoß, aus dem ein neuer geistiger Adel Europas hervorgeht; der Kern, um den sich ein neuer, geistiger Adel gruppiert. Eine geistig-urbane Herrenrasse ist in Bildung: Idealisten, geistvoll und feinsinnig, gerecht und überzeugungstreu, tapfer wie der Feudaladel in seinen besten Tagen, die Tod und Verfolgung, Haß und Verachtung freudig auf sich nehmen, um die Menschheit sittlicher, geistiger, glücklicher zu machen. Die jüdischen Helden und Märtyrer der ost- und mitteleuropäischen Revolution stehen an Mut, Ausdauer und Idealismus den nicht-jüdischen Helden des Weltkrieges in nichts nach – während sie dieselben an Geist vielfach überragen.« (*Praktischer Idealismus*, 1925, S. 51)

Wieso Massenmörder wie EHRENBURG, BERIA und LENIN als Helden der ›osteuropäischen Revolution‹ mit ihren 40 Millionen Mordopfern (COURTOIS u.a., *Das Schwarzbuch des Kommunismus. Unterdrückung, Verbrechen und Terror*) und fünf Millionen Vergewaltigungen Europa »sittlicher« gemacht haben sollen, bleibt KALERGIS Geheimnis. Wenn auch in heutiger Zeit Avraham BURG, der frühere Sprecher der Knesset, dem zionistischen Israel den Totenschein ausgestellt hat, mit der einsichtigen Begründung, daß ein auf Verbrechen und Unrecht gegründeter Staat keine Zukunft habe, mutet diese *ex catedra* Feststellung KALERGIS besonders merkwürdig an, um nicht zu sagen: chauvinistisch und ideologisch. (*Das Ende des Zionismus? – Eine fehlgeschlagene israelische Gesellschaft kollabiert.* A. BURG war von 1999 bis 2003 Sprecher der Knesset, dem Parlament Israels, und er ist zur Zeit für die Labour Partei Abgeordneter in der Knesset. Sein Kommentar war zuvor schon in »*The Forword*« (New York) auf Englisch erschienen und wurde von ihm nach einem Artikel in *Yediot Ahronot* ergänzt und von J. J. GOLDBERG ins Englische übersetzt. Die deutsche Übersetzung besorgte Gerhoch REISEGGER.)

> »Mit diesen beiden Erlösungsversuchen geistig sittlichen Ursprungs hat das Judentum die enterbten Massen Europas reicher beschenkt als irgendein zweites Volk. Wie denn auch das moderne Judentum

durch seinen Prozentsatz an bedeutenden Männern alle übrigen Völker übertrifft: kaum ein Jahrhundert nach seiner Befreiung steht dieses kleine Volk heute mit Einstein an der Spitze moderner Wissenschaft; mit MAHLER an der Spitze moderner Musik; mit BERGSON an der Spitze moderner Philosophie; mit TROTZKI an der Spitze [S. 52] moderner Politik.« (*Praktischer Idealismus,* 1925, S. 51 f.)

Der übersteigerte Rassismus, mit dem KALERGIS sein Judentum verherrlicht, wirkt abstoßend. Auch wissen wir von EINSTEIN, daß er, wo er nicht plagierte, irrte, von MAHLER, daß er ein Epigone BRUCKNERS war, von BERGSON, daß er bedeutungslos blieb, und von TROTZKI, daß er eine Revolution begründet hat, die unterm Strich über hundert Millionen Mordopfer forderte. Im übrigen werden wissenschaftliche und kulturelle Leistungen auch *medial gemacht,* wie man an der Vergabepraxis etwa des Nobelpreises (und ähnlicher) erkennen kann. Die herrschenden Cliquen spielen sich die Bälle zu und bejubeln sich gegenseitig. Es ist ein ›*closed shop*‹ und sagt nur über die ›Vereinsmitgliedschaft‹ etwas aus, aber nicht über die tatsächlichen Leistungen der Völker.

»Wir werden zu einer Regelung kommen, die dem Ziel dient, die Zuwanderung nach unseren Interessen und Verpflichtungen verständlich zu regeln.« (Alt-Präsident Richard VON WEIZSÄCKER im Gespräch mit dem *Spiegel*, Nr. 26/1994)

Was gegen den Willen des Volkes – also auch gegen das Gesetz, gegen alle Erfahrung der Menschheit – aufgezwungen wird und mit einer Zerrüttung der Volkswirtschaft(en) einhergeht, kann seinen Ursprung nur in heimlichen Absprachen und verborgenen Plänen haben. Die Einwanderung ist ein von der Besatzungsmacht aufgezwungener Plan mit dem Ziel ethnischer Veränderung und damit der leichteren Beherrschung. Sie ist der Tod der Völker, deren Ermordung.

»Von der europäischen Quantitätsmenschheit, die nur an die Zahl, die Masse glaubt, heben sich zwei Qualitätsrassen ab: Blutadel und *Judentum*. Voneinander geschieden, halten sie beide fest am Glauben an ihre höhere Mission, an ihr besseres Blut, an menschliche Rangunterschiede. In diesen beiden heterogenen Vorzugsrassen liegt der Kern des europäischen Zukunftsadels: im feudalen Blutadel, soweit er sich nicht vom Hofe, im jüdischen Hirnadel, soweit er sich nicht vom Kapital korrumpieren ließ... Hier wächst die Gemeinschaft zwischen LENIN, dem Mann aus ländlichem Kleinadel, und TROTZKI, dem jüdischen Literaten, zum Symbol.« (*Praktischer Idealismus,* 1925, S. 45)

Die Begeisterung für LENIN und TROTZKI, deren Regime allein in der ehemaligen UdSSR 40 Millionen Opfer forderte, kühlte bei KALERGI nach dem Zweiten Weltkrieg merklich ab. Auch das lautstarke Huldigen der jüdischen ›Adelsrasse‹ unterließ er nun, freilich ohne auch nur ein Wort zurückzunehmen.

> »So hat das geistige Herrenvolk der Juden unter Zügen des Sklavenmenschen zu leiden, die ihm seine historische Entwicklung aufgeprägt hat. . . In einem friedlicheren Europa der Zukunft wird der Adel seinen kriegerischen Charakter abstreifen und mit einem geistig-priesterlichen vertauschen. Ein pazifiziertes und sozialisiertes Abendland wird keine Gebieter und Herrscher mehr brauchen – nur Führer, Erzieher, Vorbilder. In einem orientalischen Europa wird der Zukunftsaristokrat mehr einem Brahmanen und Mandarin gleichen als einem Ritter.« (ebenda, S. 54)

Landraub und Völkermord in Palästina und der Einsatz militärischer Waffen in Flüchtlingslagern widerlegen, daß Juden als Erzieher und Vorbilder über den übrigen Nationen stehen. Die Formel im »Alten Europa« war (und ist), daß jeder nach seiner Façon selig werden möge. Und souveräne, selbstbestimmte Nationen dürfen sich doch ihre Führer, Erzieher und Vorbilder wohl selbst auswählen? – Oder etwa nicht? – Nicht mehr?

> »Europas Dynamik erklärt sich dadurch, daß es das nördliche Kulturzentrum der Erde ist. Seit Zehntausenden von Jahren stellen Kälte und Kargheit des Bodens den Europäer vor die Wahl: ›Arbeite oder stirb!‹ Wer nicht arbeiten wollte oder konnte, mußte verhungern oder erfrieren.
>
> Durch viele Geschlechter rottete der nordische Winter systematisch die schwachen, passiven, trägen und beschaulichen Europäer aus und züchtete so einen harten, tätigen, heroischen Menschenschlag. Seit prähistorischer Zeit ringt die weiße, länger noch die blonde Menschheit mit dem Winter, der sie gebleicht, zugleich aber gestählt hat. Dieser vorzeitlichen Abhärtung hat es der Europäer zu verdanken, daß er seine Gesundheit und Tatkraft durch all seine Kultursünden hindurch bis heute bewahrt hat.« (ebenda, S. 77)

Warum aber will Graf KALERGI eigentlich diese nordische Rasse, die er so bewundert, durch erzwungene Vermischung mit fremden Rassen, für die er auch kein Lob findet, zu deren Nachteil verändern? Woher nimmt er die Genehmigung für ein derartiges Experiment, dessen Ausgang ungewiß, wahrscheinlich höchst negativ ist? Was strebt er an?

> »Diese Entwicklung, und damit das Chaos moderner Politik, wird erst dann ihr Ende finden, bis eine geistige Aristokratie die Machtmittel der Gesellschaft: Pulver, Gold und Druckerschwärze an sich reißt und zum Segen der Allgemeinheit verwendet. Eine entscheidende Etappe zu diesem Ziel bildet der russische Bolschewismus,

> wo eine kleine Schar kommunistischer Geistesaristokraten das Land regiert und bewußt mit dem *plutokratischen Demokratismus* bricht, der heute die übrige Welt beherrscht. Der Kampf zwischen Kapitalismus und Kommunismus um das Erbe des besiegten Blutadels ist ein Bruderkrieg des siegreichen Hirnadels, ein Kampf zwischen individualistischem und sozialistischem, egoistischem und altruistischem, heidnischem und christlichen Geist. Der Generalstab beider Parteien rekrutiert sich aus der geistigen Führerrasse Europas: dem Judentum.« (ebenda, S. 32 f.)

Obige Machtmittel sind längst monopolisiert – und waren es im Grundes seit langem, auch schon zur Zeit, als KALERGI dies schrieb. Die Diktion ist aber doch – trotz der Widersprüchlichkeiten – aufschlußreich. In seiner Apologie auf den LENINschen und TROTZKIschen Kommunismus wertet er den damaligen und heute mit noch größerer Berechtigung sogenannten »plutokratischen Demokratismus« als Lüge ab. Andererseits erkennt er in beiden Formen die Brüder – sonst könnten sie ja keinen ›Bruderkrieg‹ führen –, stammen sie doch tatsächlich aus derselben Wurzel, der jakobinischen Revolution von 1789, sind also nur die Vorder- und Rückseite derselben Medaille. Nur beim letzten Gegensatzpaar täuschte sich KALERGI (oder er uns). Weder dem einen noch dem anderen ist »christlicher Geist« eigen; beides ist nackter Materialismus. Nicht einmal das Heidentum hat damit etwas gemein, denn es hat noch Religion und Volksgeist.

KALERGIS Pläne reichten also schon damals über Europa, San Francisco und Wladiwostok hinaus und umspannten den gesamten Erdball: Auf der ganzen Welt soll die von KALERGI bewunderte und gefürchtete europäisch-nordische »Rasse« zur Minderheit gemacht werden oder am besten verschwinden.

> »Hier half mir meine tschechoslowakische Staatsbürgerschaft. Auf Anregung MASARYKS schloß sich sein Außenminister, Dr. BENES, der Paneuropa-Bewegung an; er gab mir einen Diplomatenpaß sowie sehr herzliche Empfehlungsschreiben an führende französische Staatsmänner.« (*Paneuropa 1922 bis 1966*, S. 60)

Gerade zu dem Zeitpunkt, als Edvard BENESCH 300 000 Sudetendeutsche in wüsten Massakern zu Tode foltern ließ, durfte er zum Mitbegründer des heutigen ›Europas‹ werden, der dritte im Bunde mit Graf KALERGI und Otto VON HABSBURG.

> »Anfang 1924 erhielten wir einen Anruf von Baron Louis ROTHSCHILD: Einer seiner Freunde, Max WARBURG aus Hamburg, hatte mein Buch gelesen und wollte uns kennenlernen. Zu meinem großen Erstaunen bot mir WARBURG spontan sechzigtausend Goldmark an, zur Ankurbelung der Bewegung während [5. 125] der drei ersten Jahre.« (*Ein Leben für Europa*, S. 121 f.)

Die Welt dreht sich ums Geld. So sagte auch Rothschild ganz zutreffend: Wenn er das Recht zur Ausgabe des Geldes habe, kümmerten ihn die anderen Gesetze nicht (mehr).

Das Selbstbestimmungsrecht der Völker wird mittels geheimer Geldzuwendungen unwirksam gemacht. Es war ein Warburg, der den Putsch von 1913 im amerikanischen Kongreß organisieren und die Gesetze über das sogenannte Federal-Reserve-System mit dem Geldschöpfungsrecht der FED – die amerikanische Verfassung kraß verletzend – durchpeitschten half. Am 23. Dezember 1913 nämlich, als die meisten Abgeordneten bereits zu Hause bei ihren Familien waren und fromme Weihnachtslieder sangen, wurde in erster, zweiter und dritter Lesung dieses verfassungswidrige Gesetz beschlossen und sofort von Woodrow Wilson unterzeichnet und damit in Kraft gesetzt. Damit hat sich eine plutokratische Elite die Schlüsselposition in der Weltwirtschaft für lange gesichert.

> »Zuletzt war ganz Amerika für die Paneuropa-Idee gewonnen. Nachdem Truman Präsident geworden war, trat auch er öffentlich in einem durch *Reader's Digest* weitverbreiteten Artikel für die Paneuropa-Idee ein.« (*Paneuropa 1922 bis 1966*, S. 73)

Ein merkwürdiger Vertreter einer »Pan-Europa-Idee«, der als Präsident der USA, der ein Viertel Deutschlands an Polen, Tschechen und ... Russen überantwortete und den Völkermord und die »ethnische Säuberung« an Deutschen guthieß. Ein Mitbegründer »Europas« mithin.

Mit dem Mörder Benesch und Graf Kalergi befand er sich in guter Gesellschaft. Seine verbrecherischen Atombombenabwürfe auf das wehrlose und längst zur Kapitulation bereite Japan werden seinen Namen für alle Zeiten im Gedächtnis der Menschen fortleben lassen. In der Paneuropabewegung fanden sich Massenmörder zusammen.

> »Die nächsten fünf Jahre der Paneuropa-Bewegung waren zur Hauptsache diesem Ziel gewidmet: durch Mobilisierung der Parlamente die Regierungen *zu zwingen*, Paneuropa zu errichten.« (*Paneuropa 1922 bis 1966*, S. 76)

Außer vom Volk sollten Volksvertreter in Demokratien keine Befehle entgegennehmen. Graf Kalergi maßte sich an – und nützte seinen Einfluß auf die Parlamente, gar »Mobilisierungen« in die Wege zu leiten. Welch ein Ideal des demokratischen Prinzips!

> »Unter dem dreifachen Druck der europäischen Parlamente, der Vereinigten Staaten von Amerika und der öffentlichen Weltmeinung entschlossen sich noch im selben Jahr die Regierungen zum Handeln.« (*Paneuropa 1922 bis 1966*, S. 79)

Welche Art von Druck wurde wohl auf die deutschen und europäischen Parlamente ausgeübt, diese zu veranlassen, dem nationalen

Selbstmord unter Aufgabe des angestammten und geschlossenen Siedlungsgebietes zuzustimmen? Umgangssprachlich, aber auch juristisch nennt man das ›Erpressung‹!

> »Wohl der hervorragendste dieser Vorträge – die wundervollen Ausführungen des Bruders Coudenhove-Kalergi. . . – wurde auch einem weiteren Kreise zugänglich gemacht. Auf Einladung des Bruder Großmeisters sprach der junge Gelehrte, dessen Ideen schon viele Tausende begeisterter Anhänger haben, im überfüllten großen Saale des Konzerthauses zu einer andächtigen Menge von Angehörigen und Freunden unserer Brüder. Der große Beifall, den Bruder Coudenhove-Kalergi und die Veranstaltung fanden, wird die Großloge wohl ermuntern, auf diesem Wege fortzuschreiten.« (*Wiener Freimaurerzeitung*, Nr. 9–10/1923)

Was ist es wohl wenn eine freimaurerische Bruderschaft, abgeschirmt von der Öffentlichkeit, einen Plan aufgreift, der die Vernichtung der Völker des Abendlandes und die Neuzüchtung eines charakterlosen und leicht beherrschbaren Menschenschlages vorsieht, und dies anscheinend, um einer jüdischen ›Herrenrasse‹ die Machtergreifung zu ermöglichen? – Eine Verschwörung? Ein Verbrechen?

> »Der Prophet Europas: Graf Richard Coudenhove-Kalergi. . . [5.158] Als Coudenhove mich aufforderte, mit ihm gemeinsam den Weg zum vereinten Europa zu gehen, gebrauchte er einen biblischen Vergleich. Moses habe vierzig Jahre lang sein Volk durch die Wüste führen müssen.« (Otto von Habsburg, *Damals begann unsere Zukunft,* S. 157 f.)

Otto von Habsburg, Sohn des letzten Kaisers von Österreich, hat eine bemerkenswerte Biographie. Aus ältestem europäisch-deutschen Adel hat er offenbar einen anderen Weg eingeschlagen als seine Vorfahren, die durch Jahrhunderte den Kaiser des Heiligen Römischen Reiches Deutscher Nation stellten: Er wurde Abgeordneter des Europa-Parlamentes.

Man kann sich eigentlich keinen größeren Gegensatz vorstellen: hier die hierarchisch gegliederte, traditionale und organische Ordnung, wie sie für die europäischen Völker und insbesondere für das deutsche Volk galt und in Wirklichkeit immer noch gültig ist, die – man kann es in der Tat so bezeichnen – ›vom Himmel‹ fiel, weswegen sich die Kaiser *und* ihre Völker auch »von Gottes Gnaden« an ihren Platz gestellt und legitimiert sahen, und jene als Erbe der jakobinischen Französischen Revolution heute die Macht usurpierende, egalitäre (= gleichmacherische) Demokratie, die schon von Voltaire als »*régime de canaille*« bezeichnet wurde und sich auch bis heute als Ochlokratie, als die wahre Herrschaft der Schlechtesten, erwiesen hat. Der Frontwechsel des Kaisersohnes ist unbegreiflich, hat er sich doch damit auf die Seite der Illuminierten, also der Todfeinde der ›alten Ordnung‹

(wer dächte nicht gleich an DONALD RUMSFELDS »*old Europe*«?) und der christlichen Religion und Kirche gestellt. Der äußerliche Pomp bei Hochzeit, Taufen oder Begräbnissen unter Hinzuziehung von kirchlichen Würdenträgern in altehrwürdigen Domen ist offenbar nur noch Dekoration ohne tiefere Bedeutung.

Wäre es entschuldbar, diesen Weg gewählt zu haben? Und womit? – Nun, weil mittel- und heimatlos[262] geworden – und doch als Oberhaupt des Erzhauses und Repräsentant der alten Ordnung genötigt irgendwie »über die Runden kommen zu müssen«, sich also eine »standesgemäße« Lebensführung damit zu ermöglichen, indem man sich mit der Loge »arrangierte«? (Denn was bedeutete es anderes, sich dem Pan-Europa Erfinder und Oberfreimaurer COUDENHOVE-KALERGI zu unterwerfen?) – Nur, entschuldbar ist es natürlich nicht – bestenfalls eine Erklärung.

Nun wäre solch ein Seitenwechsel in Frankreich, dem Erzfeind Österreichs bzw. Deutschlands, dem Land, das die Freimaurer regieren – *Grand Orient* oder *Großloge*, je nachdem ob Sozialisten oder »Bürgerliche« an der Macht sind – kein Wunder. Aber in Deutschland?

> »Frankreich hatte sich mit dem Gift der Aufklärung, dann dem des Deismus, schließlich dem des Pantheismus und dem des Atheismus infiziert und, aufgrund seiner geistigen Vormachtstellung, den ganzen Kontinent damit angesteckt. . .«[263]

> »Europa hat nicht begriffen, daß das wirkliche Thema das Christentum war, das man abgeschafft hatte, es hatte nicht begriffen, daß man, »weltlich frech oder weltlich verwirrt, mit steigender Leidenschaftsgeschwindigkeit, in Probleme sich verirrte, die sich nur *göttlich* beantworten, die nur das *Christentum* beantworten kann«.[264]

Wie es scheint hat dies auch OTTO VON HABSBURG, der Kaisersohn, nicht begriffen.

Etwas muß auch noch erwähnt werden. Die Aristokratie, und insbesondere das Erzhaus, hält viel sehr auf ihr Vorrecht der Geburt, die Tradition des Blutes und sieht sich in einer langen Kette der Ahnen als Teil dieser Gesamtheit, die über den individuellen Tod hinaus wirkmächtig ist. Das sehen wir auch so, und aus diesem Grund kön-

---

[262] Das Habsburgergesetz in Österreich enteignete nicht nur den Familienbesitz, sondern verbot jahrzehntelang überhaupt die Einreise nach Österreich. Erst unter Bundeskanzler Bruno KREISKY, einem Sozialisten, wurde das Einreiseverbot aufgehoben

[263] DONOSO CORTES, *Polémica con la prensa espaniol*, Briefe an die Zeitung *El Pais* und *El Heraldo* vom 16. Juli 1849, in: ders., *Obras completas*; II, Madrid 1970, S. 331–342, hier S. 340. (zit nach: CORTES, *Diktatur*, aaO.)

[264] KIRKEGAARD, »Das Eine, was not tut«, in: *Zeitenwende* 1/1927, S. 1–7 (zit nach: CORTES, *Diktatur*, aaO.).

nen (und wollen) wir im historischen und geistigen Sinn diesen Vorrang auch nicht bestreiten, wie wir auch aus demselben Grund keine Einwände gegen eine Sippenhaftung machen.[265]

Gehen wir noch ein Stück zurück in der Geschichte. Die Heilige Allianz, die der drei Kaiser von Österreich, Deutschland und Rußland, hatte den großen Usurpator und Erben der Französischen Revolution, NAPOLEON BONAPARTE, besiegt. Sie waren sich einig im Kampf gegen die ›Errungenschaften‹ des Aufklärichts, die atheistischen und materialistischen Ideen der jakobinischen Revolution. Und sie befreiten Europa.

Heute stellen wir eine Wende um 180 Grad fest: OTTO VON HABSBURG, der Sohn des letzten Kaisers, hat sich nicht nur ins EU-Parlament – man kann es ruhig mit der französischen *Constituante* der Jahre 1789 ff. vergleichen – »wählen« lassen, sondern er hat auch in unglaublicher Weise gegen Rußland und seine legitime Führung, Präsident Wladimir Wladimirowitsch PUTIN, Stellung bezogen.[266]

Er diffamiert Rußland als »extrem gefährlich« und »begründet das mit seinem »Hinweis« auf die »KGB-Herkunft« des russischen Präsidenten. Er wiederholt damit nur die Diktion des amerikanischen Hegemons – und jener Kalten Krieger, die mit dem Ost-West Konflikt die Welt gegeneinander aufgehetzt haben und dies immer noch tun.[267] Verschwiegen wird freilich, daß es amerikanisch-jüdisches Kapital war, das sowohl HITLER als auch die russische Oktoberrevolution bis hin zu STALIN finanzierte. Da sich niemand vorstellen kann, daß dies dem Kaisersohn nicht bekannt ist, läßt dessen unglaubliche Position nur einen Schluß zu: Er ist in der Tat nützliches Element im Netzwerk der Illuminierten geworden und hat sich damit auf die Seite des ›Fürsten der Welt‹ geschlagen. Kann eine solche Demütigung der Nachfahre jenes kaiserlichen Geschlechtes, das immerhin Europa zweimal vor der Türkengefahr errettete, denn ertragen?

Ein Freund warf ein: Ist das nicht zu hart ins Gericht gegangen? Otto VON HABSBURG hat sich doch jetzt gegen die Drahtzieher der letzten US-Angriffskriege, die ja immerhin die Chefs seines ›Vormundes‹ COUDENHOVE-KALERGI sind, erklärt. Das sei doch sehr beachtlich, wenn er es auch erst jetzt in seinem hohen Alter wagen konnte, was ihm bisher unmöglich war. Gewiß ist es besser als zu schweigen, aber worin bestünde die Heldentat oder die Umkehr am Ende des Lebens? Kann eine einzige Erklärung jahrzehntelanges Wirken auf der falschen Seite aufheben? Noch dazu, wenn mit der Rußland-Hetze die alte Linie doch gar nicht verlassen wurde.

---

[265] Freilich nicht in dem Sinn, wie es beim Holocaust-Business (Norman FINKELSTEIN) der Fall ist.

[266] The CDL Report, 19. Nov. 2002, Paris AFP, *North European Service.*

[267] Siehe oben auch den Brief des ›Commander‹ PIKE an MAZZINI, S. 44 f.

> »Die Mischung seines Blutes – Japan, Niederlande, Deutschland und Böhmen - hat offenbar seine Sehergabe gefördert. Immer wieder – nicht nur in Fragen der europäischen Politik – hat er im laufe seines Lebens fast unheimlich anmutende Intuition entwickelt.« (Otto VON HABSBURG, *Damals begann unsere Zukunft,* S. 158)

Die sich hierin ausdrückende Lüge Ottos VON HABSBURG riecht man noch gegen den Wind: Er lobt die Blutmischung KALERGIS als vorteilhaft, die nach dem eigenen Hausgesetz wohl als gänzlich intolerabler Bruch gälte und den Ausschluß nach sich zöge. Nicht die Völker, nach HERDER oder auch den Enzykliken der Päpste »Gedanken Gottes«, zählen, sondern blasphemische Experimente von Menschenhand werden erwogen. Wüste, einander widersprechende Rassen- und Rassenmischungstheorien tauchen unwidersprochen vor uns auf, werden sogar lobhudelnd vom Chef des Erzhauses HABSBURG präsentiert.

> »STALIN war, das muß sachlich festgestellt werden, eine sehr große Persönlichkeit, der geniale Züge nicht abzusprechen sind. Politisch war er ein eiskalter und kluger Führer der Sowjetunion, der unter schwierigsten Umständen stets die Interessen seines Landes und seiner Partei vor Augen hatte.« (Otto VON HABSBURG, *Damals begann unsere Zukunft,* S. 133)

Damit hat sich Otto VON HABSBURG in beispielloser Weise disqualifiziert. Der gesamte europäische Adel innerhalb des Machtbereiches von Josef STALIN wurde ausgerottet. Selbst der Schwiegervater Ottos VON HABSBURG fiel STALINS Soldateska im Jahre 1945 zum Opfer. So muß denn das Lob Ottos VON HABSBURG für diesen größten Massenmörder der Weltgeschichte nicht nur peinlich klingen, sondern läßt am gesunden Seelen- und Geisteszustand zweifeln.

> »Erst später, etwa in den sechziger Jahren, entwickelten die Österreicher eine kulturelle Bindung an ihre Nation. Sie fühlten sich als ein eigenes Volk, als eine Gruppe mit eigenständiger Entwicklung in ihrer Kultur. 1956 waren noch 46 % der Osterreicher der Meinung, daß Osterreich zum deutschen Volk gehöre, 1964 behaupteten dies nur mehr 15% und 1970 nur mehr 8 % der Befragten.
>
> Die ›Unbelehrbaren‹, also jene, die noch heute von einem Anschluß ans ›Deutsche Reich‹ schwärmen, versuchte die Sozialwissenschaftliche Studiengesellschaft 1976 mit folgender Frage zu erfassen. . .« (Dokumentationsarchiv des österreichischen Widerstandes, »Rechtsextremismus in Österreich«, S. 340. Anm. 6: P. J. KATZENSTEIN, »Das österreichische Nationalbewußtsein«, S. 7)

Als scheinbarer Erfolg der Umerziehung und Gehirnwäsche wird das Bekenntnis zum Deutschen Volke von den Tugendwächtern (der Political Correctness) in Österreich mit dem verbotenen Anschluß an

Deutschland gleichgestellt. Darauf steht nach dem sogenannten Verbotsgesetz bis zu lebenslange Haft. Hier wird also unter Mißbrauch der Justiz und unter Anwendung eines von der Besatzungsmacht installierten menschenrechts- und verfassungswidrigen Gesetzes andauernd Gewalt im Sinne eines Völkermordes ausgeübt. So gelang es den Siegern des Zweiten Weltkrieges unter Führung der USA, auf dem Gebiet der ehemaligen österreichisch-ungarischen Monarchie bis zur Stunde 10,3 Millionen Angehörige der deutschen Volksgruppe entweder tatsächlich umzubringen, außer Landes zu treiben oder aber zur Abkehr von ihrem Volkstum zu bewegen.

Hier fand, von der Zeitgeschichte totgeschwiegen, einer der größten Völkermorde der Weltgeschichte statt.

> »Der Kulturstaat der Zukunft hingegen wird Konsumentenstaat sein: seine Produktion wird von den Konsumenten kontrolliert werden – nicht, wie heute, der Konsum durch die Produzenten. Es wird nicht dem Gewinn – sondern der allgemeinen Wohlfahrt und Kultur zuliebe produziert werden: nicht um der Produzenten, sondern um der Konsumenten willen. Es ist die künftige Mission des Parlamentes, die übereinstimmenden Interessen aller Konsumenten zu vertreten.« (*Praktischer Idealismus*, 1925, S. 143)

Zwar ›irrt‹ hier KALERGI, denn der ›Konsument‹ hat längst keine Rechte mehr und gleicht dem Huhn in der Legebatterie. Seine Gesinnung, sein Weltbild, Kleidung, Kultur, Musikgeschmack, Autofarbe und Urlaubsziel werden ihm mittels der Medien vorgegeben. Kleingedruckt stehen auf den Lebensmittelpackungen die Gifte, die einzunehmen er genötigt wird.

> »Darum ist das europäische Grenzproblem nur durch dessen Ausschaltung möglich. Die beiden Elemente dieser Lösung sind:
>
> a. Das *konservative* Element des territorialen *status quo*, das die bestehenden Grenzen stabilisiert und so den drohenden Krieg verhindert;
>
> b. Das revolutionäre Element der allmählichen Beseitigung der Grenzen in strategischer, wirtschaftlicher und nationaler Hinsicht, das die Keime künftiger Kriege zerstört.« (*Praktischer Idealismus*, 1925, S. 173)

Wie sich KALERGIS Paneuropa-Bewegung die »revolutionäre Beseitigung« der natürlichen Grenzen vorstellt, hat sein Mitarbeiter Edvard BENESCH vorgezeigt. Durch dreihunderttausendfachen Mord und Vertreibung ›endlöste‹ er als Vorsitzender Paneuropäer das Problem des sudetendeutschen Selbstbestimmungsrechtes durch Völkermord.

> »Heutzutage ist die wirtschaftliche Kampfesform im Begriffe, die militärische abzulösen: Boykott und Blockade treten an die Stelle des Krieges, der politische Streik an die Stelle der Revolution.« (*Praktischer Idealismus*, 1925, S. 183)

Graf KALERGIS altbewährter Weitblick ist beeindruckend. Oder weiß er deswegen so genau, wie sich die Geschichte entwickelt, weil er und seinesgleichen sie eben so planten? Die Blockade des Deutschen Volkes nach den beiden Weltkriegen oder die Blockade des irakischen Volkes zwischen 1991 und 2003 hat Millionen Menschen, vor allem Alten und Kindern, das Leben gekostet. Boykott und Blockade also sind Völkermord.

> »Da die Meinung vorherrscht, daß jedes Eingestehen von genetisch begründeten Unterschieden, seien es nun solche der Morphologie, Physiologie, Wahrnehmung, Denkweise oder gar in dem, was wir Europäer in sicher eurozentrischer Weise als Intelligenzquotienten messen, einen Rassismus rechtfertigen könne, das heißt einen Dominanzanspruch der sich höher Einstufenden über die niedriger Bewerteten, gehört es zum guten Ton, Unterschiede zu leugnen und dort, wo das beim besten Willen nicht geht, sie zu trivialisieren oder auf besondere Umweltbedingungen während der Jugendentwicklung zurückzuführen. Alles, nur genetisch begründet dürfen sie nicht sein.« (Irenäus EIBL-EIBESFELDT, *In der Falle des Kurzzeitdenkens*, S. 159)

EIBL-EIBESFELDT enthüllt, daß innerhalb der Kreise KALERGIS ein hohes Maß an Wissen um genetisch bedingte Zusammenhänge betreffend die Eigenschaften von Menschen und Völkern besteht. Sie leugnen dieses Wissen, um ›Multikulti‹ mit Schalmeien den ahnungslosen Menschen unterjubeln zu können. Um so erstaunlicher Israel: Mittels modernster Methoden (DNA-Analyse) will man im Zweifelsfall Nichtjuden und Juden selektieren und gegebenenfalls zur Ausreise nötigen!

> »Politik ist die Lehre von der Eroberung und dem richtigen Gebrauch der Macht. Der innere Frieden aller Länder wird aufrechterhalten durch Recht und Gewalt: Recht ohne Gewalt müßte sofort zu Chaos und Anarchie führen, also zur schlimmsten Form der Gewalt.
>
> Das gleiche Schicksal droht dem internationalen Frieden – wenn sein Recht keine Stütze in einer internationalen Machtorganisation findet. Der Pazifismus als politisches Programm darf also keineswegs die Gewalt ablehnen: nur muß er sie gegen den Krieg einsetzen – statt für den Krieg.« (*Praktischer Idealismus*, 1925, S. 163)

Graf KALERGI ist ein finsterer Zyniker: Wie Nahum GOLDMANN schlägt er »Demokratie« als Mittel der Unterjochung, »Gleichheit« als Zwischenstation zu »gerechter Ungleichheit«, Paneuropa als Meilenstein zum vom »jüdischen Adel« beherrschten Weltstaat vor. Er will durch Gewalt den Pazifismus verwirklichen. Es unterscheidet sich nicht von der heutigen US-Doktrin: »*Perpetual war for perpetual peace*«, wie dies J. PETERS in *Parameters* vor ein paar Jahren schrieb. »Führende Europäer« preisen diesen gefährlichen Narren als den Gründervater von

Maastricht! Was ist von ihnen zu halten? Sind es bloß Dummköpfe oder Verschwörer?

Das Bundesverfassungsgericht hat am 21. 10. 1987 entschieden: »Es besteht die Wahrungspflicht zur Erhaltung der Identität des Deutschen Volkes.« (Urteil des Bundesverfassungsgerichtes, BVerfGe 77, 13711 150)

Mit diesem Urteil haben sich die Parteien nur mit Lippenbekenntnissen identifiziert. Die selbsterkannten ›Volksparteien‹ und ihr sogenannter ›Verfassungsschutz‹ dienen in Wahrheit anderen Herren.

> »Der menschliche Austausch innerhalb der neuen Vereinigung wird das Gesicht Europas während einer einzigen Generation grundlegend verändern. Falls es dann überhaupt noch nationale oder ethnische Gruppierungen gibt, die eine solche Einigung nicht gutheißen, wird ihr politischer Einfluß so gering sein, daß sie ein Ausbrechen ihres Landes aus den ›Vereinigten Staaten von Europa‹ unmöglich durchsetzen können.« (George A. KOURVETARIS, »Europe Comes of Age: The Economic and Political Integration of EEC«, in: *Journal of Social, Political and Economic Studies,* Quarterly Vol. 11, No. 2/Summer, Washington D.C. 1986.)

Diesem Sozialwissenschaftler und ›Insider‹ verdanken wir das Zeugnis darüber, daß der ethnische Untergang des Abendlandes von langer Hand, kaltblütig, in völkermörderischer Absicht und unter Täuschung der Völker geplant ist. Siehe auch: MOSCHONAS/KOURVETARIS, *The Impact of European Integration: Political, Sociological, and Economic Changes,* Praeger Publishers, Westport 1996. George A. KOURVETARIS ist Professor für Soziologie an der Northem Illinois University, Andreas MOSCHONAS ist Professor für Soziologie und Jean MONNET Professor für Europäische Integration an der Universität von Kreta. Es gibt aber zahlreiche Dokumente dieser Art. Unheimlich dabei ist, daß sie das Komplott ganz offen darlegen und die Menschen in Europa dies nicht wahrhaben wollen.

> »Der Begriff ›multikulturelle Gesellschaft‹ ist neu... Von der amerikanischen kulturanthropologischen Schule und dem französischen Strukturalismus Claude LEVI-STRAUSS geprägt, wurde die ›multikulturelle Gesellschaft‹... zum Begriff... In Deutschland tauchte der Begriff Ende der siebziger Jahre in sozialpädagogischen, erziehungswissenschaftlichen und kirchlichen Diskussionen auf. Zum Schlagwort wurde die ›multikulturelle Gesellschaft‹ Ende der achtziger Jahre in der öffentlichen Diskussion um die Ausländerpolitik in der Bundesrepublik und zögerlich auch bei uns in Österreich.« (Danny LEDER, in: *»profil«,* 27. 5. 1991, S. 97)

Mit der Erfindung des Begriffes ›Multikultur‹ lieferte LEVI-STRAUSS dem KALERGI-Plan sein bestes Schlagwort. So wie die Verschwörer mit ›Demokratisierung‹ das Gegenteil von ›Demokratie‹, nämlich deren Beseitigung, meinen und wie sie hinter dem Begriff ›Pazifismus‹ ihre Gewaltausübung verbergen, so meinen sie mit dem Begriff ›Multikultur‹ nicht die Absicht, die Kulturen etwa zu bewahren, sondern sie zu zerstören.

»Das Heidelberger Manifest« vom 17. Juni 1981, unterzeichnet von zahlreichen westdeutschen Universitätsprofessoren, stellte unter anderem fest:

> »Mit großer Sorge beobachten wir die Unterwanderung des deutschen Volkes durch Zuzug von vielen Millionen von Ausländern und ihren Familien, die Überfremdung unserer Sprache, unserer Kultur und unseres Volkstums... Gegenüber der zur Erhaltung unseres Volkes notwendigen Zahl von Kindern werden jetzt jährlich kaum mehr als die Hälfte geboren. Bereits jetzt sind viele Deutsche in ihren Wohnbezirken und an ihren Arbeitsstätten Fremdlinge in der eigenen Heimat... Die Integration großer Massen nichtdeutscher Ausländer ist... bei gleichzeitiger Erhaltung unseres Volkes nicht möglich und führt zu den bekannten ethnischen Katastrophen multikultureller Gesellschaften. Jedes Volk, auch das deutsche Volk, hat ein Naturrecht auf Erhaltung seiner Identität und Eigenart in seinem Wohngebiet.« (*Der Spiegel*, Nr. 18/198)

Vor über 20 Jahren wagten Presse und politische Justiz es noch nicht, an die Universitätsprofessoren Hand anzulegen. Würde es bei uns ein etablierter Politiker heute wagen, vom Überleben unseres Volkes zu reden oder das einst eigenhändig dem Urwald abgerungene Land für unser Volk zu reklamieren, er würde dem Angriff einer wütenden Presse wehrlos ausgeliefert sein. – *O quae mutatio rerum!*

Personenverzeichnis